Cuando la economía colapsa, ¿por qué no cae el régimen?

POPULISMO SIN DEMOCRACIA

Auge y captura de Maduro. La persistencia del Estilo Rentista en Venezuela

Más allá del modelo de Dornbusch-Edwards

Jennifer Fuenmayor

Jennifer Joan Publishing House™

Florida, USA · 2026

AF866358

Primera edición: junio de 2026

Jennifer Joan Publishing House™

Una división de Jennifer Joan Fuenmayor LLC

Jacksonville, Florida, United States

jennifer@jenniferjoanpublishinghouse.com

www.jenniferjoanpublishinghouse.com

JENNIFER JOAN PUBLISHING HOUSE™ es marca comercial de Jennifer Joan Fuenmayor LLC, con solicitud de registro aprobada por la USPTO (Notice of Allowance, Serial No. 99416310, emitida el 26 de mayo de 2026).

ISBN: 979-8-9958564-0-5 (Paperback)

Edición y diseño de portada: Jennifer Fuenmayor

Impreso en los Estados Unidos de América

Cita sugerida:

Fuenmayor, J. (2026). *Populismo sin democracia: auge y captura de Maduro. La persistencia del Estilo Rentista en Venezuela. Más allá del modelo de Dornbusch-Edwards.* Jennifer Joan Publishing House.

DEDICATORIA

A cuantos, en medio de la adversidad, no renunciaron a pensar, a creer ni a esperar; a quienes hicieron de la libertad una forma de resistencia y del conocimiento un acto de fe en el porvenir.

A la memoria de mi abuela, Elsa Büsing de Carroz, la poeta del amor, cuyo legado de poemas entrego hoy al mundo. Lo que nos une, por encima del tiempo, es el amor en todas sus formas.

A toda mi familia, cercana y extendida, sostén y raíz de todo lo que soy; en especial, a mis padres; y a Enzo, mi fiel compañero de cuatro patas, que estuvo a mi lado en cada página.

Y a todos los venezolanos: a quienes tuvieron que partir y, sin renunciar a lo que somos, han mostrado al mundo la riqueza de nuestra cultura; y a quienes se quedaron dentro, resistiendo y padeciendo en carne propia las consecuencias del régimen. A unos y a otros, con la esperanza —tan honda como la herida— de que tanto sufrimiento halle un día su recompensa en una Venezuela reconciliada, libre y próspera.

Dedico también este libro a la memoria de todos los que ya no están: a las víctimas de la dictadura, que entregaron su vida por soñar con un país libre, y a las víctimas de los terremotos del 24 de junio de 2026. En los sobrevivientes, en los niños rescatados de entre los escombros y en todos los niños de Venezuela vive el porvenir de la patria próspera y libre que hemos soñado. Que Dios la sostenga y la levante en pie.

AGRADECIMIENTOS

Ante todo, al Espíritu Santo, guía y fuente de sabiduría, por la luz y la fortaleza que hicieron posible esta obra.

Este libro no habría sido posible sin el respaldo de las instituciones académicas que, a lo largo de los años, hicieron espacio para la investigación y el pensamiento libre.

Mi reconocimiento comienza por la Universidad del Zulia, donde se forjó mi vocación y transcurrió toda mi carrera académica. En su Facultad de Ciencias Económicas y Sociales —en la Escuela de Economía y en el Instituto de Investigaciones "Econ. Dionisio Carruyo", dentro del Departamento de Estudios Macroeconómicos y del Desarrollo— encontré la formación, el rigor y el espacio de pensamiento que sostienen estas páginas.

Honra especial debo a la Academia de Ciencias Económicas del Estado Zulia (ACEEZ), a la que pertenezco como Individuo de Número, por el reconocimiento y el diálogo intelectual que han acompañado mi trabajo.

Expreso también mi gratitud a la University of Florida y, en particular, a su Center for Latin American Studies, que acogió esta investigación durante mi estancia como Visiting Scholar, así como al Institute of International Education y a su Scholar Rescue Fund (IIE-SRF), cuyo programa hizo posible continuarla en condiciones de libertad. En el IIE-SRF, mi gratitud más sentida a Emily Elliot-Meisel, quien acompañó y gestionó mi caso con dedicación y cercanía; su compromiso con los académicos venezolanos amenazados fue, para mí, decisivo. Hago extensivo este reconocimiento a todo el equipo del programa, cuyo apoyo me acompañó en cada etapa. Mi gratitud se extiende, en fin, a cuantas personas hicieron posible mi incorporación al Centro y mi llegada a Gainesville, aunque algunas ya no formen parte de la institución.

Debo un reconocimiento entrañable a mis estudiantes, en quienes mi vida docente halló siempre su sentido más pleno: a los de la Universidad del Zulia, raíz y razón de mi camino como profesora, y a los de la University of Florida, que acompañaron ese camino ya en el exilio. A unos y a otros, que me enseñaron tanto como yo pude enseñarles, les debo una gratitud que estas páginas apenas alcanzan a expresar.

PREFACIO

Este libro nació de una pregunta que me persiguió durante más de una década de docencia e investigación: cuando la economía colapsa, ¿por qué no cae el régimen? Dicho de otro modo, ¿cómo logra un régimen populista y autocrático sobrevivir en medio del derrumbe económico más severo que América Latina haya conocido en tiempos de paz? No llegué a ella desde la comodidad de un escritorio, sino desde la experiencia de ver desmantelarse, pieza a pieza, la institución a la que dediqué mi vida académica.

Hacia 2017, los principales índices que miden la democracia en el mundo coincidieron en un mismo veredicto: Venezuela había dejado de ser una democracia. Freedom House la clasificó como país "No Libre"; el Índice de Democracia de The Economist la reclasificó de "régimen híbrido" a "régimen autoritario"; y el Instituto V-Dem la definió como una "autocracia electoral". No se trató de etiquetas retóricas. Estos índices evalúan, entre otras dimensiones, el funcionamiento del gobierno y la calidad de la gestión pública —lo que The Economist denomina *functioning of government* e International IDEA, administración imparcial—, y fue precisamente allí, en la gestión de lo público, donde Venezuela se derrumbó.

Ese derrumbe no puede entenderse sin el petróleo. Venezuela ha sido, durante un siglo, un Estado rentista: su poder se sostuvo sobre la renta que producía Petróleos de Venezuela (PDVSA). Sin embargo, entre 2013 y 2018 —con el precio del crudo desplomándose de cien a menos de treinta dólares por barril— la producción petrolera cayó de cerca de tres millones de barriles diarios a menos de dos; la empresa fue puesta bajo control militar en 2017 y decenas de miles de sus técnicos e ingenieros abandonaron el país. La renta que durante décadas había lubricado la maquinaria política se agotaba; y aun así, contra toda lógica, el régimen no cayó: se endureció. Explicar esa paradoja es el propósito de este libro.

El deterioro no fue solo económico, sino institucional, y lo viví desde dentro. La Universidad del Zulia —fundada en 1891 y durante décadas un faro de excelencia en el occidente venezolano— fue asfixiada de manera sistemática: según su propia asociación de profesores, el déficit presupuestario impuesto desde el poder llegó a situarse entre el 97 % y el 99 % de lo que la institución necesitaba para operar. No fue un caso aislado: en la Universidad Central de Venezuela, en la Universidad de Los Andes y en las demás universidades públicas, el profesorado quedó reducido a unos pocos dólares al mes, la investigación sin financiamiento y la libertad de cátedra cercada por una legislación de contornos deliberadamente vagos, que llegó a castigar la mera expresión de una opinión con penas de hasta veinte años de cárcel. La destrucción de la universidad autónoma no fue una consecuencia indeseada del modelo: fue un componente funcional de él.

A la asfixia institucional se sumaba el colapso de los servicios básicos, documentado con rigor por observatorios independientes. Según el Observatorio Venezolano de Servicios Públicos, el racionamiento eléctrico pasó de una frecuencia semanal a diaria; el estado Zulia —donde viví esos años— fue de los más castigados del país, con unos 32.000 cortes registrados solo en 2020 por el Comité de Afectados por Apagones, la cifra más alta de Venezuela. El agua no corría mejor: HumVenezuela documentó que cerca del 86 % de la población quedó expuesta a agua no apta para el consumo humano y que más de la mitad debía transportarla a pie. A ello se añadían las colas de días para surtir gasolina —en el país con las mayores reservas de petróleo del mundo—, un transporte desmoronado y la escasez crónica de alimentos y medicinas. No eran anécdotas: eran los indicadores medibles de un Estado que había dejado de cumplir sus funciones más elementales.

Todo ello era el rostro cotidiano de un colapso mayor. Venezuela atravesaba lo que los organismos internacionales calificaron como una Emergencia Humanitaria Compleja: una de las hiperinflaciones más prolongadas del mundo —que hacia finales de 2018 alcanzó cerca de 1.350.000 %—, una contracción cercana al 75 % del producto interno bruto, un sistema de salud en ruinas y oleadas de protesta reprimidas con dureza. Y, en 2018, la contradicción más elocuente: un gobierno cuya gestión podía medirse por la cantidad de venezolanos que huían se proclamó reelecto en unos comicios que ni la oposición ni la comunidad internacional reconocieron.

El testimonio más claro de ese colapso no está en las cifras, sino en las personas. Casi ocho millones de venezolanos han tenido que dejar su tierra desde 2015, en el mayor éxodo de la historia reciente de América Latina. La mayoría salió por tierra a través del estado Táchira, cruzando hacia Cúcuta por el puente internacional Simón Bolívar —la principal vía terrestre del éxodo, por la que Migración Colombia llegó a contar cerca de 27.000 personas al día— o por alguna de las más de doscientas cincuenta "trochas", los pasos irregulares controlados por bandas criminales que documentan organizaciones como Fundaredes y el Observatorio Venezolano de Fronteras. Desde allí, unos se quedaron en Colombia —que hoy acoge a cerca de 2,8 millones—; otros siguieron a pie, como "caminantes", o en autobús hacia el Perú, Chile y el Brasil; y muchos se lanzaron a la selva del Darién rumbo a Panamá, México y los Estados Unidos: solo en 2023, de los más de 520.000 migrantes que cruzaron esa selva, unos 328.000 eran venezolanos. Dejaron atrás familias, casas y pertenencias para empezar desde cero. Esa diáspora es la medida humana de lo que las instituciones dejaron de ser.

Fue desde esa vulnerabilidad —y luego, por contraste, desde la libertad intelectual que encontré en el exilio— como logré comprender lo que había presenciado. Llegué a la University of Florida a mediados de 2021, en plena pandemia, como académica en riesgo, gracias al Scholar Rescue Fund del Institute of International Education (IIE-SRF), el único programa mundial que financia a profesores e investigadores amenazados para que continúen su trabajo en libertad. Su Center for Latin American Studies me acogió como Visiting Scholar, primero por un año y luego por un segundo. En la Latin American and Caribbean Collection de esa universidad —una de las colecciones sobre América Latina más importantes de los Estados Unidos— pasé buena parte de la pandemia revisando libro a libro para enriquecer mis cursos; y el contraste no podía ser más elocuente: mientras esa biblioteca latía de vida académica, las de mi universidad y mi país habían tenido que cerrar sus puertas, incapaces de sostenerse en medio del colapso. Allí, por fin, pude articular teóricamente lo que en Maracaibo apenas intuía: el régimen venezolano no operaba bajo una lógica de incompetencia económica, sino bajo una racionalidad política deliberada, en la que el colapso institucional no era una consecuencia indeseada del modelo, sino un componente funcional de él.

Esos dos años fueron decisivos por una razón adicional: el Centro estaba dirigido entonces por el doctor Carlos de la Torre, una de las máximas autoridades mundiales en el estudio del populismo, el fenómeno que ocupa este libro. Su magisterio orientó los siete cursos sobre Venezuela y América Latina que diseñé e impartí entre 2021 y 2023, y cuyos estudiantes —con su pregunta insistente: ¿por qué sigue Maduro en el poder, si la economía se derrumbó?— confirmaron que las teorías disponibles sobre el populismo macroeconómico no bastaban para explicar el caso venezolano. Si la Universidad del Zulia me dio la pregunta, la University of Florida me dio las condiciones para responderla.

De ese cruce entre experiencia vivida y reflexión teórica nació el concepto que organiza este trabajo: el Estilo Rentista, un marco analítico que articula las dimensiones económica, política y cultural del autoritarismo extractivo venezolano, y que me permitió reformular los modelos clásicos del populismo macroeconómico para explicar por qué, en Venezuela, el colapso económico no condujo a la transición política.

Completé la investigación principal en septiembre de 2023 y la actualicé durante 2024 y 2025. En la madrugada del 3 de enero de 2026, la pregunta teórica recibió su respuesta empírica: las fuerzas armadas de los Estados Unidos capturaron a Nicolás Maduro. El régimen no cayó por sus dinámicas económicas internas, sino que requirió una intervención externa para romper el bloqueo estructural que este libro identifica y explica. Los acontecimientos, como tantas veces en la historia venezolana, se adelantaron a las páginas; consideré indispensable incorporarlos en tres epílogos antes de la publicación.

Una precisión sobre la temporalidad de estas páginas: el cuerpo del libro corresponde a la investigación que concluí en 2023, y desde esa fecha deben entenderse sus referencias al presente; este prefacio y la introducción están escritos desde 2026, ya conocido el desenlace, y los tres epílogos prolongan el análisis hasta junio de 2026. Las siglas y abreviaturas empleadas se reúnen en una lista al final del volumen, inmediatamente antes de las Referencias Bibliográficas.

Este libro es, por ello, dos cosas a la vez: una contribución académica al estudio del populismo, el rentismo y el autoritarismo contemporáneo, y el testimonio de una académica venezolana, testigo directa de la transformación que aquí analizo. Enseñar fue siempre, tanto en mi país como en el exilio, mi manera más íntima de resistir y de esperar; este libro es, también, un fruto de esa vocación. Aspira a honrar la memoria de quienes sufrieron y resistieron, y a ofrecer herramientas para reconocer, a tiempo, las derivas autoritarias antes de que se consoliden de forma irreversible. Venezuela es, en estas páginas, a la vez un caso de estudio y una advertencia.

Jennifer Fuenmayor
Florida, USA
Junio de 2026

ÍNDICE GENERAL

ÍNDICE DE CUADROS.................................

ÍNDICE DE FIGURAS

ÍNDICE DE GRÁFICOS...............................

Introducción

En la madrugada del 3 de enero de 2026, las fuerzas armadas de los Estados Unidos capturaron a Nicolás Maduro y a su esposa Cilia Flores tras realizar operaciones militares en Caracas y en varios estados venezolanos. Este acontecimiento histórico sin precedentes en las relaciones interamericanas contemporáneas proporciona la validación empírica más contundente de la tesis central de esta investigación: el colapso económico doméstico por sí solo resulta insuficiente para generar la transición política en contextos autocráticos con respaldo transnacional. El régimen no cayó por las dinámicas económicas internas —la pérdida del 75 % del PIB, la hiperinflación de seis dígitos, la expulsión de cerca de 7,9 millones de ciudadanos— sino que requirió una intervención militar externa para romper el bloqueo estructural que este libro identifica y explica teóricamente.

La investigación principal de este libro fue completada en septiembre de 2023 durante mi estancia como Visiting Scholar en el Center for Latin American Studies de la University of Florida. La actualización empírica continuó durante 2024-2025, y los acontecimientos posteriores quedaron documentados en los tres epílogos que cierran este libro, con datos hasta junio de 2026, abarcando el fraude electoral del 28 de julio de 2024, la represión masiva postelectoral, la captura de Maduro y la transición post-régimen en PDVSA y el Arco Minero del Orinoco. En consecuencia, salvo indicación contraria, las expresiones referidas al momento presente que aparecen en el cuerpo de la obra —como "en la actualidad" o "actualmente"— deben entenderse situadas en septiembre de 2023, mientras que los epílogos reflejan la situación hasta junio de 2026.

Las preguntas fundamentales

¿Qué sucede con el populismo cuando la democracia se desvanece? ¿Muere con ella, se transforma o, por el contrario, encuentra en las ruinas del sistema democrático el terreno fértil para una mutación más autoritaria y depredadora? Entre 2013 y 2025, Venezuela experimentó la mayor contracción económica registrada en América Latina en tiempos de paz, mientras transformaba la democracia más estable de la región en una autocracia criminal integrada en las redes transnacionales del narcotráfico. Esta investigación parte de una premisa que desafía décadas de literatura académica establecida: el populismo venezolano no solo sobrevivió al colapso democrático y económico, sino que se transformó en el sistema operativo fundamental de una autocracia consolidada, refutando empíricamente los modelos clásicos de la transición política. En el fondo, esta es la tesis que condensa el título: en un petroestado, el populismo no muere con la democracia porque nunca vivió únicamente de ella; vivió, sobre todo, de la renta. Por eso, aun tras el éxodo de entre 7,7 y 7,9 millones de personas —según la fuente y el año— y el desplome del aparato productivo, la base material del clientelismo no se agotó: se reorganizó.

El abordaje teórico de esta investigación articula varios marcos complementarios. A los desarrollos clásicos del populismo macroeconómico de Dornbusch-Edwards (1991) se suman las contribuciones de Karl (1997) y Ross (2001, 2012) sobre los petroestados y la erosión de las instituciones por la renta, la teoría de las instituciones extractivas de Acemoglu y Robinson (2012) y el análisis de Geddes (1994) sobre el "dilema del político" en el patronazgo rentista.

A esa base económica e institucional se añaden las aproximaciones culturales de Coronil (1997) y Briceño-León (2018) sobre la cultura rentista, la caracterización jurídico-política de Brewer-Carías (2018, 2020, 2021, 2023) sobre el desmantelamiento institucional madurista y el trabajo de Applebaum (2024) sobre Autocracy, Inc., que aporta la dimensión transnacional —relevante para los epílogos, donde documento la integración de Venezuela en ese sistema autocrático global—. Este conjunto articula un marco multinivel que opera mediante el Estilo Rentista como matriz integradora.

La pregunta central que atraviesa cada página de este libro es tan simple como inquietante —cuando la economía colapsa, ¿por qué no cae el régimen?—, y su respuesta exige ir más lejos: ¿cómo logró un régimen populista no solo sobrevivir al colapso más severo de la historia latinoamericana contemporánea, sino transformarse en una autocracia consolidada capaz de perpetuarse mediante la captura institucional sistemática, la integración en redes criminales transnacionales y el desarrollo de mecanismos extractivos que sustituyen la legitimidad democrática por el control autoritario? Esta investigación argumenta que la respuesta reside en lo que denomino el Estilo Rentista: una categoría analítica que articula las dimensiones económica, política y cultural del rentismo petrolero venezolano, transformando las instituciones públicas en instrumentos de extracción y redistribución clientelar al servicio del autoritarismo.

Una segunda pregunta estructura el análisis: ¿por qué Venezuela no experimentó la Fase 4 del modelo de Dornbusch-Edwards? El influyente marco analítico de Rüdiger Dornbusch y Sebastián Edwards (1991) predecía que, tras el agotamiento de las políticas redistributivas insostenibles y el colapso económico consecuente, los gobiernos populistas inevitablemente enfrentarían presiones irresistibles para implementar estabilizaciones ortodoxas. Sin embargo, Venezuela bajo Maduro desafía esta predicción. Este libro propone una reformulación del modelo clásico que incorpora el factor autoritario como variable crítica —validada empíricamente por los propios acontecimientos del 3 de enero de 2026—. La reformulación que propongo desagrega esa Fase 4 en tres trayectorias alternativas y mutuamente excluyentes: una estabilización democrática por alternancia (4a), una estabilización inducida por la presión externa coordinada (4b) y una perpetuación autoritaria sostenida por las instituciones extractivas y las redes autocráticas transnacionales (4c). Venezuela ejemplifica la Fase 4c: clausuró la salida endógena y solo cedió ante una intervención exógena.

La tercera pregunta emerge del reconocimiento de que Venezuela no es un caso aislado, sino parte de una transformación global: ¿qué nos revela sobre el retroceso democrático contemporáneo y la persistencia del autoritarismo en el siglo XXI? Como documenta Anne Applebaum en Autocracy, Inc. (2024), las autocracias del siglo XXI operan como una red transnacional interconectada que comparte tecnologías de represión, estrategias de propaganda, mecanismos de evasión de sanciones y apoyo mutuo. Venezuela representa un caso paradigmático de esta nueva forma de autoritarismo: una autocracia que sobrevivió precisamente a través de su integración en esa red transnacional de Estados y economías criminales. A esta dimensión de red, Applebaum suma un análisis de la cleptocracia —que describe, con la imagen del tumor que hace metástasis, como una corrupción capaz de colonizar el conjunto del aparato estatal—, una perspectiva igualmente pertinente para la captura extractiva de las instituciones que documento a lo largo de esta obra.

El Estilo Rentista como clave analítica

La contribución teórica central de esta investigación reside en el desarrollo del concepto de Estilo Rentista como marco alternativo al modelo del populismo macroeconómico. A diferencia de las aproximaciones que enfatizan las políticas económicas redistributivas insostenibles como rasgo definitorio del populismo (Dornbusch-Edwards, 1991), el Estilo Rentista articula tres dimensiones fundamentales:

La dimensión económica: el control discrecional de la renta petrolera como determinante fundamental de la dinámica política, que permite al Estado financiar simultáneamente el clientelismo masivo y la represión selectiva sin depender de los impuestos ciudadanos que generarían rendición de cuentas democrática. La renta petrolera altera radicalmente la relación Estado-sociedad, configurando lo que Terry Lynn Karl (1997) conceptualizó como la "paradoja de la abundancia", donde los recursos naturales debilitan las instituciones democráticas en lugar de fortalecerlas.

La dimensión política: las instituciones extractivas deliberadamente diseñadas para la captura de rentas por coaliciones concentradas, mediante la militarización de PDVSA, la opacidad institucionalizada vía la Ley Antibloqueo y la destrucción sistemática de los mecanismos de rendición de cuentas. Siguiendo el marco de Acemoglu y Robinson (2012), estas instituciones generan círculos viciosos donde las élites que controlan las instituciones tienen incentivos poderosos para bloquear cualquier reforma inclusiva que amenace su acceso privilegiado a las rentas.

La dimensión cultural: las expectativas sociales que legitiman el personalismo, la dependencia estatal y la distribución clientelar, configurando lo que Fernando Coronil (1997) analizó como el "Estado mágico" que genera ilusiones de prosperidad sin esfuerzo productivo, y lo que Roberto Briceño-León (2018) identificó como la mentalidad rentista que facilita la aceptación del autoritarismo. Anticipo aquí una de las tesis que desarrollo más adelante: privado de la renta que alimentaba aquel conjuro, el Estado mágico no se extingue, sino que se invierte —de un conjuro de abundancia a un conjuro de victimización—, y la misma maquinaria simbólica que antes prometía prosperidad produce ahora enemigos a los que atribuir el desastre.

El Estilo Rentista no es meramente un patrón económico de gestión de rentas extraordinarias, sino una arquitectura integral que permite al régimen sobrevivir al colapso económico total mediante la transformación estratégica: de distribuidor de prosperidad durante el boom petrolero chavista, a administrador de la escasez mediante la distribución selectiva focalizada en los sectores que garantizan la lealtad coercitiva.

Conviene precisar desde ahora que lo social no configura una cuarta dimensión del modelo: la política social —a la que dedico un capítulo específico— constituye, más bien, el terreno donde estas dimensiones convergen con mayor nitidez, al articular la gestión clientelar de la renta (dimensión económica) con el control político de la población (dimensión política).

El modelo de gestión burocrático-populista y su radicalización bajo autocracia

Una segunda contribución teórica fundamental consiste en demostrar empíricamente cómo el modelo de gestión burocrático-populista identificado por Ochoa, López y Rodríguez (1996) para analizar la administración pública venezolana durante el período democrático se radicaliza bajo el autoritarismo consolidado de Maduro, transformándose de un patrón de ineficiencia administrativa en democracia a un diseño extractivo deliberado en autocracia.

Empleo el término radicalización como categoría analítica para denominar el proceso específico mediante el cual los rasgos del modelo burocrático-populista, originalmente identificados en contextos democráticos, no solo se intensifican cuantitativamente sino que se transforman cualitativamente al ser llevados a sus formas más absolutas bajo el autoritarismo consolidado. Esta precisión resulta necesaria porque la mera "intensificación" no captura la mutación estructural que aquí se documenta: el modelo no solo se vuelve "más" de lo que era, sino que cambia su naturaleza funcional, pasando de un patrón de gestión ineficiente a una arquitectura extractiva deliberada.

Ochoa et al. (1996) identificaron los rasgos fundamentales del modelo de gestión pública: centralización, politización, clientelismo, opacidad, eliminación de la evaluación técnica e instrumentalización. Ochoa y Fuenmayor (2006) continuaron desarrollando este modelo durante los primeros años del chavismo, observando cómo estos rasgos se intensificaban conforme la democracia se deterioraba.

Esta investigación realiza una contribución original: demuestra cómo esos rasgos identificados en contextos democráticos se radicalizan bajo el autoritarismo consolidado, manifestándose como centralización extrema, politización radical, clientelismo extractivo, opacidad institucionalizada, eliminación absoluta de la evaluación técnica e instrumentalización ideológica. Estos calificativos —extrema, radical, extractivo, institucionalizada, absoluta, ideológica— representan aportes conceptuales que describen la metamorfosis del modelo bajo autoritarismo, validada empíricamente mediante PDVSA y el Arco Minero del Orinoco.

PDVSA como caso paradigmático

Petróleos de Venezuela S.A. (PDVSA) constituye el caso paradigmático para el análisis del Estilo Rentista y la radicalización del modelo de gestión burocrático-populista. Como empresa responsable de más del 90 % de los ingresos de divisas venezolanos durante el período de estudio, PDVSA representa simultáneamente el recurso económico fundamental del régimen y el laboratorio institucional donde se pueden observar con mayor claridad los mecanismos de captura política, la transformación de la gestión técnica en administración clientelar y la conversión de una empresa productiva en un aparato extractivo.

El análisis de PDVSA revela tres transformaciones fundamentales: la aniquilación de la capacidad técnica —de unos 2,8 millones de barriles diarios con personal calificado a comienzos del gobierno de Maduro a menos de 700.000 en el colapso productivo de 2020, con una nómina políticamente seleccionada—; la privatización encubierta mediante empresas mixtas que transfieren de facto el control a redes vinculadas a las élites políticas y militares; y la criminalización institucional, que transforma a PDVSA en un nodo central de las redes de narcotráfico y lavado de dinero del "Cartel de los Soles", según las acusaciones formales del Departamento de Justicia de los Estados Unidos de 2020.

El colapso de PDVSA, sin embargo, no significó el fin del rentismo, sino su mutación. En febrero de 2016, mediante el Decreto N.° 2.248, el régimen creó el Arco Minero del Orinoco, una zona de explotación de 111.843 km² —el 12,2 % del territorio nacional, el doble de la superficie de la Faja Petrolífera— destinada a la extracción de oro, coltán, diamante y hierro bajo control militar. Sostengo que, ante la imposibilidad de diversificar la matriz productiva, el madurismo optó por diversificar el extractivismo: desplazó el eje de la renta desde el petróleo hacia una nueva frontera minera en la que se entrelazan el Estado, las Fuerzas Armadas y las economías ilícitas. Documento este proceso en detalle en el Epílogo 2.

Metodología: el periodismo de investigación como fuente primaria

Una contribución metodológica distintiva de esta investigación reside en el uso sistemático del periodismo de investigación de alta calidad como fuente primaria de evidencia empírica. Los trabajos del periodismo de investigación venezolano independiente —que abarcan el período 2013-2026, con las piezas más recientes incorporadas en los epílogos— constituyen el corpus empírico más exhaustivo empleado en un análisis académico sobre la gestión estatal venezolana contemporánea.

El uso académico del periodismo de investigación como fuente primaria requiere una aproximación metodológica rigurosa. Cada investigación empleada en este estudio fue sometida a un proceso de verificación en tres niveles: triangulación con fuentes independientes, evaluación de la coherencia interna y solidez de las cadenas de evidencia, y análisis crítico de las limitaciones potenciales, incluyendo sesgos posibles e información faltante. Esta aproximación permite transformar el material periodístico en evidencia académicamente válida sin sacrificar el rigor analítico.

La principal fuente de este corpus de periodismo de investigación es Armando.info, el portal venezolano de periodismo de investigación fundado en 2014 por Joseph Poliszuk, Alfredo Meza y Ewald Scharfenberg —al que se sumó el reportero Roberto Deniz—, miembro del Consorcio Internacional de Periodistas de Investigación (ICIJ) y de la Global Investigative Journalism Network. Su idoneidad como fuente primaria descansa en su método verificable, que combina el cruce sistemático de bases de datos de comercio internacional, registros mercantiles y documentación oficial con la verificación en campo —en su investigación sobre los CLAP llegaron a comprar productos en los expendios para rastrear, a partir de los números fiscales de los recibos, la cadena de empresas vinculada a Alex Saab, y sometieron la leche distribuida a un análisis químico independiente del Instituto de Ciencia y Tecnología de los Alimentos de la Universidad Central de Venezuela—. Fueron los primeros en documentar los negocios de Saab, desde 2015, años antes de que el propio gobierno reconociera su existencia; esa misma precisión documental sostiene sus investigaciones sobre las tramas de corrupción en PDVSA —fueron, además, los primeros en revelar la Operación Alacrán (diciembre de 2019) y el caso PDVSA-Cripto (noviembre de 2022)— y sobre el contrabando del oro del Arco Minero del Orinoco, dos de los pilares empíricos de este libro.

Su fiabilidad no depende de mi apreciación: la avalan su pertenencia a redes de verificación como la GIJN y la OCCRP, y su rendición de cuentas mediante informes públicos periódicos. Que el régimen los haya demandado, censurado y empujado al exilio no debilita su credibilidad: la confirma. Apoyar en este trabajo la evidencia empírica de mi investigación no es una concesión, sino una decisión metodológica fundamentada en la solidez probatoria —y no en la notoriedad— de la fuente.

Estructura del libro

La investigación se organiza en diez secciones temáticas, unas conclusiones y tres epílogos. Las dos primeras establecen el marco teórico: el Estilo Rentista como matriz analítica y el despliegue transdisciplinario de sus dimensiones económica, política y cultural. La tercera caracteriza el autoritarismo madurista y la Coalición Iliberal Revolucionaria (CIR). La cuarta constituye el núcleo empírico: analiza, en PDVSA, cómo el modelo de gestión burocrático-populista se radicaliza en una arquitectura extractiva. La quinta examina las políticas públicas populistas y la reformulación del modelo de Dornbusch-Edwards. La sexta documenta las acciones y estrategias políticas con las que el régimen ha bloqueado la salida de Maduro del poder. La séptima documenta la participación de la cúpula militar en las economías ilegales. La octava analiza la política social como mecanismo de control. La novena examina las bases culturales del rentismo. La décima propone la descentralización de los años noventa como referencia para la recuperación democrática.

Quiero que el lector advierta, desde el inicio, el aporte propio de cada parte: las dos primeras acuñan y delimitan el Estilo Rentista como categoría analítica; la tercera aporta la noción de Coalición Iliberal Revolucionaria para nombrar al régimen; la cuarta demuestra, con PDVSA, que la ineficiencia no es incompetencia sino diseño extractivo; la quinta —corazón teórico del libro— reformula el modelo de Dornbusch-Edwards y sienta las bases teóricas del incumplimiento de la Fase 4; la sexta aporta su contracara empírica y política: el repertorio de acciones y estrategias con las que el régimen bloqueó la alternancia que el agotamiento económico hacía previsible; la séptima añade otro eslabón decisivo, la degradación del Estilo Rentista hacia las rentas ilegales; la octava muestra la mutación de la política social, de la distribución masiva al control selectivo; la novena aporta el sustrato cultural que vuelve viable la permanencia; y la décima ofrece, frente al diagnóstico, una salida concreta: un modelo de gestión descentralizado como antídoto contra la captura rentista.

Las conclusiones sintetizan las cuatro contribuciones teóricas centrales de la investigación. El Epílogo 1 documenta el período de julio de 2024 a enero de 2026, desde el fraude electoral hasta la captura de Maduro. El Epílogo 2 examina la transición post-régimen en PDVSA y el Arco Minero del Orinoco durante 2024-2025. El Epílogo 3 examina la persistencia del aparato represivo y extractivo tras la captura de Maduro, entre enero y junio de 2026, cuando la estructura demostró sobrevivir al hombre.

Relevancia académica y social

Para la comunidad académica, este libro ofrece herramientas conceptuales aplicables al análisis comparado de autocracias extractivas en otros contextos latinoamericanos y globales. Para los defensores de los derechos humanos y los actores democráticos, proporciona un análisis riguroso de los mecanismos mediante los cuales los regímenes autoritarios construyen resiliencia frente a las presiones democratizadoras. Para la sociedad venezolana —particularmente los cerca de 7,9 millones de ciudadanos expulsados por la crisis y quienes resisten dentro del país— busca proporcionar una comprensión académicamente rigurosa de las causas estructurales de la tragedia que viven.

1
El Estilo Rentista como matriz del populismo autoritario venezolano

La definición de la renta es uno de los rasgos que identifican el carácter del soberano. No obstante, aunque es un hecho económico, la renta y sus implicaciones han sido, en palabras de González (2007), un hecho político.

La renta no es una remuneración a los factores propiamente productivos, sino a la propiedad, "se refiere a todo ingreso percibido por el propietario de un recurso, por encima del costo de oportunidad de explotarlo en condiciones de competencia [...] La diferencia entre el precio de venta del crudo y sus costos de producción dio lugar a un ingreso extraordinario de enormes proporciones, que no resultaba directamente de su producción" (García, 2020: 103, 106-107). Esta condición rentista de la economía puede generar distorsiones de naturaleza estructural en el desarrollo de las instituciones y conductas autocráticas desde el poder (García, 2020).

Con el petróleo cambió definitivamente el curso de la vida e historia de la sociedad venezolana, en todos sus ámbitos: político, económico, social y cultural, tanto en la forma de hacer política como en la manera de conducir la economía. El petróleo es propiedad del Estado, que recibe una renta por concepto de las exportaciones del hidrocarburo.

Desde la ciencia económica, nos explica Baptista (2008) que estos recursos propios deben calificarse como una renta territorial, toda vez que su contrapartida es únicamente la propiedad que ejerce el Estado sobre unos yacimientos petrolíferos donde yacen unos medios de producción que, obviamente, no son producidos, es decir, que no tienen tras de sí esfuerzo humano alguno. "Valga reiterarlo, el petróleo en cuanto tal es un objeto natural más no el resultado de un proceso productivo, y en tal sentido, hablando con el debido rigor científico, 'carece de valor'" (Marx, 1973, citado por Baptista, 2008: 334), "[...] Las consecuencias económicas de esa propiedad, por lo tanto, dan fundamento al derecho del Estado terrateniente de cobrar un ingreso, al que la Economía Política distingue en su especificidad como una renta de la tierra" (Baptista, 2008: 334-335).

Esta renta, además, se origina en el comercio internacional y, por consiguiente, significa una transferencia a favor del Estado venezolano causada por el mercado mundial. Su monto es muy significativo con relación al tamaño de la economía nacional, lo que concede al Estado propietario una capacidad de gasto y financiamiento también muy grande y, debido a ello, la práctica social está permeada por tal circunstancia; es un rasgo propio y natural de la vida venezolana, por lo que la denominación propia de la estructura económica de Venezuela no es otra que capitalismo rentístico (Baptista, 2008).

El poder económico y político del Estado a través de la renta y su Estilo Rentista con prácticas populistas se aprecia en la siguiente cita de Baptista (2008: 338):

> [...] la emergencia del petróleo va a permitirle al Estado disfrutar de una posición privilegiada. En ella concurrirán, de una parte, su natural poder político [...] y de la otra, la novedad de su poder económico autónomo, de incomparables capacidades frente a lo magro de los recursos privados. El signo del Estado, pues, no será solo su independencia respecto de la sociedad. Su verdadero signo, antes bien, es la subordinación a la que se halla sujeta la sociedad. El Estado puede asumir, y, en efecto, así lo hizo y lo hace, el papel de gran dispensador de recursos. En tal sentido, distribuye más que redistribuye; otorga y reparte sin contrapartida.

Esta configuración del poder estatal venezolano descrita por Baptista anticipa lo que Karl (1997) teorizaría como la característica definitoria de los "petro-states": Estados cuya estructura institucional y dinámica política están fundamentalmente determinadas por la disponibilidad de rentas petroleras extraordinarias. Karl identifica la "paradoja de la abundancia" (paradox of plenty): contrario a lo esperado, los países con abundantes recursos petroleros tienden a desarrollar instituciones más débiles, economías menos diversificadas y sistemas políticos más autoritarios que las naciones sin estos recursos.

Esta paradoja se explica porque la renta petrolera altera radicalmente la relación Estado-sociedad: al no depender de la recaudación tributaria interna, el Estado pierde incentivos para construir capacidades administrativas efectivas y establecer mecanismos de rendición de cuentas. Venezuela constituye el caso paradigmático de esta dinámica, donde un siglo de rentismo petrolero ha configurado instituciones, prácticas políticas y patrones culturales específicos que Karl denomina "petro-state syndrome" y que yo conceptualizo como Estilo Rentista.

El rentismo venezolano puede analizarse desde dos dimensiones complementarias que articulan su naturaleza dual: la económica y la política. En su *dimensión económica*, la renta equivale al ingreso o beneficio derivado de una actividad económica concreta —el rentismo económico se sustenta así en un hecho económico verificable, siendo el petróleo el commodity con mayor valor en el mercado internacional venezolano—. En su *dimensión política*, en cambio, la renta constituye la remuneración de la propiedad de un medio de producción no producido (González, 2007). Aunque la renta es originalmente un hecho económico, sus implicaciones han sido siempre un hecho político (González, 2007), y el petróleo opera como un commodity con alto valor también en el entorno político.

Esta dualidad se manifiesta en las características estructurales que adoptan tanto la economía como el Estado en contextos rentistas. La economía rentista depende de la renta generada por la exportación de un producto como el petróleo, lo que la condiciona a realidades externas fuera de su control y la hace volátil, vulnerable y cambiante. Los gobiernos aplican generalmente políticas económicas procíclicas que generan bonanza en períodos de altos precios, pero recesión, empobrecimiento e inflación cuando los precios caen; la moneda se aprecia en años de bonanza para luego sufrir devaluaciones de efectos perversos (Palma, 2011).

En paralelo, el Estado rentista adopta la forma de un petroestado, en el que el Estado es propietario de los yacimientos de hidrocarburos y único administrador de los factores de producción del sector, lo que le permite captar la totalidad de los ingresos petroleros y disponer libremente de ellos (Lyn Carr, citado por Hernández, 2018). Al ser altamente dependientes de la exportación de hidrocarburos, estos Estados administran y distribuyen la renta forjando relaciones de patronazgo clientelar con sus sociedades. La rama ejecutiva concentra el control de la renta petrolera, lo que le otorga un amplio margen de maniobra en la toma de decisiones y debilita la rendición de cuentas tanto a las instituciones del aparato público como a la propia sociedad. Como advierte Ross (citado por Chaustre y Mijares, 2020), este tipo de Estado tiende a ser capturado por gobiernos autoritarios, razón por la cual sus índices de democracia resultan significativamente bajos.

La distinción entre ambas dimensiones se refleja también en la racionalidad operativa que cada una privilegia: la economía rentista responde a una *racionalidad económica* que orienta las decisiones en lo económico, mientras que el Estado rentista opera con una *racionalidad política* que orienta las decisiones en lo político. En ambos casos, sin embargo, las prácticas terminan articulándose bajo lo que se ha denominado populismo económico o populismo político —también designado como petropopulismo (García, 2020) o populismo rentista—, que actúa como mecanismo de articulación entre ambas dimensiones.

En cuanto a las consecuencias estructurales de este modelo, ambas dimensiones generan patologías específicas. Las patologías económicas incluyen la enfermedad holandesa[1], el deterioro de los términos de intercambio, el rentismo, la tendencia a los desequilibrios externos, el

---

[1] Se refiere a una baja capacidad de producción interna, un alto porcentaje de importación de bienes y servicios, mucha liquidez, lo cual conduce a que la inflación aumente y la moneda nacional se devalúe (Karl, 1997, citado por Chaustre y Mijares, 2020).

endeudamiento agresivo, el crecimiento extractivista empobrecedor, el consumismo importador, la heterogeneidad estructural y la ausencia de encadenamientos y transformaciones productivas (Acosta y Cajas, 2016).

Las patologías políticas, por su parte, abarcan las nuevas clases corporativas que manejan el Estado, el Estado extractivista, el Estado policial y la criminalización (Acosta y Cajas, 2016), junto con otras manifestaciones como las altas tasas de corrupción, el gobierno autoritario, la inefectividad gubernamental, la centralización, el gasto militar, las distorsiones institucionales ocasionadas por el tutelaje del Estado sobre la economía, el Estado patrimonialista, la caza de rentas y la cooptación política de la burocracia estatal. A ello se suman la total dependencia del poder militar respecto de la autoridad presidencial, la ausencia de rendición de cuentas al ciudadano, la anulación del poder ciudadano, el hiperpresidencialismo y la conversión del acceso a oportunidades en una decisión política selectiva.

Estas patologías propias de los Estados rentistas se extienden, además, al ámbito social —desigualdad, pobreza, conflictos políticos y sociales, exclusión— y al ámbito ecológico, mediante el deterioro sistemático del ambiente.

Desde la perspectiva institucional, tanto las *instituciones económicas* como las *políticas* pueden ser extractivas o inclusivas con tendencia autoritaria y alta burocratización, lo que las hace especialmente vulnerables a la lógica rentista. En el caso venezolano, el petroestado no cumple tanto una función de redistribución de la riqueza como de mera distribución (Hernández, 2018), proceso en el cual la sociedad pierde su autonomía y capacidad de organización al convertirse en una sociedad reclamadora de renta (Hernández, 2018).

Este modelo promueve además el presidencialismo, ya que es el poder ejecutivo quien administra la principal industria del país y capta la totalidad de los ingresos (Hernández, 2018). El ejecutivo ha fortalecido el ejercicio de la función legislativa mediante leyes habilitantes y decretos de estados de excepción, y se ha valido del poder judicial para dictar sentencias a su favor, haciendo en la práctica las veces del poder legislativo. El petroestado genera así incentivos para el abuso del poder ejecutivo, en un contexto donde los controles constitucionales del Estado de Derecho resultan inoperantes (Hernández, 2018).

La gestión rentista se traduce en una regulación estatal de las actividades económicas basada en una relación clientelar, el diseño de políticas públicas igualmente clientelares y la preferencia por políticas fiscales centradas en la expansión del gasto público, especialmente durante los booms petroleros. A ello se suman las políticas de controles de precios y de cambio, que operan como mecanismos de control del mercado y permiten al Estado subsidiar bienes y servicios —como la gasolina— y establecer asignaciones de divisas a precios inferiores a los del mercado.

El manejo discrecional de los recursos económicos se ejerce mediante la política económica y social, configurando un Estado empresario que opera a través de actividades lucrativas, como ejemplifica el caso de PDVSA y sus filiales encargadas del negocio petrolero. El crecimiento del petroestado para atender la política y la gestión pública mediante la creación de entes administrativos consolida, en suma, una gestión burocrático-populista que constituye la expresión organizacional del Estilo Rentista.

Ross (2001, 2012) amplía el análisis de Karl identificando tres mecanismos causales específicos mediante los cuales la riqueza petrolera erosiona instituciones democráticas y genera autoritarismo: (1) efecto de represión: los gobiernos petroleros pueden financiar aparatos militares y policiales sofisticados sin depender de los impuestos ciudadanos, permitiéndoles reprimir la oposición más efectivamente; (2) efecto de gasto: distribuyen rentas estratégicamente mediante clientelismo masivo para cooptar a la oposición potencial y crear dependencia económica de amplios sectores hacia el Estado; (3) efecto de modernización: el petróleo retrasa transformaciones sociales que históricamente favorecen la democracia (crecimiento de clases medias profesionales, educación, sociedad civil organizada).

Ross demuestra empíricamente que estos efectos se intensifican en países con alta dependencia petrolera (más del 60 % de exportaciones) e instituciones débiles preexistentes. Venezuela bajo los gobiernos de Chávez y Maduro cumple ambas condiciones al extremo: el petróleo representa el 96 % de las divisas, y los tres mecanismos operan simultáneamente, como se evidenciará en el análisis del caso PDVSA.

Lo expuesto evidencia que la economía rentista y el Estado rentista, aunque analíticamente diferenciables, operan como dimensiones interdependientes de una misma realidad. La naturaleza económica de la renta genera patologías económicas específicas, mientras que su naturaleza política produce patologías en el ejercicio del poder. Sin embargo, en la práctica, ambas dimensiones se entrelazan y retroalimentan, configurando lo que he denominado Estilo Rentista. La Figura 1 presenta esta síntesis conceptual, mostrando cómo el Estilo Rentista articula las dimensiones económica, política y cultural del rentismo venezolano.

Figura 1. *Estilo Rentista.*

Fuente: Elaboración propia, 2022.

A diferencia del paradigma convencional que analiza la economía rentista y/o Estado rentista, se introduce un enfoque alternativo, colocando el énfasis en el Estilo Rentista, que se deriva de su condición de dependencia de la renta generada fundamentalmente por la actividad petrolera o por otros commodities y donde el Estado es el único dueño de las riquezas del subsuelo y recibe gran cantidad de recursos, para el caso del petróleo, por la explotación de los hidrocarburos y que le ha permitido la implementación de políticas de gasto expansivas, con repercusiones en la economía interna (Palma, 2011); dicho estilo configura la lucha política sobre el control y la distribución de la renta y genera patrones culturales e imaginarios colectivos particulares.

Las particularidades económicas, políticas, sociales y culturales han sido moldeadas históricamente por el propio Estilo Rentista, estilo que llegó para quedarse y que ya ha cumplido cien años en la sociedad venezolana, desde que apareció el petróleo en 1920. Dicho Estilo Rentista se ha reproducido a sí mismo y lo acompañan lógicas clientelares y populistas.

Considerar el Estilo Rentista ofrece la posibilidad de un análisis más riguroso y una comprensión de una realidad compleja. Esta propuesta se realiza dentro de un enfoque transdisciplinario y pasa por una comprensión más amplia de las relaciones entre el *Estado* y la *economía*, además de la sociedad venezolana como una sociedad rentista. Todo lo anteriormente descrito contribuye a un mejor conocimiento de las dinámicas económicas, políticas, sociales y culturales de los países dependientes de recursos naturales.

Propongo como herramienta analítica central el concepto de Estilo Rentista, que sintetiza e integra los marcos teóricos de Karl (1997) sobre petro-states y Ross (2001, 2012) sobre mecanismos de la maldición petrolera, aplicándolos específicamente al caso venezolano. Defino el Estilo Rentista como la gestión personalista y discrecional de la renta petrolera, sin rendición de cuentas ni consensos políticos, que institucionaliza prácticas populistas y clientelares enquistadas en el aparato público mediante un modelo de gestión burocrático-populista, generando un círculo vicioso que retroalimenta instituciones extractivas, autoritarismo político y deterioro de las condiciones de vida de la población.

Este concepto supera el análisis convencional de "economía rentista" o "Estado rentista" al capturar el mecanismo operativo concreto mediante el cual el rentismo se reproduce: no es simplemente un hecho económico (disponibilidad de renta) ni solo un hecho político (poder estatal), sino un estilo de gestión gubernamental que articula ambas dimensiones con patrones culturales específicos. El Estilo Rentista explica por qué Venezuela, a diferencia de otros países petroleros, transita de una democracia representativa con controles institucionales hacia un autoritarismo hegemónico en proceso de clausura, donde el colapso económico coexiste con la consolidación autoritaria, fenómeno que los modelos macroeconómicos convencionales del populismo (Dornbusch-Edwards, 1991), concebidos para la dinámica económica de contextos competitivos, no fueron diseñados para explicar.

2
El populismo desde la transdisciplinariedad: integración de las dimensiones económica, política y cultural

---

Para estudiar y comprender el populismo en los gobiernos autoritarios de Nicolás Maduro resulta fundamental integrar sus tres dimensiones —económica, política y cultural— en un tratamiento transdisciplinario del populismo. La discusión actual no puede quedarse solo en el ámbito político (populismo/democracia versus populismo/autoritarismo) sino que debe comprenderse también desde la economía (redistribución de ingresos y gestión de políticas públicas). El populismo no se puede entender en términos exclusivamente políticos o económicos: aunque debe pensarse políticamente, su análisis no debe ignorar la forma en que el líder en el poder gestiona las políticas públicas. Al considerarlo así, no caemos en el economicismo.

Bautista Urbaneja (2022) afirma que siempre hay que dar cabida a lo que la literatura del caso denomina el ciclo político-económico, que no es más que las repercusiones que tienen en la política económica las exigencias políticas o electorales de corto plazo del gobierno de turno. Y es enfático al señalar que, aunque normalmente la expresión alude a la relación entre la política económica y el ciclo electoral, él propone darle un alcance más extenso. En esta acepción más amplia, Bautista Urbaneja plantea que "la política económica está sujeta a las exigencias políticas generales del gobierno y no solo a las electorales" (Bautista Urbaneja, 2022: 152). Esta reflexión del autor refuerza mi planteamiento sobre el populismo.

¿Cuál es mi planteamiento? Que el populismo en Venezuela no puede comprenderse sin considerar el Estilo Rentista como su mecanismo operativo fundamental. El ciclo político-económico descrito por Bautista Urbaneja adquiere características particulares en contextos rentistas: la gestión discrecional de la renta petrolera permite financiar políticas redistributivas sin requerir consensos políticos amplios ni estar sujeta a rendiciones de cuentas. Esta disponibilidad de recursos extraordinarios provenientes de la exportación de hidrocarburos facilita la implementación de políticas populistas que, en otros contextos, resultarían inviables desde el inicio.

Casullo (2015) afirma que, para comenzar a organizar el campo conceptual con alguna precisión sobre este fenómeno complejo, en principio debo distinguir las definiciones económicas del populismo de las propiamente políticas. Mi postura, fundamentada en el concepto de Estilo Rentista, sostiene que para estudiar el populismo en la Venezuela madurista no se pueden separar ambas dimensiones, y considero necesario integrar también la dimensión cultural, siguiendo la perspectiva del "Estado mágico" de Coronil (1997) y la cultura rentista que ha modelado la subjetividad política venezolana.

Siguiendo a Osorio (2012), este enfoque desea ir más allá (trans) de las disciplinas, de la unidisciplinariedad, de la multidisciplinariedad y de la interdisciplinariedad. Se interesa en la dinámica de la acción de varios niveles de la realidad con el fin de comprender el mundo presente. Ahora bien, este enfoque transdisciplinario no disuelve las disciplinas ni abole sus fronteras: su finalidad es articular los saberes en torno al objeto de estudio, no fundirlos en uno solo. Integrar las tres dimensiones del populismo no equivale, por tanto, a confundirlas.

En esa misma línea, Rodrik (2018: 196; traducción propia) advierte que "es importante no fusionar estas dos dimensiones del populismo —la política y la económica". Comparto esta precaución metodológica: integrar las tres dimensiones no significa fusionarlas ni reducir una a otra, sino analizar la articulación específica que adoptan en el caso venezolano —a través del Estilo Rentista— preservando la autonomía analítica de cada una. El propio Rodrik subraya que ambos populismos, el político y el económico, comparten la aversión a las agencias de restricción —la delegación en tecnócratas o en reglas externas—, rasgo que en el caso venezolano se materializa en la captura de los contrapesos institucionales que documento a lo largo de este libro.

¿Qué es el populismo en su dimensión económica? Casullo (2015) lo entiende como una cierta fórmula de política pública basada en la redistribución excesiva de recursos (ya sean monetarios o en forma de bienes públicos) a los sectores populares para lograr éxitos electorales inmediatos, aun sabiendo que esta política no es sustentable en el mediano plazo.

En palabras de Dornbusch-Edwards (1991: 9) "el populismo es un enfoque de la economía que enfatiza el crecimiento y la redistribución de los ingresos y pasa por alto los riesgos de la inflación y la financiación del déficit, las restricciones externas, y la reacción de los agentes económicos ante políticas agresivas que no son de mercado". En un trabajo más reciente, Edwards (2019b: 4) define el populismo macroeconómico "como un conjunto de políticas destinadas a redistribuir ingresos mediante la aplicación de elevados déficits fiscales, financiados mediante una política monetaria expansiva".

En resumen, los autores que estudian el populismo económico afirman "que el populismo debe considerarse como un enfoque macroeconómico dañino e irresponsable que podría generar algunos resultados positivos a corto plazo, pero es insostenible a largo plazo y, por lo tanto, pavimenta el camino para el surgimiento de crisis devastadoras" (Rovira, 2019: 4). Sin embargo, Rovira (2019) cuestiona precisamente esta conceptualización del populismo. Según este autor, no hay evidencia clara de que los factores económicos, como la creciente desigualdad o la desregulación de los mercados financieros, se traduzcan automáticamente en apoyo al populismo. La visión de Dornbusch-Edwards (1991), Edwards (2010) y Sachs (1989) de concebir el populismo como un enfoque macroeconómico irresponsable con consecuencias perjudiciales es, para Rovira, obsoleta y de utilidad limitada en la investigación comparativa.

Por su parte, Acemoglu, Egorov y Sonin (2013) ofrecen una teoría política del populismo desde la señalización electoral, donde políticos moderados adoptan políticas populistas como mecanismo para señalar independencia frente a las élites económicas.

Si bien comparto con Rovira Kaltwasser la crítica al reduccionismo económico, discrepo de la exclusión de la dimensión económica del núcleo constitutivo del populismo. Sostengo que, en contextos rentistas como el venezolano, la gestión discrecional de la renta petrolera no es un mero subproducto del populismo, sino su mecanismo operativo fundamental. Una conceptualización adecuada del populismo madurista requiere, por tanto, integrar las tres dimensiones —económica, política y cultural— sin privilegiar ni excluir ninguna de ellas. Para el caso venezolano, la dimensión económica del populismo —la gestión discrecional de la renta petrolera— resulta fundamental para comprender cómo Maduro se mantiene en el poder a pesar del colapso económico.

El modelo de Dornbusch-Edwards (1991) ha sido muy influyente para estudiar el populismo económico en América Latina, pero presenta limitaciones explicativas en el caso venezolano contemporáneo. La razón es metodológica: su análisis se centra exclusivamente en la dimensión económica. Según estos autores, los gobiernos populistas incurren en políticas fiscales expansivas insostenibles, generando déficit fiscal e inflación, y cuando la economía colapsa, pierden el poder. La lógica del modelo es directa: la crisis económica conduce al fin del gobierno populista.

Sin embargo, el caso venezolano cuestiona esta lógica predictiva. El país sufrió la peor caída económica en la historia reciente de América Latina —el PIB cayó más del 75 % entre 2013 y 2021— y atravesó una hiperinflación devastadora. Sin embargo, Maduro permanece en el poder. La explicación se encuentra en que el análisis puramente económico resulta insuficiente. Para entender el populismo venezolano hay que mirar más allá de los números: hay que entender cómo funcionan juntas las dimensiones política, económica y cultural.

En Venezuela, un país que vive del petróleo, el populismo no opera solo con políticas macroeconómicas. Opera con mecanismos institucionales y culturales que el modelo de Dornbusch-Edwards no incorporó en su análisis original. El Estilo Rentista que analizo en este libro es precisamente ese mecanismo: la forma concreta en que el populismo venezolano articula política, economía y cultura para mantenerse en el poder incluso en medio de una catástrofe económica.

El populismo económico y sus limitaciones

La literatura sobre populismo económico (Gerchunoff et al., 2020) identifica dos características centrales. La primera: se enfoca en experiencias de populismo macroeconómico, es decir, casos donde las políticas monetarias, cambiarias y fiscales generan un exceso de gasto que termina derivando en devaluaciones y crisis. El desequilibrio macroeconómico aparece como síntoma emergente de políticas populistas. La segunda: el populismo económico es considerado una estrategia estatal condenada al fracaso, miope por naturaleza, que contiene inconsistencias que la hacen insostenible en el tiempo.

Las políticas macroeconómicas populistas generan costos muy elevados para los países que las practican (Morales y García, 2018). Una de las políticas económicas populistas más usadas es el control directo de mercados: fijación de precios de bienes y servicios, control cambiario, fijación del tipo de cambio, control de capitales, fijación de tasas de interés y salarios, y redefiniciones legales sobre la propiedad privada versus propiedad social, entre otros.

Estas políticas tienen un fuerte carácter antimercado como solución a problemas económicos y sociales (Morales y García, 2018). Se formulan e implementan desde el gobierno como representante del interés general, quien con sus poderes especiales se presenta como el único capacitado para resolver los fallos del mercado y optimizar la producción, distribución y comercialización.

¿Qué pasa cuando el Estado interviene así? Termina interfiriendo el mercado y ocasionándole serios desequilibrios: cuellos de botella en la producción, distorsiones de precios, mercados negros o paralelos, desabastecimiento, corrupción, masificación de empresas informales, crecimiento del empleo informal, caída de la productividad, pérdida de competitividad externa. Pero el efecto más grave es el relacionado con la ambigüedad sobre los derechos de propiedad privada.

En conclusión, las políticas macroeconómicas populistas no incentivan al sector privado. Al contrario, "estimulan actividades privadas parásitas, buscadoras de renta, que desarrollan competencias para entenderse con los agentes gubernamentales que controlan el mercado" (Morales y García, 2018: 147).

Esta caracterización de comportamientos "buscadores de renta" cobra especial relevancia en el caso venezolano, donde el Estilo Rentista institucionaliza precisamente estas prácticas. La captura de rentas petroleras no es una distorsión del sistema, sino su lógica operativa central: el manejo personalista y discrecional de la renta genera incentivos estructurales para el clientelismo, la corrupción y la formación de coaliciones de poder orientadas al usufructo de recursos públicos antes que a la producción de riqueza.

El estudio de Gerchunoff, Rapetti y de León (2020) centra su interés en la dimensión económica del populismo, sin desestimar la importancia del análisis político. Para estos autores, el populismo abarca acciones (y reacciones) tanto en el terreno político como también en el económico.

La dimensión política del populismo

Aunque el análisis económico del populismo ha sido, si no abandonado, al menos minimizado (Morán, 2021), sostengo que la dimensión económica es fundamental para estudiar el populismo como práctica gubernamental en la gestión autoritaria de Nicolás Maduro.

¿Pero qué pasa con la dimensión política? Brewer-Carías (2020) caracteriza el populismo como una estrategia política desarrollada generalmente por un grupo o líder emergente que busca, en nombre del pueblo, alcanzar el poder y ejercer el gobierno con el propósito ulterior de perpetuarse en él. Esta estrategia florece en contextos de crisis política y económica, alimentada por la pérdida de credibilidad del liderazgo establecido y la existencia de marcadas desigualdades que proveen terreno fértil para su expansión.

Esta concepción de estrategia política se concentra en tres aspectos: las decisiones políticas, la organización política y las formas de movilización, a los cuales sería oportuno agregar uno más: la lógica política (Colalongo, 2020).

Cada vez parece más importante estudiar el populismo en su desempeño como gobierno, como ejercicio del poder (Arenas, 2018a). Weyland (2001) advierte que el populismo es ante todo un acto de dominio político, y las políticas económicas y sociales son instrumentos de este objetivo central.

Peruzzotti (2017a) propone un desplazamiento decisivo del análisis: de las lecturas que privilegiaban el populismo como estrategia de outsiders para conquistar el poder, hacia las especificidades del populismo como ejercicio de gobierno. Ello obliga a examinar cómo las acciones de un gobierno populista afectan el entramado institucional —un proceso que el autor caracteriza como hibridación democrática y desinstitucionalización, sostenido en una visión acotada de la rendición de cuentas que sustituye el ideal del gobierno limitado por el de un gobierno electo sin límites—, dimensión que las teorías discursivas e ideacionales no alcanzan a capturar. En sus palabras, "El término populismo en el gobierno se refiere a cierta concepción específica del ejercicio gubernamental que puede o no ser adoptada por actores que, para acceder al poder, recurrieron a estrategias populistas" (Peruzzotti, 2017a: 220).

Esta perspectiva del populismo como ejercicio de gobierno es la que retomo y extiendo en esta investigación, llevándola del plano gubernamental al de la gestión pública cotidiana: sostengo que el populismo madurista no se agota en la conquista del poder ni en su retórica, sino que se enquista en la rutina administrativa del Estado, donde la administración personalista y discrecional de la renta —el Estilo Rentista— se convierte en el modo concreto de ejercer el poder sin rendición de cuentas. Es precisamente en el terreno de la gestión pública donde las dimensiones política y económica del populismo dejan de ser separables: gestionar discrecionalmente la renta es, al mismo tiempo, la forma de reproducir la dominación política sin controles ni contrapesos. Esta es la contribución específica que el concepto de Estilo Rentista aporta al estudio del populismo como ejercicio de gobierno.

En la literatura contemporánea sobre populismo destacan dos enfoques teóricos fundamentales que privilegian la dimensión política. El enfoque ideacional, desarrollado por Mudde (2004) y consolidado por Mudde y Rovira Kaltwasser (2017), define el populismo como una "ideología delgada" (thin-centered ideology) que opone moralmente "al pueblo puro" frente a "la élite corrupta" y privilegia la voluntad general del pueblo. Por su parte, el enfoque discursivo de Laclau (2005) —del cual Casullo es heredera teórica— concibe el populismo como una práctica articulatoria que construye identidades colectivas mediante la división del campo social en dos campos antagónicos. Ambos enfoques, aunque divergentes en sus marcos teóricos, coinciden en privilegiar la dimensión política y cultural del populismo, dejando en segundo plano el análisis económico. Mi propuesta del Estilo Rentista busca integrar lo mejor de estos enfoques con la dimensión económica que considero ineludible en el caso venezolano.

Casullo (2015) conceptualiza el populismo como un fenómeno específico de la democracia que, en su dimensión política, combina tres elementos fundamentales: un pueblo entendido como público movilizado que se articula en torno al liderazgo personal de un líder carismático, y que participa activamente en prácticas de acción colectiva movilizante y antagonista.

Durante las primeras décadas del siglo XXI, las definiciones de populismo han privilegiado un núcleo eminentemente político (Morán, 2021). En esta dimensión, la literatura académica suele calificar como populistas a gobiernos que exhiben algunos o todos estos atributos: liderazgo carismático, orientación nacionalista, sustento en movimientos con autonomía respecto a partidos tradicionales, autoproclamación como representantes directos del pueblo sin intermediarios, confrontación con élites y corporaciones económicas, y tendencias autoritarias (Gerchunoff et al., 2020).

En casi todas las versiones del populismo se destaca el uso del estatismo como instrumento ideal para resolver dilemas y reivindicaciones sociales (Morales y García, 2018). El populismo construye al Estado como institución demiúrgica capaz de resolver conflictos económicos y sociales, otorgando al nacionalismo un rol protagónico. En su versión extrema, este protagonismo estatal se aproxima a lo que puede calificarse como totalitarismo.

Cuando el líder carismático centraliza y concentra el poder en representación del pueblo, se ejerce el despotismo del Estado. Esta conducta política arrastra a los ciudadanos hacia una espiral de acontecimientos irracionales bajo la promesa de un mundo ideal. En estos casos, los líderes mesiánicos impulsan políticas que trascienden los límites de la institucionalidad, la legalidad y la racionalidad económica y política (Morales y García, 2018).

Aunque formalmente no se desconocen los derechos de propiedad, se promueve una retórica que los niega, implementándose en algunos casos medidas coercitivas concretas. Las prácticas políticas del populismo despliegan una trayectoria orientada hacia la captura del Estado y el establecimiento de una hegemonía ideológica sobre la sociedad civil. El populismo se fortalece mediante múltiples canales alternativos: alianzas sectoriales, acuerdos políticos, coerción, intimidación y cualquier instrumento que resulte funcional a sus objetivos últimos (Morales y García, 2018).

En la práctica política y en la forma particular de gestión económica, se manifiesta el carácter emocional e irracional del populismo, distanciado de las mejores decisiones en la administración de lo público. "Los populismos no sabrían generar dirigentes capaces de desempeñarse en la gestión" (Manero, 2019: 23).

Este aspecto irracional trasciende lo político y se expresa también en la dimensión económica. "La puesta en valor de la irracionalidad económica del populismo deriva de su dimensión política. La irresponsabilidad fiscal sería la consecuencia lógica del carácter demagógico del populismo que lo empuja a la redistribución" (Manero, 2019: 25).

La dimensión cultural: el "Estado mágico" y la cultura rentista

Además de las dimensiones económica y política, el populismo venezolano presenta una dimensión cultural fundamental para comprender su persistencia y efectividad. Esta dimensión se manifiesta en patrones culturales, imaginarios colectivos y prácticas sociales configuradas históricamente por un siglo de rentismo petrolero.

Coronil (1997) desarrolló el concepto de "Estado mágico" para caracterizar la configuración cultural venezolana: un Estado que aparece ante la sociedad como fuente autónoma de riqueza, capaz de generar y distribuir recursos extraordinarios sin necesidad de esfuerzo productivo interno ni contribución tributaria ciudadana. El petróleo operó como fetiche que generó expectativas mágicas: la creencia de que Venezuela era un país naturalmente rico cuya riqueza el Estado debía simplemente "repartir" entre la población. Esta cultura del Estado mágico configuró subjetividades, valores y prácticas sociales específicas que trascienden gobiernos particulares y que el populismo ha instrumentalizado políticamente.

El populismo venezolano no solo redistribuye recursos materiales (dimensión económica) ni solo concentra poder político (dimensión política), sino que también opera mediante la construcción y reforzamiento de patrones culturales rentistas. Esta dimensión cultural se expresa en:

(1) Paternalismo estatal normalizado: la expectativa generalizada de que el Estado "debe" proveer empleo, vivienda, alimentos y servicios como derecho derivado de la riqueza petrolera, no como contraprestación por contribución productiva o tributaria.

(2) Clientelismo como práctica cultural legítima: el "enchufe" y la "palanca" son percibidos como mecanismos normales de acceso a oportunidades, no como corrupción.

(3) Imaginario del petróleo como "patrimonio del pueblo": la renta petrolera es vista como bien colectivo que el gobierno debe "repartir", legitimando políticas redistributivas sin criterios de eficiencia o sostenibilidad.

(4) "Viveza criolla" rentista: valoración cultural de la capacidad de "resolver" mediante captura de rentas estatales sobre la ética del trabajo productivo.

El populismo chavista-madurista no creó esta cultura rentista del "Estado mágico" identificada por Coronil (existe desde los años 1920), pero la acentuó e institucionalizó sistemáticamente como estrategia de construcción de hegemonía política. El discurso populista resignificó la renta petrolera como "patrimonio del pueblo" que las élites oligárquicas habían "robado" y que la Revolución Bolivariana vendría a "recuperar" y "repartir justamente" a sus legítimos dueños.

Las políticas populistas reforzaron estos patrones culturales: misiones sociales que distribuyeron renta sin criterios meritocráticos, nacionalizaciones legitimadas como "recuperación" de lo que "es del pueblo", discurso antiproductivo que sataniza la acumulación privada como "explotación", y destrucción de capacidades productivas independientes para aumentar la dependencia del clientelismo estatal.

Esta dimensión cultural explica fenómenos que las dimensiones económica y política por sí solas no logran capturar: ¿por qué amplios sectores populares mantienen apoyo (o al menos tolerancia pasiva) al régimen de Maduro a pesar de la hiperinflación, la escasez y el colapso de los servicios públicos? Porque el populismo ha configurado subjetividades arraigadas en la cultura del Estado mágico: la expectativa no es que el Estado funcione eficientemente, sino que "reparta" los recursos disponibles, preferiblemente a "nosotros" (el pueblo leal) y no a "ellos" (la oligarquía, el imperio). La dimensión cultural del populismo genera lealtades y tolerancias que trascienden el cálculo racional económico, operando en el nivel de identidades colectivas y expectativas simbólicas.

El Estilo Rentista como mecanismo articulador de las tres dimensiones

La integración de estas tres dimensiones —económica, política y cultural— es lo que hace necesario un enfoque transdisciplinario para estudiar el populismo venezolano. El Estilo Rentista, como mecanismo operativo, es precisamente lo que permite articular estas tres dimensiones: gestiona discrecionalmente recursos económicos (dimensión económica), concentra poder sin rendición de cuentas (dimensión política), y reproduce imaginarios del Estado mágico y prácticas clientelares normalizadas (dimensión cultural) en un sistema integrado de dominación que se retroalimenta.

En síntesis, el populismo madurista articula indisolublemente sus tres dimensiones mediante un mecanismo operativo específico que he denominado Estilo Rentista. En su dimensión económica, el populismo implementa políticas redistributivas clientelares financiadas por la renta petrolera sin generar capacidades productivas; en su dimensión política, concentra poder ejecutivo mediante cooptación institucional sin rendición de cuentas ni consensos democráticos; en su dimensión cultural, construye subjetividades y expectativas paternalistas que legitiman la captura estatal de recursos y normalizan prácticas clientelares. El Estilo Rentista —gestión personalista y discrecional de la renta petrolera— es lo que hace posible la operación simultánea de estas tres dimensiones, configurando un sistema donde prácticas que son irracionales desde el punto de vista del desarrollo económico resultan perfectamente racionales desde la lógica de mantenimiento del poder político en contextos rentistas.

Esta articulación no es meramente conceptual: la documento empíricamente a lo largo de este libro. La dimensión económica del Estilo Rentista se evidencia en la gestión de PDVSA, donde los rasgos del modelo de gestión burocrático-populista y las cuatro fases del populismo macroeconómico revelan cómo la captura discrecional de la renta petrolera desplazó a la racionalidad productiva. La dimensión política se manifiesta en la Coalición Iliberal Revolucionaria y en la captura del aparato judicial que analizo en el Epílogo 1, mecanismos mediante los cuales el régimen concentró el poder y bloqueó la alternancia democrática. Y la dimensión cultural se expresa en la política social clientelar —los CLAP, los bonos sociales y el Carnet de la Patria—, dispositivos que convirtieron la distribución selectiva de la renta en un instrumento de control y dependencia que examino más adelante. El Estilo Rentista es, así, el hilo conductor que articula estas tres dimensiones en cada uno de los ámbitos empíricos que este libro documenta.

Este enfoque transdisciplinario del populismo supera las limitaciones de análisis puramente económicos: mientras los modelos macroeconómicos tradicionales predicen que el colapso económico deriva en pérdida de poder, yo explico por qué en Venezuela la crisis económica ha sido funcional a la consolidación autoritaria del populismo: destruye capacidades productivas independientes (dimensión económica), elimina contrapesos institucionales (dimensión política), y aumenta la dependencia clientelar que refuerza imaginarios paternalistas (dimensión cultural). En las secciones siguientes, analizo cómo este populismo multidimensional opera en el contexto del régimen autoritario de Nicolás Maduro, configurando instituciones extractivas y patrones de gestión burocrático-populista que caracterizan al gobierno venezolano contemporáneo.

3
Autoritarismo y Estilo Rentista: la Coalición Iliberal Revolucionaria bajo Maduro

Venezuela ha vivido en los últimos años un deterioro de la democracia y sus instituciones políticas de manera gradual; este proceso de pérdida de la democracia es conocido como erosión de la democracia y es provocado por los propios líderes elegidos democráticamente.

Del Tronco y Monsiváis-Carrillo (2020) definen la erosión de la democracia como un proceso gradual mediante el cual las características distintivas de los sistemas democráticos se van deteriorando progresivamente. Este desgaste debilita o elimina las condiciones políticas e institucionales fundamentales sin las cuales resulta imposible sostener un régimen democrático.

La erosión democrática desafía y amenaza a la democracia a partir de acciones casi siempre asociadas al autoritarismo; es un proceso de acciones incrementales, de desgaste de la democracia. Para pasar de una democracia a un régimen autoritario, ya no se requiere un golpe de Estado; este proceso gradual deriva en un régimen híbrido y hasta puede convertirse en un régimen autoritario. Otros autores han utilizado el término reversiones autoritarias, "para referirse de modo más específico a las transiciones de la democracia a la autocracia" (Martínez-Meucci, 2020a).

La erosión de la democracia en Venezuela: del régimen híbrido al autoritarismo

Como señala Lesgart (2020), a partir de las investigaciones de Juan Linz, el autoritarismo se define como un régimen político, específicamente como un conjunto de reglas formales y/o informales con las cuales se determina la elección de los gobernantes y el acceso al gobierno. Visto como régimen político, el autoritarismo permite analizar cómo ocurre el cambio político[2]. "Autoritarismo es entonces una voz contemporánea que señala una forma opresiva y/o represiva del ejercicio del poder político sin recurrir a los conceptos sincrónicamente disponibles (totalitarismo, fascismo) [...]" (Lesgart, 2020: 354).

Existe consenso en la literatura especializada de que el tipo de régimen en el gobierno de Maduro es el autoritario. Con diferentes adjetivos, el régimen ha sido calificado como: autoritarismo legalizado (Miranda, 2020); autoritarismo hegemónico-autocratización del régimen híbrido (Alfaro-Pareja, 2020); autoritarismo electoral hegemónico con vocación totalitaria (Martínez-Meucci y Alfaro-Pareja, 2020); autoritarismo electoral (V-Dem Institute, 2019) o simplemente autoritario (Edwards, 2019b).

Lo cierto es que Venezuela ha pasado por un cambio de régimen (Martínez-Meucci, 2020a), por un proceso de hibridación institucional (Peruzzotti, 2017a), es decir, por un patrón de hibridación institucional más autoritario y radical (Arenas, 2018a), más autocrático (De la Torre, 2020; Martínez-Meucci, 2020b; Martínez-Meucci y Alfaro-Pareja, 2020), y, por ende, por un populismo autoritario (Arenas, 2018b; Gratius y Rivero, 2018).

El concepto autoritarismo nombra asuntos públicos y se le relaciona con otros términos, como dictadura, populismo, fascismo, los "neo", pues "intenta describir y/o analizar la actual corrosión de la democracia liberal, la emergencia de formas autocráticas del poder político, de maneras opresivas o hiperconcentradas de ejercerlo, que conviven con la elección popular de los gobernantes" (Lesgart, 2020: 366).

---

2 Para Linz es importante revisar las cualidades funcionales propias del régimen: "Cómo surgen, las concepciones de poder que sustentan quienes lo configuran, su legitimidad –mantenimiento y control-, la forma de articulación y agregación de intereses, la elaboración de las decisiones y la relación con distintas esferas institucionales (fuerzas armadas, grupos religiosos, económicos, intelligentsia) [...]" (Lesgart, 2020: 355).

Para De la Torre (2018b, 2020), los populismos, una vez en el poder, minan la democracia desde adentro. Los populismos llevaron a democracias en crisis al autoritarismo. "[...] todos los gobiernos populistas, con independencia de su signo político, afectan raigalmente las distintas dimensiones −electoral, liberal, participativa, deliberativa e igualitaria− de la democracia" (Chaguaceda y Camero, 2020: 131).

Rodrigues de Caires y Sánchez (2018) afirman que en Venezuela se ha pasado de un régimen híbrido competitivo de Chávez (1999-2013) al autoritarismo hegemónico de Maduro en un entorno adverso. Este proceso de erosión de la democracia en Venezuela desde el gobierno de Chávez hasta Maduro, lo presento a continuación:

Cuadro 1. *Índice de democracia 2006-2022*

Año	Venezuela (Índice EIU)
2006	5.42
2008	5.34
2010	5.18
2011	5.08
2012	5.15
2013	5.07
2014	5.07
2015	5.00
2016	4.68
2017	3.87
2018	3.16
2019	2.88
2020	2.76
2021	2.11
2022	2.23

El sombreado indica la clasificación del régimen según el EIU: gris claro: régimen híbrido (4–6 puntos); gris oscuro: régimen autoritario (menos de 4).

Fuente: Elaboración propia con base en The Economist Intelligence Unit Limited (EIU, 2022, 2023).

Venezuela en su proceso de erosión de la democracia pasó de un régimen híbrido con Chávez a un régimen autoritario con Maduro a partir de 2015. Venezuela se convirtió en una autocracia en 2017

(IDEA, 2021), autocracia de línea dura (Bertelsmann Stiftung/CADAL, 2020). Para el 2021 Venezuela presenta el nivel más bajo de este índice de democracia[3], ubicado en 2.11, incluso menor que Cuba (2.59); Nicaragua (2.69) y Haití (3.48) (EIU, 2022), todos los países con regímenes autoritarios. En el extremo opuesto se encuentran Uruguay con 8.85 y Costa Rica con 8.07 (EIU, 2022), ambos países considerados como democracias plenas y entre ambos extremos se encuentra un grupo de países de América Latina con democracias defectuosas y regímenes híbridos.

Esta erosión sistemática de la democracia venezolana no puede comprenderse sin considerar el papel del Estilo Rentista en este proceso. El manejo discrecional de la renta petrolera sin rendición de cuentas facilitó la concentración de poder en el Ejecutivo, permitiendo la cooptación de instituciones, el debilitamiento de controles democráticos y la construcción de redes clientelares que sustituyeron mecanismos de representación legítima. La disponibilidad de recursos extraordinarios provenientes del petróleo hizo posible la implementación de políticas populistas y autoritarias sin necesidad de generar consensos políticos amplios ni de desarrollar capacidades productivas propias.

Ross (2001, 2012) identifica tres mecanismos causales específicos mediante los cuales la riqueza petrolera facilita la erosión democrática y la consolidación autoritaria, todos presentes en el caso venezolano: (1) efecto de represión: los gobiernos petroleros pueden financiar aparatos militares y de seguridad sofisticados sin depender de los impuestos ciudadanos; la coalición CIR (civil-militar-policial) de Maduro se financia directamente con renta petrolera, permitiendo represión sistemática sin restricciones presupuestarias. (2) efecto de gasto: distribuyen rentas estratégicamente mediante clientelismo para cooptar a la oposición y crear dependencia económica hacia el Estado; las élites económicas ("boliburguesía" y "enchufados") y los programas clientelares

[3] Los criterios considerados para construir este índice son: proceso electoral y pluralismo, funcionamiento de gobierno, participación política, cultura política y libertades civiles (EIU, 2022).

(CLAP, bonos) operan mediante este mecanismo. (3) efecto de modernización: el petróleo retrasa transformaciones sociales que favorecen la democracia al impedir el crecimiento de clases medias profesionales independientes; la migración masiva de 7,8 millones de venezolanos (HumVenezuela, 2023) representa precisamente la destrucción de estas bases sociales democráticas. El Estilo Rentista es el mecanismo operativo concreto mediante el cual estos tres efectos se materializan en la práctica gubernamental venezolana.

Para Rodrigues de Caires y Sánchez (2018: 50-52), el régimen venezolano durante la era de Chávez (1999-2013) puede caracterizarse como un régimen híbrido bajo la forma del "autoritarismo competitivo", concepto desarrollado por Levitsky y Way (2010). Su relativa estabilidad descansó en cuatro pilares: un liderazgo carismático, el caudal extraordinario de ingresos rentísticos, una red internacional de respaldo y tolerancia política, y un firme control institucional interno. Según esta noción, se trata de un régimen híbrido en el que las instituciones democráticas subsisten de manera formal, pero operan sobre un terreno de juego sistemáticamente inclinado a favor del gobierno, combinando —de modo inevitablemente tenso— reglas democráticas con métodos autocráticos.

Los "ingresos rentísticos extraordinarios" mencionados constituyen el elemento material que hizo operativo el Estilo Rentista durante el chavismo. Esta abundancia de recursos petroleros permitió financiar clientelas políticas, cooptar instituciones y construir una base de apoyo mediante la distribución discrecional de la renta, sin estar sujeto a mecanismos efectivos de rendición de cuentas. El autoritarismo competitivo de Chávez se sostuvo, en gran medida, en esta capacidad de gestionar discrecionalmente recursos extraordinarios.

Con la muerte en 2013 de Chávez y su sustitución por Nicolás Maduro, la situación descrita anteriormente cambió: se fracturó el componente carismático-emotivo del régimen, ahora sin carisma y en un entorno económico adverso nada favorable, ante la caída del precio internacional de los hidrocarburos, producida a mediados de 2014, y la reducción de la producción petrolera nacional, además de la acumulación de vencimientos de compromisos internacionales, lo que restringió severamente la capacidad financiera del régimen (Rodrigues de Caires, 2018).

Maduro en este proceso de erosión de la democracia que derivó en autoritarismo, se apoyó en un "legalismo autocrático" (Corrales, 2015, citado por Rodrigues de Caires y Sánchez, 2018: 56), es decir, con la promulgación de un amplio conjunto de leyes autoritarias (Rodrigues de Caires y Sánchez, 2018). Miranda (2020), lo denomina autoritarismo legalizado, donde las leyes son un instrumento para transformar sus abusos y excesos en formas y actuaciones legalmente justificadas. Las leyes generalmente son inconsultas, ya que mantienen el control del poder legislativo y su aplicación e interpretación están garantizadas por el poder judicial, también dominado por el ejecutivo.

No se puede negar que el populismo de Nicolás Maduro es un populismo desprovisto de carisma, en la medida en que es imposible transferir el carisma; el liderazgo bolivariano ha pasado por un proceso de reconfiguración, al carecer de las cualidades y atributos que poseía su predecesor (Alcántara, 2018). "El déficit de carisma ha sido compensado por Maduro perpetuando las prácticas populistas que distinguieron al liderazgo de Hugo Chávez. Con ello es posible conjeturar que es factible replicar el discurso populista aun sin la presencia del ingrediente carismático [...]" (Arenas, 2016: 125).

Figura 2. *Merchandising propagandístico: muñeco de "Súper Bigote" comercializado por el régimen venezolano como parte de su estrategia de construcción de culto a la personalidad en torno a Nicolás Maduro (desde 2021). La serie animada y sus productos derivados buscan normalizar el autoritarismo mediante narrativas infantilizadas.*

Fuente: Wikimedia Commons, dominio público.

La creación de "Súper Bigote" como personaje de propaganda ilustra la estrategia del régimen para compensar la ausencia de carisma personal de Maduro mediante marketing político y recursos mediáticos estatales. La figura comprende desde series televisivas para niños en formato de cómic, hasta la distribución gratuita de muñecos en sectores populares y su participación como muñeco inflable en desfiles militares, como el del 5 de julio de 2022, al que el propio Maduro no asistió. Esta inversión considerable en propaganda personalista busca construir artificialmente vínculos emocionales con sectores que apoyaron carismáticamente a Chávez.

Sin embargo, esta estrategia comunicacional no explica por sí sola la persistencia de Maduro en el poder ante el colapso económico devastador que ha empobrecido a más del 80 % de la población. Más allá de la propaganda, es la combinación entre estas herramientas simbólicas y el control material de recursos mediante el Estilo Rentista lo que permite al régimen mantener bases de apoyo mínimas y reprimir sistemáticamente la disidencia. El populismo madurista opera fundamentalmente mediante mecanismos clientelares (CLAP, bonos, contratos) y coercitivos (represión, criminalización) antes que carismáticos, validando mi tesis sobre la persistencia del populismo sin democracia mediante instituciones extractivas antes que liderazgo carismático.

El autoritarismo madurista: Estado fallido y mecanismos de control

"Maduro desplazó la democracia híbrida de Chávez al autoritarismo. Su base de apoyo son los militares y usa la corrupción, la represión y la distribución clientelar de la comida para mantenerse en el poder a toda costa" (De la Torre, 2018a: 39). El autoritarismo del poschavismo ha quedado expresado en muchos episodios de violencia y represión, como la situación vivida en el 2017 con las protestas, con un balance de más de 100 muertos y numerosos presos políticos (Gratius y Rivero, 2018).

Sostengo que el régimen de Nicolás Maduro está pasando de un autoritarismo hegemónico restrictivo a un autoritarismo cerrado (Szmolka Vida, 2010). Para la autora, en este tipo de régimen político, no existe Estado de Derecho y se caracteriza por: 1) ausencia de cualquier forma de pluralismo político y de competencia política, como: a) inexistencia de grupos políticos que representen otros intereses u objetivos distintos a los de quienes ejercen el poder y b) imposibilidad de disputar el poder por medios no violentos. No se celebran elecciones pluralistas o no están previstos mecanismos de representación legitimados por la ciudadanía; 2) funcionamiento no democrático del gobierno, como: a) instituciones sin ninguna capacidad de legislación y dirección política; b) gobierno no sujeto a responsabilidad política; c) actores no elegidos democráticamente determinan la política del Estado; d) inexistencia de equilibrio entre poderes del Estado y e) dependencia de la administración del poder.

Alto índice de fenómenos de corrupción y clientelismo y 3) ausencia de garantías en el ejercicio de los derechos políticos y libertades públicas, como: a) negación del derecho de asociación y reunión; b) negación de la libertad de expresión; c) ausencia de pluralismo y de libertad de prensa en los medios de comunicación. Medios de comunicación sujetos al control del Estado; d) dependencia del poder judicial o inexistencia; e) abusos continuos cometidos por el Estado o terceros sin que exista protección legal o judicial; f) uso arbitrario de la violencia por el Estado; y g) el Estado desempeña un papel policial y represor. Violación continua de los derechos humanos.

Las características del autoritarismo cerrado descritas por Szmolka Vida se manifiestan crecientemente en Venezuela a través del Estilo Rentista como mecanismo operativo. El manejo discrecional de la renta petrolera sin rendición de cuentas permite al régimen de Maduro: (1) prescindir de los consensos políticos y el pluralismo, sustituyéndolos por la distribución clientelar de recursos; (2) cooptar instituciones mediante el control de los presupuestos y las designaciones; (3) restringir libertades utilizando recursos del Estado para financiar aparatos represivos y controlar los medios de comunicación; y (4) sostener una coalición de poder mediante el acceso privilegiado al usufructo de la renta. Sin la disponibilidad de estos recursos extraordinarios gestionados de manera personalista, el autoritarismo cerrado hacia el que transita el régimen madurista carecería de su principal instrumento de reproducción. El Estilo Rentista no es simplemente un rasgo económico, sino el engranaje político-económico que hace viable la concentración autoritaria del poder.

El régimen post-Chávez, según Arenas (2018b: 321-322), amalgama características propias de los autoritarismos cerrados y hegemónicos. Entre estas destacan la competencia electoral mínima o inexistente, el fraude sistemático que desvincula la voluntad popular de los resultados oficiales, la cooptación de instituciones por parte de las élites gobernantes, el férreo control estatal sobre los medios de comunicación y la dependencia de mecanismos coercitivos sustentados en unas Fuerzas Armadas dispuestas a someter a la sociedad para perpetuar el régimen.

Esta dinámica se ha intensificado bajo el gobierno de Nicolás Maduro, comprometiendo seriamente la supervivencia del sistema democrático venezolano. Las inhabilitaciones políticas, la persecución y encarcelamiento de líderes disidentes, junto con la represión de manifestaciones ciudadanas, evidencian el rechazo del régimen a reconocer la legitimidad de la oposición[4]. El desconocimiento de los resultados electorales de 2015, que otorgaron mayoría parlamentaria a los factores opositores, el posterior despojo de competencias al Parlamento y el vaciamiento de poder de gobernaciones y alcaldías opositoras configuran un proceso de regresión democrática en Venezuela (Arenas, 2018b: 321-322).

Martínez-Meucci (2016) consideró en una investigación el cambio de régimen político en Venezuela luego de la grave crisis económica y, tras estudiar cuatro elementos o variables[5] de propensión al cambio, planteó tres escenarios posibles en el mediano plazo (2016-2018): Transición, Profundización Revolucionaria y Estado fallido. En ese en-

---

4 Acontecimientos políticos que marcaron la deriva autoritaria: desconocimiento de los resultados de las elecciones parlamentarias de 2015 de cuatro diputados del estado Amazonas; la suspensión del proceso de convocatoria al referéndum revocatorio presidencial en octubre de 2016; la supresión de competencias del parlamento por parte del Tribunal Supremo de Justicia en marzo de 2017; la imposición de la Asamblea Nacional Constituyente en agosto de 2017 (Alfaro, 2020).

5 "1) Una situación de crisis general que afecta severamente la estabilidad del orden político vigente, crisis que habitualmente se desencadena como consecuencia de una grave penuria económica, o bien como oneroso resultado de una guerra; 2) La fractura de la coalición gobernante, generalmente vinculada a discrepancias en torno al modo en que quienes gobiernan deciden manejar la crisis general; 3) Presencia de una coalición contendiente activa, organizada y con voluntad de poder; 4) La presión internacional (directa o indirecta) sobre la coalición gobernante para que abandone el Estado" (Martínez Meucci, 2016: 99).

tonces Martínez-Meucci (2016: 132) señaló que "Venezuela parece afrontar una situación propicia para un cambio de régimen político, si bien aún no se vislumbra con claridad si dicho cambio apunta hacia una democratización o hacia una autocratización."

De estos tres escenarios discutidos por Martínez-Meucci en su investigación de 2016, y transcurridos siete años, considero que se han materializado los dos últimos: tanto la profundización revolucionaria, mediante el reforzamiento del chavismo-madurismo en el poder a través de la coalición gobernante, como el avance hacia la consolidación de un Estado fallido. Sobre este último punto, García (2020: 275) describe el aparato estatal del régimen de Maduro como una estructura desdibujada por la incompetencia y la incoherencia, desconectada de la realidad y sumida en una grave descomposición, donde la corrupción, la desidia y la falta de fiscalización han erosionado el sector público venezolano hasta convertirlo en un Estado fallido.

Chaustre y Mijares (2020) citan el caso de PDVSA y señalan que la Venezuela de Nicolás Maduro es un petroestado fallido debido a la cooptación de la industria petrolera y la caída de los precios del petróleo entre 2014 y 2016, ambos acontecimientos confluyeron en el proceso de falla del Estado venezolano. Un petroestado fallido "es aquel que sigue siendo altamente dependiente del petróleo, pero que tiene capacidades limitadas para producirlo, refinarlo o exportarlo, y, asimismo, para sostener su esquema de distribución de renta, lo que incide negativamente en su viabilidad" (Chaustre y Mijares, 2020: 38-39).

Para caracterizar este tipo de Estado en Venezuela, los autores siguen los criterios propuestos por Rotberg (2004), quien define un Estado fallido a partir de la distribución efectiva de bienes políticos a los miembros de la sociedad y entre sus criterios para determinar si un Estado es fallido están los siguientes: 1) pérdida de control territorial; 2) crecimiento de la violencia criminal; 3) baja legitimidad; 4) capacidad limitada para suministrar servicios públicos; 5) debilidad institucional; 6) bajos índices de democracia; 7) infraestructura deteriorada o desconectada; 8) indicadores económicos adversos; 9) economía cerrada; 10) oportunidad económica desigual; 11) corrupción a escalas destructivas y, 12) migración forzada (Rotberg, 2004, citado por Chaustre y Mijares, 2020). Los referidos autores demuestran en su estudio, caracterizando cada uno de estos criterios para el caso venezolano, su principal argumento: Venezuela es un Estado fallido.

La Coalición Iliberal Revolucionaria (CIR): estructura, actores y dinámica del poder

La caracterización de Venezuela como Estado fallido bajo un régimen autoritario cerrado plantea una interrogante fundamental: ¿cómo logra Nicolás Maduro sostenerse en el poder en estas condiciones extremas de colapso institucional y económico? La respuesta radica en la estructura de la coalición gobernante que controla el aparato estatal y gestiona discrecionalmente los recursos remanentes del país, articulando actores político-militares mediante el acceso privilegiado al usufructo de la renta petrolera y minera.

Nicolás Maduro se sostiene en este Estado fallido gracias al apoyo de una coalición en el gobierno. Alfaro (2020) describe la coalición[6] gobernante que lucha por el poder político en el gobierno de Nicolás Maduro como una Coalición de tendencia Iliberal Revolucionaria (CIR), primero en torno a Hugo Chávez y después por Nicolás Maduro y conformada por individuos y grupos de poder de línea dura y blanda. Plantea Alfaro (2020), que la CIR siempre se mantuvo alineada de forma homogénea alrededor del personalismo de Hugo Chávez y bajo el principio de lealtad absoluta a su persona; con su fallecimiento se debilitó esta relación personal, no obstante, el principio de lealtad al

---

[6] Las coaliciones políticas "son formaciones que resultan del pacto entre actores diversos y a veces enfrentados, que tratan de conseguir intereses comunes" (Robles Egea, 1992, citado por Alfaro, 2020: 24-25); varían en tamaño, ideología y objetivos, y pueden institucionalizarse, esto es, ganar estabilidad y durabilidad (Shore y Lafuente, 2019). En gobiernos autoritarios suele hablarse de "gabinetes de cooptación". Alfaro (2020) compara su dinámica con la de los archipiélagos: un conjunto de islas, grandes y pequeñas, cada una con sus características, que conforman un territorio común.

líder se mantendría a través de la figura de Nicolás Maduro, aunque su liderazgo sería frágil.

Dentro de esta coalición, se encuentran varios islotes que, más que referirse a partidos, se refieren a personas y grupos de poder que se posicionan entre una línea dura (hard-liner) y otra blanda (soft-liner) y que, en conjunto, conforman la CIR que ha conducido la estrategia de la erosión de la democracia y autocratización (Alfaro, 2020).

El islote liderado por Maduro constituye el núcleo central del poder y concentra el control sobre instituciones clave del Estado: incluye a su esposa Cilia Flores, su hijo Nicolás Maduro Guerra quien controla el Arco Minero del Orinoco —donde empresas mixtas explotan oro, coltán y diamantes—, los gobernadores Rafael Lacava y Héctor Rodríguez, así como los hermanos Delcy y Jorge Rodríguez al frente de la Vicepresidencia y la Asamblea Nacional respectivamente, y el fiscal general Tarek William Saab.

Este islote también abarca el poder judicial a través del Tribunal Supremo de Justicia bajo Maikel Moreno, Elsa Gómez Moreno y Gladys Gutiérrez; el poder electoral mediante el Consejo Nacional Electoral presidido por Elvis Amoroso desde agosto de 2023; la gestión de empresas fantasmas y contratos sobrefacturados a través de Alex Saab —señalado por la OFAC del Tesoro estadounidense (2019) como operador de la red de corrupción que permitió al régimen lucrarse del programa CLAP, y acusado de lavado de dinero por el Departamento de Justicia de Estados Unidos; arrestado en 2020 y canjeado en diciembre de 2023—, quien manejaba el sistema CLAP, con sobrefacturaciones por unos 350 millones de dólares; y la asesoría estratégica cubana materializada en el G2 y el CESPPA creado en 2013, con aproximadamente 500 militares cubanos activos en la FAN y presencia en SEBIN y DGCIM, que funciona como tutor que entrena y da órdenes en materia de inteligencia y represión.

El islote liderado por Diosdado Cabello constituye el segundo centro de poder más significativo y se caracteriza por su control del aparato partidista del PSUV, su influencia sobre el Servicio Bolivariano de

Inteligencia Nacional (SEBIN) a través del director Gustavo González López (desde 2019), su dirección del Cartel de los Soles que opera narcotráfico en Bolívar, Apure, Monagas y Zulia, su manejo de contratos estatales sobrefacturados como los de Odebrecht, su dominio sobre medios oficialistas mediante el programa "Con el Mazo Dando", y su coordinación de colectivos armados como los Tupamaros bajo José Pinto, La Piedrita bajo Valentín Santana y Alexis Vive bajo Robert Longa. Cabello mantiene una red institucional en múltiples ministerios y vínculos con minería ilegal que le otorgan autonomía significativa dentro de la coalición.

Otro islote está conformado por Vladimir Padrino López, ministro de Defensa desde 2014, quien representa el principal apoyo militar de Maduro y ejerce un veto de facto sobre decisiones críticas del régimen. Este islote controla la Fuerza Armada Nacional, las zonas fronterizas con Colombia, Brasil y Guyana, las empresas militares como CAMIMPEG, los puertos y zonas francas, además de proteger rutas ilegales vinculadas al narcotráfico. Al extremo de esta coalición se encuentran los llamados colectivos y grupos irregulares[7] junto con los servicios de inteligencia SEBIN bajo González López y la Dirección General de Contrainteligencia Militar (DGCIM) bajo Iván Hernández Dala, así como el sistema de tribunales antiterrorismo creado en 2012, que ejercen control territorial en barrios populares, represión extrajudicial, detenciones arbitrarias, torturas y movilización política violenta

[7] A diferencia de la Coalición de tendencia Liberal Democrática (CLD), conformada por líderes opositores con especial protagonismo de Juan Guaidó en 2019, cuyo liderazgo se debilitó hasta el fin del gobierno interino a fines de 2022. En esta coalición es relevante la alternancia entre líneas radicales y moderadas (Alfaro, 2020). Tras la victoria de la MUD en las parlamentarias de 2015 —donde obtuvo 112 de los 167 escaños—, la coalición inició su debacle por la falta de visión estratégica, las fricciones internas y las inhabilitaciones, persecuciones e ilegalizaciones de cara a 2018 (Colina, 2018). Luego la CLD se redefinió en el Frente Amplio Venezuela Libre (FAVL), integrado por partidos, sociedad civil, academias, gremios, chavismo disidente y víctimas de la represión, con el propósito —no logrado— de rescatar el orden constitucional para una transición democrática (Alfaro, 2020).

(Alfaro, 2020). Esta coalición es la que sostiene un régimen autoritario "represivo y torturador" (García, 2020).

Esta estructura reticular revela que el poder no fluye únicamente de manera vertical desde Maduro hacia estructuras subordinadas, sino que opera horizontalmente entre múltiples islotes que conservan autonomía relativa en sus esferas de influencia, pero comparten un interés estratégico común: perpetuar el acceso privilegiado a la renta petrolera y minera gestionada mediante el Estilo Rentista.

La posición central de Maduro no deriva de un carisma personal —ausente tras la muerte de Chávez— sino del control sobre los recursos estatales que distribuye discrecionalmente para mantener la cohesión de la coalición. Su núcleo, sin embargo, incluye componentes que trascienden su figura individual: la legitimación jurídica que aporta el Tribunal Supremo de Justicia, la garantía de resultados del Consejo Nacional Electoral, el usufructo del Arco Minero del Orinoco, el control social del sistema CLAP y la asesoría cubana en inteligencia y represión no operan como meros apoyos, sino como piezas integrales que aseguran la continuidad del modelo con relativa independencia de la persona del presidente.

Los islotes mantienen su lealtad no por adhesión ideológica revolucionaria, sino por corresponsabilidad material en el usufructo de los recursos estatales y, de manera creciente, en actividades ilícitas que generan dependencia mutua ante posibles consecuencias legales internacionales. El control judicial neutraliza cualquier intento de rendición de cuentas desde las instituciones formales, mientras que el control electoral impide la alternancia democrática.

Esta estructura explica la resiliencia del régimen ante el colapso económico: mientras los sectores excluidos de la CIR enfrentan un empobrecimiento catastrófico, los miembros de la coalición acceden a rentas extraordinarias mediante posiciones de poder que controlan sectores estratégicos —PDVSA, el Arco Minero, los contratos estatales sobrefacturados, el control fronterizo y el narcotráfico—, lo que crea incentivos materiales directos para resistir cualquier transición democratizadora que amenace estos privilegios. La articulación entre los poderes judicial, electoral, militar, partidista, de inteligencia —venezolana y cubana— y económico-criminal configura un sistema de dominación que no depende exclusivamente del liderazgo de Maduro, sino de una red de intereses entrelazados que se protegen mutuamente.

El Cuadro 2 sintetiza esta configuración de poder.

Cuadro 2. *Estructura reticular de la Coalición Iliberal Revolucionaria (CIR): islotes de poder en el gobierno de Nicolás Maduro (2013-diciembre 2023)*

Islote de Poder	Actores y Grupos Destacados	Áreas de Control	Nivel de Poder
Islote 1: MADURO (Núcleo central de poder) Centro articulador que distribuye rentas y emite órdenes estratégicas; es el islote más cercano a la influencia de Cuba.	**Ejecutivo y familia:** Nicolás Maduro Moros - Presidente Cilia Flores - Primera Dama Delcy Rodríguez - Vicepresidenta Jorge Rodríguez - Presidente AN Tarek William Saab - Fiscal General Rafael Lacava - Gobernador de Carabobo Héctor Rodríguez - Gobernador de Miranda Nicolás Maduro Guerra (hijo) - Control AMO **Poder Judicial (TSJ):** Gladys Gutiérrez · Maikel Moreno · Elsa Gómez Moreno **Poder Electoral:** Elvis Amoroso - Presidente CNE (ago. 2023) Asesoría cubana: unos 500 militares · G2 · CESPPA (2013)	Control de PDVSA y renta petrolera Presidencia, Vicepresidencia, Asamblea Nacional Ministerio Público · TSJ · CNE Arco Minero del Orinoco (vía Nicolás Maduro Guerra) Sistema CLAP y empresas fantasmas (vía Alex Saab) Relaciones internacionales (Cuba, Rusia, China, Irán) Contratos sobrefacturados · Reservas y finanzas Asesoría cubana en inteligencia y represión	**MÁXIMO**

Islote de Poder	Actores y Grupos Destacados	Áreas de Control	Nivel de Poder
Islote 2: DIOSDADO CABELLO (Segundo en poder) Segundo en más poder. Control del aparato partidista y SEBIN. Autonomía significativa.	Diosdado Cabello - 1er Vicepresidente PSUV Cúpula del PSUV Red de gobernadores y alcaldes Gustavo González López - Director SEBIN Control medios oficialistas (Con el Mazo Dando)	Partido Socialista (PSUV) SEBIN (Servicio Bolivariano de Inteligencia) Cartel de los Soles (narcotráfico) Contratos estatales sobrefacturados (Odebrecht) Control de colectivos armados Minería ilegal (Bolívar, Apure, Monagas, Zulia)	**MUY ALTO**
Islote 3: PADRINO LÓPEZ (Núcleo militar) Principal apoyo militar de Maduro. Veto de facto sobre decisiones críticas.	Vladimir Padrino López - ministro de Defensa Cúpula de la FAN - Generales y Almirantes Comandantes de REDI y ZODI Oficiales en zonas estratégicas	Fuerza Armada Nacional (FAN) Control fronterizo (Colombia, Brasil, Guyana) Empresas militares (CAMIMPEG, etc.) Zonas francas y puertos estratégicos Protección de rutas ilegales (narcotráfico)	**MUY ALTO**
Islote 4: COLECTIVOS E INTELIGENCIA Autonomía táctica en territorio. Coordinación estratégica para la represión sistemática.	**Colectivos armados:** Tupamaros · La Piedrita · Alexis Vive Frente 5 de Marzo · Coordinadora Simón Bolívar Megabandas en barrios populares **Inteligencia:** SEBIN · DGCIM · PNB	Control territorial en barrios populares Intimidación y represión extrajudicial Detenciones arbitrarias y torturas Vigilancia y seguimiento político Narcomenudeo y extorsión local Movilización política violenta	**MEDIO-ALTO**

Nota. La caracterización de los islotes se apoya en el marco de Alfaro (2020) y en fuentes oficiales y periodísticas. Las imputaciones de narcotráfico, lavado de dinero y corrupción aquí reseñadas corresponden a designaciones de la OFAC del Tesoro de Estados Unidos y a acusaciones formales del Departamento de Justicia de Estados Unidos —en particular la acusación por narcoterrorismo del 26 de marzo de 2020 contra Nicolás Maduro, Diosdado Cabello y Vladimir Padrino López, entre otros, ampliada en enero de 2026— y a investigaciones del periodismo independiente (Armando.info). Se trata de acusaciones aún no sometidas a sentencia firme. Los servicios de inteligencia (SEBIN, DGCIM, PNB) figuran en el Islote 4 por su función operativa en la represión territorial; su línea de mando, en cambio, corresponde a los islotes respectivos: el SEBIN al ascendiente faccional de Diosdado Cabello; la DGCIM, a la cúpula militar.

Fuente: Elaboración propia. Marco conceptual basado en Alfaro (2020). Información actualizada a diciembre de 2023 con datos de CSIS (2020), Provea (2021-2022), IRB Canada (2023) y fuentes periodísticas venezolanas verificadas.

Élites económicas y régimen de expoliación: la "boliburguesía" y los "enchufados"

La CIR no opera en el vacío como estructura exclusivamente político-militar. Su sostenibilidad depende críticamente de una red de élites económicas articuladas mediante contratos millonarios con el Estado, configurando un régimen de expoliación que trasciende la coalición interna para incorporar actores empresariales que se benefician del modelo extractivo. El Estilo Rentista permite al régimen distribuir discrecionalmente oportunidades de enriquecimiento entre empresarios leales, creando corresponsabilidad material en la perpetuación del autoritarismo.

Es muy evidente que este régimen se sostiene en el poder por la coalición gobernante, una cúpula militar con poder económico, y también por las élites relacionadas con la coalición gobernante, entre amigos, familiares y otros por vínculos donde están de por medio jugosos y millonarios contratos con el Estado, para las compras de alimentos y otros productos que son pagados no solo con dólares y euros, sino también con petróleo y toneladas de oro.

Alrededor de la coalición gobernante se ha tejido una red con subredes o grupos de personas que han registrado empresas dentro y fuera de Venezuela, para hacer grandes negocios con el Estado, estas élites económico-empresariales están vinculadas a los miembros de la coalición de gobierno encabezada por Maduro que necesita de estas élites para formar parte del enorme botín a repartir a través de alianzas estratégicas.

El principio ordenador del quehacer económico es, de acuerdo con Morales y García (2018), la correlación de fuerzas a favor en el plano político. Un régimen de expoliación con apoyo de los militares, donde el provecho del fruto económico es determinado por las relaciones de fuerza de una jerarquía de mando centralizada en torno al líder carismático. La participación de la sociedad estaría sujeta "a transacciones arbitrarias de tinte político que trocarían obsecuencia y lealtad a quienes detentan el poder, por el derecho a usufructuar, aunque fuese una pequeña porción de la riqueza" (Morales y García, 2018: 162).

El término élite, siguiendo a Figari (2023), se refiere al ejercicio del poder y al estatus social, político y económico privilegiado del que gozan ciertos grupos minoritarios en una sociedad con múltiples acciones e intereses que pueden ser contradictorios entre sí. Su posición social privilegiada le permite tomar decisiones con consecuencias para otros en ámbitos como la economía, la política y la cultura. Un rol de las élites económicas en regímenes autoritarios es la complicidad empresarial que se pueda dar conjuntamente con el gobierno hasta el punto de participar, entre otras cuestiones, en empresas ilegales (Sánchez, citado por Figari, 2023).

La construcción de alianzas estratégicas de las élites económicas con sectores políticos es uno de los mecanismos clave de reproducción de su poder: se crean vínculos formales e informales con las instituciones del Estado, alianzas que Figari (2023) denomina de consolidación/impunidad[8], de manera que ambas partes obtienen beneficios y

---

[8] Falta de castigo implica la ausencia de la aplicación efectiva de leyes. La impartición de justicia se encuentra atravesada por las relaciones de poder establecidas en la so-

reproducen la desigualdad. Asimismo, las políticas económicas y sociales implementadas por regímenes autoritarios y represivos crean un ambiente proclive para beneficiar "de manera directa a una pequeña élite de empresas y grupos económicos cercanos al régimen" (Figari, 2023: 71).

El Estilo Rentista constituye el mecanismo operativo fundamental que hace posible la reproducción de esta coalición autoritaria. El manejo personalista y discrecional de la renta petrolera por parte de Maduro y su círculo cercano permite: (1) mantener la lealtad de la cúpula militar mediante beneficios económicos directos; (2) articular élites económicas ("boliburguesía" y "enchufados") a través de contratos millonarios con el Estado; (3) distribuir clientelarmente recursos a sectores populares para mantener bases de apoyo; y (4) operar sin rendición de cuentas ante instituciones democráticas. La coalición CIR no se sostiene únicamente por ideología o carisma, sino fundamentalmente por el acceso privilegiado al usufructo de la renta petrolera que el Estilo Rentista facilita. Sin este flujo discrecional de recursos extraordinarios, la coalición perdería su principal mecanismo de cohesión y reproducción del poder.

Con Chávez y Maduro se conformó una "boliburguesía", que tuvo acceso a los contratos con el Estado, lo que le permitió acumular grandes fortunas en el marco de una economía centralizada, con controles de precios y de las divisas, a las que tuvieron acceso con enormes privilegios. Se les denomina los "enchufados" los nuevos grupos de poder movidos por el dinero y los contratos con el gobierno, "no solo se han favorecido del reparto de los ingresos del Estado, sino que también han sido útiles para la consolidación de un modelo autoritario en Venezuela" (Singer, 2023: 114), muchos de estos empresarios tienen en común sanciones del Departamento del Tesoro de los Estados Unidos y de otras jurisdicciones como la Unión Europea y Canadá por lavado de dinero y sonados casos de corrupción.

---

ciedad. "El concepto de impunidad no solo describe una situación jurídica, sino que refleja también el contexto político y social" (Figari, 2023: 72).

Empresarios como Alex Saab y Álvaro Pulido han controlado los negocios del petróleo, el oro, la gasolina, los alimentos y la construcción de casas de interés social, entre otros sectores de la economía. Parte de la élite empresarial del gobierno de Maduro cumple condena fuera de Venezuela, como Saab; otra, dentro del país, tras ser apresada por el propio gobierno en 2023. Son élites fugitivas (Singer, 2023), cuyas características más comunes son la corrupción en los negocios a través de los contratos con el Estado, la lealtad a la coalición gobernante y la opacidad.

Además, en un régimen autocrático como el de Maduro, las alianzas estratégicas que se tejen entre el gobierno y las élites económicas se han desarrollado mediante el ejercicio de una violencia funcional tanto a los intereses de Maduro y su coalición gobernante como a la obtención de la impunidad necesaria para seguir operando y reproduciendo sus modelos de acumulación. En estos contextos, la violencia política, la represión estatal y la impunidad son instrumentalizadas en beneficio de las élites económicas y en detrimento de los derechos civiles, políticos y económicos de sus víctimas (Figari, 2023).

El régimen de Nicolás Maduro constituye, indudablemente, un régimen de expoliación. García (2020: 205-206) caracteriza este tipo de régimen como un sistema orquestado desde el poder para el usufructo discrecional de la riqueza social, al margen de criterios de racionalidad económica o metas planificadas. En este modelo, el aprovechamiento de los recursos está determinado por relaciones de fuerza emanadas de una estructura jerárquica construida alrededor de un poder político autocrático.

La participación ciudadana en el disfrute de la riqueza social no obedece a normas institucionales, sino a transacciones políticas que intercambian lealtad y obsecuencia al poder por el derecho a participar en la depredación de recursos. El mercado como mecanismo autónomo de asignación de recursos y determinación de remuneraciones es sofocado mediante controles y regulaciones que los sectores dominantes explotan para apropiarse de la riqueza social. Este sistema genera favoritismos políticos y una multiplicidad de prácticas irregulares que terminan por destruir la economía (García, 2020).

Un régimen rentista de expoliación de carácter populista, "en una alianza con personalidades, agrupaciones y sectores que participan heterogéneamente en el usufructo de la riqueza, legitimada social y políticamente mediante programas de reparto clientelar a sectores humildes" (Morales y García, 2018: 162). La búsqueda de rentas es el incentivo principal de las prácticas de expoliación debido al dinero que proviene de la exportación de petróleo y de otras commodities.

El Estilo Rentista como mecanismo operativo del autoritarismo extractivo

El análisis presentado demuestra que el Estilo Rentista constituye el mecanismo operativo que articula y hace sostenible cada uno de los elementos del autoritarismo madurista documentados en esta sección. Primero, permite al régimen autoritario cerrado prescindir del pluralismo democrático y de la competencia política genuina, sustituyéndolos por la distribución clientelar de recursos que genera dependencia económica hacia el Estado entre los sectores estratégicos. Segundo, cohesiona la Coalición Iliberal Revolucionaria al garantizar el acceso privilegiado y discrecional al usufructo de las rentas petroleras y mineras para las élites político-militares, creando incentivos materiales directos para mantener la lealtad independientemente del desempeño económico agregado o de la legitimidad democrática. Tercero, articula a las élites económicas ("boliburguesía" y "enchufados") mediante contratos millonarios opacos con el Estado que generan fortunas personales extraordinarias a cambio de lealtad política incondicional. Cuarto, sostiene el régimen de expoliación que extrae sistemáticamente riqueza social sin rendición de cuentas ni criterios de racionalidad económica, permitiendo que las élites conectadas se enriquezcan mientras más del 80 % de la población se empobrece.

Sin este patrón específico de gestión discrecional, personalista y opaca de la renta petrolera y minera que he caracterizado como Estilo

Rentista, ni la deriva hacia el autoritarismo cerrado, ni la CIR, ni las élites extractivas, ni el régimen de expoliación serían sostenibles en las condiciones de colapso económico que caracterizan la Venezuela de Maduro. El Estilo Rentista no es simplemente un rasgo económico del régimen sino el engranaje político-económico fundamental que hace viable la persistencia del populismo sin democracia mediante instituciones extractivas que bloquean mecanismos endógenos de corrección que en contextos democráticos forzarían alternancia política o cambios de política ante un fracaso económico catastrófico. Esta comprensión integrada será fundamental para el análisis de sectores específicos como PDVSA y la política social que desarrollo en las secciones siguientes.

Este régimen rentista de expoliación opera precisamente a través del Estilo Rentista, que institucionaliza el manejo discrecional de recursos sin controles democráticos efectivos. El autoritarismo de Maduro y su coalición no podrían sostenerse sin esta forma específica de gestión de la renta que he caracterizado: personalista, clientelar, opaca y orientada a la reproducción del poder antes que al desarrollo económico del país.

4
Estilo Rentista, instituciones extractivas y gestión burocrático-populista en el gobierno autoritario de Maduro. El caso de PDVSA

Instituciones extractivas versus instituciones inclusivas

Acemoglu y Robinson (2012) distinguen en su libro *Por qué fracasan los países* dos tipos de instituciones: extractivas e inclusivas. Ambos tipos tienen expresión tanto política como económica, pero se diferencian sustancialmente. García (2020: 51), siguiendo a Acemoglu y Robinson (2012), define las instituciones extractivas como aquellas diseñadas para extraer rentas y riqueza del conjunto de la sociedad en beneficio de las élites dominantes. Estas instituciones se asocian con autocracias que concentran el poder con escasos límites para su provecho personal. Las élites dominantes tienen interés en fortalecer esta institucionalidad extractiva tanto en su dimensión económica como en la política, recurriendo cuando es necesario a mecanismos de naturaleza abiertamente represiva para preservar su posición privilegiada.

En cambio, las instituciones inclusivas se expresan en un Estado de Derecho que provee un marco de reglas de juego comunes a la sociedad, se afianzan en garantías a la propiedad y en el respeto por los derechos adquiridos por diferentes actores, favorecen un mayor reparto del poder político en la sociedad, por lo que la inclusividad es su mayor rasgo tanto en el plano político como en el económico (García, 2020).

El Estilo Rentista constituye el mecanismo que institucionaliza y reproduce las instituciones extractivas en Venezuela. Como herramienta analítica, el Estilo Rentista nos permite comprender cómo el manejo personalista y discrecional de la renta petrolera, sin rendición de cuentas ni consensos políticos, genera y perpetúa instituciones económicas y políticas extractivas que concentran poder y riqueza en élites dominantes. No se trata simplemente de una economía rentista (hecho económico) ni de un Estado rentista (hecho político), sino de un estilo de gestión que articula ambas dimensiones para configurar prácticas populistas y clientelares enquistadas en el aparato público. PDVSA, como muestro a continuación, ejemplifica la operación del Estilo Rentista en la principal institución económica del país.

El modelo extractivista-rentista en Venezuela: de Chávez a Maduro

Con la gestión de gobierno de Chávez, el modelo de desarrollo consistió en la distribución directa de las rentas petroleras a través de un sistema de gasto público altamente centralizado (Ochoa, citado por Medrano-Caviedes, 2019). La administración de Chávez planteó principalmente, "1) fortalecer al Estado desde adentro, a través de la reafirmación de su rol como el principal propietario, promotor y regulador de la economía, por una parte, y 2) apoyarse en el sector de hidrocarburos como palanca crucial para el desarrollo de otras industrias y sectores de la economía" (Ministerio de Planificación y Desarrollo, 2001, citado por Medrano-Caviedes, 2019: 153). "De esa forma, la renta petrolera siguió siendo concebida como fuente fundamental para el financiamiento del nuevo modelo revolucionario y nacionalista [...]" (Medrano-Caviedes, 2019: 153).

Venezuela, durante los regímenes de Chávez y Maduro, ha acentuado su modelo económico como productor primario de materia prima. Sobre este particular, Webber (2019) señala que profundizar la dependencia de la exportación petrolera fue la maniobra política de menor resistencia para los administradores del Estado, pues les permitía sostener a corto plazo las políticas redistributivas que apuntalaron la permanencia del chavismo en el poder; al amparo de la bonanza, resultó más sencillo ahondar en el modelo primario-exportador heredado que transformarlo.

En Venezuela, en los gobiernos de Chávez y Maduro, más que crear y fortalecer las instituciones inclusivas, se consolidaron las instituciones muy propias del Estilo Rentista: las instituciones económicas extractivas; esto permitió forjar una relación paternalista y clientelar, de prácticas populistas desde el aparato público. En las reglas de juego del marco institucional está presente el populismo con foco en la distribución del ingreso; esto deja ver el tipo de instituciones deseadas.

No obstante, ante la imposibilidad de diversificar el aparato productivo y ante la disminución de los precios del petróleo en el mercado internacional, las sanciones y la caída de la producción de los hidrocarburos, la estrategia del gobierno de Nicolás Maduro ha sido diversificar el extractivismo, con foco en las actividades de las minas en el Arco Minero del Orinoco. Mediante el control del sector extractivo —minería e hidrocarburos— por parte del Estado, este garantiza el incremento de las rentas extractivas, con el propósito de generar un efecto de derrame de esas rentas a otros ámbitos de la economía.

Venezuela, con un Estado propietario, tiene una capacidad de gasto y financiamiento también muy grande, y ello apunta al patrimonialismo, donde el líder maneja los recursos públicos como patrimonio personal, ejerciendo un clientelismo personalizado sin mediación organizacional, propio de sociedades desarticuladas o estructuradas en torno al poder del dirigente. El sistema opera mediante la construcción progresiva de instituciones que conforman una arquitectura financiera que permite al líder el control directo de grandes recursos. Para ello, se instrumentaliza el dominio sobre los poderes del Estado, logrando la aprobación de leyes y sentencias favorables, creando entidades "de desarrollo" y legitimando constitucionalmente decisiones financieras discrecionales (Bautista Urbaneja, 2013: 378).

Lo descrito anteriormente siguiendo a Bautista Urbaneja (2013) se corresponde con una economía política muy simple, que no es más que la lógica clientelar de distribución de la renta petrolera. En toda esta lógica clientelar está presente el populismo.

Esta "lógica clientelar de distribución de la renta petrolera" que menciona Bautista Urbaneja (2013) es precisamente la manifestación operativa del Estilo Rentista. En toda esta lógica clientelar no solo está presente el populismo, sino que el Estilo Rentista es el que hace posible su reproducción sistemática: la disponibilidad de recursos extraordinarios sin necesidad de producirlos, gestionados discrecionalmente por el líder y su coalición, permite prácticas populistas que en otros contextos resultarían inviables financieramente.

Venezuela configura un régimen populista extractivista con prácticas autoritarias crecientemente acentuadas. Esta caracterización se sustenta en la relación intrínseca entre extractivismo y autoritarismo que señala Gudynas (2018), quien plantea que los modelos extractivistas no solo promueven, sino que requieren estructuras políticas autoritarias para su funcionamiento. Los efectos del derrame del extractivismo generan consecuencias que erosionan derechos y democracia, creando condiciones propicias para la conformación de autoritarismos (Gudynas, 2015).

¿Por qué el populismo derivó en autoritarismo en Venezuela? De la Torre ofrece una explicación estructural vinculada a las políticas de extracción de recursos naturales. Los Estados rentistas, al disponer de recursos fiscales generados por la explotación de hidrocarburos y minerales, emplean estas rentas discrecionalmente para consolidar clientelas políticas. La experiencia histórica demuestra que los proyectos de transformación sustentados en la fantasía del "pueblo como uno" inevitablemente derivan en autoritarismo (De la Torre, 2017: 139-140).

La relación entre rentismo, autoritarismo y populismo configura un trinomio difícil de desarticular en la Venezuela de Nicolás Maduro. El régimen requiere lo que Svampa (2019) denomina populismo de alta intensidad, o lo que De la Torre (2020) conceptualiza como populismo fuerte. Esta relación se perpetúa en la práctica gubernamental como estrategia para la permanencia en el poder.

La economía venezolana ha sido históricamente dependiente del petróleo, pero durante la Revolución Bolivariana esta dependencia se exacerbó dramáticamente. Puente y Rodríguez (2020: 68) señalan que en este período el petróleo llegó a representar el 96 % de las divisas necesarias para importar bienes y servicios, convirtiendo a Venezuela en un Estado más rentista que nunca.

Con una economía dependiente de la renta petrolera se generan contradicciones en el interior del gobierno a propósito del impulso de políticas de industrialización, en el marco de esas contradicciones, el populismo se revitaliza, toma oxígeno como estrategia política. La lógica rentista refuerza un modelo de Estado vertical y centralizado y la gestión del gobierno se organiza administrativamente en torno a una gestión burocrático-populista como se explicará más adelante.

Para 2023, observo el agotamiento de un modelo de desarrollo basado en la inyección de petrodólares en la economía, centrado en los incrementos del gasto público, gracias a los coyunturalmente altos precios del petróleo. Una mala gestión de las instituciones ha sido el verdadero origen del colapso de la economía venezolana. Venezuela, en comparación con otros países latinoamericanos, ha sido el país donde el nacionalismo extractivo ha sido el más radical (Fontaine, 2018). Algunos rasgos de la gestión en los gobiernos de Maduro en las instituciones son los siguientes:

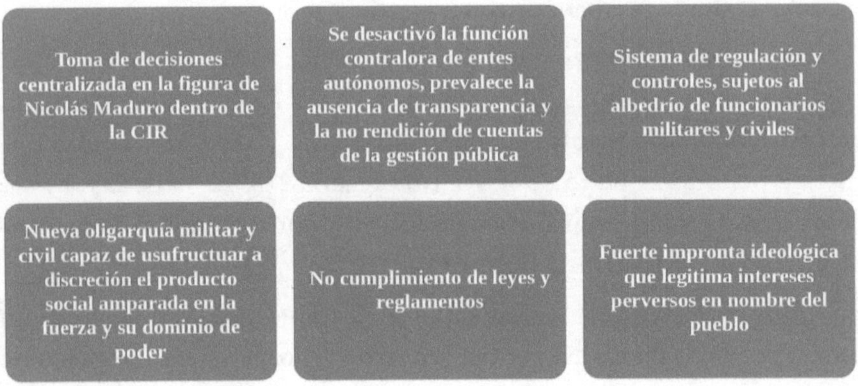

Figura 3. *Principales rasgos de la gestión pública en las instituciones del gobierno autoritario de Maduro.*

Fuente: Elaboración propia con base en García (2020: 226).

El modelo de gestión burocrático-populista: herencia colonial y características estructurales

América Latina ha permanecido atrapada desde la época colonial en un sistema altamente jerárquico, burocrático y patrimonialista heredado de la Corona española. Méndez (2020: 22) identifica cuatro mecanismos que estructuraron este sistema: una marcada jerarquización, una estricta regulación normativa, una administración pública radial y traslapada donde las líneas de subordinación convergían directamente en el monarca, generando competencia entre súbditos, y una orientación distributiva de las políticas mediante la cual el rey otorgaba o retiraba privilegios discrecionalmente.

La complejidad de este sistema altamente regulatorio generó en el derecho castellano la paradójica fórmula del "obedézcase, pero no se cumpla", expresión emblemática de la brecha entre formalidad legal y práctica efectiva. Esta lógica ha configurado en América Latina un Estado corporativista, legalista y centralizado, cuyas políticas distributivas y regulatorias incentivan prácticas de corrupción y clientelismo. Como sostiene Méndez (2020), la región ha quedado atrapada en un círculo vicioso donde el elitismo y autoritarismo en los ámbitos económico, político y social se retroalimentan mutuamente, obstaculizando la acción colectiva orientada al interés nacional.

Para Roth (2019), el gobernante latinoamericano tiene una idea en su cultura católica de que el poder debe ser ejercido de manera vertical y jerárquica. Para este autor, allí está el dilema: culturalmente se quiere dominar de forma vertical y autoritaria, pero el gobierno no cuenta con las herramientas o la capacidad para hacerlo, y se crea así una tensión con políticos que, para superar este problema, se vuelven más autoritarios y pierden la capacidad de diálogo con la sociedad.

La actividad petrolera venezolana se caracteriza por su naturaleza extractora de rentas, operando bajo una estructura institucional que replica patrones coloniales, análoga al sistema de regalías monárquicas. En este contexto, gran parte de la historia petrolera del país ha estado marcada por disputas en torno al reparto de la renta petrolera (Morales y García, 2018).

Esta abundancia de recursos petroleros permitió al Estado venezolano financiar políticas económicas intervencionistas sin necesidad de crear capacidades productivas propias. El proceso de sustitución de importaciones comenzó a evidenciarse tras la Segunda Guerra Mundial, consolidándose con mayor claridad durante los inicios de la democracia, cuando el Estado promovió expresamente este modelo económico. Sin embargo, esta estrategia de desarrollo, financiada con la renta petrolera, sentó las bases de una gestión burocrática y distributiva que perpetuó la dependencia del extractivismo (Ochoa y Fuenmayor, 2006).

La economía por sustitución de importaciones requirió del apoyo del Estado, tanto a la oferta como a la demanda, llevado a cabo a través de diversas estrategias; el apoyo a la oferta se dio con el financiamiento a largo plazo, tiempo muerto e intereses bajos a los empresarios y la dotación de infraestructura, entre otras vías. El estímulo al crecimiento de la demanda tuvo lugar al incrementar el gasto público para apoyar la oferta, pero también al aumentar el llamado gasto social y al expandir los sistemas y procesos administrativos, con lo cual además se daba respuesta a las demandas de la naciente democracia y de los partidos y grupos participantes en el Pacto de Punto Fijo (Ochoa y Fuenmayor, 2006).

En este contexto se impulsó un estilo de gestión llamado burocrático-populista. Ochoa et al. (1996) identificaron originalmente el modelo de gestión burocrático-populista para analizar la administración pública venezolana durante el período democrático, explorando las siguientes variables: sujetos y procesos de decisión, centralización de las decisiones, regulación y control, tamaño organizativo, administración del personal y planificación. Ochoa y Fuenmayor (2006) continuaron desarrollando este modelo durante los primeros años del chavismo.

Los principales rasgos de la gestión pública desarrollada desde los inicios de la democracia, según Ochoa et al. (1996) citados en Ochoa y Fuenmayor (2006), son los siguientes:

La creación de numerosas instituciones del Estado como estrategia para la prestación de los bienes y servicios, el ciudadano es tratado como un cliente político, hasta llegar a convertir sus derechos en favores; el proceso de las decisiones se caracterizó por la centralización de las decisiones estratégicas y cotidianas en la cúpula de la administración pública nacional; los principales actores participantes en la toma de las decisiones son militantes del partido de gobierno y empresarios, conjuntamente con grupos de presión organizados, algunos de ellos subordinados a los partidos, tal es el caso de los sindicatos. La planificación es un instrumento de legitimación escasamente vinculado con el proceso de las decisiones; en el sistema de administración de personal privan las relaciones político-partidistas, en el contexto de estabilidad laboral sin evaluación, rigidez en la asignación de tareas y escaso interés en la capacitación; débil control del cumplimiento del modelo normativo y contrariamente, una excesiva y complicada regulación cuya solución da margen al clientelismo.

Geddes (1994) ofrece una explicación teórica fundamental sobre por qué estos rasgos del modelo burocrático-populista persisten a pesar de su ineficiencia económica evidente. La autora identifica lo que denomina el "dilema del político" (politician's dilemma): existe una tensión estructural entre la eficiencia administrativa y el mantenimiento del poder. Aunque los gobernantes reconocen que las instituciones meritocráticas basadas en la competencia técnica y el servicio civil profesional generarían mejores resultados de desarrollo, desde la perspectiva de quien busca permanecer en el poder, estas instituciones son subóptimas porque limitan el patronazgo, crean burocracias autónomas que pueden resistir órdenes políticas, reducen el control sobre los recursos y debilitan la construcción de coaliciones mediante el clientelismo.

Geddes demuestra que los políticos latinoamericanos resuelven este dilema consistentemente a favor del patronazgo, especialmente en contextos de abundancia de recursos que permiten financiar sistemas clientelares masivos sin restricciones fiscales convencionales. Esta explicación resulta crucial para comprender por qué el modelo de gestión burocrático-populista, lejos de ser producto de la ignorancia administrativa, representa una elección racional desde la lógica de supervivencia política en contextos rentistas.

Por consiguiente, estos rasgos del modelo burocrático-populista se encuentran enquistados en el aparato público venezolano desde que avanzó la economía por sustitución de importaciones, luego en la década de los noventa, con el avance de la descentralización político-territorial[9] (fue un esfuerzo por cambiar las instituciones económicas ex-

---

[9] La descentralización político-territorial transcurrió en el período de transición entre la Cuarta y la Quinta República, que Bautista (2022) describe como diez años que "se produce bajo las mismas reglas políticas formales y con los mismos protagonistas de la Cuarta República" (Bautista Urbaneja, 2022: 151). Fue una etapa de grandes reformas en la que la COPRE y los organismos multilaterales tuvieron un papel protagónico. En lo político se adoptó la elección directa de gobernadores y alcaldes y la transferencia de competencias generadoras de ingresos al nivel subnacional; en lo económico se buscó una economía abierta y competitiva, menos dependiente de la renta petrolera, gestionada por funcionarios "caracterizados por un alto nivel de preparación académica y gerencial y alineados con las ideas económicas predominantes en el momento en los organismos económicos internacionales, como el Banco Mundial y el Fondo Monetario Internacional" (Bautista Urbaneja, 2022: 153).

tractivas por instituciones inclusivas), coexistieron estas prácticas con prácticas del modelo tecnocrático[10] con base en las propuestas de la Nueva Gestión Pública[11]. Estas últimas prácticamente desaparecieron en los gobiernos de Chávez y Nicolás Maduro, y las prácticas que se han intensificado son las del modelo burocrático-populista conjuntamente con el modelo extractivista-rentista, dos modelos con una lógica populista que impide a Venezuela salir del subdesarrollo.

Una precisión metodológica es pertinente. El modelo de gestión burocrático-populista no es un rasgo aislado de una institución, sino un estilo de gestión pública que Ochoa et al. (1996) identificaron para la Venezuela democrática y que Ochoa y Fuenmayor (2006) sistematizaron en sus rasgos constitutivos; por su propia naturaleza, ese estilo permea el conjunto del aparato público. De ahí que en esta investigación documente sus rasgos con el rigor que la evidencia disponible permite en cada caso: de manera exhaustiva en PDVSA —la principal institución rentística del país—; con ese mismo modelo en el Arco Minero del Orinoco, en la medida en que la información recabada durante la investigación lo hizo posible; y mediante la identificación de los rasgos que las fuentes consultadas revelan en otras instancias del Estado, como el aparato judicial. Que en un ámbito documente más rasgos que

[10] En el marco de la descentralización de los noventa, el Estado adoptó un modo de organización con rasgos tecnocráticos (Fuenmayor, 2018), cuyas características —según Ochoa y Fuenmayor (2006: 152) y aportes propios— incluyen: el ascenso de técnicos con racionalidad economicista a la toma de decisiones; la descentralización como estrategia de eficiencia y fortalecimiento democrático; la participación ciudadana en la ejecución de políticas; la reducción y flexibilización del empleo mediante privatización, subcontratación y traspaso de funciones a ONG; sistemas de información sofisticados de acceso burocrático; la atención a la productividad en la selección, capacitación y ascenso del personal; y la orientación al ciudadano considerado como "cliente económico". Hoy ese modelo gerencial se complementa con la gobernanza, la administración digital y la inteligencia artificial, en un modelo híbrido y abierto (Ramió, 2022).

[11] Guerrero (2004: 57) enumera ocho conceptos que definen la Nueva Gestión Pública (NGP), estos son: 1) orientación al cliente; 2) privatización; 3) mercado; 4) competencia; 5) enfoque empresarial-gerencial; 6) gerencia por objetivos y resultados; 7) agenciación y 8) reducción de costos. Este enfoque aspira a que el Estado se convierta en un Estado empresarial.

en otro no obedece a modelos distintos, sino al alcance del estudio y a la evidencia disponible en cada institución, pues se trata de un mismo patrón presente en todo el aparato público.

Centralización, discrecionalidad y corrupción en el régimen de Maduro

El proceso de transformación iniciado en 1999 con la Revolución Bolivariana bajo el liderazgo de Hugo Chávez se alineó marcadamente con una ideología nacionalista de carácter extractivista. Medrano-Caviedes (2019: 149) señala que el Estado adoptó un modelo de gobernanza jerárquico que intensificó la dirección de las políticas de desarrollo, así como el control, la planificación y la regulación de las actividades productivas mediante el dominio absoluto sobre la industria petrolera y, consecuentemente, sobre las rentas generadas. Esta transformación propició la concentración de poder en el Ejecutivo, erosionando los sistemas de control democrático y rendición de cuentas.

La reestructuración del sector público bajo un esquema jerárquico incluyó la creación de comisiones centrales y ministerios especializados diseñados para concentrar el poder y vincular directamente los procesos de formulación de políticas a la presidencia (Medrano-Caviedes, 2019).

Álvarez (2017: 48) caracteriza el modelo extractivista-rentista como inherentemente centralista y concentrador de poder. El liderazgo caudillista reforma el marco legal para crear fondos que permiten el uso discrecional de la renta, vulnerando la autonomía de los otros poderes públicos y sometiendo al control central a las gobernaciones, las alcaldías, las empresas estatales, los institutos autónomos y las demás instituciones dependientes de los presupuestos y los créditos controlados por quien concentra el poder. Cualquier postura crítica o disidente es castigada mediante el despojo o la retención de los recursos necesarios para su operatividad.

Este modelo concentra las decisiones estratégicas en una persona o institución ubicada en la capital, clausurando espacios para la participación ciudadana activa en los asuntos que afectan su vida cotidiana. El manejo discrecional de la renta acentúa esta inercia centralizadora, generando que no solo las decisiones estratégicas sino incluso las rutinarias requieran la firma presidencial o ministerial, provocando una acumulación burocrática de trámites pendientes que aguardan aprobación en los escritorios del poder central (Álvarez, 2017).

Este contexto propicia una multiplicidad de prácticas corruptas orientadas a capturar la mayor porción posible de la renta. Álvarez (2017: 49) identifica un repertorio de mecanismos irregulares que incluyen la apropiación indebida de los fondos públicos, la malversación presupuestaria, el amiguismo y el compadrazgo en el tráfico de influencias para favorecer a determinados grupos de interés en las asignaciones de divisas, las exoneraciones fiscales y arancelarias, las contrataciones públicas y la adjudicación de obras. A estas prácticas se suman el peculado, el soborno, los sobreprecios, las empresas ficticias, el uso de testaferros, las importaciones fraudulentas, la deuda externa ilegítima y la fuga de capitales, configurando un sistema que institucionaliza la corrupción como mecanismo de apropiación de riqueza.

Los populismos eliminan la descentralización política del poder y centralizan el poder, eliminando toda idea de la autonomía política territorial. El populismo, como resultado del control total del poder, generalmente trae como consecuencia el desarrollo de un cuadro de corrupción masiva, la ausencia de transparencia, de rendición de cuentas o de posibilidad alguna de exigencia de responsabilidades de los funcionarios.

Brewer-Carías (2020: 7) coincide con la postura de Álvarez (2017) al señalar que los gobiernos populistas se transforman en estructuras burocráticas clientelares donde se abandona toda noción de competencia o mérito en la función pública. La administración se convierte, mediante los programas de subsidios y dádivas característicos del populismo, en un instrumento dual: por un lado, ejerce control sobre la población multiplicando el clientelismo político; por otro, funciona como mecanismo de exclusión que priva de beneficios a quienes disienten del régimen.

El argumento de Geddes (1994) se aplica con particular intensidad al caso venezolano bajo Maduro. El régimen enfrenta el "dilema del político" en condiciones extremas: por un lado, la crisis económica agudiza la necesidad de las reformas meritocráticas que mejoren la gestión pública; por otro, precisamente esa crisis aumenta exponencialmente el valor político del patronazgo, ya que, en contextos de escasez extrema, el control sobre la distribución de los recursos se convierte en el principal mecanismo de construcción de lealtades y supervivencia del régimen.

La disponibilidad de la renta petrolera (aunque reducida comparada con la bonanza) permite al gobierno de Maduro mantener un sistema de patronazgo masivo sin necesidad de generar consensos políticos ni desarrollar capacidades estatales efectivas. La proliferación de las empresas estatales en PDVSA, la creación de instituciones paralelas, y la expansión burocrática que analizaré a continuación no son errores administrativos, sino estrategias racionales de construcción y mantenimiento de poder mediante el control clientelar de los recursos en un contexto rentista. Geddes demuestra que la "ineficiencia" observada es, paradójicamente, eficiente desde la lógica de maximización de supervivencia política del régimen autoritario.

Rasgos del modelo de gestión burocrático-populista en PDVSA bajo el gobierno de Maduro (2013-2023)

El análisis teórico e histórico desarrollado encuentra su validación empírica más contundente en la gestión de Petróleos de Venezuela (PDVSA) durante el gobierno de Nicolás Maduro. Como principal institución económica extractiva del país y fuente primaria de la renta petrolera, PDVSA ha operado históricamente bajo el Estilo Rentista que he caracterizado. Sin embargo, durante el período 2013-2023, los rasgos del modelo de gestión burocrático-populista se han intensificado y perfeccionado de manera sistemática, transformando a PDVSA de empresa productiva en instrumento de control político y distribución clientelar.

El Cuadro 3 documenta exhaustivamente las manifestaciones concretas de estos rasgos en PDVSA durante la gestión de Maduro, evidenciando cómo cada característica del modelo de gestión burocrático-populista opera en la práctica gubernamental venezolana contemporánea. La evidencia presentada demuestra que la gestión de PDVSA bajo Maduro representa la institucionalización completa del modelo extractivo donde la eficiencia productiva se subordina sistemáticamente a los objetivos de control político y reproducción del poder autoritario mediante el Estilo Rentista.

Cuadro 3. *Radicalización de los rasgos del modelo de gestión burocrático-populista bajo Maduro*

Rasgo del modelo de gestión burocrático-populista	En democracia (Ochoa et al., 1996)	Bajo Maduro: Radicalización
1. Sujetos de decisión	Hombres de partido y empresarios en la cúpula del poder	Actores cívico-militares sin experiencia técnica. **Militarización radical**
2. Centralización de decisiones	Decisiones estratégicas y cotidianas en la cúpula nacional	Maduro a presidente de PDVSA (autosupervisión). **Centralización extrema**
3. Planificación	Instrumento de legitimación, escasamente vinculado a decisiones	Planes incumplidos sistemáticamente (TRIP 2021). **Desvinculación total**
4. Regulación y control	Excesiva regulación, débil control, margen para clientelismo	Ley Antibloqueo, caso PDVSA-Cripto. **Opacidad institucionalizada**

Rasgo del modelo de gestión burocrático-populista	En democracia (Ochoa et al., 1996)	Bajo Maduro: Radicalización
5. Concepción burocrática	Creación de instituciones como respuesta a objetivos	Creación/eliminación para redistribuir el control de la renta. **Instrumentalización extractiva**
6. Administración de personal	Relaciones político-partidistas, estabilidad sin evaluación	Despido masivo de técnicos, salarios de $20/mes. **Precarización sistemática**
7. Capacitación	Escaso interés, no constituye demanda de la dirección	INCES forma en cocina, no en hidrocarburos. **Operación ideológica**
8. Evaluación	Selectiva, dentro del contexto de estabilidad	Sin proceso transparente ni sistemático. **Evaluación eliminada**
9. Ciudadano como cliente	Derechos convertidos en favores, clientelismo partidista	Carnet de la Patria, subsidios condicionados. **Control digital total**

Fuente: Elaboración propia con base en Ochoa et al. (1996), Ochoa y Fuenmayor (2006) y datos de esta investigación.

El Cuadro 3 sintetiza cómo los rasgos del modelo de gestión burocrático-populista identificados por Ochoa et al. (1996) para la Venezuela democrática se radicalizaron bajo el régimen de Maduro. Los rasgos documentados a continuación evidencian empíricamente esta radicalización durante el período 2013-2023.

Manifestación concreta de los rasgos del modelo de gestión burocrático-populista en la gestión de PDVSA[12]

A continuación, documento los rasgos del modelo burocrático-populista —sistematizados por Ochoa y Fuenmayor (2006) a partir de Ochoa et al. (1996)— identificados en PDVSA bajo el gobierno de Nicolás Maduro:

1. Creación o reestructuración de numerosas instituciones del Estado. Un primer rasgo se manifiesta en la creación, en 2016, de la Compañía Anónima Militar de Industrias Mineras, Petrolíferas y de Gas[13] (CAMIMPEG), que, según Maduro, respondería a un "nuevo modelo de gestión". Se trata de una empresa con atribuciones y funciones muy semejantes a las de PDVSA —de hecho, una petrolera creada en paralelo a esta—, aunque de carácter militar y adscrita al Ministerio para la Defensa y, "por tanto, desvinculada, en el marco de la organización de la Administración Pública, del sector de energía y petróleo" (Brewer-Carías, 2018: 313).

A ello se sumó, en 2017, la autorización para crear la empresa mixta Petrosur, S. A[14]., dedicada a la producción, el mejoramiento y la co-

---

12 "PDVSA fue creada en 1975 como empresa matriz de la industria petrolera nacionalizada, con el Estado como único accionista, autonomía del Gobierno y criterio empresarial. Tras veinte años operando así, en 1994 era catalogada como la segunda mayor petrolera del mundo y la mayor empresa de cualquier sector de América Latina" (Brewer-Carías, 2021: 405-406).

13 Con la creación de CAMIMPEG en 2016 (empresa petrolera militar con funciones en petróleo, gas y minería), Brewer-Carías (2018: 316) advierte sobre el "vaciamiento progresivo" de PDVSA y sus filiales (Corpoven, PDVSA Petróleo, Bariven), que quedarían como "cascarones vacíos".

14 Aprobada por la junta directiva de PDVSA el 22 de marzo de 2017 la constitución de la empresa mixta, propuesta de aprobación presentada a Maduro en mayo de 2017. De acuerdo con Brewer-Carías (2018), la autorización para la constitución de dicha empresa mixta es ilegal, ya que fue autorizada por la Sala Constitucional del Tribunal Supremo de Justicia y no por la Asamblea Nacional. Luego Maduro dictó un decreto en agosto de 2017 donde autorizó la creación de dicha empresa a través de un contrato a ser suscrito entre las partes contratantes: "La Corporación Venezolana del Petróleo (CVP), con 60 % del capital social y la empresa Stichting Administratiekan-

mercialización de petróleo crudo pesado y extrapesado en un área de la Faja Petrolífera del Orinoco (Brewer-Carías, 2018); se trata, además, de una empresa cocontratante[15] de la estatal PDVSA. Para liderar esta transición, Maduro nombró al militar Manuel Quevedo —ministro de Petróleo y presidente de PDVSA— con el encargo de reestructurar la petrolera y todas las empresas estatales del sector, de modo que pudiera crear, modificar o eliminar compañías mediante decretos presidenciales.

Según el comisario de la empresa, en 2017 PDVSA contaba con 299 filiales activas y 121 inactivas, muchas de ellas dedicadas a la ganadería y la agricultura, a la importación y distribución de alimentos, a la fabricación de ladrillos, a la construcción de viviendas o al transporte de materiales y personas (Coronel, 2023).

En mayo de 2020 el gobierno anunció una reestructuración de PDVSA orientada a concentrar sus esfuerzos en el negocio del petróleo y el gas, eliminando su participación en los negocios no petroleros; entre las empresas que este proceso contemplaba suprimir se encontraban PDVSA Social, PDVSA Gas Comunal, PDVSA Ingeniería y Construcción, PDV Marina, PDVSA Naval, PDVSA TV, PDVSA Industrial, Bariven, PDVSA Agrícola, PDVSA Servicios, PDVSA Servicios Inmobiliarios, PDVSA Desarrollos Urbanos y la Empresa Nacional de Transporte, además de la venta de las participaciones de PDVSA América en filiales y compañías, la fusión de PDVSA Petróleo con la CVP y la creación de PDVSA Rusia y de nuevas empresas mixtas.

La Comisión de Reestructuración se propuso, asimismo, aumentar la presencia privada en 46 empresas mixtas del sector petrolero y gasífero y en 14 empresas de servicios conexos, y consideró la venta de paquetes accionarios en las empresas mixtas que operan en los campos

---

toor Inversiones Petroleras Iberoamericanas con el 40 % del capital social" (Brewer-Carías, 2018: 312).

[15] Seleccionada "a dedo", sin ningún proceso de licitación. Previamente dicha empresa se había constituido en La Haya en abril de 2017, sin experiencia en materia petrolera (Brewer-Carías, 2018).

petroleros (Transparencia Venezuela, 1 de diciembre de 2021). La concesión figura entre las modalidades de privatización contempladas para empresarios afines al gobierno, nacionales y extranjeros, y la primera decisión para iniciar la reestructuración fue la creación de la empresa PDV Puertos[16] en sustitución de PDV Marina[17].

En mayo de 2020 PDVSA revocó las concesiones de un grupo de operadores de estaciones de servicio de alcance nacional y las entregó a empresarios del régimen (Transparencia Venezuela, 1 de diciembre de 2021). Esa misma fuente señala que, según el portal Petroguía, veinte empresas firmaron acuerdos con PDVSA bajo la modalidad de Acuerdos de Servicios Productivos (ASP) para levantar la producción en 106 de los 432 campos existentes en Venezuela —áreas operadas en un 100 % por PDVSA o controladas por empresas mixtas—, en un proceso carente de claridad que se cobija bajo la Ley Antibloqueo aprobada a finales de 2020.

La política de venta de activos llevó a PDVSA de poseer o tener acceso a 24 refinerías dentro y fuera de Venezuela en 1999, a contar con apenas 9 en 2020; un caso destacado fue la venta, ese mismo año, de la Refinería Dominicana de Petróleo (Refidomsa), cuando Venezuela traspasó el 49 % de sus acciones al gobierno dominicano por 88,1

[16] Según su decreto de constitución del 11 de mayo de 2020, esta empresa podrá dar concesiones y asociarse con otras empresas, lo que da cuenta de una modalidad de privatización con socios privados. La función de PDV Puertos sería la distribución y el transporte marítimo de los hidrocarburos y sus derivados. Esta empresa tiene como parte de sus activos, una flota de buques tanqueros y gaseros, empujadores, gabarras, botes de tanque y unidades de remolcadores, por lo que queda autorizada mediante decreto obtener ingresos por concesiones y autorizaciones mediante permisos o licencias a empresas privadas "para operar distintas áreas del negocio de transporte marítimo" (Transparencia Venezuela, 1 de diciembre de 2021).

[17] "El 6 de marzo de 2020, funcionarios de la Dirección General de Contrainteligencia Militar (DGCIM), detuvieron al presidente de PDV Marina, Oswaldo Vargas, bajo supuestos cargos de corrupción, días antes se habían llevado detenidos a otros funcionarios de la estatal en medio de la reestructuración de la compañía" (Transparencia Venezuela, 1 de diciembre de 2021).

millones de dólares (Transparencia Venezuela, 1 de diciembre de 2021).

En marzo de 2023, mediante decreto publicado en la Gaceta Oficial del día 22, Maduro derogó la Comisión Presidencial "Alí Rodríguez Araque", creada en 2020 para reestructurar PDVSA y "acabar con el burocratismo"; los tres años de esa instancia, presidida por Tareck El Aissami, cerraron con promesas incumplidas de un nuevo comienzo, lucha contra la corrupción y eliminación de la burocracia (Transparencia Venezuela, 31 de marzo de 2023). La derogación coincidió con el estallido del escándalo PDVSA-Cripto, lo que evidenció que la estructura creada para "proteger a la industria de la agresión imperialista" operó, en la práctica, como un mecanismo de apropiación de renta por parte de la élite gobernante.

Finalmente, en la Gaceta Oficial Extraordinaria n.º 6.760 del 28 de agosto de 2023 se publicó la nueva junta directiva completa de PDVSA, que consolidó los cambios iniciados en enero de ese año: la ratificación de Pedro Rafael Tellechea como presidente y de Héctor Obregón como vicepresidente ejecutivo, junto con nuevos nombramientos en las nueve vicepresidencias.

Sostengo que esta constante creación, modificación y eliminación de estructuras organizativas responde a la lógica del Estilo Rentista: no busca mejorar la eficiencia productiva, sino redistribuir el control sobre la renta entre las facciones de la coalición gobernante.

2. Centralización de las decisiones estratégicas y cotidianas en la cúpula del poder. La toma de decisiones se concentra en la figura de Nicolás Maduro, si bien dentro del oficialismo opera un proceso de negociación interna entre las facciones aliadas del grupo gobernante; se trata de decisiones que responden, en su mayoría, a los intereses políticos personales de la élite y a sus redes clientelares (Oliveros, 2018). En PDVSA las decisiones vinculantes están igualmente centralizadas: en materia de contratación, por ejemplo, los contratos de montos significativos se presentan primero a sus respectivas comisiones, luego al comité ejecutivo de finanzas y, por último, a la junta directiva.

Esta concentración de poder alcanzó nuevos niveles en 2023, cuando, el 21 de marzo, Tellechea fue designado ministro del Poder Popular de Petróleo y acumuló así la presidencia de PDVSA y el ministerio en una sola persona, replicando un patrón pernicioso de gestiones anteriores. Como advierte Coronel (2023), esta dualidad de funciones constituye "un absurdo, la persona supervisándose a sí misma", pues elimina todo mecanismo de control institucional. La designación ocurrió apenas un día después de la renuncia de Tareck El Aissami por el escándalo PDVSA-Cripto, lo que evidencia que las decisiones estratégicas sobre la principal industria del país se adoptan exclusivamente en la cúpula presidencial, sin procesos de selección técnica ni rendición de cuentas.

3. Los principales actores que participan en la toma de decisiones son militantes del partido de gobierno, militares y empresarios. En este modelo las decisiones políticas priman sobre las operacionales (Achutegui, 2018), y ello se refleja en la elevada presencia militar en cargos clave: vicepresidencias ejecutivas que reportan directamente al presidente Maduro y juntas directivas integradas por militares sin conocimientos ni experiencia en el negocio petrolero.

En 2020 Maduro declaró a PDVSA en emergencia y creó una comisión para reestructurarla[18]. Ya en noviembre de 2017 había designado presidente de PDVSA y ministro de Energía y Petróleo a Manuel Salvador Quevedo Fernández[19], mayor general de la Guardia Nacional

---

[18] Dicha comisión nombró a un teniente coronel sin experiencia en la industria como vicepresidente de comercio y suministro de PDVSA, Antonio Pérez Suárez (Reuters, 2020). Su gestión estuvo caracterizada por la opacidad y un poder sin control. "Es el que mueve los hilos en PDVSA". Para el 2023 ya no se encuentra en la junta directiva ante la llegada de Tellechea como presidente de PDVSA. Desde 2013 este militar acumula 18 nombramientos en 14 cargos en el gobierno de Maduro (Armando.info, 15 de enero de 2023).

[19] Durante su gestión aumentó la militarización en la industria y la opacidad (Armando.info, 15 de enero de 2023) y la producción cayó a mínimos históricos. Este militar fue quien "dirigió a la Guardia Nacional en su combate contra las protestas

sin experiencia en el sector, quien concluyó su gestión en abril de 2020. En enero de 2017 nombró vicepresidenta ejecutiva de PDVSA a la vicealmirante Maribel Parra y, en diciembre de ese año, designó a cuatro generales[20] al frente de PDVSA Naval y PDVSA Marina, PDVSA Asfalto, Gas Comunal y Operaciones Aéreas (Armando.info, 22 de abril de 2018).

Entre abril de 2020 y enero de 2023, la presidencia de PDVSA recayó en Asdrúbal Chávez[21], mientras que el Ministerio de Energía y Petróleo estuvo a cargo de Tareck El Aissami[22] desde abril de 2020 hasta marzo de 2023; ambos militantes del PSUV, el primero con escasa experiencia en la industria y el segundo sin conocimiento alguno del negocio petrolero. En enero de 2023 Maduro designó presidente de PDVSA al coronel Pedro Rafael Tellechea Ruiz[23], con apenas cuatro

---

civiles y mortales en las calles de Caracas en 2014" (Armando.info, 22 de abril de 2018).

[20] Estos militares fueron: Jesús Landa; Erling Rojas; Aurelio Cabrera y Manuel Mendible (Armando.info, 22 de abril de 2018).

[21] Primo de Hugo Chávez. Ingeniero químico egresado de la Universidad de Los Andes (ULA), político venezolano miembro del PSUV y diputado a la Asamblea Nacional de Venezuela por el estado Barinas (2016-2017), entre sus cargos en el gobierno, además de presidente de PDVSA, fue ministro de Petróleo y Minería y presidente de Citgo, filial de PDVSA (nov. 2017-enero 2019). Durante los gobiernos de Chávez ejerció varios cargos en el sector petrolero.

[22] Nació en El Vigía (Mérida); abogado, criminólogo y político de ascendencia siria y libanesa. Bajo Chávez fue gobernador de Aragua, vicepresidente del PSUV, viceministro de Seguridad Ciudadana y ministro de Relaciones Interiores y Justicia. Maduro lo nombró vicepresidente de la República en enero de 2017, luego ministro de Industrias y Producción (2018) y, en 2020, ministro de Petróleo y vicepresidente del área económica, cargos a los que renunció. Desde marzo de 2019 enfrenta cargos de narcotráfico ante la Corte Federal de Manhattan y es uno de los hombres más buscados por el ICE de Estados Unidos.

[23] Es un coronel del Ejército. Licenciado en Ciencias y Artes Militares e ingeniero mecánico. Fue gerente general de la empresa mixta Metanol de Oriente (Metor S.A) y presidente de la Industria Venezolana del Aluminio C.A. En septiembre de 2020 fue nombrado presidente de Petroquímica de Venezuela S.A. (Pequiven), empresa adscrita al Ministerio de Petróleo. En septiembre de 2022 dirigió el regreso de Monómeros, filial de PDVSA en Colombia, a la administración del gobierno venezolano (antes estuvo manejada por personas de la oposición nombradas por la Asamblea Nacional de 2015, legítima y reconocida por Iván Duque). Desde el 6 de enero de 2023 es el presidente de PDVSA y recientemente es el ministro de Petróleo.

años de experiencia en el sector, siguiendo el patrón inaugurado con Quevedo: militares sin formación petrolera al frente de la principal empresa del país.

La concentración de poder se acentuó cuando, el 21 de marzo de 2023, Tellechea fue además designado ministro del Poder Popular de Petróleo (PDVSA.com), acumulando la presidencia de la estatal y la cartera ministerial en una sola persona (CNN en Español, 2023). Como señaló el economista José Guerra, esta dualidad de funciones constituye una "aberración" introducida por Chávez, equivalente a que "el ministro de Finanzas fuese presidente del BCV" (VOA, 2023).

La designación se produjo apenas un día después de la renuncia de El Aissami por el escándalo PDVSA-Cripto, cuya posterior revelación —tras su renuncia del 20 de marzo de 2023— expuso la red de militantes del partido, militares y empresarios afines que controlaba las decisiones estratégicas de la petrolera. Entre los detenidos figuraron funcionarios de alto nivel como Antonio Pérez Suárez (vicepresidente de Comercio y Suministro de PDVSA), Joselit Ramírez Camacho (superintendente nacional de Criptoactivos) y el exdiputado Hugbel Roa, además de empresarios vinculados al régimen (Transparencia Venezuela, 31 de marzo de 2023). Esta configuración de actores confirma que las decisiones políticas priman sobre las operacionales y subordinan la racionalidad económica a la racionalidad política del mantenimiento del poder.

4. Planificación escasamente vinculada a la toma de decisiones. En PDVSA la toma de decisiones obedece más a criterios políticos[24] que económicos. La empresa está adscrita al Ministerio del Poder

---

[24] Por razones políticas se despidió a casi 23.000 trabajadores calificados; se eliminaron el centro de formación CIED y la Orimulsión; el INTEVEP redujo drásticamente la investigación; una misma persona pasó a ocupar el Ministerio de Energía y Petróleo y la presidencia de PDVSA; se vendió la participación en refinerías de Estados Unidos y Europa para adquirir acciones en Cuba, República Dominicana y Jamaica; y se presionó a empresas como ExxonMobil y ConocoPhillips para que abandonaran el país. Se eliminaron figuras exitosas —las Asociaciones Estratégicas y los Convenios Operativos— en favor de empresas mixtas que complicaron el fun-

Popular de Petróleo, ente rector que supervisa sus operaciones y define la política petrolera nacional. Esa política formal se articula en la Constitución de 1999 en materia energética, la Ley Orgánica de Hidrocarburos, la Ley Orgánica de Hidrocarburos Gaseosos, el Código de Conducta Socialista, la Ley Plan de la Patria 2013-2019, el Plan Estratégico Socialista (PES) 2016-2026 (MINPET/PDVSA, 2017) y, más recientemente, el Plan de Recuperación Integral Productiva (PRIP) PDVSA-2023, concebido como guía para recuperar la producción de cara a 2024. Sin embargo, la visión transformadora de una nueva PDVSA contenida en esos planes y leyes ha estado muy distante de la realidad operativa, de modo que la planificación ha permanecido escasamente vinculada a la toma de decisiones.

El 9 de mayo de 2023 Tellechea presentó el PRIP PDVSA-2023, con el que se propuso recuperar 390.000 barriles diarios de crudo y alcanzar el millón de barriles en agosto de ese año (Tal Cual, 13 de mayo de 2023); en esa presentación exhortó a "cero burocracia, mayor eficiencia y planificación" y afirmó que "por primera vez se tiene un plan integrado que permitirá trazar de manera clara y objetiva las metas". No obstante, la meta del millón de barriles no se alcanzó durante 2023. La brecha entre los planes formales y los resultados reales evidencia que la planificación en PDVSA continúa siendo un instrumento de legitimación política, y no una guía efectiva para la toma de decisiones operativas.

5. Sistema de administración de personal en el que priman las relaciones político-partidistas. La contratación de personal creció notablemente durante la gestión de Chávez, al pasar de 49.180 empleados en 2005 a 152.072 en 2014 (Transparencia Venezuela, abril de 2022: 14). En efecto, mientras en 2001 la fuerza laboral de PDVSA era de 69.284 trabajadores (40.955 propios y 28.329 contratados), en 2016, ya con Maduro, ascendía a 164.370, distribuidos así: 110.648 propios y

cionamiento de la estatal y dieron cabida a la corrupción (Ramírez, 2018); se militarizó la empresa y se firmaron convenios de suministro de crudo con gobiernos amigos en una relación clientelar atada al voto en organismos internacionales.

22.679 contratados en actividades petroleras, y 31.043 en actividades no petroleras (Ramírez, 2018). La politización de la función pública y, por ende, de la nómina, hizo que el principio de autonomía técnica se perdiera en la empresa (Hernández, 2018), pues se contrataba a personal no calificado y se designaba a directores y gerentes sin méritos, aunque adeptos al partido de gobierno. El proselitismo político explica, en buena medida, la desmoralización de gran parte de los trabajadores (Achutegui, 2018).

A nivel gerencial destaca que el Ministerio de Petróleo y la presidencia de PDVSA hayan recaído reiteradamente en una misma persona[25], práctica iniciada bajo Chávez y continuada por Maduro; de igual modo, miembros de la junta directiva y de la alta gerencia ocupan varias posiciones de forma simultánea[26]. Los niveles gerenciales, la junta directiva, la presidencia y la vicepresidencia han sido ocupados por personas identificadas con Maduro, sin atención a sus calificaciones o experiencia, de manera que se trata de cargos de confianza, libre remoción y compromiso político. Desde 2020 los nombramientos de las distintas gerencias dejaron de publicarse con regularidad y solo se conocen de manera extraoficial, cuando no permanecen en el misterio (Armando.info, 15 de enero de 2023).

La presencia militar, por su parte, provocó una verdadera estampida de trabajadores: Quevedo designó a oficiales en gerencias como la de Recursos Humanos y, según relató una fuente a Armando.info (22 de abril de 2018), "allí hubo renuncias de inmediato, por los mal-

---

25 "[…] cuando hace más de 20 años la remuneración promedio en la industria superaba el equivalente a 1.000 dólares al mes, como lo reveló el secretario de los profesionales y técnicos de la Federación Unitaria de Trabajadores Petroleros (FUTPV), Iván Freites" (El Diario, 2022). Afirma Freites en entrevista concedida a El Diario (2022), que cuando llegó Hugo Chávez al poder, su sueldo en 1999 como tecnólogo de operaciones, trabajado por guardias, era de aproximadamente 1.600 dólares mensuales. Para el año 2010 ya su sueldo rondaba los 150 dólares al mes y para el 2014, ya en el gobierno de Nicolás Maduro, su sueldo estaba por el orden de los 70 dólares al mes.

26 Son los casos de Pedro Rafael Tellechea Ruiz, Manuel Salvador Quevedo Fernández, Nelson Martínez, Eulogio Del Pino y Rafael Ramírez.

tratos del nuevo gerente"; en enero de 2018, en La Campiña, se registraban más de cincuenta renuncias diarias, en una fuga inédita de ingenieros de áreas medulares que llevó a más de veinte mil personas a abandonar la empresa, muchas sin siquiera formalizar su renuncia.

Quevedo llegó sembrando miedo e investigando a quienes ocupaban puestos gerenciales con manejo de presupuesto, e instauró la persecución y el acoso laboral contra los trabajadores que no demostraran apoyo incondicional a Maduro (Achutegui, 2018). Desde su llegada en 2017, las detenciones e investigaciones por presunta corrupción se volvieron habituales[27], sin evidencias que las sustentaran (Reuters, 2020), y el temor se acentuó ante la presencia del SEBIN[28]: sesenta ejecutivos petroleros fueron detenidos bajo esas investigaciones. A la fuga de talento contribuyeron también la crisis económica, el deterioro de las condiciones laborales y los bajos salarios; un ingeniero llegó a percibir el equivalente a 20 dólares mensuales, lo que empujó a buena parte del personal calificado a emigrar (Achutegui, 2018).

La reducción de la plantilla comenzó en 2014, con la pérdida de beneficios laborales, de modo que a principios de 2022 quedaban en la industria unos 2.000 trabajadores, y cerca de 10.000 en las áreas operativas (El Diario, 2022). En marzo de 2022 los trabajadores recibieron un ajuste salarial[29]: el salario mínimo se ubicó en 30 dólares mensuales,

---

[27] Los casos más emblemáticos ocurrieron a fines de 2017, cuando Nelson Martínez y Eulogio Del Pino, exministros de Petróleo y expresidentes de PDVSA, fueron arrestados por corrupción; Martínez falleció en custodia del Estado en 2018, y Del Pino, junto a otros seis exdirectivos de la filial Citgo, permanece encarcelado. También Aryenis Torrealba y Alfredo Chirinos, de la división de comercio y suministro, fueron detenidos esposados una semana después de que Maduro nombrara una comisión para reestructurar PDVSA (Reuters, 2020); acusados de espionaje, fueron torturados en la sede de la DGCIM y condenados a cinco años por divulgar información confidencial a EE. UU. (Armando.info, 15 de enero de 2023).

[28] "Los métodos aterrorizan. Una empleada cercana de Beatrice Sansó, la esposa de Ramírez, que fue presidenta del Centro La Estancia [...], fue interrogada por agentes del SEBIN, la policía política, antes de despedirla" (Armando.info, 22 de abril de 2018).

[29] Antes del ajuste, el salario en la industria petrolera estaba entre 3 y 6 dólares mensuales (El Diario, 2022). La hiperinflación pulverizó el salario de los trabajadores de las empresas del Estado.

más un bono de alimentación cercano a 45 dólares y otro de transporte de unos 25 dólares —ninguno reconocido como parte del salario—, todos pagados en bolívares a la tasa del Banco Central (El Diario, 2022).

El deterioro de las condiciones laborales se expresó en varios frentes: el desmantelamiento de las tablas salariales, que dejó a la mayoría sin conocer su remuneración mensual; la pérdida de la escala salarial a partir de agosto de 2018, cuando el Memorándum 2792 del Ministerio del Trabajo paralizó las convenciones colectivas y fijó un tope de salario mínimo y medio; el cese del pago de horas extras, bonos nocturnos, domingos, días feriados y tiempo de viaje; la pérdida de seguros médicos efectivos; y la supresión progresiva, ya desde Chávez, de beneficios como el plan de vivienda, el fondo de pensiones, el comisariato y el fondo de jubilaciones (El Diario, 2022).

Ese deterioro continuó en 2023: en junio, 3.000 trabajadores de PDVSA Punta de Mata protestaron para reclamar la restitución de sus derechos contractuales y denunciaron que un trabajador petrolero percibía apenas 20 dólares mensuales, sin seguro médico funcional y con un contrato colectivo vencido desde 2017 (Crónica Uno, 2023); exigían condiciones de trabajo seguras, uniformes, útiles escolares para sus hijos, y asignación de viviendas y créditos, todas ellas conquistas laborales históricas de la industria.

6. Escaso interés en la capacitación. Observo una marcada debilidad en la capacitación del personal de PDVSA. Un estudio realizado en dos gerencias de PDVSA Occidente reveló que los gerentes no fomentan la formación del personal ni la actualización tecnológica, lo que se traduce en carencias de conocimiento experto y de habilidades (Chacín, 2021). En la formación que sí se imparte predomina el énfasis político, en concordancia con los objetivos del II Plan Socialista Simón Bolívar: entre los cursos figuran los dirigidos a trabajadores de las plantas de manufactura, que combinan aspectos técnicos y de formación política, y los destinados al nivel gerencial, centrados en habilidades directivas y, nuevamente, en formación política (PDVSA.com).

La capacitación técnica, cuando existe, suele provenir de terceros: personal de empresas chinas entrenó a los trabajadores en el manejo de equipos adquiridos a esas mismas firmas, como ocurrió en 2014 con los 27 equipos de cementación de pozos comprados en la República Popular China, cuya operación quedó en manos de 46 ingenieros, técnicos y operadores de la base "Los Próceres", en San Tomé, de la filial PDVSA Servicios Petroleros (PDVSA.com).

A ello se suman la firma, en 2016[30] —renovada en febrero de 2023—, de un convenio de capacitación entre el INCES[31] Socialista y PDVSA para la formación técnica de los trabajadores, así como los talleres y acreditaciones que el INCES impartió en 2023 a trabajadores de la Costa Occidental y Oriental del Lago de Maracaibo en ocupaciones como cocina, panadería, pastelería, repostería, almacenamiento y manipulación de alimentos (INCES, 2023). Esta formación, alejada de las competencias técnicas petroleras —perforación, producción, refinación o mantenimiento de pozos—, evidencia el escaso interés en desarrollar capacidades especializadas que mejoren la productividad de la industria.

En el plano internacional, en cambio, PDVSA suscribió un convenio de formación con la Universidad Estatal Rusa de Petróleo y Gas de Gubkin (RGUNIG), con sede en Moscú: 45 trabajadores integraron las dos cohortes del programa de cuarto nivel —la primera, de 15 tra-

[30] Dirigido a más de 120 mil trabajadores de la industria petrolera (refinación, procesos industriales, comercio y servicios), el acuerdo buscaba aprovechar el conocimiento de los jubilados petroleros para formar a las nuevas generaciones y potenciar el Programa Nacional de Aprendizaje con jóvenes de 14 a 17 años. En una primera etapa la formación se realizaría en las refinerías, en áreas como mecánica y soldadura, mediante cursos de electrificación de alta tensión, mantenimiento de equipos y conexiones, entre otros (Correo del Orinoco, 2016).

[31] El Instituto Nacional de Capacitación y Educación Socialista (INCES) pone a disposición de PDVSA sus 172 centros en los 24 estados de la República Bolivariana de Venezuela (Correo del Orinoco, 2016).

bajadores, inició en octubre de 2015, y la segunda, de 30, en septiembre de 2016—, dedicadas a la exploración, el desarrollo de yacimientos y la producción y recuperación mejorada de hidrocarburos (Agropetroleros, 2017).

En 2018 la empresa suscribió, además, convenios con cinco universidades nacionales comprometidas con la Revolución Bolivariana —la UNEFA, la UNESR, la UBV, la UNEMC y la ULAC— "con el objetivo de reimpulsar los acuerdos educativos con estas instituciones nacionales y la industria petrolera" (Refinadores PLC, 2018). El énfasis sociopolítico se reforzó a través de la UNEFA, con apoyo del Instituto de Altos Estudios del Pensamiento del Comandante Supremo Hugo Rafael Chávez[32], dirigido por su hermano Adán Chávez (Petroguía, 2018). En esta materia se contemplan, asimismo, convenios internacionales con Cuba, Argelia y Bielorrusia (PDVSA.com).

7. Débil control del cumplimiento del modelo normativo, junto a una regulación excesiva y enrevesada que abre márgenes a la opacidad, el clientelismo y la corrupción. En 2012 PDVSA transfirió al FONDEN[33] más de 12.000 millones de dólares, y se calcula que al menos 29.000 millones se perdieron de ese fondo durante la gestión de Chávez (Coronel, 2023).

Maduro, por su parte, gobernó por decreto mediante las leyes habilitantes de 2013 y 2015, lo que minimizó la función legislativa y con-

---

[32] Creado por decreto presidencial N.º 255 del 26 de julio de 2013 para preservar y difundir el legado de Hugo Chávez, este instituto es una fundación adscrita a la Presidencia, con sedes en Caracas, Barinas, Mérida, Portuguesa y otros estados. Ofrece el diplomado "Visión General del Legado del comandante Hugo Chávez" a los trabajadores del sector público —incluidos los de PDVSA—, militantes del PSUV y del Gran Polo Patriótico, organizaciones estudiantiles y dirigentes campesinos, con el objetivo de fortalecer su "conciencia social, histórica, cultural, ecológica, política e ideológica" mediante una aproximación al legado de Chávez. Su plan de estudios se organiza en cinco módulos —desde la génesis del líder y la revolución hasta el socialismo del siglo XXI, el pensamiento geopolítico y el legado— (IAEPHCH, 2019; 2021).

[33] Fondo financiero paralelo al Presupuesto de la Nación creado por Hugo Chávez en 2005, manejado sin el control de la Asamblea Legislativa.

tralora de la Asamblea Nacional y abrió una puerta a la corrupción. La empresa adoptó, además, una política de opacidad amparada en la Ley Antibloqueo, sin rendir cuentas ni divulgar los acuerdos alcanzados para privatizar áreas de negocio. Concentrar las funciones de ministro y presidente en una misma persona, así como ocupar simultáneamente altos cargos gerenciales y posiciones en la junta directiva, erosionó la independencia y el rol contralor.

En 2014, ante la caída de los precios del petróleo, PDVSA desactivó el módulo de pagos de su sistema SAP —que administraba las cuentas por pagar según su antigüedad—, de modo que la lista de pagos pasó a elaborarse manualmente. El control institucional se desmoronó en cadena: la Contraloría General de la República (CGR) dejó de fiscalizar a los altos ejecutivos; PDVSA dejó de presentar sus informes de Memoria y Cuenta ante la Asamblea Nacional cuando esta quedó en manos de la oposición en 2015; el SENIAT tampoco la fiscaliza anualmente; y los comisarios y auditores internos, designados como cargos de libre remoción, reportan directamente al presidente de la empresa (Transparencia Venezuela, abril de 2022). La propia CAMIMPEG quedó fuera del control fiscal de la CGR por tratarse de una empresa militar, sujeta, en cambio, a la Contraloría General de la FANB (Brewer-Carías, 2018).

A su vez, se flexibilizaron los requisitos técnicos, legales, administrativos y financieros para ser proveedor en las contrataciones públicas, se eliminaron restricciones en la selección de contratistas y se multiplicó la asignación directa de contratos en favor de ciertas empresas (Transparencia Venezuela, abril de 2022). La reestructuración de 2020 condujo al cierre y a la creación de empresas bajo una modalidad de privatización carente de transparencia, rendición de cuentas, licitaciones o sistemas de control: reinan el silencio y la opacidad.

Así, en mayo de 2020 PDVSA revocó las concesiones de un grupo de operadores de estaciones de servicio tras anunciar el aumento del precio de los combustibles, y las entregó a empresarios cercanos a Maduro cuya identidad se desconoce (Transparencia Venezuela, 1 de diciembre de 2021). De las 1.650 estaciones existentes en 2020 —"administradas bajo un esquema de alquileres y permisos especiales del Estado, y unas 200 manejadas directamente por la estatal petrolera"—, el traspaso a sus nuevos dueños no cuenta con datos oficiales, y se ignoran "los criterios bajo los cuales se escogieron o las condiciones en las que se establecieron los acuerdos" (Transparencia Venezuela, 1 de diciembre de 2021).

A ello se añaden prácticas para evadir las sanciones estadounidenses, como el intercambio de petróleo por alimentos y otros bienes, que terminó favoreciendo a grupos económicos aliados de funcionarios de alto nivel y al propio gobierno. El control previo desapareció y la revisión quedó en manos de las mismas unidades contratantes, mientras crecía la opacidad sobre el manejo de las divisas obtenidas de las escasas exportaciones petroleras; PDVSA, además, dejó de publicar sus estados financieros auditados (Transparencia Venezuela, abril de 2022).

Transparencia Venezuela ha registrado 127 casos de presunta corrupción o manejo irregular de recursos públicos en PDVSA o sus filiales, que comprometen más de 42.000 millones de dólares del patrimonio público venezolano; al menos 17 de ellos superan, cada uno, los 1.000 millones de dólares. Tales prácticas abarcan sobreprecios, posibles pagos duplicados, ausencia de facturas, evasión de procedimientos licitatorios, vínculos entre funcionarios y contratistas, adjudicación de contratos a empresas no calificadas técnica ni financieramente, adjudicaciones directas y ausencia de fianzas y de documentos, entre otras.

Las sanciones sobre el sector petrolero, por último, llevaron al régimen a volcarse hacia otro sector estratégico —el Arco Minero del Orinoco y la extracción de oro—, involucrando financieramente a PDVSA. El caso PDVSA-Cripto (2023) ilustra de manera paradigmática esta dinámica: en marzo de ese año estalló el mayor escándalo de corrupción documentado en la empresa durante el gobierno de Maduro, cuando, el día 17, la Policía Nacional Contra la Corrupción anunció la detención de funcionarios del Poder Judicial, la industria petrolera y diversas alcaldías por graves hechos de corrupción administrativa y malversación de fondos (Transparencia Venezuela, 31 de marzo de 2023).

Tres días después renunció Tareck El Aissami, hasta entonces uno de los hombres más poderosos del chavismo, y para julio de 2023 la Fiscalía contabilizaba 61 detenidos por hechos que involucraban a la estatal petrolera, las empresas básicas de Guayana y el Poder Judicial (Tal Cual, 26 de julio de 2023). El episodio demuestra cómo la Ley Antibloqueo, aprobada en octubre de 2020 con el supuesto propósito de proteger a las empresas frente a las sanciones estadounidenses, operó en la práctica como un mecanismo de opacidad que facilitó la corrupción sistémica.

8. Poco interés en la evaluación del personal, que además resulta selectiva. De acuerdo con el Código de Conducta Ética Socialista, cada líder de dirección, gerencia o departamento, junto con su equipo de trabajo, debe revisar trimestralmente el cumplimiento de lo establecido en dicho código, con el fin de monitorear el comportamiento ético individual y colectivo y elaborar reportes de novedades, inquietudes, propuestas o reflexiones. El código se incorpora, asimismo, como herramienta en los programas de inducción del nuevo personal y en los programas supervisorios y gerenciales, y su cumplimiento es vigilado por un Comité de Ética encargado de velar por sus principios en todas las instancias de PDVSA (MINPET/PDVSA, 2017). En la práctica, sin embargo, este andamiaje formal convive con un interés muy limitado y selectivo en la evaluación efectiva del desempeño.

9. El ciudadano es tratado como un cliente político, lo que convierte los derechos en favores y favorece la corrupción. PDVSA se involucró directamente en la política social del gobierno, como financista de programas sociales y de otras empresas del Estado. En palabras de Ramírez (2018: 38), "PDVSA pasó de ser una empresa que estaba en el negocio de los hidrocarburos y que ejecutaba programas de responsabilidad social, a una empresa cuya misión es social, que tiene actividades relacionadas con los hidrocarburos". Desde Chávez, la empresa se comprometió en el financiamiento de la asistencia social —dinero, donaciones, alimentos y viviendas— a cambio de lealtad política: en 2012 otorgó 28.000 millones de dólares a las distintas misiones sociales (informe anual de PDVSA, citado por Coronel, 2023) y, a través de la Misión Vivienda Venezuela, financió la entrega de hogares. La petrolera destina, además, un subsidio superior a los diez millardos de dólares anuales para suministrar gasolina al mercado local a precios irrisorios, prácticamente gratuita para los venezolanos (Palma, 2022).

Mantener ese precio subsidiado para quienes poseen el Carnet de la Patria abre un amplio margen al clientelismo; de hecho, en 2023 la política de gasolina subsidiada vinculada a dicho carnet se conservó como mecanismo de control clientelar, transformando un derecho ciudadano en un favor político que exige lealtad.

Los rasgos documentados evidencian cómo el modelo de gestión burocrático-populista se materializa concretamente en PDVSA mediante el Estilo Rentista. Cada característica documentada —desde la creación desordenada de instituciones hasta la opacidad y corrupción sistémica— refleja el manejo personalista y discrecional de la renta sin rendición de cuentas. La militarización de PDVSA, la politización de la nómina, la ausencia de controles y la corrupción masiva no son fallas administrativas aisladas, sino manifestaciones del Estilo Rentista operando en la principal institución económica extractiva del país. PDVSA dejó de ser una empresa petrolera para convertirse en un instrumento de distribución clientelar de renta y de reproducción del poder autoritario.

¿Cuál ha sido el resultado de una gestión con rasgos del modelo burocrático-populista en PDVSA?

Mala gerencia, malas decisiones como el despido de sus trabajadores altamente calificados[34], politización, populismo, militarización, clientelismo, opacidad, no rendición de cuentas y macrocorrupción[35], o saqueo de la empresa. Todas estas palabras encierran lo que es PDVSA para 2023. La empresa parece una casa de beneficencia pública, con comedores abarrotados de gente ajena a la empresa y solicitantes de donaciones circulando por los pasillos y las escaleras de los edificios, así lo describió un trabajador, haciendo referencia a la sede de la corporación en La Campiña, en Caracas.

Muchos de sus antiguos trabajadores anhelan la PDVSA de la Gente del Petróleo[36], de una disciplina y liderazgo colectivo[37], regida

---

[34] Alí Rodríguez Araque, para poner la empresa al servicio del PSUV, despidió ilegalmente a casi 23.000 trabajadores: "726 ejecutivos [...], 12.371 profesionales, técnicos y supervisores [...], 3.705 operadores y artesanos [...] y 1.954 operadores y mantenedores [...], para un total de 18.792", a los que se sumaron unos 2.500 de la empresa mixta INTESA. La edad promedio era de 41 años, con unos 15 años de servicio, lo que supuso la pérdida de 21 millones de horas-hombre de adiestramiento, por un costo cercano a 2.200 millones de dólares (Ramírez, 2018: 37).

[35] Una corrupción sistémica en toda la empresa, en el Ministerio de Petróleo y en la misma Presidencia de la República. Coronel (2023), identifica diferentes modalidades de corrupción en la PDVSA de Chávez y Maduro: 1) corrupción de los principios éticos de ética empresarial; 2) corrupción en actividades relacionadas con la geopolítica; 3) corrupción relacionada con grandes contrataciones fraudulentas; 4) corrupción relacionada con el lavado de dinero de sus directivos y gerentes y 5) corrupción sistémica en las operaciones de la empresa.

[36] Coronel (2023) documenta que quienes se formaron en PDVSA desde sus inicios se beneficiaron de un sistema de desarrollo profesional muy efectivo: el personal ingresaba recién graduado, hacia los 22 o 23 años, y alcanzaba altos niveles de responsabilidad hacia los 40, con sólida preparación forjada en una organización disciplinada y con ascensos por mérito. La empresa reunía economistas, geólogos, ingenieros petroleros, refinadores y geofísicos, entre otros. Su sistema de recursos humanos identificaba tempranamente las aptitudes, orientando a unos hacia la especialización técnica y a otros hacia una visión gerencial, en dos pirámides paralelas que permitían que un destacado petrofísico alcanzara un salario equivalente al de un gerente general.

[37] El liderazgo en esta estructura organizacional, si bien poseía elementos carismáticos, se fundamentaba en un sistema burocrático donde los líderes recibían su posi-

por la meritocracia[38], valores compartidos y decisiones tomadas en equipo[39]. Los trabajadores eran bien pagados[40] y el trabajo estaba centrado cada día en producir más barriles de petróleo. Era la PDVSA con una capacidad de producir si abriera a producción todos sus pozos de 3,7 millones de barriles de petróleo al día (Coronel, 2023), con un personal altamente calificado, de metas establecidas y rentabilidad en los negocios[41], además de una constante evaluación de sus resultados. La Gente del Petróleo fueron los verdaderos conductores de la principal empresa del país. Se trataba de un gerente petrolero orientado[42] "hacia

---

ción de autoridad mediante normas establecidas, y los seguidores se incorporaban voluntariamente a una relación de obediencia basada en reglas organizacionales conocidas y estables, no sujetas a cambios arbitrarios. La autoridad del líder emanaba de fuentes legales, tradicionales y consensuadas, no de la imposición por la fuerza (Coronel, 2023).

38 Poseía características orientadas a la búsqueda de eficiencia, con un sistema de supervisión y evaluación de resultados que, según Coronel (2023), se basaba en un estilo gerencial dual que equilibraba el cuidado del personal con la atención al cumplimiento de objetivos y metas.

39 Los nuevos integrantes se insertaban en un engranaje preexistente que contenía creencias, valores y actitudes consolidadas durante los años de vida de la empresa. Estos elementos de la cultura corporativa ejercían influencia sobre la conducta de los gerentes individuales, formando un personal íntegro en la organización. En palabras de Coronel (2023: 44), "las recomendaciones para la acción se iban madurando de manera progresiva hasta llegar al tope jerárquico, donde la decisión final rara vez difería de las recomendaciones generadas de forma colectiva".

40 Coronel (2023) señala que los trabajadores no enfrentaban preocupaciones sobre cómo cubrir sus necesidades básicas para vivir dignamente, ya que la empresa proporcionaba buenos salarios, excelente cobertura de seguro de salud, vivienda, educación para sus hijos, pago oportuno de beneficios y otros servicios, permitiéndoles dedicarse plenamente a su trabajo sin este tipo de preocupaciones.

41 "Para 1997 PDVSA era, según el Departamento de Energía de los Estados Unidos, el mayor suplidor de petróleo crudo y de productos refinados —en lo agregado— de los Estados Unidos y el tercer vendedor de gasolina más importante en el mercado interno de ese país, a través de CITGO [...] Su producción para fines de 1997, incluyendo los gases licuados del petróleo (GLP), era de 3,4 millones de barriles diarios" (Coronel, 2023: 97).

42 Un gerente petrolero profesional y de carrera no tenía un horario de trabajo fijo, ya que el compromiso con la empresa constituía la prioridad. Se sentía parte de un cuerpo de gerentes profesionales con valores compartidos, que seguían las normas y procedimientos establecidos y actuaban en función de los intereses organizacionales. Participaba activamente en la toma de decisiones colectivas y, si estas no se tomaban de manera correcta y transparente, estaba dispuesto a defender su posición, desco-

la defensa del interés público, no de los partidos políticos o grupos o individuos con agendas propias" (Coronel, 2023: 43).

Desde la "PDVSA roja rojita" de Chávez[43], ya politizada, a "la corporación militar de Maduro," donde la empresa ha estado en franco deterioro en cuanto a la producción de petróleo y sus derivados, ineficiencia y corrupción a niveles jamás vistos. Un saqueo de la empresa con todas las consecuencias que se han derivado no solo para sus trabajadores, sino también para el país.

En el 2016, en su informe anual, PDVSA reconoció "que tuvo que importar 17.817 millones de dólares en petróleo liviano y productos refinados" (Ramírez, 2018). En cuanto a la deuda financiera de PDVSA para ese mismo año, era de 41.076 millones de dólares, y las cuentas por pagar a proveedores eran de 19.824 millones de dólares; también, PDVSA tiene deudas con el Banco Central de Venezuela (Ramírez, 2018), cuya cifra es desconocida por los venezolanos, y cuentas por cobrar a países, debido a acuerdos de cooperación, convenios y alianzas internacionales. PDVSA ha caído en default con muchos de sus acreedores, por no tener cómo pagar a países como China y Rusia. La deuda con China para el 2017 estaba cerca de $25 mil millones, pagadera con envíos de petróleo, y le debe a los rusos cerca de $3 mil millones y más de $5 mil millones a la empresa rusa Rosneft. En 2016,

---

nocer órdenes e incluso renunciar si fuera necesario. Según Coronel (2023), los ingredientes esenciales de este profesionalismo incluían el pleno conocimiento de las tareas, la aplicación juiciosa de esos conocimientos, la responsabilidad hacia accionistas y otras partes interesadas, y la honestidad en la acción.

43 Chávez transformó PDVSA en una empresa social con responsabilidades ajenas a su actividad, creó fondos como el FONDEN, desvió recursos del BCV y la endeudó; ordenó crear unas ocho empresas no petroleras con sus filiales en 2004-2005. Además de expulsar la mano de obra especializada, el gobierno expropió o confiscó 143 empresas de servicios petroleros —incluidas 2.185 embarcaciones lacustres, luego inhabilitadas por falta de mantenimiento—. El populismo penetró toda la institución y la distanció de la meritocracia y de su negocio fundamental de producir, refinar y vender petróleo. Según Coronel (2023: 98-99), la empresa se convirtió además en un instrumento geopolítico para distribuir dinero y petróleo a regímenes afines, primero bajo Chávez y luego bajo Maduro.

"Rosneft recibió como garantía el 49 por ciento de las acciones de CITGO" (Monaldi, 2018: 29).

Ante el incumplimiento de sus compromisos, en 2017 PDVSA perdió el 49 % de las acciones que tenía de la Refinería Camilo Cienfuegos, que comenzó a operar desde agosto de 2017 como entidad estatal plenamente cubana bajo el control de Unión Cuba Petróleo (CUPET). El gobierno cubano consideró que esta era una manera de saldar deudas ante el incumplimiento de Venezuela con Cuba por servicios profesionales impagos y alquiler de tanqueros, información publicada en el diario Granma (Reuters, citado por Brewer-Carías, 2018).

Coronel (2023: 98) documenta que para 2019 PDVSA prácticamente había desaparecido del mapa petrolero mundial y del mercado estadounidense. En abril de ese año su producción rondaba los 500.000 barriles diarios y la empresa comenzó a importar no solo petróleo crudo sino también productos refinados a precios internacionales, incluida la gasolina. La situación financiera era crítica: la deuda internacional con acreedores extranjeros alcanzaba aproximadamente U.S. $100.000 millones y la deuda nacional al Banco Central de Venezuela (BCV) en bolívares se estimaba en su equivalente a otros $50.000 millones. Para 2022, la deuda externa había aumentado a unos $140.000 millones debido a numerosas sentencias adversas en centros de arbitraje internacional.

El resultado de una gestión burocrática populista ha sido la ineficiencia en el manejo de PDVSA y sus consecuencias, tales como la reducción de su capacidad productiva. La producción petrolera venezolana se redujo a menos de 600 mil barriles diarios para finales del primer trimestre de 2020, de acuerdo con datos de la OPEP (García, 2020); destrucción de la capacidad de refinación de la industria petrolera venezolana, la cual superaba los 1,3 millones de barriles diarios, siendo el complejo de Paraguaná, compuesto por las refinerías de Cardón y Amuay, uno de los más grandes del mundo. Para 2023, funcionan a solo una fracción de su capacidad y el país ha vivido las consecuencias de una prolongada escasez de gasolina (García, 2020).

Desde 2013 hasta junio de 2020, se registró una disminución que terminó en 337.000 barriles diarios (b/d), luego se recuperó al ubicarse en febrero de 2021 en 524.000 b/d, según cifras de la Organización de Países Exportadores de Petróleo (OPEP) (Transparencia Venezuela, 1 de diciembre de 2021).

Un reportaje de Armando.info de agosto de 2022 reveló que las cuentas por cobrar de PDVSA presentaban un hueco de 8.406 millones de dólares, y que se le suman otras 230[44] facturas que en una operación contable PDVSA cedió al Estado (Armando.info, 9 de abril de 2023). Esta situación generó una crisis de liquidez tanto a la empresa como al propio gobierno de Maduro. Hubo una mala gestión de la cobranza, debida en parte a una estrategia para evadir las sanciones impuestas a PDVSA a inicios de 2019[45], que descansó en la actuación de traders independientes. Pérez Suárez (detenido)[46] y su equipo fue-

---

[44] Un informe confidencial elaborado por el entonces vicepresidente de Comercio y Suministro, coronel Antonio Pérez Suárez, del 11 de octubre de 2022, muestra que PDVSA traspasó al Estado facturas sin cobrar de despachos de petróleo entre 2019 y 2022 por 13.338 millones de dólares; este monto incluye ya el monto adeudado hasta agosto de 2022, pero revela otros pasivos millonarios que, de acuerdo al informe, se debe a "embarques entregados a terceros por instrucciones del Ejecutivo Nacional durante los últimos cuatro años" (Armando.info, 9 de abril de 2023).

[45] Las sanciones de la OFAC del Tesoro estadounidense prohibieron a PDVSA vender petróleo al mercado de Estados Unidos, ante lo cual Maduro buscó nuevas rutas y métodos de pago. Primero estrechó vínculos con Irán y Rusia: con esta última, PDVSA pactó acuerdos con Rosneft y obtuvo apoyo del Evrofinance Mosnarbank —banco en el que Venezuela posee el 49,9 % de las acciones— para manejar pagos desde Moscú; se reportó incluso el envío de aviones con decenas de millones de dólares y euros en efectivo como pago por petróleo (Transparencia Venezuela, 26 de junio de 2023: 9). Cuando las empresas rusas también fueron sancionadas, a inicios de 2020, PDVSA recurrió a intermediarios y, siguiendo el modelo iraní, a buques fantasma que "no se identifican o usan identificaciones falsas, apagan sus dispositivos de localización cuando están en ruta, transfieren cargamentos entre tanqueros en el mar" (Transparencia Venezuela, 26 de junio de 2023: 9).

[46] Este coronel del Ejército, quien estuvo al frente de la Vicepresidencia de Comercio y Suministros de PDVSA y persona más cercana de Tareck El Aissami, "fue artífice de la estrategia concebida para evadir las sanciones internacionales contra el petróleo venezolano, que consistía en la habilitación de *traders* o intermediarios no tradicionales para colocar en mercados alternativos los cargamentos que PDVSA les confiaba a consignación" (Armando.info, 9 de abril de 2023). En su paso por cargos públicos, Pérez Suárez tuvo el control de la producción de cemento, la distribución de gasolina,

ron responsabilizados de ello por el gobierno de Maduro, y esto dio paso a que se nombrara una nueva junta directiva en PDVSA, nuevo presidente y ministro. Ahora la gestión de PDVSA descansa en la misma persona: Rafael Tellechea.

Desde 2019 hasta agosto de 2022, siguiendo la investigación de Armando.info (20 de noviembre de 2022), PDVSA despachó al menos la cantidad de 201 millones de barriles que hacen un total de 10.135 millones de dólares que PDVSA debió recibir[47], solo pasaron por cobranza la cantidad de 1.730 millones de dólares mediante la estrategia de tercerizar la comercialización de petróleo a través de traders[48] o intermediarios.

Traders en mora que no pagaron el crudo venezolano que se llevaron, compañías sin mayor referencia de estas en diferentes partes del mundo, como en México, Rusia o Emiratos Árabes Unidos, empresas de maletín, de pura fachada y hasta barcos fantasma, esta es la realidad de PDVSA en el gobierno de Maduro. A raíz de las sanciones financieras de 2019, este gobierno diseñó una estrategia para evadir dichas

---

contratos petroleros y mantenía contactos privilegiados con las empresas relacionadas con alimentos.

47 Entre las empresas que le adeudan dinero a PDVSA según un estudio de Armando.info (20 de noviembre de 2022), se encuentran: 1) Montmagastre Ventures Ltd, registrada en Belice con una deuda con PDVSA de $310.496.881; 2) Walker International DW-LLC, registrada en Dubai con una deuda de $34.738.192; 3) Supraquimic Limited, registrada en Irlanda con una deuda de $221.366.239; 4) Grupo Iveex Insaat, registrada en Turquía con una deuda de $12.864.388 y 5) Baidoa Trading Ltd, sin verificación de su registro, con una deuda a PDVSA de $48.912.504. El esquema de operación de las mencionadas empresas es similar al esquema de operación de los colombianos Alex Saab y Álvaro Pulido, donde participaron empresas mexicanas y rusas.

48 Muchos intermediarios encargados de comercializar el petróleo venezolano —en mora con una PDVSA inhabilitada por las sanciones— carecían de experiencia en el negocio y operaban desde jurisdicciones opacas. Es el caso de M and Y Trading, inscrita en Hong Kong en 2020, que adeuda a PDVSA 1.208 millones de dólares por crudo transportado en 2021 y 2022; de United Petróleo Corp, constituida en Panamá en febrero de 2021, con una deuda de más de 400 millones; y de Walker International DW-LLC, registrada en los Emiratos pero con sede en una modesta casa del norte de Caracas, que comercializó petróleo por 76 millones entre 2021 y 2022 y adeuda 34 millones. Esta última se vincula a los hermanos Bernardo y Tadeo Arosio Hobaica, dueños de ATB Constructores (Armando.info, 20 de noviembre de 2022).

sanciones que trajo una corrupción de grandes proporciones, la renuncia del hasta entonces ministro de Petróleo, Tareck El Aissami[49], y la detención de empresarios y exdirectivos de PDVSA[50] que ha tenido en vilo a la sociedad venezolana este 2023, donde están involucrados millones de barriles de crudo de PDVSA y el nombre de personas, unas detenidas y otras prófugas de la justicia.

Prácticamente, se creó un departamento virtual de comercialización paralelo en outsourcing informal para PDVSA, con despacho de petróleo a países como China, Turquía, Malasia, Singapur y territorios administrados por Palestina y donde salen a relucir nombres como Alex Saab Morán (colombiano)[51], Álvaro Pulido Vargas (colom-

---

[49] El Aissami se desempeñaba como ministro de Petróleo y de acuerdo con información de medios nacionales e internacionales, "fue uno de los principales artífices de la estrategia de vender petróleo venezolano incrementando el uso de una red de traders o intermediarios" (Transparencia Venezuela, 26 de junio de 2023: 10). Renunció a su cargo el 20 de marzo de 2023. Era uno de los políticos con mayor poder dentro de la coalición de gobierno de Maduro.

[50] Bajo la campaña anticorrupción "Caiga quien Caiga", Maduro detuvo a numerosos funcionarios y empresarios de la trama de PDVSA (Transparencia Venezuela, 26 de junio de 2023). Entre ellos, el coronel Antonio José Pérez Suárez, señalado como jefe de la red, que desde 2013 ocupó al menos 14 cargos públicos; y Jackeline Perico, directora ejecutiva de Producción de la Faja Petrolífera del Orinoco. La red incluía empresarios como Álvaro Enrique Pulido Vargas —cuyo nombre real es Germán Rubio, socio de Alex Saab— y Bernardo Arosio Hobaica, que controla al menos 26 empresas en Venezuela, Barbados, Estados Unidos, República Dominicana y Panamá, así como los hermanos Rafael y Roger Perdomo Rodríguez, con contratos de mantenimiento en muelles de Falcón y Anzoátegui. La opulencia de estos empresarios alimentó en Caracas la percepción de que "¡Venezuela se arregló!" (Transparencia Venezuela, 26 de junio de 2023).

[51] Alex Saab, principal contratista y operador comercial del régimen, fue detenido el 12 de junio de 2020 por Interpol al aterrizar en Cabo Verde y luego extraditado a Estados Unidos, donde enfrentó cargos por lavado de dinero y estaba sancionado por el Tesoro. Saab había recibido contratos millonarios junto a su socio Álvaro Pulido Vargas, ambos cercanos al entorno de Maduro y su esposa Cilia Flores. Una de sus operaciones consistía en comercializar crudo venezolano mediante un supuesto intercambio humanitario con la empresa mexicana Libre Abordo, vinculada a él: desde mediados de 2019 cambiaba petróleo de PDVSA por camiones cisterna y maíz; reconoció haber recibido al menos 14,3 millones de barriles antes de declararse en quiebra, dos meses después, con pérdidas por 90 millones de dólares (Armando.info, 30 de julio de 2020). Tras su captura, el gobierno desplegó una intensa campaña para liberarlo, calificándolo de ciudadano, agente y hasta diplomático.

biano)[52], Joaquín Leal Jiménez (mexicano)[53] y Alessandro Bazzoni (italiano)[54]. Una investigación de Armando.info publicada en junio de 2021, afirma que, del apagón general de 2019 en Venezuela, surgió la red[55] en México para burlar las sanciones contra Maduro que luego

52 Álvaro Pulido Vargas —colombiano cuyo verdadero nombre es Germán Enrique Rubio Salas, vinculado al Cartel de Bogotá— fue socio de Alex Saab por más de una década. Tras la detención de Saab en junio de 2020, Pulido no solo continuó con el despacho de alimentos para el régimen, sino que asumió la comercialización de millones de barriles de petróleo: sus empresas Retino Maritime y Yugtang Fung acumularon una deuda de 90,3 millones de dólares con PDVSA por crudo despachado en 2021. Entre septiembre de 2020 y enero de 2021, unas 15 compañías suyas hicieron al menos 24 embarques con 18,1 millones de barriles —mayormente crudo Merey—, que en destino se redujeron artificialmente a 17,6 millones; la diferencia de 570.535 barriles, retenida por las intermediarias, generó ganancias estimadas entre 16 y 29 millones de dólares. El Tesoro documentó que el negocio continuó en 2020 y 2021 a través de empresas rusas y otras sin registro verificable, que manejaron al menos 61,9 millones de barriles (Armando.info, 4 de diciembre de 2022).

53 Joaquín Leal, joven empresario, fue el puente estratégico entre las empresas Libre Abordo y Schlager Business Group para evadir las sanciones estadounidenses en la compraventa de petróleo venezolano. En 2019, Libre Abordo firmó dos contratos con CORPOVEX —la estatal que centraliza las importaciones públicas— por casi 200 millones de euros, que contemplaban el suministro de 1.000 camiones cisterna y 200.000 toneladas de maíz a cambio del petróleo de PDVSA. En abril de 2020 Leal apareció como socio de Cosmo Resources PTE LTD, con sede en Singapur, jurisdicción usada para comercializar crudo de PDVSA, y en junio de 2020 fue sancionado por el Departamento del Tesoro (Armando.info, 30 de julio de 2020, 3 de agosto de 2020).

54 Alejandro Bazzoni, empresario italiano, dirige la comercializadora Swissoil Trading S.A. y figura en Elemento Ltd, socia de PDVSA en la empresa mixta Petrodelta para explotar yacimientos de la faja del Orinoco (Armando.info, 17 de enero de 2021). Junto con el mexicano Joaquín Leal, Alex Saab y Álvaro Pulido, integra una red empresarial que mercadea millones de barriles de crudo de PDVSA a precios en euros a través de compañías fantasmas registradas en México, Rusia y los Emiratos Árabes Unidos —un departamento de comercialización paralelo en outsourcing—, con envíos a destinos como Malasia, Turquía, Singapur y territorios bajo control palestino, todo durante la vigencia de las sanciones (Armando.info, 17 de enero de 2021).

55 El gobierno de Maduro contactó a empresarios mexicanos del sector eléctrico, en principio para evaluar la compra de plantas de electricidad; de ahí fue tomando forma la red en la que aparecen Alex Saab y Joaquín Leal. El intercambio entre Venezuela y México empezó con el suministro de 210.000 toneladas de maíz blanco y mil camiones cisterna —comprados previamente a China— a través de la empresa de Leal, Libre Abordo. Luego se organizó desde México una red secreta al servicio del gobierno para vender petróleo al margen de las sanciones, con empresas y socios financieros en numerosos países —Suiza, Malta, Luxemburgo, Curazao, Reino Unido, Es-

instaló su modus operandi en PDVSA. "Una trama que intercambió, primero, petróleo por alimentos y camiones cisterna de agua potable, y luego, pasó a cobrar el dinero de las exportaciones petroleras a través de circuitos financieros ajenos al control de Estados Unidos" (Armando.info, 14 de junio de 2021).

Figura 4. *La trama de la corrupción en PDVSA.*

Fuente: U.S. Department of the Treasury, Office of Foreign Assets Control (OFAC), Executive Order 13850, junio de 2020. Dominio público.

tados Unidos, Singapur, China, entre otros— y paraísos fiscales como las Islas Vírgenes Británicas (Armando.info, 14 de junio de 2021).

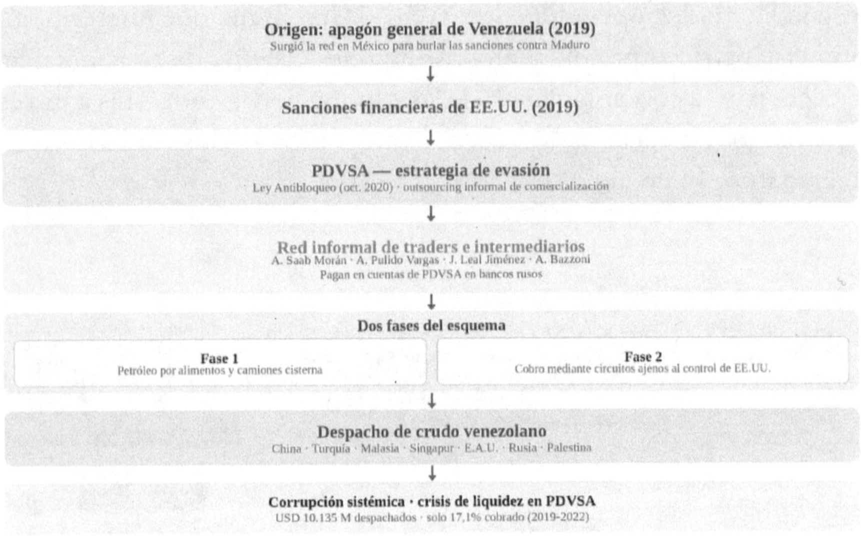

Figura 5. *Modus operandi de la trama de corrupción en PDVSA para evadir las sanciones de los EE. UU.*

Fuente: Elaboración propia con base en investigaciones de Armando.info (2021-2022).

Como antecedente de la deuda de estos intermediarios, puedo mencionar una deuda que nunca se pagó a PDVSA, superior a 1.400 millones de dólares, por cargamentos de petróleo a Bielorrusia durante el régimen de Aleksandr Lukashenko y que Armando.info (12 de abril de 2023) recordó en una publicación. El referido dictador consideró este monto "un regalo del pueblo venezolano". Del total de 9,2 millones de toneladas (equivalentes a 65,8 millones de barriles) vendidas por PDVSA a Minsk, solo se pagó el 80 % al contado; el otro 20 % quedó diferido y nunca se pagó. Aunque la deuda databa de los tiempos de Hugo Chávez, en 2010, durante los gobiernos de Maduro no se realizaron gestiones para cobrar ese dinero.

PDVSA ha sido una gran piñata repartida a un grupo selecto de empresarios que han orbitado alrededor de la coalición de gobierno. Hay decisiones desde la cúpula presidencial que le han abierto las puertas a la corrupción, como, por ejemplo, el nombramiento de personas para ocupar cargos de altos niveles gerenciales, sin experiencia, ni capacitación, ni estudios, ni trayectoria en la empresa, ajenos a la empresa, colocadas a desempeñar una actividad gerencial por compromiso, lealtad política y al servicio de los intereses del régimen autocrático de Maduro, y no de la empresa, ni de la sociedad. El control político de la empresa por la coalición en el gobierno ha sido lo determinante y no la rentabilidad ni la eficiencia de la empresa, ni la mejora de las condiciones laborales de sus trabajadores. La racionalidad económica ha estado supeditada a la racionalidad política. Con un gran caudal de recursos económicos, mantenerse en el poder es la prioridad del régimen de Maduro.

Una particularidad de la gestión burocrática populista de Chávez y Maduro ha sido concentrar el poder y la toma de decisiones en una sola persona: para tener el control del negocio petrolero, el presidente de PDVSA es, a la vez, el ministro de Petróleo. Siguiendo a Coronel (2023), esto es un absurdo: una persona supervisándose a sí misma. Esta dualidad de funciones ha generado una ausencia de controles que ha abierto las puertas a la corrupción "de trágica magnitud" (Coronel, 2023: 102). Es una simbiosis organizativa perversa[56] (Brewer-Carías, 2018), orientada a tener más control político y económico a costa de la destrucción de los valores éticos de la empresa, su desmoralización y decadencia. Son el país y su gente los que han sufrido todas las consecuencias nefastas derivadas de esa mala gestión.

Darle el control de la empresa al sector militar ha sido una decisión política estratégica de Maduro y de la coalición en el gobierno para mantenerse en el poder. Los militares están en la presidencia de la empresa, ministerio, juntas directivas, en los puestos gerenciales, directivos, en las alianzas estratégicas, están a la cabeza de todos los puestos clave para el gobierno de Maduro. Con la creación de una empresa de servicios petroleros en el gobierno de Maduro llamada CAMIMPEG, adscrita al Ministerio de la Defensa, los militares han realizado jugosos

---

56 Es muy difícil separar ambos roles (el que controla y el controlado): el presidente de PDVSA cumple órdenes que él mismo ha contribuido a adoptar, pues como ministro es el encargado del diseño y de la formulación de la política pública.

negocios a través de la intermediación de CAMIMPEG. Coronel (2023) afirma en su libro que esta empresa hizo una alianza estratégica con otra empresa a la que calificó de "fantasma", Southern Procurement Services, con el fin de ejecutar servicios de hasta $700 millones, "contrato que tuvo que ser anulado después por PDVSA, debido a la total incompetencia de la "alianza" [...]" (Coronel, 2023: 107).

El resultado de una gestión burocrática populista en un país con un Estilo Rentista: el colapso de la producción, el deterioro de la empresa y una corrupción sistémica en la empresa, en sus operaciones y procesos. "Diseminada en todos sus niveles jerárquicos y aspectos operacionales de producción, refinación, transporte y comercialización" (Coronel, 2023: 108).

El miedo, el control y la represión también asediaron a PDVSA en los gobiernos de Maduro, como ilustra lo ocurrido en 2017, cuando fueron destituidos el ministro de Petróleo Eulogio Del Pino, el CEO de PDVSA Nelson Martínez —con trayectoria en la empresa desde antes de la llegada de Chávez al poder— y el CEO y la junta directiva de CITGO: "y más de setenta ejecutivos de PDVSA fueron despedidos y acusados de diversos cargos de corrupción. El poderoso exministro y expresidente ejecutivo de PDVSA, Rafael Ramírez, fue despedido de su cargo de embajador ante las Naciones Unidas y acusado de corrupción" (Monaldi, 2018: 31).

No hay duda de que esta operación realizada desde la cúpula en el poder de Maduro se realizó por varias razones, destaco una, abrirle la puerta a la militarización de PDVSA, colocando al frente a un general de la Guardia Nacional, Manuel Quevedo, quien fungió como presidente de PDVSA y de manera simultánea como ministro de Petróleo, quien llegó a PDVSA con un equipo de oficiales militares de su confianza sin experiencia en el negocio petrolero.

Este libro realiza un aporte teórico sustancial al demostrar cómo las variables identificadas originalmente por Ochoa et al. (1996) para el contexto democrático se radicalizan bajo el autoritarismo consolidado de Maduro. Ochoa et al. (1996) describieron características del modelo de gestión burocrático-populista en la democracia venezolana: creación de instituciones, tratamiento del ciudadano como cliente político, centralización de decisiones, politización de actores participantes, planificación como legitimación, y administración de personal basada en criterios partidistas. Esta investigación documenta cómo estos rasgos no solo persisten en PDVSA, sino que se han transformado cualitativamente: la centralización se vuelve extrema, la politización se torna radical, el clientelismo se hace discrecional, la opacidad se institucionaliza, la evaluación técnica se elimina, y la instrumentalización se vuelve ideológica. Esta radicalización transforma el modelo de ineficiencia administrativa democrática en diseño extractivo deliberado para maximizar el control autoritario sobre la principal fuente de rentas del país.

¿Las sanciones por parte del gobierno de los Estados Unidos son las responsables de la caída de la producción petrolera de PDVSA?

Como se explicó anteriormente, la caída de la producción petrolera obedece a una mala gestión en la principal industria del país, como ha quedado demostrado en esta investigación, con la presencia de todos los rasgos del modelo de gestión burocrático-populista, que con Maduro se han acentuado aún más en todo el aparato público y en todas las instituciones del Estado. Sin embargo, para Bull y Rosales (2023: 114), "las sanciones impuestas en 2019 limitaron aún más la producción de petróleo de Venezuela y contribuyeron a la caída del 80 % en el PIB per cápita registrada entre 2013 y 2021, aunque la mayor parte de esta pérdida ocurrió bastante antes de 2017".

Lo cierto es que las sanciones han incentivado que, en el negocio del petróleo, las instituciones del Estado se manejen con mayor opacidad, falta de información y transparencia, falta de sistemas de control financiero, administrativo y comercial, la no rendición de cuentas, secretismo, corrupción y más poder y autoritarismo de la coalición en el gobierno. "Hacia 2021, la conclusión general era que Maduro estaba más cómodo en el sillón presidencial de lo que había estado antes de las sanciones sectoriales" (Bull y Rosales, 2023: 114).

Este efecto paradójico de las sanciones se explica desde el marco teórico del Estilo Rentista y las instituciones extractivas que he desarrollado. Como plantea Geddes (1994), en contextos de crisis la dependencia clientelar del Estado se intensifica (no disminuye), porque el control sobre recursos escasos aumenta exponencialmente el valor político del patronazgo. Ross (2001, 2012) documenta que, en economías petroleras bajo estrés, el "efecto de represión" se intensifica: gobiernos con acceso a rentas extraordinarias (aunque reducidas) pueden mantener aparatos de control sin depender de consensos democráticos.

Las sanciones, lejos de debilitar el Estilo Rentista, lo radicalizaron: el manejo discrecional y opaco de la renta se convirtió en imperativo operativo para evadir sanciones, eliminando los últimos vestigios de rendición de cuentas y fortaleciendo instituciones extractivas que concentran poder en la coalición gobernante. La Ley Antibloqueo que se describe a continuación ejemplifica esta dinámica.

En octubre de 2020, el gobierno de Maduro aprobó la Ley Constitucional Antibloqueo para el Desarrollo Nacional y la Garantía de los Derechos a través de la Asamblea Nacional Constituyente. Esta normativa fue diseñada para permitir al régimen una gestión discrecional en la exportación de petróleo y otros commodities, manejando estos negocios con secretismo para evadir las sanciones estadounidenses.

La ley habilitó al gobierno para "diversificar mecanismos financieros y recibir el pago de las exportaciones petroleras y de minerales a través de criptomoneda" (Transparencia Venezuela, 26 de junio de 2023: 12), entre otros métodos alternativos de comercialización. Sin embargo, esta nueva modalidad operativa generó consecuencias administrativas significativas para PDVSA, produciendo un desorden en las cuentas por cobrar derivado de las ventas a consignación y los conceptos de compensación que caracterizan estas operaciones encubiertas.

Maduro utilizó a su favor las sanciones y su proceder confirmó lo que ha revelado la literatura especializada. "Las sanciones tienden a generar regímenes no más, sino menos democráticos" (Bull y Rosales, 2023: 116).

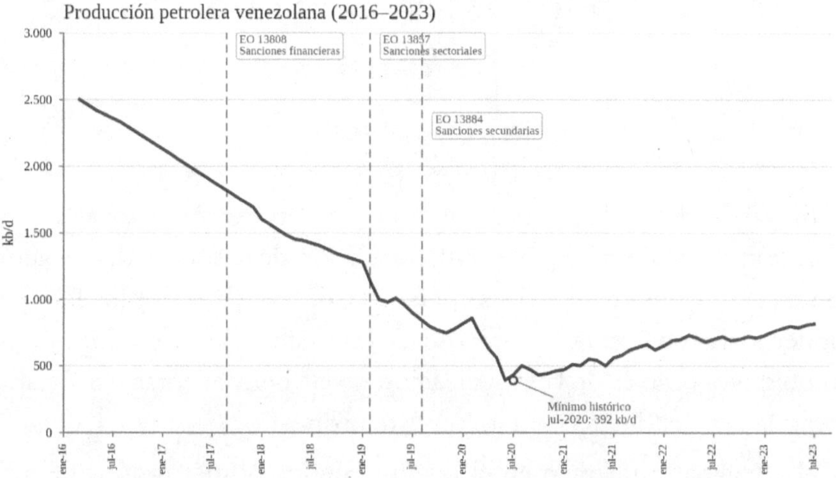

Gráfico 1. *Producción petrolera venezolana (2016-2023).*

Fuente: Elaboración propia con base en OPEP (Monthly Oil Market Report, secondary sources) y U.S. EIA. Promedios mensuales; mínimo histórico en julio de 2020.

El Gráfico 1 evidencia que la producción petrolera ya había caído aproximadamente 20 % (de 3.000 a 2.400 kb/d) entre 2016 y agosto de 2017, es decir, antes de las sanciones sectoriales de 2019 que tuvieron el mayor impacto. Esta caída previa confirma que el deterioro de PDVSA responde fundamentalmente a la gestión burocrático-populista descrita, mientras que las sanciones aceleraron un colapso productivo ya en curso causado por la militarización de la empresa, la corrupción sistémica, el despido masivo de personal técnico calificado y la ausencia de mantenimiento de infraestructura.

5
Estilo Rentista y gestión de políticas públicas populistas en el gobierno de Maduro

Roth (2019) define la política pública como un instrumento: es la formulación de una hipótesis de transformación de la sociedad, que actúa sobre el comportamiento de las personas, desarrollada por los Estados modernos a través de sus gobiernos, y consiste en la determinación de un objetivo a través de la movilización de las herramientas del Estado, como la ley y el dinero para lograr este propósito.

La realidad mostrada en cifras durante los primeros años del primer gobierno de Nicolás Maduro obedeció en buena medida al efecto acumulado de los desórdenes fiscales y monetarios de los años anteriores (Guerra, 2022), durante la gestión de gobierno de su predecesor, y considerando que Venezuela tiene más de cien años de Estilo Rentista.

Los gobiernos autoritarios de Nicolás Maduro han estado marcados por la caída de los precios internacionales del petróleo y las sanciones comerciales que aplicaron a Venezuela los EE. UU. y algunos países europeos. En este contexto se degrada la democracia, se hacen irrelevantes las instituciones, se pierde la cohesión social debido a la exclusión y aparecen los populismos como una máquina de guerra.

"El populismo clientelar y el autoritarismo son derivas lógicas del Estilo Rentista cuando funciona en circunstancias de renta per cápita decreciente" (Corrales, 2021: 80). El populismo implica una orientación de política económica y social específica, como se verá a continuación.

Esta afirmación de Corrales (2021) resulta fundamental para comprender la Venezuela de Maduro. El Estilo Rentista, al operar en un contexto de renta per cápita decreciente —producto de la caída de precios petroleros, las sanciones y la destrucción de PDVSA—, no desaparece, sino que se radicaliza hacia formas cada vez más autoritarias y clientelares. La escasez de recursos no elimina las prácticas del Estilo Rentista; por el contrario, intensifica la lucha por el control de los recursos restantes, acentuando el autoritarismo, la opacidad y la distribución selectiva de beneficios para mantener la coalición gobernante cohesionada. Como se analizará a continuación, la gestión de la política económica durante los gobiernos de Maduro ejemplifica esta dinámica.

Política económica y Estilo Rentista: las cuatro fases del populismo macroeconómico en Venezuela

Una gran pregunta que se hacen todos los venezolanos es el porqué de la longevidad de los controles de precios y de cambios en Venezuela, desde el primer gobierno de Hugo Chávez, si existe consenso entre los economistas de que una política de controles es muy perjudicial para la economía a largo plazo, que los estragos en materia económica son catastróficos tal y como ocurrió en Venezuela. Hugo Chávez, después del paro económico-petrolero de 2002-2003, acentuó la política de controles sobre la economía, "con el argumento de procurar una justicia distributiva y de luchar contra la especulación de los 'oligarcas'" (García, 2020: 164). A inicios de 2003, implantó el control del mercado cambiario.

Definitivamente, la política económica está sujeta a las exigencias políticas generales del gobierno (Bautista Urbaneja, 2022), un buen ejemplo de ello fueron las palabras de Aristóbulo Isturiz, vicepresidente de la República en el 2016, en la gestión del primer gobierno de Nicolás Maduro, quien confesó públicamente que la verdadera finalidad del control de cambio fue política (Diario El Nacional, citado por García, 2020).

La política económica que es coherente con un Estilo Rentista con una institucionalidad política extractiva autoritaria, es aquella que va en la dirección de consolidar la hegemonía política del líder y sus allegados. ¿Cuál fue el legado de Hugo Chávez en materia económica? Para el economista Humberto García Larralde, este legado estaba envenenado: "Años de centralización en la toma de decisiones, de inobservancia de los derechos económicos, de expropiaciones o confiscaciones arbitrarias, de control de cambio e inflación creciente, colocaban a la economía en una situación muy vulnerable" (García, 2020: 182).

Dornbusch-Edwards (1991) y Edwards (2019b) identifican las cuatro fases de la dinámica populista que se han cumplido históricamente para Venezuela en diferentes gestiones de gobierno. En los dos gobiernos de Nicolás Maduro (desde 2013), cada una de las fases de la lógica del populismo económico ha sido altamente significativa. No obstante, la última fase no se ha cumplido y la razón es política, como se estudiará más adelante.

Manifestación concreta de las cuatro fases del populismo económico en la gestión de Maduro

A continuación, documento las cuatro fases del populismo económico aplicadas a la gestión de la política económica de los gobiernos de Maduro:

Fase 1: Aumento del gasto público. Durante esta fase inicial, el gobierno realiza transferencias de ingresos con dinero fácil que fluye desde el Banco Central y desde las reservas internacionales, de modo que las premisas populistas parecen confirmarse. Identifico un ciclo de contracción rentista en el período 2014-2018, con caídas sucesivas del PIB, algo nunca visto en nuestra economía (Sutherland, 2019). Entre el segundo semestre de 2013 y el primer semestre de 2021, la economía venezolana se contrajo un 75 % y el promedio histórico del gasto corriente de 2014-2018, como porcentaje del gasto total, se ubicó en 83,3 % (IIES, 2022). Entre 1999 y 2016 —bajo los gobiernos de Chávez y el primero de Maduro— ingresaron a Venezuela más de un billón de dólares por exportaciones (Bull et al., 2021); sin embargo, la producción petrolera comenzó a caer a partir de 2015 y, después de 2019, se desplomó por debajo del millón de barriles diarios.

El gobierno financió sus propias empresas mediante la emisión de dinero del BCV: una de ellas es PDVSA, a la que su principal acreedor le concedió enormes préstamos, de modo que entre abril de 2013 y abril de 2014 la deuda neta de la petrolera con el ente emisor aumentó un 178 %[57]. A ello se sumó la transferencia de cuantiosos recursos a fondos como el FONDEN y el Fondo Miranda, destinados a financiar operaciones ajenas a la actividad petrolera (Palma, 2022). Las reservas internacionales cayeron de forma pronunciada, en parte por el pago de la deuda externa —tanto del gobierno como de PDVSA— hasta 2017 (Guerra, 2022); a principios de 2022 se ubicaron en 5.800 millones de dólares, el nivel más bajo en treinta años (Puente, 2022). Finalmente, las sanciones financieras y sectoriales impuestas por los Estados Unidos en 2017 y 2019 afectaron directamente al petróleo y al oro venezolanos.

Fase 2: Políticas heterodoxas excesivamente expansivas y aparición de desequilibrios. En esta segunda fase las divisas se vuelven escasas y surge una presión creciente para que la moneda se deprecie. Aunque el gobierno mantiene el control de cambios, los precios continúan subiendo, y su respuesta populista consiste en decretar controles de precios generalizados mientras el Banco Central presta grandes cantidades de dinero al sector público. La economía entra entonces en una espiral inflacionaria y emergen tanto un mercado negro de artículos de primera necesidad como un mercado paralelo de divisas.

En el caso venezolano, observo que la política fiscal y monetaria expansiva de 2013 y 2014 generó más inflación y un marcado deterioro del sector externo: en 2013 se inició la recesión económica y en 2014 la actividad económica se contrajo un 3,9 %, año en que también continuó la reducción de los activos en moneda extranjera en poder del BCV. La inflación alcanzó el 56,19 % en 2013 y el 68,54 % en 2014,

---

[57] 475,5 millardos de bolívares, lo que equivale a 75,7 millardos de dólares al tipo de cambio oficial aplicable a las divisas de exportación de PDVSA, lo que ha implicado una creación masiva de dinero sin respaldo que ha traído a consecuencia la expansión de la oferta monetaria de manera intensa con crecientes presiones inflacionarias (Palma, 2022).

cifras muy elevadas frente a la tasa del 20,07 % registrada en 2012 (Bull et al., 2021). El crecimiento de la liquidez monetaria resultó incompatible con el nivel de transacciones de la economía, lo que se tradujo en devaluaciones de las tasas de cambio[58] oficiales y paralelas durante 2013 y 2014, falta de divisas, obstáculos en las asignaciones a los importadores, trámites burocráticos que perjudicaron a las empresas, escasez de bienes de consumo y de cuidado personal, ausencia de materias primas para sostener la producción y el empleo, y, en suma, estanflación.

Ante la escasez de algunos bienes, en 2014 el gobierno de Maduro cerró la frontera con Colombia con el propósito de detener el tráfico de alimentos y la fuga de gasolina. La política de control de precios se intensificó: a inicios de 2014 se aprobó la Ley Orgánica de Precios Justos[59] y se creó, como institución fiscalizadora y de control de costos y precios, la Superintendencia Nacional para la Defensa de los Derechos Socioeconómicos (SUNDDE); además, se instalaron máquinas captahuellas en la red de mercados, supermercados y farmacias. También en 2014, mediante decreto, Maduro prohibió la exportación de un conjunto muy amplio de bienes[60], creó requisitos adicionales para la co-

---

[58] En febrero de 2013 la tasa de cambio oficial se ajustó de Bs/US$4,30 a 6,30 y se eliminó el Sistema de Transacciones de Títulos en Moneda Extranjera (SITME), que operaba a Bs/US$5,30. En paralelo se creó el Sistema Cambiario de Administración de Divisas (SICAD I), que asignaba divisas por subastas semanales a una tasa fija cercana a Bs/US$11,0 para bienes distintos de los de la tasa preferencial de Bs/US$6,30 —reservada a alimentos, medicinas y pago de deuda—. Ante la depreciación del bolívar en el mercado paralelo, a inicios de 2014 se diseñó el SICAD II, con un tipo de cambio de Bs/US$50 y flotación administrada. Se conformó así un sistema cambiario complejo, con dos tasas oficiales más un mercado paralelo muy dinámico (Guerra, 2022), vigente hasta 2019.

[59] Se crea para regular precios y márgenes de ganancia, considerando la estructura de costos. Se estableció un margen de ganancia fijo de 30,0 % sobre los costos de producción o comercialización para todos los bienes, sin importar el tipo, calidad del bien y riesgo del negocio (Guerra, 2022). Esta Ley, "estableció un régimen sancionatorio que iba desde multas, cierre temporal y la revocatoria de licencias, hasta la clausura del negocio y la confiscación de sus bienes, según la gravedad y/o reincidencia de la 'falta' cometida" (García, 2020: 16).

[60] "[…] Alimentos, productos de higiene personal, productos de salud, productos e insumos odontológicos, desechos sólidos e insumos de aluminio, hierro, acero, cartón y papel […]" (Guerra, 2022: 291).

mercialización en el exterior de productos manufacturados en Venezuela —como la emisión del Certificado de Demanda Satisfecha, que inhibió la diversificación de la oferta exportable— y estableció un esquema de controles sobre la producción y comercialización de productos agrícolas[61] (Guerra, 2022).

En 2015 Maduro anunció un nuevo sistema de control de precios y reguló una ganancia máxima del 30 % para los productores; en 2017 el gobierno presentó el Plan 50, con la regulación de cincuenta bienes y servicios básicos; y en 2018 publicó una lista de veinticinco alimentos de primera necesidad sujetos a regulación, acompañada de la intervención de la SUNDDE en comercios y supermercados. Para 2020, el gobierno estableció el control de veintisiete productos de consumo básico y la fiscalización de los establecimientos comerciales con presencia de policías y militares. El resultado de este conjunto de medidas fue que los venezolanos terminaron por rechazar el bolívar como instrumento de cambio y de preservación de su patrimonio.

Fase 3: Intensificación de los desequilibrios y aceleración de la inflación. En la tercera fase la inflación se acelera hasta alcanzar tres o cuatro dígitos y el déficit fiscal se agudiza, pues el Banco Central continúa financiando al gobierno; los consumidores se deshacen del dinero nacional y las divisas se convierten en el principal medio de cambio. No obstante, la moneda nacional sigue vigente, entre otras razones porque el gobierno exige que los impuestos se paguen en bolívares. La elevada inflación y la depreciación más lenta de los tipos de cambio intensifican la sobrevaloración del tipo de cambio real.

Documento un déficit fiscal de dos dígitos financiado con emisión de dinero inorgánico, así como una devaluación y una inflación cuyos efectos destruyeron la capacidad adquisitiva de los salarios, generaron distorsiones en la economía y provocaron la desaparición del ahorro

---

[61] Como el Registro Nacional Único y Obligatorio para Productores y Productoras Agrícolas (RUNOPPA) (Guerra, 2022).

en el sistema financiero, tanto en depósitos de ahorro como a plazo[62] (Guerra, 2022). La situación financiera de PDVSA se deterioró, con ingresos anclados por el tipo de cambio preferencial y un gasto creciente por efecto de la inflación, financiado mediante emisión monetaria (Guerra, 2022). A fines de 2016 la economía presentaba un panorama muy complejo: "un déficit fiscal de 16,3 % del PIB, financiado principalmente con emisión, una nueva contracción del PIB de 15,0 %, una caída de la producción petrolera, un nivel de reservas internacionales en su punto más bajo en quince años, vencimientos de deuda externa superiores a US$ 9.000 millones, un aumento de la escasez de bienes…" (Guerra, 2022: 292).

La inflación escaló sostenidamente —180,87 % en 2015 y 274,35 % en 2016— hasta desembocar en hiperinflación, acompañada de una caída dramática de la producción: 862,63 % en 2017[63]; 130.060,24 % en 2018[64]; 9.585,49 % en 2019; y 2.959,84 % en 2020 (Bull et al., 2021), con una inflación todavía alta del 686 % en 2021[65] (Puente, 2022). Entre diciembre de 2017[66] y julio de 2021, el tipo de cambio entre bolívares y dólares se incrementó en 288 millones por ciento; de hecho, sin las dos reconversiones monetarias de 2008 y 2018, que eliminaron ocho ceros del cono monetario, el tipo de cambio sería de Bs. 320.407.900.000.000,00 por dólar (Bull et al., 2021). El valor del dólar paralelo —que sirve para fijar casi todos los precios de la econo-

---

62 En 1998 el ahorro representó el 53,5 % de la liquidez monetaria, en 2012 representó el 21,1 %, para disminuir hasta el 11,8 % durante el primer semestre de 2020 (Guerra, 2022).

63 Según la estimación de la Asamblea Nacional (AN), la inflación fue de 2.616 % (Sutherland, 2019).

64 La Comisión de Finanzas de la Asamblea Nacional (AN) estimó la inflación para 2018 en 1.698.488,2 % (Di Stasio, citado por Sutherland, 2019); el profesor Steve Hanke, especialista en procesos de hiperinflación a nivel mundial, ubicó la cifra anualizada (diciembre 2017 a diciembre 2018) en Venezuela en 117.681 % (Krystian, citado por Sutherland, 2019), para dicha estimación consideró las variaciones del tipo de cambio paralelo.

65 Esto es 100 veces más el promedio de inflación de América Latina.

66 Previo a la eliminación de cinco ceros del cono monetario en el 2018 (Bull et al., 2021).

mía— se incrementó en más de 65.448 % durante 2018, lo cual desintegró el poder adquisitivo de la población asalariada (Sutherland, 2019). Como sintetiza Guerra (2022: 294), "la precariedad fiscal y el financiamiento monetario del déficit fiscal entre 2018 y 2020 provocaron una significativa devaluación del bolívar, que le imprimió fuerza a la hiperinflación".

El 11 de diciembre de 2016 Maduro decretó la desmonetización del billete de 100 bolívares en un ambiente de alta inflación, escasez de productos de primera necesidad y recesión[67] (Spiritto, 2018). Según el BCV, la base monetaria aumentó un 886.000.000 % entre 1999 y 2018; solo en 2017 el ente la incrementó un 1.737 % y en 2018 el gobierno la expandió un 42.365 %, más del doble que el año anterior (Sutherland, 2019). Para entonces, la deuda de PDVSA triplicaba (3,16 veces) toda la base monetaria emitida por el BCV, pues entre 2016 y junio de 2018 el ente incrementó sus préstamos a la petrolera en más de 300 mil por ciento, recursos que sirvieron para financiar las campañas electorales (Sutherland, 2019).

El bolívar se depreció casi un 100 % frente al dólar y perdió sus atributos como moneda, mientras colapsaban los salarios: a fines de 2018 el salario mínimo se situó en menos de US$ 10 mensuales, una caída del 97 % respecto a 2013, año en que se inició la presidencia de Maduro, y para mediados de 2020 se redujo a menos de US$ 3 mensuales. La cantidad de billetes y monedas en circulación en junio de 2018 era cerca de nueve veces menor que la de 2009, lo que evidenciaba una insuficiencia crítica de efectivo en bolívares (Sutherland, 2019). Entre diciembre de 2017 y diciembre de 2019, el tipo de cambio aumentó un 4.140.709,75 %, y entre diciembre de 2013 y diciembre de 2019 lo hizo en un 7.208.437.400,34 % (Sutherland, 2020). El desenlace fue una dolarización de facto: en la economía circulan el dólar, el

---

[67] Esta decisión fue aprobada mediante Decreto 2589, Gaceta Oficial No. 6275 en un contexto de estado de excepción y emergencia económica en vigencia desde enero de 2016, según Decreto 2184 del 14 de enero de 2016, que consta en la Gaceta Oficial extraordinaria No. 6214 (Spiritto, 2018).

euro y el peso colombiano como consecuencia de la destrucción del bolívar.

Fase 4: El nuevo gobierno y la estabilización ortodoxa. En esta última fase un nuevo gobierno se enfrenta a una economía muy frágil y, a menudo, devastada, una vez que el régimen populista es finalmente reemplazado. La inflación suele ser muy alta, las reservas internacionales prácticamente inexistentes, las exportaciones se encuentran en su mínimo histórico, la deuda pública está en mora y la economía real aparece colmada de distorsiones; cuando ese nuevo gobierno llega al poder, los ingresos y los salarios reales se sitúan muy por debajo de sus niveles previos.

Ahora bien, debo subrayar que esta cuarta fase no se ha materializado en Venezuela. A pesar de que la propensión a un cambio de régimen político fue elevada desde 2016 en adelante, lo ocurrido fue precisamente lo contrario: un afianzamiento del régimen de Nicolás Maduro, explicable por tres factores, siguiendo la caracterización de los escenarios propuesta por Martínez-Meucci (2016): primero, el reequilibrio y la reunificación de la coalición gobernante; segundo, cierto reflotamiento de la situación económica; y tercero, la ausencia de una oposición —interna y externa— verdaderamente orientada a un cambio de régimen.

La razón de fondo por la que no ha ocurrido el cambio de gobierno es, por tanto, política. Como sostiene Martínez-Meucci (2020b), el fallecimiento de Hugo Chávez pareció brindar la oportunidad para una transición que finalmente no se concretó, en parte porque Nicolás Maduro demostró una notable habilidad para tutelar el denso entramado de grupos de poder —nacionales y extranjeros— que conforman la coalición de gobierno actual.

El cumplimiento de las tres primeras fases del populismo económico y la no materialización de la cuarta fase (cambio de gobierno) revelan la función política del Estilo Rentista en el régimen de Maduro. Mientras el populismo económico explica la dinámica de políticas expansivas insostenibles que conducen al colapso, el Estilo Rentista explica cómo el régimen se mantiene en el poder a pesar del desastre económico.

El manejo discrecional de los recursos petroleros remanentes, el control de divisas, el acceso privilegiado a importaciones y contratos estatales, y la distribución selectiva de beneficios a la coalición gobernante y a sectores clientelares estratégicos, permiten a Maduro sostenerse en el poder sin legitimidad democrática ni desempeño económico. El Estilo Rentista, en su versión más degradada, opera como mecanismo de supervivencia del autoritarismo: ya no distribuye prosperidad, sino que administra la escasez de manera discrecional para preservar el poder.

Figura 6. *Las consecuencias del populismo económico en la gestión de los gobiernos de Maduro. Colapso económico y crisis humanitaria (2018-2019). A) Refugiados venezolanos en Bogotá comercializan artesanías elaboradas con bolívares sin valor, evidencia del colapso monetario y la migración forzada (Reg Natarajan, CC BY 2.0, Wikimedia Commons, noviembre de 2019). B) Manifestantes sostienen una bandera elaborada con billetes devaluados durante las protestas contra el régimen (Provea, dominio público, febrero de 2019). C) Un ciudadano protesta con un cartel "Pasando Hambre" decorado con bolívares sin valor, denuncia de la crisis alimentaria (Voice of America, dominio público, enero de 2019). D) Mostradores de carne vacíos en un supermercado, evidencia del colapso del sistema de distribución (Voice of America, dominio público, enero de 2018).*

Fuente: Elaboración propia con fotografías de licencia libre.

Puente y Rodríguez (2020) documentan los resultados devastadores de la política económica durante el primer gobierno de Nicolás Maduro. Para 2018, Venezuela había perdido 49,32 % del PIB en solo cinco años (2014-2018), configurando el peor desempeño macroeconómico en magnitud y duración de la historia venezolana (1950-2018), el peor de América Latina y el segundo peor del mundo en el período 1980-2018.

Los autores identifican cuatro factores estructurales que explican el colapso: (1) una política cambiaria inflexible con controles de cambio y tipos de cambio múltiples que destruyó el aparato productivo transable; (2) hiperregulación mediante controles de precios, cambio, tasas de interés y normativas laborales; (3) expropiaciones y nacionalizaciones sistemáticas que contrajeron la inversión privada nacional e internacional; y (4) endeudamiento creciente y agotamiento del Fondo de Estabilización Macroeconómica. Todo esto eliminó la capacidad de implementar políticas fiscales contracíclicas cuando cayeron los precios petroleros a partir de 2014, exponiendo totalmente a la economía venezolana (Puente y Rodríguez, 2020).

Estos hallazgos confirman lo que la literatura sobre populismo económico ha demostrado para América Latina (Dornbusch-Edwards, 1991; Rodrik, 2018; Edwards, 2019b, 2019a): las políticas populistas generan resultados inicialmente positivos, pero derivan inevitablemente en crisis devastadoras.

Crucialmente, el deterioro económico venezolano se inició en el primer y segundo trimestre de 2014, cuando el precio del petróleo era todavía alto: 88,4 dólares por barril promedio anual. La crisis económica comenzó antes de la caída petrolera. La posterior reducción de precios del crudo (2014-2018) exacerbó los desequilibrios macroeconómicos, pero no fue su origen (Puente y Rodríguez, 2020).

Guerra (2022: 280-281) señala que el decepcionante comportamiento económico de 2013 y 2014 tuvo su origen en el excesivo gasto electoral: la elección presidencial de octubre de 2012 y la de gobernadores en diciembre generaron un aumento sustancial del endeudamiento de PDVSA y del gobierno central, el mantenimiento de tasas de cambio excesivamente sobrevaluadas que subsidiaron importaciones y destruyeron exportaciones privadas, transferencias masivas a empresas públicas deficitarias, y emisión monetaria del BCV para financiar déficits de PDVSA y otras empresas estatales.

Al fallecer Chávez el 5 de marzo de 2013, la economía continuó a la deriva. Maduro, una vez declarado ganador de las elecciones presidenciales, no realizó cambios ni correcciones al curso de la política económica. Como señalan Puente y Rodríguez (2020), lo determinante en materia económica es la calidad de las políticas implementadas, que se materializa en resultados favorables o adversos para el país.

El análisis de la evolución del PIB de los países sudamericanos para el período 1999-2018 revela que Venezuela exhibió el crecimiento más bajo de la región, siendo el único país del bloque con crecimiento acumulado negativo en esos dieciocho años. Este desempeño catastrófico resulta de la intensificación de un modelo rentístico petrolero que, aunado a la ausencia de disciplina fiscal y monetaria, derivó en deterioro del aparato productivo, alta inflación, escasez de bienes, endeudamiento creciente y reducción de la inversión extranjera (Puente y Rodríguez, 2020).

El populismo económico, siguiendo a Poblete (2006), se caracteriza por la influencia decisiva del Estado en la economía mediante políticas macroeconómicas que definen un modelo económico específico. Las experiencias de populismo económico generan típicamente fuerte inflación —pérdida de valor del dinero por crecimiento de la oferta monetaria superior a la oferta de bienes y servicios— y gasto excesivo o "despilfarro" que facilita explosiones inflacionarias.

La gran interrogante es: ¿Por qué solo se cumplieron las primeras tres fases del populismo económico y la última fase (cambio de gobierno) no se materializó en Venezuela? ¿Qué explica la permanencia de Maduro en el poder?

La respuesta radica en la operación del Estilo Rentista como mecanismo de supervivencia del régimen autoritario. Maduro permanece en el poder, atrincherado junto con la coalición gobernante, debido a poderosos intereses articulados en torno a oportunidades de lucro (García, 2020) y a la defensa de privilegios mediante: (1) centralización absoluta de decisiones en el Ejecutivo; (2) desactivación de funciones controladoras sobre empresas estatales; (3) ausencia total de transparencia y rendición de cuentas en todos los niveles de gobierno; y (4) manejo discrecional de una economía hiperregulada por militares y civiles cuyo compromiso central es la lealtad política al régimen, generando corrupción y saqueo sistémico sin controles efectivos.

El Estilo Rentista, operando en condiciones de escasez extrema, se transforma en un instrumento político de distribución selectiva de los recursos remanentes para mantener cohesionada la coalición autoritaria. Ya no distribuye prosperidad mediante clientelismo masivo, sino que administra estratégicamente la escasez, asignando acceso privilegiado a divisas, importaciones, contratos estatales y negocios con PDVSA a quienes garantizan lealtad al régimen.

Más allá del modelo de Dornbusch-Edwards: las limitaciones estructurales de la Fase 4 en contextos autoritarios rentistas

El incumplimiento de la Fase 4 del modelo de Dornbusch-Edwards en Venezuela requiere movilizar el conjunto de marcos teóricos desarrollados en secciones anteriores para explicar un fenómeno que la literatura sobre populismo económico no anticipa: la persistencia de un régimen autoritario a pesar del colapso económico total.

Dornbusch-Edwards (1991) y Edwards (2019b) predicen acertadamente el colapso económico derivado de políticas populistas insostenibles (Fases 1-3), pero su predicción sobre el cambio de gobierno (Fase 4) asume implícitamente un contexto institucional donde el fracaso económico genera costos políticos insostenibles para el gobernante. Esta suposición presenta limitaciones estructurales en regímenes autoritarios rentistas con instituciones extractivas consolidadas.

La arquitectura institucional extractiva y sus círculos viciosos

Como se estableció anteriormente mediante el marco de Acemoglu y Robinson (2012), el Estilo Rentista configura simultáneamente instituciones económicas extractivas (control estatal discrecional del petróleo sin rendición de cuentas) e instituciones políticas extractivas (concentración de poder sin controles democráticos). Estas instituciones generan círculos viciosos de retroalimentación que resisten transformaciones inclusivas: las élites extractivas diseñan reglas que consolidan su poder, lo que les permite bloquear cambios que amenacen sus privilegios.

Aplicado al problema de la Fase 4, este marco revela por qué el colapso económico no debilita las instituciones extractivas, sino que, paradójicamente, aumenta su valor político. La escasez extrema incrementa exponencialmente el valor del acceso discrecional a los recursos remanentes (petróleo reducido, oro, divisas, contratos estatales), convirtiendo el control de estas instituciones extractivas en imperativo de supervivencia para la coalición gobernante. Maduro no necesita revertir el colapso económico para mantenerse en el poder; le basta controlar discrecionalmente los recursos suficientes para sostener su coalición mediante represión focalizada y clientelismo selectivo.

Los mecanismos rentistas de supervivencia autoritaria

La teoría del petro-state de Karl (1997) y los tres mecanismos causales de Ross (2001, 2012) —efecto de represión, efecto de gasto y efecto de modernización— explicados anteriormente operan simultáneamente para explicar la persistencia del régimen incluso en condiciones de renta petrolera reducida.

Como se documentó en el análisis sobre sanciones, Ross (2001, 2012) demuestra que, en economías petroleras bajo estrés, el efecto de represión se intensifica: gobiernos con acceso a rentas extraordinarias (aunque reducidas) pueden mantener aparatos de control sin depender de consensos democráticos. El caso venezolano es coherente con esta dinámica: la renta petrolera remanente, complementada con oro y otras fuentes, permite al régimen financiar DGCIM, SEBIN, FAES y estructuras de control social (Carnet de la Patria, CLAP) sin requerir desempeño económico generalizado.

El efecto de gasto se focaliza estratégicamente: ya no hay recursos para clientelismo masivo como bajo Chávez, pero el Estilo Rentista se adapta mediante distribución selectiva a actores estratégicos de la coalición (militares con acceso a negocios petroleros, boliburgueses con contratos estatales privilegiados, sectores populares específicos con bonos focalizados). El efecto de modernización se acentúa con el colapso de la economía productiva y la migración de siete millones de venezolanos, eliminando precisamente los sectores sociales (clases medias profesionales, empresarios independientes) que históricamente impulsan la democratización.

La paradoja identificada por Karl se radicaliza: el Estilo Rentista en condiciones de escasez extrema no desaparece, sino que se transforma de distribuidor de prosperidad a administrador estratégico de la escasez. Esta transformación constituye el mecanismo central que explica el incumplimiento de la Fase 4.

La racionalidad política de las instituciones ineficientes

El "dilema del político" formulado por Geddes (1994), aplicado con anterioridad al análisis de sanciones, resulta crucial para entender por qué el régimen mantiene institucionalidad aparentemente irracional desde la perspectiva económica. PDVSA no permanece ineficiente por incompetencia técnica sino porque su militarización, opacidad y corrupción sistémica son políticamente racionales para el régimen: una PDVSA eficiente, transparente y profesional eliminaría las oportunidades de enriquecimiento discrecional y distribución clientelar que cohesionan la coalición gobernante.

Como planteó Geddes, esta preferencia por instituciones ineficientes se intensifica en crisis: el control sobre recursos escasos aumenta exponencialmente el valor político del patronazgo. El colapso económico venezolano ha fortalecido (no debilitado) el valor político del control estatal sobre recursos remanentes, haciendo aún más racional para el régimen mantener instituciones extractivas que permitan distribución discrecional sin controles.

La dimensión simbólica: el Estado mágico en tiempos de crisis

El concepto de "Estado mágico" de Coronil (1997), introducido en el análisis de la dimensión cultural del populismo, adquiere particular relevancia para explicar la Fase 4. El régimen manipula estratégicamente la representación del Estado como dador de dádivas mediante narrativas que lo eximen de responsabilidad por el colapso y lo atribuyen a fuerzas externas ("guerra económica", "sanciones imperialistas", "bloqueo"). Esta operación discursiva preserva la representación del Estado como potencial proveedor benevolente bloqueado por enemigos externos, manteniendo viva la expectativa social de que el régimen puede revertir la crisis si se eliminan las "agresiones".

Los bonos del Carnet de la Patria, las cajas CLAP, los "Petros" y otros mecanismos reproducen performativamente la imagen del Estado mágico que, a pesar de la crisis, conserva capacidad de dar dádivas a quienes manifiesten lealtad. Esta dimensión simbólica complementa los mecanismos materiales (represión, clientelismo selectivo) en la estrategia de supervivencia del régimen.

El Estilo Rentista como mecanismo integrador de persistencia autoritaria

La integración de estos marcos teóricos previamente desarrollados proporciona una explicación multicausal y multinivel del incumplimiento de la Fase 4:

Nivel institucional (Acemoglu y Robinson): Las instituciones extractivas generan círculos viciosos que resisten los cambios. La escasez aumenta su valor político.

Nivel de economía política de recursos (Karl y Ross): La renta petrolera, aunque reducida, permite financiar la coerción y el clientelismo selectivo sin desempeño económico generalizado. Los tres mecanismos de Ross bloquean la movilización democrática.

Nivel de racionalidad política (Geddes): Mantener instituciones ineficientes es racional porque maximiza el patronazgo. La crisis incrementa el valor político de controlar recursos escasos.

Nivel simbólico-cultural (Coronil): El Estado mágico elude su responsabilidad por el colapso mediante narrativas de victimización externa, preservando expectativas de reversión si se eliminan las "agresiones".

El Estilo Rentista opera como mecanismo integrador de estos cuatro niveles. Su transformación de distribuidor de prosperidad a administrador estratégico de la escasez explica la desconexión entre desempeño económico y persistencia política: el régimen no necesita revertir el colapso para mantenerse en el poder; le basta controlar discrecionalmente recursos remanentes suficientes para sostener su coalición mediante represión focalizada, clientelismo selectivo y narrativas que preserven expectativas del Estado proveedor.

Con ello dejo establecidas las bases teóricas de un rasgo central del caso venezolano: el colapso económico no derivó en el cambio de gobierno que el modelo de Dornbusch-Edwards preveía como desenlace necesario. Corresponde ahora examinar el plano empírico —el repertorio concreto de acciones y estrategias políticas mediante las cuales el régimen hizo efectiva su permanencia—, objeto de la sección siguiente.

6

El populismo político como mecanismo de permanencia: las acciones y estrategias que explican la no salida de Maduro del poder

Para comprender rigurosamente la persistencia que mi marco teórico anticipa, es necesario analizar las acciones y estrategias políticas concretas mediante las cuales la Coalición Iliberal Revolucionaria (CIR) ha impedido, de manera deliberada, la salida de Maduro del poder. A ellas dedico esta sección, que aborda el plano político de mi reformulación del modelo de Dornbusch-Edwards: el reverso político de las tres fases económicas precedentes y la respuesta empírica a la interrogante sobre el incumplimiento de la Fase 4 (Dornbusch-Edwards, 1991; Edwards, 2019b).

Presento las acciones y estrategias agrupadas por ámbitos, que abarcan desde la transformación del régimen político y la cohesión de la coalición gobernante hasta el fraude electoral, el uso político de la religión, el control simbólico del espacio público, la represión y las alianzas internacionales. Examino cada una a continuación; en conjunto, revelan el engranaje con el que el régimen ha bloqueado la alternancia que el agotamiento económico hacía previsible.

Del autoritarismo de confrontación al quiebre institucional

Antes de entrar en las tácticas concretas, delimito el terreno: el carácter del régimen y las condiciones estructurales que hicieron posible su permanencia. Examino cómo Venezuela transitó de la democracia a la autocracia, de qué modo el madurismo cohesionó su coalición de poder y por qué el quiebre institucional de 2015 marcó el punto de no retorno.

Régimen político. En este ámbito observo un tránsito de la democracia hacia la autocracia: Maduro pasó del autoritarismo competitivo heredado de Chávez al autoritarismo hegemónico restrictivo y avanza hacia un autoritarismo cerrado, según la clasificación de Szmolka Vida (2010), en lo que García (2020) caracteriza como un régimen de expoliación.

Sistema populista de confrontación autoritaria. Este sistema se caracteriza por cinco dimensiones estratégicas interrelacionadas: (1) la confrontación sistemática hacia adversarios reales —los partidos opositores— e ideológicos —empresarios, Estados Unidos, medios, Iglesia, sociedad civil, sindicatos y universidades—; (2) la acumulación de poder político y económico, personal y grupal; (3) la búsqueda de una política social propia del proyecto revolucionario; (4) la creación de un nuevo modelo de economía y sociedad, desarrollado durante los gobiernos de Chávez y Maduro; y (5) la construcción de un modelo político hegemónico en el que el madurismo nunca salga del poder. Estas dimensiones han afectado sustancialmente la definición y la racionalidad de las políticas públicas y el funcionamiento del Estado (Salamanca, 2018)[68].

Populismo como arma de guerra. Se trata de un populismo fascista (García, 2020) y autoritario (Salamanca, 2018). En el gobierno de Maduro se ha producido un salto hacia adelante en el populismo, aunque fundamentado en lo configurado por Chávez (Salamanca, 2018). Conforme al discurso populista de Maduro y de la coalición gobernante, los opositores son siempre el enemigo que busca desestabilizar el país, por lo que se les acusa de terrorismo en un clima permanente de confrontación. Se configura así una representación maniquea, de buenos contra malos (García, 2020).

[68] Estas cinco dimensiones —confrontación, acumulación de poder, política social clientelar, nuevo modelo económico estatista y modelo político hegemónico— han transformado las instituciones públicas en instrumentos al servicio de la permanencia del régimen más que del bienestar ciudadano (Salamanca, 2018).

Cohesión interna de la coalición en el poder. El madurismo se ha unificado como una coalición fuerte en lo económico y lo político, en torno al propósito común de controlar el poder y mantenerse en él. En palabras de Salmerón y Salmerón (2019), Maduro "ha mostrado el liderazgo necesario para dicho propósito [...] La cohesión interna ha posibilitado la ejecución de una dirección estratégica exitosa [...]".

Quiebre institucional a partir de 2015 que derivó en una autocracia. El proceso de autocratización se consolidó entre 2015 y 2020, cuando Venezuela vivió un agudo conflicto entre los poderes Ejecutivo y Judicial —dominados por el oficialismo— y el Poder Legislativo, dominado por la oposición[69]. La victoria opositora en las elecciones para la Asamblea Nacional de 2015 (AN-2015) condujo a un recrudecimiento de las prácticas autoritarias[70] del gobierno de Maduro, pues el Ejecutivo perdió fuerza en el parlamento —por primera vez desde que el chavismo llegó al poder— para imponer su agenda y promulgar leyes (Trak, 2022). Ante ello, la maniobra de Maduro consistió en utilizar el Tribunal Supremo de Justicia[71] (TSJ) para emitir sentencias favorables a su gobierno y en convocar una Asamblea Nacional Constituyente[72] (ANC) sin referéndum previo, eligiendo a sus miem-

---

[69] Quien logró las 2/3 partes del Parlamento que no es más que los 112 de los 167 escaños en la Asamblea Nacional, resultando una victoria para la Mesa de la Unidad Democrática (MUD).

[70] 28 diputados fueron perseguidos por el régimen de Maduro, separados de sus cargos, encarcelados o enjuiciados con el único propósito de desmantelar la AN-2015. En 2017, el TSJ inicia persecución contra 17 alcaldes de oposición por no impedir manifestaciones masivas; dicta auto de detención contra 5 alcaldes de oposición (4 logran exiliarse) y dicta sentencia contra el Gobernador del estado Miranda, para ese entonces y líder de la oposición, Henrique Capriles (Acceso a la Justicia, 2020).

[71] Para ello Maduro fue creando las condiciones para legislar a través del TSJ, con la designación de 13 magistrados principales del TSJ y lo hizo a través de la Asamblea Nacional saliente. Una de las primeras acciones tomadas por el Ejecutivo para debilitar a la recién victoriosa AN-2015 a través del TSJ fue suspender la elección de los diputados indígenas, quienes resultaron ganadores en el estado Amazonas (Acceso a la Justicia, 2020).

[72] Esta ANC funcionó desde el 4 de agosto de 2017 hasta el 18 de diciembre de 2020, sin presentar un proyecto de nueva constitución o reforma de la vigente (Trak, 2022). En enero de 2018, esta asamblea, decidió adelantar la elección presidencial y la convocó. Designó Contralor General y Defensor del Pueblo (Acceso a la Justicia, 2020).

bros mediante comicios. Valiéndose del TSJ, la ANC y el CNE, el oficialismo se fortaleció en el poder. Así, 2021 comenzó con la instalación de una nueva Asamblea Nacional dominada por el oficialismo, producto de la elección no competitiva del 6 de diciembre de 2020[73] (Trak, 2022).

La captura del sistema electoral (2017-2021)

En una autocracia, las elecciones no sirven para la alternancia, sino para revestir de legitimidad al poder. Documento, proceso por proceso, cómo el oficialismo convirtió cada comicio entre 2017 y 2021 en una victoria asegurada, hasta el caso límite de Barinas.

Estrategias electorales para asegurar la victoria oficialista (2017-2021). En una autocracia como la venezolana, aunque se permita la celebración de elecciones, la coalición gobernante no está dispuesta a perderlas y las utiliza para legitimarse en el poder; los comicios se desarrollan, además, en un contexto de alta incertidumbre, pues el oficialismo se vale de las instituciones y viola de forma constante la Constitución y otras leyes electorales. No dudo en calificar a Venezuela como un régimen autocrático en lo electoral, en el que cada vez son más las estrategias para asegurar el triunfo y la permanencia indefinida en el poder. Para ello ha sido fundamental la cooptación, por parte del Ejecutivo, del resto de los poderes —electoral, judicial y legislativo—, que le permite moverse en el tablero con habilidad.

Entre esas estrategias, sin descartar el propio fraude electoral, identifico las siguientes: a) un árbitro electoral parcializado políticamente; b) el cambio drástico del sistema político electoral[74]; c) la modificación

---

Esta ANC estuvo presidida en sus inicios por Delcy Rodríguez (2017-2018) y luego por Diosdado Cabello (2018-2020), ambos integrantes de la coalición gobernante del gobierno de Maduro.

[73] Presidida desde sus inicios hasta el presente por Jorge Rodríguez Gómez, integrante de la coalición gobernante del gobierno de Maduro.

[74] Tras la derrota en las parlamentarias de 2015, el gobierno implementó una estrategia sistemática para modificar el sistema electoral con el apoyo del TSJ, el CNE y la ANC, alterando las condiciones de elección al margen de la Constitución de 1999

de la forma de votación de los pueblos indígenas[75]; d) la intervención judicial de los partidos de oposición[76]; e) la compra de votos, propaganda y manipulación del electorado; f) el uso del Carnet de la Patria y la entrega de ayudas (bolsas CLAP, bombonas de gas doméstico, tanques de agua potable, entre otras); g) la instalación de puntos rojos; h) la opacidad en la información del Registro Electoral; i) el voto asistido; j) las inhabilitaciones políticas a los candidatos por parte de la CGR[77];

---

para impedir que la oposición obtuviera representación. El CNE, pese a ser un órgano administrativo sin facultad constitucional, dictó las Normas Especiales para las Elecciones Parlamentarias (2021-2026), que aumentaron en un 66 % los escaños (de 167 a 277), redujeron la proporción de diputados electos nominalmente del 70 % al 48 % (133 escaños), elevaron los electos proporcionalmente al 52 % (144 escaños) y crearon una "lista nacional" de 48 diputados, "inventando un voto con doble valor, para elegir unos diputados sin representación estadal ni porcentaje poblacional" (Acceso a la Justicia, 2022: 21).

75 Otro mecanismo inconstitucional empleado por el CNE con el aval del TSJ a través de sentencia ha sido la eliminación del voto directo y secreto de los indígenas para la elección de los tres diputados que les corresponden en la Asamblea Nacional. Esto se resolvería según el CNE, mediante el voto indirecto de voceros, elegidos a través de votación pública "a mano alzada" en las asambleas comunitarias, "y quienes luego elegirían a los tres representantes indígenas a la AN de forma secreta y manual en las asambleas generales" (Acceso a la Justicia, 2022: 21).

76 Valiéndose de la falta de autonomía del TSJ, el gobierno de Maduro ha aplicado una estrategia sistemática de intervención, ilegalización e inhabilitación de partidos opositores, permitiendo solo la participación de los que no amenazan al PSUV. La práctica se heredó del chavismo, que ya la usó contra Patria Para Todos (PPT) y Podemos en 2013. En 2015 fueron intervenidos Min Unidad, MEP, Bandera Roja y COPEI por apoyar a la MUD. El caso más emblemático ocurrió entre junio y julio de 2020, cuando el TSJ desconoció las directivas de Acción Democrática (AD), Primero Justicia (PJ) y Voluntad Popular (VP) y las sustituyó por "juntas ad hoc presididas por dirigentes subordinados al gobierno de Maduro para que de esta manera fueran estas las que postularan a los candidatos y usaran el logo, símbolos, emblemas y colores de los respectivos partidos" (Acceso a la Justicia, 2021: 22). El Tribunal también anuló la inscripción de la MUD para las presidenciales de 2018 alegando doble militancia. Para las regionales de 2021, la tarjeta de la MUD fue rehabilitada tras las negociaciones de México, aunque se negó la participación al PCV y surgieron coaliciones de "oposición" como Alianza Democrática, Fuerza Vecinal y Alianza Lápiz, que debilitaron a la oposición unitaria (Acceso a la Justicia, 2021).

77 La inhabilitación política de candidatos opositores se ha consolidado como la estrategia preferida de Maduro para eliminar rivales. Iniciada bajo Chávez —cuando la CGR inhabilitó a 1.401 funcionarios y exfuncionarios entre 2002 y 2015 (Acceso a la Justicia, 2022)—, alcanzó a Leopoldo López, fundador de Voluntad Popular. Bajo Maduro se intensificó: Henrique Capriles (Primero Justicia) fue inhabilitado para las

k) la manipulación en el diseño de las circunscripciones electorales; l) la modificación del cronograma electoral; m) la descontinuación de la tinta indeleble; y n) el abuso de la FANB (Acceso a la Justicia, 2022). Maduro tramó unas elecciones fraudulentas en 2018 para perpetuarse en el poder una vez terminado su período, uno de los más convulsos y violentos (García, 2020).

Fraude electoral. He documentado un fraude electoral sistemático en todos los procesos del período 2017-2023, en los que se aplicaron de forma coordinada las estrategias de manipulación institucional ya descritas, hasta tornar imposible derrotar al régimen en las urnas. Lo ilustro con los casos siguientes:

Referéndum para la ANC (julio de 2017). La empresa Smartmatic (2017) denunció públicamente la manipulación de al menos un millón de votos, lo que marcó su ruptura con el CNE[78].

Elecciones regionales (octubre de 2017). Se registraron voto asistido irregular, instalación de puntos rojos y anulación de victorias opositoras. En el caso del Zulia, a Juan Pablo Guanipa —el candidato más votado del país, con 700.755 votos— se le impidió tomar posesión mediante maniobras de la ANC[79].

---

presidenciales de 2018, y Juan Guaidó (Voluntad Popular), en 2021. La más significativa es la de María Corina Machado (Vente Venezuela), inhabilitada en junio de 2023 por quince años para impedir su candidatura en 2024, pese a liderar las encuestas. Esta eliminación sistemática de candidatos competitivos evidencia que el gobierno construye una oposición a la medida para asegurar su permanencia.

78 Smartmatic, empresa proveedora del sistema de votación automatizado desde 2004, denunció públicamente la manipulación de al menos un millón de votos en el referéndum para la Asamblea Nacional Constituyente de julio de 2017, señalando una diferencia significativa entre la participación real y la anunciada oficialmente. Esta denuncia sin precedentes marcó la ruptura definitiva de relaciones entre Smartmatic y el CNE, evidenciando la disposición del régimen a manipular resultados incluso cuando estos eran supervisados por tecnología internacional de verificación.

79 Las elecciones regionales de octubre de 2017 se caracterizaron por voto asistido irregular, operación ilegal de puntos rojos, ventajismo oficialista desproporcionado, y reubicación arbitraria de centros de votación. El caso más emblemático fue el del gobernador opositor del Zulia, Juan Pablo Guanipa, quien obtuvo 700.755 votos convirtiéndose en el candidato más votado del país, pero fue impedido de tomar posesión del cargo mediante maniobras judiciales. La Asamblea Nacional Constitu-

Elecciones presidenciales (mayo de 2018). Estos comicios fueron considerados ilegítimos por la ONU, la OEA y la Unión Europea[80].

Elecciones legislativas (diciembre de 2020). Fueron condenadas como fraudulentas por Estados Unidos, la Unión Europea y la OEA, en un proceso marcado por la ausencia de la oposición mayoritaria, un CNE controlado por el oficialismo y la intervención judicial de los partidos[81].

Elecciones regionales y municipales (noviembre de 2021). El Voluntariado en Defensa de la Democracia (2021) documentó más de 12.000 irregularidades y Voto Joven (2021) reportó más de 755 incidentes, además de la presión sobre 1.769 funcionarios públicos. La Misión de Observación Electoral de la Unión Europea (MOE UE, 2022) identificó falta de independencia judicial, inhabilitaciones arbitrarias, voto asistido irregular y manipulación del registro electoral, así como la reubicación de 282 centros de votación cuatro días antes de los comicios; además, se impidió votar al 90 % de los más de siete millones

---

yente, sin competencia legal en materia electoral, convocó nuevas elecciones excluyendo la participación del CNE, consolidando el patrón de anulación sistemática de victorias opositoras.

[80] Las elecciones presidenciales de mayo de 2018 fueron consideradas ilegítimas por la ONU, la OEA, la Unión Europea y numerosos países por la inhabilitación de los principales candidatos opositores, la convocatoria irregular hecha por la ANC sin competencia constitucional y la ausencia de garantías. Tras denunciar la manipulación en las elecciones de la ANC (agosto de 2017), Smartmatic fue forzada a entregar sus equipos y software al CNE, que los transfirió a la empresa argentina Ex-Clé. Según la demanda de Smartmatic ante el CIADI (2022), Ex-Clé hizo ingeniería inversa del sistema para eliminar las salvaguardas antifraude; para mayo de 2018 ya operaba el sistema electoral alterado.

[81] Las elecciones legislativas de diciembre de 2020 fueron condenadas formalmente como fraudulentas por el gobierno de Estados Unidos, la Unión Europea y la Organización de Estados Americanos. Se caracterizaron por: la ausencia de la oposición mayoritaria debido a la falta de garantías mínimas, un Consejo Nacional Electoral completamente controlado por el oficialismo tras su recomposición arbitraria, intervención judicial sistemática de partidos políticos mediante mecanismos de cooptación y designación de directivas paralelas, y una abstención masiva que alcanzó niveles históricos reflejando la completa pérdida de credibilidad del sistema electoral venezolano.

de venezolanos en el exterior y se desmantelaron y saquearon cinco alcaldías ganadas por la oposición[82].

Caso Barinas (2021-2022). Constituye el paradigma de la imposibilidad de derrotar al régimen. El TSJ anuló la elección y prohibió proclamar al ganador opositor, Freddy Superlano, alegando una "inhabilitación" que no había sido notificada oportunamente al CNE. Cuando se postuló a su esposa en su lugar, la Contraloría la inhabilitó de inmediato. El caso demuestra que, con los poderes públicos cooptados, no existe vía legal alguna para la victoria opositora (Trak, 2022)[83].

El Estilo Rentista financia todo este aparato: el control de las rentas petroleras y mineras sostiene la maquinaria clientelar —Carnet de la Patria, CLAP, bonos—, el CNE oficialista, la cooptación judicial y la presión sobre los funcionarios estatales. Sin esas rentas extraordinarias de manejo discrecional, semejante andamiaje de fraude resultaría financieramente inviable.

Religión, culto a Chávez e ideología como dominación simbólica

El control no se ejerce solo por la fuerza o por el voto: también se disputa en el plano simbólico. Muestro cómo el régimen instrumentaliza la religión, el culto a Chávez y la ideología, y cómo coloniza el espacio visual público para naturalizar su dominación.

---

[82] Estas irregularidades, documentadas por la Misión de Observación Electoral de la Unión Europea (2022), demuestran que, bajo este régimen, ganar elecciones no garantiza el ejercicio efectivo del cargo.

[83] La Sala Electoral del TSJ anuló la elección en Barinas —estado natal de Chávez— y prohibió proclamar al ganador de la Plataforma Unitaria, Freddy Superlano (Voluntad Popular), alegando una "supuesta inhabilitación política" que no había sido notificada al CNE antes del período de postulaciones (Trak, 2022: 478). Cuando el partido postuló a Aurora Silva de Superlano, esposa del candidato, la Contraloría la inhabilitó de inmediato. El caso revela que, en una autocracia con todos los poderes cooptados, no existe vía jurídica para derrotar al gobierno por la vía electoral, sea cual sea el respaldo popular de la oposición.

Uso de la religión con fines políticos y clientelares. En el gobierno de Maduro, la religión[84] se ha convertido en una estrategia para captar votos de cara a las elecciones presidenciales de 2024. Desde las filas del PSUV se trabaja con ese propósito, y ya se conocen experiencias de entrega de dinero en dólares a pastoras de iglesias evangélicas[85], que se han multiplicado en los sectores más empobrecidos de Venezuela. Con esta estrategia, el oficialismo pretende desplazar a los líderes vecinales y orientar la entrega de recursos hacia los pastores de las iglesias evangélicas[86]. En diciembre de 2019, en un acto religioso[87], Maduro decretó el Día Nacional del Pastor y la Pastora y creó la Universidad Teológica Evangélica. A inicios de 2023 anunció la continuación del plan Mi iglesia bien equipada y la ampliación del plan El buen pastor, que consiste en la entrega de bonos mediante el registro de cada pastor en el Sistema Patria (Armando.info, 7 de mayo de 2023).

Tratamiento de la historia y del culto a Chávez. El culto a Chávez se exacerba y se extiende como política de Estado, hasta convertirse en uno de los recursos fundamentales de legitimación de Maduro, quien se presenta ante el pueblo como el continuador y protector de su legado y a quien, además, el propio Chávez designó como su sucesor (Quintero, 2018).

---

84 Al frente de esta estrategia se encuentra Nicolás Maduro Guerra ("Nicolasito"), hijo del presidente, designado a mediados de 2022 vicepresidente de Asuntos Religiosos del PSUV, cargo desde el cual ha recorrido iglesias evangélicas y católicas, mezquitas, sinagogas y templos de otras confesiones de todo el país.

85 Como el caso de la señora Fernanda de Camejo, pastora de la Iglesia Evangelista Restauradora La Resurrección, en la Vega. En marzo de 2023, recibió 2.000 dólares en efectivo, para construir un refugio para familiares de pacientes de módulos y hospitales del oeste de Caracas. Con la promesa de que cada mes le darían mayores cantidades de dólares. Sin contraloría ni rendición de cuentas, el madurismo replica esta experiencia en otras partes del país. Reparte fondos a discreción entre pastores evangélicos (Armando.info, 7 de mayo de 2023).

86 La estrategia de Maduro era ayudar a las iglesias cristianas, porque las católicas ya estaban siendo beneficiadas (Armando.info, 7 de mayo de 2023).

87 Acto presidido por Moisés García, del Movimiento Cristiano Evangélico por Venezuela (Mocev), que reunió a 1.700 religiosos. Un año después de ese acontecimiento religioso, García fue elegido diputado de la Asamblea Nacional por el PSUV (Armando.info, 7 de mayo de 2023).

Ideología como arma de guerra. La ideología[88] ocupa una posición central como instrumento de dominación en los gobiernos de Maduro. En palabras de García (2020: 254), "Ya no cumple el papel de ideario legitimador ante las masas de un proyecto político, en pugna con otras opciones de poder. Pasa ahora a servir como credo para invocar lealtades y reclamar la obsecuencia de sus partidarios". El madurismo se transforma así en una secta de fanáticos que, además de emplear las categorías de la retórica comunista, cultiva un sentido de pertenencia en torno a Chávez, al culto de su persona y al afán de mantener viva su memoria, para lo cual recurre a lo mágico-religioso. Es un asunto de fe. La ideología da seguridad a sus militantes y construye un mundo ficticio en el que la veracidad de los hechos pierde relevancia y la información adversa se ignora, mediante una autocensura permanente[89] (García, 2020).

Documento, además, que el culto a Chávez se entrelaza con una dimensión mágico-religiosa que desborda lo metafórico. El periodismo de investigación —en particular la obra de David Placer, *Los brujos de Chávez* (2015) y *El dictador y sus demonios* (2019)— ha reunido decenas de testimonios sobre la incorporación de la santería, el espiritismo y el culto a María Lionza al ejercicio del poder, desde los altares instalados en el propio Palacio de Miraflores hasta la devoción de Maduro por el gurú Sathya Sai Baba. Sostengo que ese componente no es un simple folclore del poder: según el testimonio del exministro de la Defensa

[88] Se define como "el conjunto de ideas preexistentes, a partir de las cuales abordamos la realidad en la que nos desenvolvemos. Qué cosas nos impactan, cómo las valoramos y qué inferimos de ello para nuestra existencia y nuestro futuro, hunden sus raíces en el acervo de valores, experiencias y costumbres sociales, políticas y culturales, que moldean nuestra manera de ser. Todos vemos al mundo a través de un lente ideológico [...] y todos seríamos vulnerables a campañas propagandísticas que tocan algunas sensibilidades particulares. Sacudirse de prejuicios y de visiones parcializadas para aprehender mejor la realidad y acrecentar nuestras posibilidades en cualquier empeño, descansaría en la educación, en una mente abierta, y en cultivar nuestra capacidad y disposición para el juicio crítico" (García, 2020: 227).

[89] "Se leen solo determinados diarios, se ven o sintonizan sólo emisoras oficiales y no se acude sino a eventos promovidos por el gobierno. Y eso se asume disciplinadamente, gracias a la afiliación afectiva con el régimen [...]" (García, 2020: 255).

Raúl Baduel, La Habana instaló babalawos cubanos como "guías espirituales" en ministerios, empresas del Estado y estamentos militares, y los convirtió en una red de información al servicio de la inteligencia cubana. Lo mágico-religioso operó así, a la vez, como instrumento de cohesión y de control, en plena coherencia con la penetración cubana que analizo más adelante.

A esa instrumentalización se suma la sacralización de la figura del líder. Tras la muerte de Chávez, en 2013, el régimen erigió en torno a su memoria un culto de rasgos cuasi religiosos —la oración "Chávez nuestro", la advocación de un "San Hugo Chávez", el mausoleo del Cuartel de la Montaña convertido en lugar de peregrinación—, que Maduro reactivó como recurso de legitimación al presentarse como su heredero y como depositario de su espíritu; su célebre relato del "pajarito" en el que se le habría aparecido Chávez es la expresión más divulgada de esa comunión simbólica (Hernández, 2022). Más allá de la veracidad puntual de cada episodio, lo relevante para mi análisis es su función política: lo mágico-religioso opera como un mecanismo de cohesión interna y de legitimación simbólica del poder —"la magia como prolongación de la política", en palabras de Placer—, en plena coherencia con la dimensión cultural del Estilo Rentista.

Los gobiernos de Maduro logran el reconocimiento de su ideología mediante una renovada iconografía patriótica desplegada en el espacio visual urbano (Contreras Medina, 2023).

De la ideología emana una suerte de "racionalidad de lo irracional", que ofrece un manto protector a la coalición gobernante[90], pues resguarda sus acciones, propiedades, recursos y modos de vida; es lo que le permite erigirse en auténtica defensora de la humanidad. Sin ese

[90] García (2020) la denomina, núcleo central de poder y coloca de ejemplo en una posición de liderazgo en este grupo a Diosdado Cabello, quien funge como presidente de la Asamblea Nacional Constituyente; vicepresidente del PSUV y conductor del programa de televisión, "Con el Mazo Dando", quien con un discurso ideológico que edifica una realidad alternativa hace que su conducta sea aplaudida por los afectos al régimen.

manto, quedaría desnuda, al descubierto ante el país y la historia. El madurismo se refugia en su imaginario patriotero y antiimperialista, y así se aísla de la realidad. Ello explica tanta insensibilidad ante la tragedia que viven los venezolanos, la falta de rectificación de las políticas públicas, el desdén con el que se desestiman los reclamos y la forma en que se aferra al poder (García, 2020).

Control político del espacio público urbano y de las instituciones. La idolatría hacia la figura de Simón Bolívar, el culto iconográfico a la personalidad de Chávez y las alegorías políticas construidas en torno a su mirada, su firma y el enmarcado de sus retratos dominan el espacio visual de la ciudadanía y condicionan sus creencias; de este modo, a través de las imágenes, se eterniza la ideología chavista y madurista. La imagen procedente del pasado es capaz de condicionar el presente y de proyectar el rumbo del país (Contreras Medina, 2023).

El terror de Estado: desaparición forzada, tortura y presos políticos

Si el control electoral y judicial cierra las vías institucionales, el miedo clausura las que quedan. Reúno aquí las prácticas con las que el Estado venezolano convirtió la desaparición forzada, la tortura y la prisión política en instrumentos sistemáticos de disuasión.

Desaparición forzada y torturas. Desde la sede de la Dirección General de Contrainteligencia Militar[91] (DGCIM) en Caracas se ejecu-

[91] La División de Asuntos Especiales (DAE) de la DGCIM ha tenido un rol central en las desapariciones forzadas y torturas. Su jefe es Alexander Granko Arteaga (sancionado por la UE y el Tesoro de EE. UU.), aunque el control funcional del organismo recae en Nicolás Maduro como comandante en jefe de la FANB, quien designó en junio de 2018 a Iván Hernández Dala —también sancionado— como director de la DGCIM (Armando.info, 16 de diciembre de 2022). La DAE es conocida internamente como "la mano negra de Hernández Dala", y Granko Arteaga figura "como uno de los principales torturadores tanto en sitios clandestinos, como en la sede oficial de la DGCIM" (Armando.info, 11 de diciembre de 2022).

tan las más brutales torturas[92] y otros malos tratos contra los detenidos[93]. En esas prácticas participan también el Servicio Bolivariano de Inteligencia Nacional (SEBIN), conocido como la policía política del régimen, y la Fuerza de Acciones Especiales (FAES), adscrita a la Policía Nacional Bolivariana.

En Caracas existen casas clandestinas de tortura cuyo uso se acentuó a partir de 2018, en coincidencia con un aumento de las desapariciones forzadas[94] y de la persecución a militares[95]. Suelen ubicarse en

---

[92] La tortura se convirtió bajo Maduro en una práctica sistemática de los cuerpos de seguridad, en particular de la inteligencia militar (DGCIM), intensificada desde 2017 para obtener información mediante coacción: "Hay una tortura generalizada que incluye: desgarramiento de las uñas, cortes en la piel, golpes con piedra y bates en pies y tobillos para imposibilitar la caminata" (Armando.info, 16 de diciembre de 2022). Según el testimonio de catorce víctimas, sus familiares, abogados e informes de la ONU recopilados por Armando.info (14 de diciembre de 2022), las prácticas incluyen golpes con objetos contundentes, asfixia y descargas eléctricas, privación de comida, colgamiento, uso de psicotrópicos, aislamiento con luz blanca, abuso sexual, mutilaciones, disparos y tortura psicológica.

[93] Los procedimientos de detención "son irregulares y arbitrarios. Ocurren sin orden judicial, los funcionarios abordan a la víctima con armas largas y ocasionan destrozos y robos cuando irrumpen en su domicilio" (Armando.info, 14 de diciembre de 2022). En la mayoría de los casos el detenido es presentado ante un juez con signos de tortura y superadas las 48 horas que fija la Constitución, por lo que "aparecen forjadas en las actas del expediente la orden judicial de detención y las actas policiales, para que parezca que la persona no lleva más tiempo detenida de lo que dicta la ley" (Armando.info, 14 de diciembre de 2022). Entretanto, los familiares son perseguidos y no obtienen respuesta sobre el paradero del desaparecido.

[94] Estas detenciones pueden durar días, semanas o meses, en sitios clandestinos conocidos por el régimen, su coalición, la militancia cubana y los colectivos. No solo recaen sobre opositores, sino también sobre sus familiares, activistas, defensores de derechos humanos, militares de alto rango y empresarios —por ejemplo, quienes se niegan a pagar "vacuna" o quienes manejaron fondos públicos—, a quienes se acusa de traición a la patria, terrorismo o intentos de golpe (Armando.info, 11 y 14 de diciembre de 2022). Según un informe de Provea citado por Armando.info (14 de diciembre de 2022), de 134 personas secuestradas por cuerpos del Estado entre 2013 y 2018, 51 sufrieron desaparición forzada solo en 2018, y de ellas 46 fueron detenidas por la DGCIM, lo que evidencia su protagonismo.

[95] Hasta agosto de 2021 había 250 militares procesados por motivos políticos, de los cuales 114 vivieron una desaparición forzada al momento de su detención, según el informe de la ONG Justicia Venezolana citado por Armando.info y un informe de la Misión Internacional Independiente de la ONU destacó que había investigado 122 casos de militares, exmilitares y familiares que habían sido arrestados y torturados

urbanizaciones de clase media-alta[96] y las usa con frecuencia la DGCIM; en ellas, los gritos de los torturados se ocultan poniendo a todo volumen música o programas del canal estatal VTV. La institucionalización de la tortura física y psicológica en Venezuela ha contado con la asesoría de los cubanos (Armando.info, 11 de diciembre de 2022). La tortura es, en Venezuela, una orden presidencial: es Nicolás Maduro quien la imparte[97].

Desde 2017[98] el régimen de Maduro emplea una técnica de castigo similar a la utilizada en la Alemania nazi, denominada Sippenhaft[99], cuya efectividad reside en el quiebre emocional de los enemigos políticos del régimen. Sus presas más fáciles son los familiares de militares disidentes o de civiles opositores, y su propósito es arrancar la confe-

---

por la DGCIM entre el 12 de febrero de 2014 y septiembre de 2022, así como también reveló que había estudiado otros 90 casos donde el cuerpo policial involucrado era el SEBIN (Armando.info, 14 de diciembre de 2022).

[96] Un informe de la misión de la ONU enumera 17 referencias de casas de seguridad o centros clandestinos y se encuentran "en sectores de Las Mercedes, Prados del Este, La Trinidad, San Bernardino, Bello Monte, Los Naranjos, Fuerte Tiuna, Alto Prado, La Carlota, además de La Mariposa y zonas montañosas de El Hatillo y Guarenas" (Armando.info, 11 de diciembre de 2022). También hay sitios clandestinos de tortura en otros estados del país, así lo reveló Armando.info (14 de diciembre de 2022), en su investigación periodística, como en los estados Carabobo, Táchira y Cojedes.

[97] Así lo afirmó el general Manuel Ricardo Cristopher Figuera, exsubdirector de la DGCIM y exdirector del SEBIN, ahora exiliado en Estados Unidos. Señala Barráez (2019), que en una entrevista le preguntó la periodista a Figuera, cuando usted era subdirector de la DGCIM, ¿quién daba las órdenes para torturar a los detenidos por conspiración? y su respuesta fue: Maduro. También recordó el general, el caso del piloto asesinado Oscar Pérez y relató que cuando le reclamó al director de la DGCIM, general Iván Hernández Dala, por qué se estaban haciendo las cosas de esa manera, este respondió: "esa fue una orden que me dio mi comandante". La orden se la dio Maduro.

[98] Año de protesta contra el régimen de Maduro y donde se emplea de manera sistemática el castigo y la tortura contra familiares de objetivos políticos (Armando.info, 23 de julio de 2023).

[99] Se define como "castigo por responsabilidad familiar" y su origen se remonta a la Alemania del nazismo. Se utiliza como mecanismo de control social y reducción de la disidencia política. Este método busca el quiebre emocional de la víctima cuando menciona a sus familiares durante los interrogatorios y torturas (Armando.info, 23 de julio de 2023).

sión "sobre el paradero del familiar perseguido, que este se entregue o que acepte incriminarse o incriminar a otros" (Armando.info, 23 de julio de 2023). Una investigación de diez meses realizada por Armando.info (23 de julio de 2023) identificó 25 casos[100] que dan cuenta de esta práctica en Venezuela, ejecutados en su mayoría por la DGCIM y, en segundo lugar, por el SEBIN.

Represión y presos políticos. Las protestas de 2014 marcan un giro del régimen de Maduro hacia la represión[101]. Al reprimir las manifestaciones pacíficas, el mensaje que el gobierno busca transmitir "es de disuasión general a través del temor de ser sometido a privaciones graves de derechos fundamentales" (JEP, mayo de 2023). Entre enero de 2014 y marzo de 2023, en Venezuela fueron detenidas por motivos políticos 15.792[102] personas (Foro Penal, 19 de junio de 2023).

Según Foro Penal, al 19 de junio de 2023 había 286 presos políticos en Venezuela: 154 militares[103] y 132 civiles. El 1 de junio de 2018, el

---

[100] De los 25 casos de Sippenhaft identificados por Armando.info (23 de julio de 2023), 14 corresponden a familiares de militares perseguidos y 11 a civiles opositores. Es el caso del capitán Ányelo Heredia, detenido por la DGCIM en marzo de 2017 en Táchira por traición a la patria e instigación a la rebelión, y fugado de la cárcel de Ramo Verde en diciembre de 2019: sus padres, hermana, sobrino y cuñado —incluido el militar Óscar Martínez— fueron víctimas de esa técnica de origen nazi y abandonaron el país. Su hermana, Anyi Heredia, recuerda que, estando detenida, le mostraron una foto de su hijo de ocho años y le dijeron: "Mañana le vamos a cortar un dedo".

[101] Himiob y Romero (2020) describen seis categorías que permiten determinar una política como represiva o de persecución estatal: 1) exclusión, dirigida a líderes políticos o sociales que representan una amenaza, mediante el asesinato, la tortura, la privación de libertad o la desaparición forzada; 2) intimidación, contra grupos como estudiantes, defensores de derechos humanos, jueces, comunicadores o militares; 3) propaganda, contra personas utilizadas para sostener una narrativa que evada la responsabilidad del régimen en sus fracasos; 4) extracción, mediante la privación de libertad —incluso de familiares o amigos— para obtener información sobre otros perseguidos, recurriendo a la tortura; 5) venganza, por interés personal de quien ejerce el poder; y 6) rehenes, personas detenidas para ser intercambiadas.

[102] Con 9.415 medidas cautelares, 11 fallecidos bajo custodia del Estado y 875 civiles presentados ante tribunales militares (Foro Penal, 12 de mayo de 2023).

[103] Un rasgo significativo del régimen de Maduro es el alto número de militares como presos políticos. La mayoría están recluidos en el Centro Nacional de Procesados y Penados Militares (CENAPROPEMIL), ubicado en Ramo Verde. Los Teques, es-

gobierno de Maduro excarceló a 39 presos políticos detenidos desde las protestas de 2014, pero en los meses siguientes detuvo a 102 personas; y en agosto de 2020 concedió indultos y sobreseimientos a 110 personas, aunque un mes después 26 volvieron a ser detenidas. Esto revela que Maduro mantiene la política de puerta giratoria iniciada en 2014 y perfeccionada en 2017, "conforme a la cual otorga algunas liberaciones para posteriormente apresar a nuevas víctimas[104] [...] Precisamente, es esa la razón por la que el número de presos políticos al cierre de los años 2014-2022 se ha mantenido casi inalterado, aunque la identidad de algunos afectados haya cambiado" (JEP, abril de 2023).

Una de las medidas con las que el régimen de Maduro contrarrestó el impacto de las sanciones fue una represión focalizada: hostigó a los opositores —en especial a los integrantes de la Asamblea Nacional— e intervino los partidos políticos opositores. En este sentido, las sanciones tienden a generar regímenes menos democráticos, tal como sostienen los autores que han estudiado el tema (Bull y Rosales, 2023).

Alianzas internacionales, neutralización de la oposición y control militar

La permanencia del régimen no se explica solo por dinámicas internas. Analizo el andamiaje externo y coercitivo que lo sostiene: las alianzas con China, Cuba, Rusia e Irán, la cooptación de una oposición funcional, el trasplante del modelo cubano de control militar y el papel decisivo de la cúpula castrense.

---

tado Miranda, y en el Centro de Procesados y Penados Anexo del Área Metropolitana de Caracas II Máxima Seguridad (antigua sede de la DGCIM), en la urbanización Boleíta de Caracas (Foro Penal, 19 de junio de 2023).

[104] Sin embargo, no siempre son nuevas víctimas, este es el caso del exdiputado ante la Asamblea Nacional Gilber Caro, quien fue detenido de forma arbitraria en enero de 2017, luego fue excarcelado en junio de 2018 en el marco del proceso de liberaciones auspiciado por el gobierno nacional y aprehendido de nuevo en abril de 2019, salió libre a los dos meses y fue detenido por tercera vez en diciembre de 2019 (JEP, abril de 2023).

Alianzas con otros países para el control social y geopolítico. El régimen de Maduro ha construido una red de alianzas estratégicas con potencias autocráticas que le permiten sortear el aislamiento internacional y mantener el control interno mediante cooperación en vigilancia, inteligencia, armamento y recursos económicos, conformando una coalición transnacional de regímenes autoritarios que se sostienen mutuamente mediante apoyo económico, militar, tecnológico y diplomático[105].

China representa el pilar financiero y tecnológico del régimen. Entre 2007 y 2015, Pekín otorgó aproximadamente 59.000 millones de dólares en préstamos respaldados con petróleo, la cifra más alta concedida a cualquier país latinoamericano, con una deuda pendiente estimada entre 10.000 y 15.000 millones de dólares para septiembre de 2023 (Diálogo Interamericano, 2023). En septiembre de 2023, durante la visita de Maduro a Pekín, ambos países elevaron su relación a una "asociación estratégica a toda prueba" que trasciende lo económico para incluir coordinación política y militar (CNN en Español, 13 de septiembre de 2023).

En el ámbito del control social, las empresas chinas ZTE y Huawei, contratadas en 2014, desarrollaron sistemas de vigilancia electrónica incluyendo el Carnet de la Patria, que para enero de 2023 registraba 21,8 millones de usuarios vinculados a bases de datos estatales para rastrear beneficiarios de programas sociales y controlar el acceso a bonos, alimentos y servicios (Armando.info, 13 de octubre de 2021; Sistema Patria, 2023). Estas empresas proveyeron tecnología de reconocimiento facial, monitoreo de comunicaciones y control de redes sociales, replicando el modelo de "autoritarismo digital" implementado

[105] Esta red de cooperación autocrática incluye intercambio de tecnologías represivas, construcción de narrativas de legitimación coordinadas, neutralización colectiva de presiones externas mediante cooperación económica y política, y diversificación de fuentes de legitimación externa que mitigan significativamente el impacto de sanciones y aislamiento diplomático occidental.

por el Partido Comunista Chino (Voz de América, 7 de diciembre de 2021; Reuters, 2018).[106]

Cuba constituye el elemento más determinante de control interno. Desde 1999, con el Convenio Integral de Cooperación Cuba-Venezuela, La Habana recibe entre 90.000 y 100.000 barriles diarios de petróleo a cambio del despliegue de médicos, maestros y, sobre todo, asesores de inteligencia y militares. Se estima que para 2013-2014 había aproximadamente 45.000 cubanos en Venezuela, de los cuales unos 5.600 operaban en seguridad y defensa, incluyendo 500 militares activos cubanos en funciones de asesoría en inteligencia (El Tiempo, 2020).

El Servicio de Inteligencia cubano (G2) penetró a fondo el aparato de seguridad venezolano: el Centro Estratégico de Seguridad y Protección de la Patria (CESPPA), creado en 2013, fue diseñado a imagen del G2 cubano bajo su mandato directo. Exfuncionarios confirman que "toda esa información acaba en manos de los servicios de inteligencia cubanos, el G2" (ABC España, 2017). Los agentes cubanos tienen presencia en ministerios estratégicos, PDVSA, la Dirección General de Contrainteligencia Militar (DGCIM), migraciones, puertos y aeropuertos. La Misión Internacional Independiente de Determinación de los Hechos de la ONU documentó evidencia física de un memorándum de entendimiento de 2008 entre ambos gobiernos sobre entrenamiento en tácticas de seguimiento, infiltración y tortura, tras revisar 223 casos de ejecuciones extrajudiciales, desapariciones forzadas, detenciones arbitrarias y tortura[107].

---

[106] La colaboración tecnológica chino-venezolana comenzó en 2016, cuando el gobierno contrató a la mexicana Soltein para diseñar una plataforma de rastreo de los CLAP y luego recurrió a ZTE para desarrollar los códigos QR del Carnet de la Patria (a menos de tres dólares por cuenta). Analistas la han descrito como un "autoritarismo digital de China a la medida de Venezuela", en el que Maduro replica los métodos de vigilancia masiva del Partido Comunista Chino (Voz de América, 7 de diciembre de 2021; Reuters, 2018). Esta alianza forma parte del paquete de préstamos chinos —unos 50.000 millones de dólares— pagaderos en petróleo y lealtad política.

[107] El exfiscal venezolano Zair Mundaray asegura que testimonios de funcionarios de la DGCIM coinciden en señalar la asesoría de cubanos en la institucionalización de

Rusia proporciona apoyo militar, geopolítico y petrolero crucial. Entre 2005 y 2013, Venezuela se convirtió en el principal comprador de armamento ruso en América Latina, con contratos militares por 11.000 millones de dólares completados y otros 2.000 millones en proceso, incluyendo cazabombarderos Sukhoi Su-30MKV, tanques T-72B1, helicópteros de ataque Mi-35M2, sistemas de defensa antiaérea y lanzacohetes múltiples (Infobae, 8 de febrero de 2020). La petrolera estatal Rosneft otorgó a PDVSA préstamos de 6.500 millones de dólares en 2014 y 1.500 millones adicionales en 2016, con la participación del 49,9 % de Citgo como garantía (Reuters, 2017). Rosneft se convirtió en socio de PDVSA en empresas conjuntas y, tras las sanciones estadounidenses de 2019, comercializó hasta el 30 % del crudo venezolano sancionado, revendiendo cerca de 225.000 barriles diarios. Moscú ha proporcionado al menos 17.000 millones de dólares en préstamos y líneas de crédito desde 2006. Para Rusia, Venezuela representa un socio geopolítico que le permite proyección estratégica en el hemisferio occidental y desafiar la influencia estadounidense en su área de influencia tradicional.

Irán constituye una alianza estratégica antioccidental construida sobre más de 320 acuerdos bilaterales (270 durante Chávez, más de 50 con Maduro). En 2022, firmaron un acuerdo de cooperación estratégica con vigencia de 20 años. Durante la visita del presidente iraní Ebrahim Raisi a Venezuela en junio de 2023, suscribieron 25 nuevos acuerdos en áreas científica, tecnológica, médica, sanitaria y de comunicaciones.

La cooperación energética ha sido vital: entre 2020 y 2023, Irán envió buques con gasolina, condensado (esencial para diluir el crudo

---

la tortura física y psicológica en años recientes. Francisco Cox, experto de la Misión ONU, confirmó haber visto documentación física del memorándum Cuba-Venezuela de 2008. En enero de 2020, Maduro incorporó al embajador de Cuba al Consejo de ministros, declarando: "Le he dicho a nuestro hermano mayor y protector Raúl Castro, y está de acuerdo, puertas abiertas en cada ministerio para coordinar, para avanzar". Raúl Castro admitió que había 20.000 cubanos dedicados a sostener a Maduro y desarticular operaciones de militares venezolanos que buscaban restablecer la democracia (El Tiempo, 2020).

pesado venezolano), equipamiento y personal especializado para reparar las refinerías colapsadas de Venezuela. A cambio, Venezuela pagó con oro, eludiendo las sanciones internacionales que afectaban a ambos países. El oro era transportado en vuelos de Mahan Air entre Caracas y Teherán, para luego ser comercializado en mercados de Turquía y Medio Oriente. En el ámbito militar, Irán cooperó con Venezuela en la fabricación de vehículos aéreos no tripulados: desde la Base Aérea El Libertador (estado Aragua), a través de la empresa estatal CAVIM, se ensamblaron los Mohajer-2 iraníes —rebautizados localmente como Arpía o ANSU-100— y se les dotó de pequeñas bombas para ataques contra objetivos terrestres; ya en noviembre de 2020 el régimen anunció planes para expandir esa producción doméstica de drones con asistencia iraní (The Washington Institute, 2022).

Cooptación de grupos "opositores" y de partidos políticos. Según Jiménez (2021), la realidad venezolana muestra que, a medida que el autoritarismo se consolida y se fortalece con Maduro en el poder, la oposición se fragmenta en varios subgrupos.

Existen actores, grupos y partidos políticos que, pese a llamarse "oposición", no están realmente interesados en desalojar del poder a las élites autoritarias. Son sensibles a la cooptación y tienden a preferir una estrategia de objetivos menos ambiciosos —optar por cargos de elección pública e intentar mejoras dentro del sistema— sin cuestionar de manera significativa las reglas ni las instituciones autoritarias. De ahí que sus discursos y estrategias "suelen ser complacientes con el régimen autoritario, aunque la cooptación por parte de los autócratas tiene sus limitaciones" (Haber, 2006; Magaloni, 2010, citados por Jiménez, 2022: 132).

Frente al dominio del partido oficialista, el PSUV, la coordinación de la oposición resulta vital; sin embargo, su constante fragmentación[108] la ha debilitado[109] en las elecciones que el oficialismo ha ganado. Los partidos más importantes de la Mesa de la Unidad Democrática[110] (MUD) y de la Alianza Democrática[111] (ALDEM) "están en conflicto desde la elección presidencial de 2018" (Trak, 2020, citado por Jiménez, 2022: 145).

El oficialismo logró, además, ejercer su influencia en la gestión de la Comisión de Contraloría[112] de la AN-2015, al controlar la actuación

---

108 "La fragmentación se refiere a la distribución de poder político entre los diferentes partidos que compiten en la arena electoral" (Jiménez, 2022: 145).

109 En las regionales y municipales de noviembre de 2021 el oficialismo se impuso en diecinueve de los veintitrés estados, y la oposición solo ganó en cuatro (Zulia, Nueva Esparta, Barinas y Cojedes). Para Jiménez (2022: 140), "la falta de coordinación tras el dilema de participar o no [...] impidió aprovechar el potencial", pues "la fragmentación de la oferta opositora, principalmente entre MUD y ALDEM, impidió que lograsen la victoria en algunos estados importantes [...] tales como Amazonas, Anzoátegui, Apure, Falcón, Guárico, Lara, Mérida y Táchira" (Jiménez, 2022: 144).

110 La Mesa de la Unidad Democrática (MUD) es la coalición opositora creada en 2008 mediante el Acuerdo de Unidad Nacional, integrada por más de diecisiete organizaciones, entre ellas Un Nuevo Tiempo (UNT), Voluntad Popular (VP) y Primero Justicia (PJ). Inhabilitada por el TSJ para las presidenciales de 2018, dio paso a la Plataforma Unitaria (PLU), conformada por UNT (Manuel Rosales), PJ (Julio Borges), VP (Leopoldo López), Acción Democrática (Henry Ramos Allup) y COPEI (Roberto Enríquez), entre otros. Tras la restitución de la tarjeta de la MUD por el TSJ, la PLU la utilizó en las elecciones regionales de 2021.

111 La Alianza Democrática (ALDEM) se formó con los partidos que apoyaron a Henry Falcón en 2018 (Primero Venezuela, Venezuela Unida, El Cambio, Cambiemos, entre otros) y, según Jiménez (2022: 143), con partidos que pertenecieron a la MUD hasta 2020 y "fueron intervenidos por el Tribunal Supremo de Justicia (TSJ) y sus tarjetas electorales fueron asignadas a dirigentes políticos cuestionados por sus vínculos con el gobierno (AD y VP)". Es el caso de Bernabé Gutiérrez, expulsado de AD por corrupción y colocado por el TSJ al frente de su directiva ad hoc en junio de 2020; de COPEI, cuya presidencia el TSJ otorgó a Miguel Salazar; y de Voluntad Popular, intervenido en julio de 2020 con una junta presidida por José Gregorio Noriega, también expulsado por corrupción. Varios de estos dirigentes están señalados en las llamadas Operación Alacrán y Operación Maletín Verde.

112 En la Comisión de Contraloría de la AN-2015 se detectaron inconsistencias en los expedientes, tachaduras, folios desaparecidos y subcomisiones fantasma: allí "se gestaron los polémicos documentos para lavar la reputación de Saab, especialmente ante organismos del extranjero" (Armando.info, 6 de diciembre de 2020). Se emitieron certificaciones de buena conducta a empresarios y empresas vinculados al oficialismo —sin aprobación en sesiones ordinarias— que se enviaron a parlamentos, tribunales, fiscalías y bancos de Europa, a la Fiscalía de Colombia y al Departamento del Tesoro de EE. UU., firmadas en nombre de la AN-2015 y de su presidente, Juan

de algunos de sus diputados[113] opositores, dentro y fuera de dicha comisión.

En la adelantada elección presidencial de mayo de 2018, autorizada por la ANC de 2017 y celebrada en medio de inhabilitaciones políticas y de partidos ilegalizados por el gobierno de Maduro, además de algunas agrupaciones minoritarias solo se permitió participar al partido Avanzada Progresista (AP), que postuló a Henry Falcón, y a Javier Bertucci, del partido El Cambio, candidato independiente vinculado a un sector de la iglesia evangélica. Ninguno de los dos logró movilizar al electorado, y resultó ganador Nicolás Maduro, apoyado por la coalición Gran Polo Patriótico Simón Bolívar (GPPSB), que agrupa al PSUV y a los demás partidos afines. Maduro fue juramentado ante el TSJ, y no ante la AN-2015.

Otra práctica del madurismo para debilitar a la oposición ha sido crear juntas directivas paralelas. El 5 de enero de 2020 juramentó una Junta Directiva Paralela de la Asamblea Nacional, presidida por Luis Parra[114], con el propósito de impedir que Juan Guaidó se juramentara

---

Guaidó, quien al descubrirlo solicitó una investigación, intervino la Comisión y expulsó a los diputados implicados (Armando.info, 1 de diciembre de 2019, 23 de agosto de 2020).

113 Diputados "opositores" de la AN-2015 realizaron giras no autorizadas para favorecer al régimen. La más emblemática fue la gira europea de abril de 2019, encabezada por Luis Parra junto a José Brito, Conrado Pérez y Adolfo Superlano, por jurisdicciones donde se investigaba a Alex Saab, con el fin de "blanquear los negocios del entramado colombiano" detrás de los contratos del plan CLAP (Armando.info, 19 de enero de 2020); incluyó una visita al Vaticano para solicitar el desbloqueo de cuentas vinculadas a Saab (Armando.info, 23 de agosto de 2020). Expulsados luego de sus partidos, estos diputados se volvieron adversarios de Guaidó y, el 5 de enero de 2020 —con apoyo de la Guardia Nacional y de grupos paramilitares oficialistas—, bloquearon su acceso a la AN e instalaron una Junta Directiva paralela presidida por Parra, sin el quórum debido. Con los votos de "los alacranes" se allanó el camino a la elección parlamentaria del 6 de diciembre de 2020, dominada por el oficialismo. Parra, Brito, Pérez y Superlano fueron sancionados por el Tesoro estadounidense, y Parra también por la Unión Europea y Suiza (Armando.info, 23 de agosto de 2020).

114 Luis Parra, diputado por Yaracuy por Primero Justicia desde diciembre de 2015, lideró las gestiones a favor de Alex Saab. En su gira europea, en Liechtenstein —reconocido paraíso fiscal—, "encabezó una reunión con un ejecutivo del Landesbank [...] para abogar por las compañías Salva Foods 2015 y las fantasmales Mulberry

nuevamente. Lo acompañaron los diputados expulsados de la oposición, denominados "Fracción CLAD"[115], quienes se reeligieron como diputados —ahora por el partido "Primero Venezuela"— en una jugada electoral controlada por el madurismo para hacerse con el control de la AN.

En agosto de 2021, en vísperas de las elecciones regionales, se abrió un proceso de negociación entre el gobierno y la oposición a través de la coalición Plataforma Unitaria (PLU), aunque las conversaciones se suspendieron en octubre de ese año (Jiménez, 2022). Existen evidencias de la cooptación de varios miembros de la ALDEM que influyeron para impedir cualquier acuerdo previo a esos comicios, "lo que derivó en la descoordinación de las candidaturas y la fragmentación del voto no oficialista" (Jiménez, 2022: 145).

Implementación masiva del esquema cubano de control militar de la población. El dominio militar sobre el Estado venezolano está fuertemente influido por las directrices, el asesoramiento y el acompañamiento de Cuba con su vasta experiencia de más de 60 años en el perfeccionamiento de su sistema de seguridad de Estado. Los gobiernos de Maduro se han beneficiado de la asesoría cubana en cuanto a los medios policiales para la seguridad de Estado: "el manejo represivo, de contrainteligencia y de guerra psicológica para controlar a la población, aprendidas de la STASI este-alemana (heredera, a su vez, de los procedimientos de la Gestapo y la SS nazi) —así como otras formas de terrorismo de Estado—, que adoptaron provechosamente a la idiosincrasia caribeña" (García, 2020: 201).

Proje Yatirim [...] y Group Limited [...] tres de las sociedades que Alex Saab, Álvaro Pulido y Carlos Lizcano han usado para sus negocios [...] de alimentos para el Gobierno de Maduro" (Armando.info, 19 de enero de 2020). Ante la cancillería búlgara se presentó como presidente de una subcomisión de control financiero de la AN que nunca ostentó —solo fue miembro de la Comisión de Recursos Naturales— (Armando.info, 19 de enero de 2020).

[115] Denominados así por defender los intereses y entramado de negocios de los empresarios colombianos que controlan las importaciones de alimentos para los combos de los Comités Locales de Abastecimiento y Producción (CLAP) en Venezuela.

Investigaciones de la Fundación por los Derechos Humanos en Cuba (FHRC en inglés) revelaron que oficiales de inteligencia y contrainteligencia cubanos fueron asesores y participaron en la represión de las protestas de 2014 y 2017 en Venezuela[116] dando instrucciones a la Policía Nacional Bolivariana, la Guardia Nacional Bolivariana y a colectivos (El Carabobeño, 2023).

Alianzas estratégicas selectivas con el sector privado. Una nueva élite empresarial negocia con la coalición gobernante. El Estado venezolano tiene empresas en casi todos los sectores de la economía. Una investigación de Transparencia Venezuela (6 de diciembre de 2022) identificó 914 Empresas Propiedad del Estado (EPE), distribuidas así: 161 en el sector manufactura; 148 en el sector hidrocarburos; 150 en el sector agroalimentario; 70 en el sector transporte; 63 en el sector construcción; 57 en el sector de las finanzas; 43 en minería y 39 en servicios públicos. De las 914 EPE, 601 se encuentran bajo control del poder nacional en Venezuela, 219 están bajo el control del poder regional; 91 EPE se encuentran domiciliadas fuera de Venezuela y 3 EPE están bajo el control del poder municipal.

Es una característica común de las EPE, tanto las que están en Venezuela como las que se encuentran fuera del país, la ausencia de rendición de cuentas y la falta de información.

En las leyes venezolanas, a pesar de vivir en una autocracia, sí están permitidas las formas de negocios entre el sector público y el privado. Entre 2015 y 2016, el gobierno de Maduro permitió la participación del sector privado en las EPE, mediante la cesión de operaciones y

116 Una misión del Consejo de Derechos Humanos que visitó Venezuela en 2020 halló evidencias de crímenes de lesa humanidad y revisó los acuerdos confidenciales entre Venezuela y Cuba —vigentes desde 2006—, que otorgan a La Habana un papel relevante en la reestructuración de la contrainteligencia militar venezolana y en la formación de oficiales, como confirmaron exfuncionarios de la DGCIM. La FHRC identificó al teniente coronel de la inteligencia cubana Damián Cordero Torres, cónsul general de Cuba en Valencia (Carabobo) en 2017, señalado como represor en las protestas de ese año, en las que Carabobo registró 21 fallecidos (El Carabobeño, 2023).

activos, práctica que se acentuó en 2020, luego de la aprobación en octubre de ese año de la Ley Constitucional Antibloqueo para el Desarrollo Nacional y la Garantía de los Derechos (Transparencia Venezuela, 6 de diciembre de 2022).

Las condiciones de las negociaciones desde mediados de 2015 hasta finales de 2021, entre el gobierno de Maduro y el sector privado de las Empresas de Propiedad del Estado (EPE), han sido opacas[117] y confusas. Transparencia Venezuela identificó 33 casos[118] (con posibilidades de participación privada en otras 60 de PDVSA) (Transparencia Venezuela, 2021), donde la figura más utilizada ha sido la alianza estratégica con 20 casos (61 %), le siguen las concesiones, con 5 de los casos (15 %), y las alianzas comerciales, con 5 casos (15 %). Asimismo, hay un caso de comodato, uno de privatización y una venta de activos. En el caso de PDVSA, establece vínculos con los privados mediante licencias, empresas mixtas, acuerdos productivos de servicios (APS) y contratos de servicios con el propósito de aumentar la producción (Transparencia Venezuela, 6 de diciembre de 2022).

Todas las negociaciones se han realizado "bajo el manto del secreto, el gobierno no ha publicado los contratos, convenios, acuerdos o documento negociado, no se sabe cuánto solicitó y recibió el Estado por cada convenio, las condiciones impuestas y aceptadas por las partes, el lapso de la negociación, los beneficios finales, las competencias de los nuevos socios" (Transparencia Venezuela, 6 de diciembre de 2022: 28). En resumen: negocios de los recursos del Estado con secretismo y gran opacidad. En el proceso de alianzas con el sector privado

[117] Estas negociaciones se han hecho a puertas cerradas, sin convocatorias abiertas ni competitivas, y se desconocen tanto los ingresos obtenidos como los beneficiarios finales de las empresas involucradas. Según Transparencia Venezuela (2021), los socios del Estado son contratistas de larga data del gobierno de Maduro, como Inversiones ALICEOLE, vinculada a Luis Moreno Sevilla (exgerente de Lácteos Los Andes), o Luis Piligra, presidente de la CVL-CAEJERB y antigua autoridad de Bolipuertos y Lácteos Los Andes (Transparencia Venezuela, 2021).

[118] De las 33 empresas, 17 son del sector agroalimentario, 12 del sector turismo, 1 del sector manufacturero y otras 3 grandes empresas que tienen el control del mercado en sus respectivos sectores: Minería, petróleo y el control de los puertos de Venezuela (Transparencia Venezuela, 6 de diciembre de 2022).

en sus diferentes modalidades no hay licitación ni concurso. Estas alianzas son excluyentes, porque otras empresas especializadas no pueden participar.

De las alianzas estratégicas con el Estado, se destacan los casos de Bolivariana de Puertos, Bolipuertos[119] S.A.; la Red de Abastos Bicentenario[120]; la Corporación Venezolana de Minería; las empresas mixtas socialistas Avícola del ALBA, S.A.; Arroz del ALBA, S.A. y Porcinos

---

[119] Desde 2017, el gobierno reactivó el Sistema de Registro de Operadores Portuarios (SROP) para oficializar "alianzas estratégicas" que abrieron los puertos a empresarios y militares cercanos al oficialismo (Armando.info, 22 de agosto de 2021). Destacan la alianza con Cosco Logistics en Puerto Cabello, vinculada a empresarios próximos al gobierno como Isaac Sultán Cohén y Majed Khalil (Transparencia Venezuela, 2021), y la Compañía Venezolana de Logística (CVL-Caejerb), creada mediante la Caja de Ahorro del Ejército, que pactó una alianza a diez años para operar en cuatro puertos (Puerto Cabello, Maracaibo, La Guaira y Guanta) con un 51 % de Bolipuertos y un 49 % de los militares. Su gestor, el coronel Luis Augusto Piligra (presidente de Bolipuertos, 2017-2018), firmó el acuerdo días antes de ser destituido por irregularidades y reapareció luego como director de la misma empresa, acusado de enriquecimiento ilícito. Históricamente los puertos estuvieron bajo control de Diosdado y José David Cabello, sancionados por el Tesoro estadounidense, y del general Ramón Campos Cabello, vinculado a la red de Alex Saab (Armando.info, 12 de septiembre de 2021).

[120] En 2017 se liquidó la Red de Abastos Bicentenario, que contaba con unas 50 tiendas en todo el país, y el gobierno de Maduro entregó varios de estos supermercados a empresas privadas. Algunos de estos establecimientos abrieron sus puertas en Caracas y La Guaira como Tiendas CLAP y más adelante fueron rebautizadas como Salva Market, operadas por la empresa Salva Foods, constituida en 2015. Su mayor accionista es Carlos Rolando Lizcano Manrique. Otros establecimientos de la antigua red de abastos aparecieron en el mercado como Megasis, "operados por empresas de capital iraní y los Hipermercados La Grande, propiedad de la familia Namur, cercana al gobernador del estado Zulia, Omar Prieto" (Transparencia Venezuela, 2021: 13).

del ALBA[121], S.A.; la Industria Azucarera Santa Elena[122], C.A.; los centrales azucareros Pío Tamayo[123]; Lácteos Los Andes[124], entre otras empresas. Los negocios entre el gobierno de Maduro y el sector privado tienen la particularidad de que muchos empresarios son cercanos al gobierno, han fungido como funcionarios públicos o son contratistas del Estado, también se destaca la vocación empresarial de generales y

---

121 En abril de 2019 se estableció una alianza estratégica para la operación de Arroz del Alba con la empresa Agroinsumos Lara C.A (AGROINLACA) propiedad del empresario Fernando Conejo Garcés y en julio de 2019, el mismo empresario tomó el control de la empresa Porcinos del ALBA y con respecto a las empresas mixtas socialistas Avícola del ALBA S.A, en junio de 2018, la Corporación de Desarrollo Agrícola, S.A, DELAGRO, en manos del ministro de Agricultura y Tierras, Wilmar Castro Soteldo, "autorizó el establecimiento de una alianza estratégica con la empresa Alimentos Venezolanos S&M ALIVENSA, propiedad de Maiker José Frías" quien también ha sido contratista del gobierno de Maduro, por ejemplo ALIVENSA produce la harina de maíz amarillo Santa Bárbara que se vende a través de los CLAP (Transparencia Venezuela, 2021: 14).

122 Esta central azucarera ubicada en el estado Portuguesa, en los Llanos centrooccidentales de Venezuela, también fue privatizada a través de una alianza estratégica en octubre de 2019 con la Corporación Mazzoca, cuyo presidente es Generoso Mazzocca. Este abogado de 54 años tiene registradas cuatro empresas en el Registro Nacional de Contratistas (RNC) "en los sectores de alimentación, prestación de servicios de salud y de servicios sanitarios" (Armando.info, 2 de junio de 2021).

123 En octubre de 2020, el Consorcio Veinca tomó el control del central azucarero de El Tocuyo (Lara), que desde 2014 solo refina azúcar importada. Sus dueños, Edward Gudiño y Yorjuaniris Ojeda —sin experiencia en el rubro, pero contratistas del Estado—, crecieron de la mano del comandante Wilmar Castro Soteldo (el "zar" agroindustrial de Maduro) y su sobrino Luis Fernando Soteldo, presidente de la Cuspal (antigua CASA), quienes les transfirieron silos, trilladoras, hatos y mataderos. La producción de carne y cereales se vende a la Cuspal con destino a las cajas CLAP. Bajo este comodato, amparado en la Ley Antibloqueo, han reinado la opacidad y la falta de rendición de cuentas (Armando.info, 14 de abril de 2021).

124 Desde la presidencia de Lácteos Los Andes —que asumió en agosto de 2019 tras dejar Bolipuertos—, Piligra creó una red de empresas privadas presididas por familiares y amigos que se beneficiaron de contratos con el Estado: "Corporación AA Hidalgo & Urdaneta C.A., cuyo representante legal era su hermano; Novedades Miguel García 2019 C.A., propiedad de su hermana y de su pareja sentimental Amelys Aracely Cabrera Gómez [...] que también era propietaria de La Fonda de Helenmar C.A, que vendía alimentos a la compañía" (Armando.info, 12 de septiembre de 2021). En 2020 la estatal fue privatizada mediante una "alianza estratégica" entre Venilac y Lácteos Los Andes, con Majed Khalil Majzoub —contratista habitual de los gobiernos de Chávez y Maduro— como socio.

coroneles al frente de empresas privadas mediante las alianzas estratégicas, lo que ha dado margen para la corrupción.

Los trabajadores temen estas alianzas con el sector privado, porque los nuevos empresarios socios de las empresas del Estado son contratistas del gobierno de Maduro, ya que luego de los cambios con la privatización, en la mayoría de los casos disuelven los contratos colectivos y los sindicatos, afectando los derechos laborales en detrimento de los trabajadores de estas empresas, como ocurrió con Lácteos Los Andes.

Poder de la cúpula militar y de los miembros de la FANB. La cúpula militar sostiene el régimen político de Maduro junto a la coalición gobernante, a través de una fuerte relación entre civiles[125] y militares[126]. El poder en Venezuela descansa en los militares. Nicolás Maduro ha venido aumentando su influencia sobre la FANB desde 2022. Esta institución está abocada a mantener el actual régimen político y, por ende, sostener a Maduro en el poder. Maduro pide lealtad y los militares piden poder económico, a lo que Maduro ha accedido. Para 2019, Venezuela contaba con 312 generales activos en el Ejército. "Casi un tercio de estos altos oficiales están vinculados a empresas que están habilitadas para hacer negocios con el gobierno. De estos, 35 son

---

125 Una investigación de Control Ciudadano (2022) identificó a los civiles más influyentes sobre la FANB. Los tres principales son Nicolás Maduro, presidente de la República y del PSUV, acusado por EE. UU. de encabezar el "Cartel de los Soles" (con una recompensa de 15 millones de dólares por su captura) y señalado por crímenes de lesa humanidad; Delcy Rodríguez, vicepresidenta ejecutiva y ministra de Economía, expresidenta de la ANC (2017-2018); y Tarek William Saab, fiscal general desde 2017. Los tres están sancionados por Estados Unidos, Canadá y otros gobiernos, así como por la Unión Europea, y tienen restringida la entrada a varios países de la región.

126 Asimismo, Control Ciudadano (2022) identificó a los militares más influyentes sobre la FANB: Vladímir Padrino López, ministro de la Defensa desde 2014; Domingo Hernández Lárez, comandante del CEOFANB desde 2021; Iván Hernández Dala, director de la DGCIM y comandante de la Guardia de Honor Presidencial; Diosdado Cabello, primer vicepresidente del PSUV y expresidente de la ANC y de la AN, acusado por EE. UU. de integrar el "Cartel de los Soles" (con una recompensa de 10 millones de dólares por su captura); y Gustavo González López, exdirector del SEBIN y exministro de Interior. Todos están sancionados por Estados Unidos, Canadá y otros gobiernos, y varios por la Unión Europea.

socios o están en juntas directivas de compañías privadas" (Armando.info, 12 de abril de 2020).

La OCCRP[127] los denominó "El Club de los 35"[128]: militares con un estilo de vida que no se corresponde con sus salarios[129] en la FANB. Para 2023, con la designación del coronel Pedro Rafael Tellechea Ruiz como ministro del PP de Petróleo, aumenta en un 42,42 %[130] la participación de militares en el gabinete ministerial del gobierno de Maduro, con 14[131] ministros. En referencia a los gobernadores[132], solo 4 son militares (17 %)[133] que provienen de la FANB para el período 2021-2025

---

127 Organized Crime and Corruption Reporting Project. Con acceso a documentos internos del Ejército Bolivariano y al Registro Nacional de Contratistas.

128 Estos 35 militares están vinculados con 41 empresas privadas que contratan con el Estado. Varias de estas empresas fueron constituidas desde 2004. Creadas para atender actividades vinculadas con la economía en importantes sectores tales como: Alimentación, construcción; petróleo y transporte y otras actividades entre estas: venta de equipos de salud; publicidad; importación de juguetes y turismo. Estos militares incorporaron a sus familiares en estas empresas, esposas, hijos, entre otros familiares, de acuerdo con información del Registro Nacional de Contratistas (RNC) (Armando.info, 12 de abril de 2020).

129 Un teniente gana en promedio 6,30 dólares mensuales, mientras que un general gana al mes 8,90 dólares (OCCRP, citado por Armando.info, 12 de abril de 2020).

130 El porcentaje más alto si lo comparamos con años anteriores de los gobiernos de Maduro, según cifras de Control Ciudadano.

131 6 provienen del ejército; 3 de la armada; 3 de la guardia nacional y 2 de la aviación (Control Ciudadano, marzo de 2023). Los ministros son: 1) del despacho de la Presidencia y Seguimiento de la Gestión de Gobierno; 2) de Relaciones Interiores, Justicia y Paz; 3) para la defensa; 4) de Comercio Nacional; 5) para la Agricultura Productiva y las Tierras; 6) para la Alimentación; 7) de Petróleo; 8) de Desarrollo Minero Ecológico; 9) de Atención de las Aguas; 10) del Servicio Penitenciario; 11) para Hábitat y Vivienda; 12) para el Transporte; 13) para Obras Públicas y 14) para la Energía Eléctrica (Control Ciudadano, marzo de 2023).

132 Para el período 2013-2017, 12 gobernadores provenientes de la FANB estuvieron al frente de diferentes regiones del país, entre estos: 09 del Ejército; 01 de la Armada y 02 de la Aviación y para el período 2017-2021, fueron un total de 07 gobernadores: 04 del Ejército; 01 de la Armada; 01 de la Aviación y 01 de la Guardia Nacional Bolivariana (GNB) (Control Ciudadano, 24 de noviembre de 2021).

133 De 23 gobernadores, 4 son militares: 1 del Ejército; 2 de la Armada y 1 de la Aviación. Además de estas, existen dos gobernadores adicionales designados directamente por Nicolás Maduro, los de Distrito Capital y Territorio Insular Miranda. Es de destacar que para el período 2013-2017 eran 12 gobernadores (52 %) y para el período 2017-2021 eran 07 gobernadores (30 %).

(Control Ciudadano, marzo de 2023). Se destaca en el gobierno de Maduro la creación de empresas militares y de Zonas Económicas Especiales a través de decretos presidenciales[134], el aumento de las competencias[135] de este sector y de la estructura burocrática militar[136].

Ejecuciones extrajudiciales, asesinato selectivo y lealtades judiciales

La represión alcanza su forma más extrema cuando el Estado mata. Documento las ejecuciones extrajudiciales, el asesinato selectivo de disidentes y la figura de los "abatidos", junto con la lealtad sin méritos

---

134 Bajo Maduro se crearon empresas adscritas al Ministerio de la Defensa orientadas a actividades estratégicas —petróleo, minerales, industria y servicios ambientales—, algo inédito en la historia de la Fuerza Armada (San Miguel, en Control Ciudadano, 31 de marzo de 2022). Destacan la Compañía Anónima Militar de Industrias Mineras, Petrolíferas y de Gas (CAMIMPEG, febrero de 2016) y la Empresa Militar para el Aprovechamiento Sustentable de Productos Forestales (EMASPROFORN, diciembre de 2020), además de las Zonas Económicas Especiales Militares (ZEEM Aragua y ZEEMDEF) y el servicio que las administra (SEDEZEEMFANB), que refuerzan el control militar sobre la economía y los recursos naturales en los estados Bolívar y Delta Amacuro (Control Ciudadano, 31 de marzo de 2022).

135 Entre las competencias asignadas a la FANB mediante empresas militares destacan la producción y distribución agropecuaria; la intermediación financiera; los servicios petroleros, de gas y de explotación minera sin limitación; la construcción; la fabricación y el comercio de armamento, municiones y explosivos; los desarrollos inmobiliarios; y la explotación forestal, incluida en exclusividad la de la Altiplanicie de Nuria —entre los estados Bolívar y Delta Amacuro—, un lote de unas 172.000 hectáreas con 42 especies comerciales (Control Ciudadano, 31 de marzo de 2022).

136 La estructura burocrática militar ha crecido bajo Maduro hasta sumar 44 empresas militares adscritas al Ministerio de la Defensa, marcadas por la opacidad: el ministerio no presenta Memoria y Cuenta desde 2015, las empresas no exhiben dividendos ni rinden cuentas, y algunas ejercen funciones inconstitucionales, como CAMIMPEG y EMASPROFORN, "con funciones de explotación ambiental irreconciliable con la función de guardería ambiental que tiene asignada la institución militar" (Control Ciudadano, 31 de marzo de 2022). En seis de estas empresas (Tiuna I, CANCORFANB, AGROFANB, EMSOVEN, CAMIMPEG y CAVIM) figura la misma persona como presidenta —la almirante Noris Negrón Rangel— y otro como director principal —el vicealmirante Manuel Segredo Alayón—, en contravención del artículo 148 de la Constitución, que prohíbe ejercer dos cargos públicos remunerados (Control Ciudadano, 10 de marzo de 2023).

que premia a los jueces y funcionarios dispuestos a avalar esos crímenes.

Las muertes como política de represión contra la disidencia. La dispersión violenta de un grupo de manifestantes percibidos como opositores al gobierno, cuando se traduce en muerte, constituye persecución mediante el uso excesivo de la fuerza pública en el control de manifestaciones pacíficas. Esta modalidad se utilizó con frecuencia en Venezuela durante las protestas de 2014 y 2017. "El asesinato representó la forma más grave de discriminación por motivos políticos, al resultar en la supresión del derecho a la vida de aquellos manifestantes percibidos como críticos al gobierno de Nicolás Maduro" (JEP, mayo de 2023: 47).

"Durante el período 2014-marzo 2023 un total de 126 personas fueron asesinadas por las fuerzas de seguridad del Estado y/o civiles armados progobierno[137] mientras ejercían su derecho a la manifestación pacífica. El 88 % de las víctimas (111) fueron asesinadas en protestas enfocadas en DCP[138], mientras que el 12 % de las muertes restantes (15) se produjeron en el marco de la exigencia de DESC[139]. Los años 2014, 2017 y 2019 fueron los más letales en este sentido con 115 víctimas registradas" (JEP, mayo de 2023: 49).

JEP (mayo de 2023) identificó además 168 víctimas adicionales, quienes fueron asesinadas por encontrarse cerca del lugar de la manifestación sin participar en ella. JEP destaca el caso de Evelio José Ro-

---

137 Los llamados colectivos armados son grupos irregulares creados bajo Chávez "para hacer frente a las actividades políticas realizadas por los líderes y partidos de oposición [...] Han actuado con la connivencia del Estado, y sus actividades se desarrollan para la represión y la participación en la ejecución de políticas públicas, lo que consideran, desde el discurso formal, como labores de seguridad, gobernanza y movilización electoral" (Meléndez, 2023: 190). Mantienen una vinculación estrecha con los cuerpos policiales, en especial la Policía Nacional Bolivariana (PNB), y han colaborado con las FAES, la DGCIM y el SEBIN en la represión de las protestas.

138 Derechos civiles y políticos.

139 Derechos económicos y sociales.

dríguez Robles[140]. El Museo[141] de la Memoria y la Represión honra la memoria de las víctimas de la represión de las manifestaciones pacíficas ocurridas en Venezuela desde 2014, y un mapa[142] de los héroes caídos documenta estos casos.

Asesinato de disidentes políticos de manera selectiva. Las ejecuciones se distinguen por ser selectivas, "en la medida en que se enfocan en individuos concretos dentro del grupo objetivo que, por sus características de liderazgo, jerarquía, experticia, formación académica, profesional o militar, o por su vinculación directa con personas o eventos determinados, representen una amenaza –real o potencial– para la continuidad del gobierno en el poder" (JEP, mayo de 2023). En los asesinatos por la vía selectiva, el gobierno busca resaltar su superioridad con el fin de castigar a quien se oponga a sus políticas, "con independencia de su investidura o estatus" (JEP, mayo de 2023).

La magnitud de esta represión es documentada por Provea: entre 2013 y 2023, fuerzas de seguridad del Estado venezolano asesinaron a 10.085 personas por motivos políticos, de las cuales 9.465 corresponden específicamente al período de Maduro en el poder (Infobae, 16 de abril de 2023). Los asesinatos selectivos han incluido líderes políticos, sindicalistas, activistas sociales y ambientales. Entre 2015 y 2020, al menos 44 defensores de derechos laborales y líderes sindicales fueron asesinados, en su mayoría mediante sicariato (Infobae, 14 de julio de 2022). La Corte Penal Internacional investiga estos hechos como posibles crímenes de lesa humanidad desde 2021, reconociendo que las ejecuciones no son casos aislados sino una política sistemática de Estado (Infobae, 1 de abril de 2023, 16 de abril de 2023)[143].

---

140 Un joven de 12 años asesinado por un funcionario de la Policía del estado Bolívar cuando se dirigía a un comercio cercano a su residencia (JEP, mayo de 2023).

141 https://www.jepvenezuela.com/museo-de-la-memoria-y-la-represion/bienvenidos/

142 https://www.jepvenezuela.com/mapa-de-heroes-caidos-en-venezuela/

143 Provea documentó 10.085 personas asesinadas por cuerpos del Estado entre 2013 y 2023, de las cuales 9.465 corresponden a los diez años de gobierno de Maduro, además de 40.351 violaciones al derecho a la integridad personal, incluidos malos

Miedo en la población por personas "abatidas" por policías y militares. Se trata de ejecuciones realizadas bajo la modalidad de "abatidos"[144] en presuntos enfrentamientos con delincuentes, a manos de los órganos de seguridad del Estado; entre estos, los más letales son el Cuerpo de Investigaciones Científicas, Penales y Criminalísticas (CICPC), la Guardia Nacional Bolivariana (GNB) y la Policía Nacional Bolivariana (PNB). Esta práctica parece ser una política de Estado del régimen de Maduro, dada su alta y significativa incidencia; en ella también participan las policías estadales y municipales.

Entre abril y mayo de 2023, aumentó la cifra de personas abatidas por policías y militares, en comparación con el mismo período en 2022. Más de 100 personas fueron abatidas en solo dos meses[145] de 2023 en el país (Control Ciudadano, 15 de junio de 2023).

---

tratos y torturas (Infobae, 16 de abril de 2023). La institucionalización de los asesinatos como política de Estado comenzó con la Operación de Liberación del Pueblo (OLP, 2015-2017) y continuó con las Fuerzas de Acción Especial (FAES, 2017-2022). El Observatorio para la Defensa de la Vida (ODEVIDA) identificó que entre 2015 y 2020 al menos 40 defensores laborales y sindicalistas fueron asesinados —la mayoría por sicariato— en el marco del "paralelismo sindical" del régimen, con víctimas en los sindicatos de la construcción (23), las empresas básicas de Bolívar (21), las centrales sindicales (11), la Administración Pública (6), la industria petrolera (4) y el sector salud (3) (Infobae, 14 de julio de 2022). El Departamento de Estado de EE. UU. (2023) documentó torturas, desapariciones y asesinatos, y la Corte Penal Internacional abrió en 2021 una investigación por crímenes de lesa humanidad, luego extendida al período desde 2014 (Infobae, 1 y 16 de abril de 2023).

144 La mayoría de los casos presentan características de ser ejecuciones extrajudiciales en un contexto de violencia cada vez mayor en el país. En la mayoría de los casos contabilizados por Control Ciudadano, se desconoce si estas muertes fueron remitidas al Ministerio Público; de lo contrario, no se realizan las investigaciones que determinen la legalidad del uso de la fuerza letal por parte de policías y militares. Reina la falta de información, y donde esta aumenta, aumenta la impunidad de los casos.

145 En abril de 2023, Control Ciudadano contabilizó 64 personas abatidas por los órganos de seguridad del Estado; en la mayoría de los casos con nombre conocido se las presentaba con un "alias" que las catalogaba como presuntos delincuentes, y en 16 casos no había información alguna sobre su identidad; al menos 3 mujeres figuraban entre las abatidas. En mayo de 2023 registró otras 41 personas abatidas, con el mismo patrón de identificación mediante "alias" (Control Ciudadano, abril y mayo de 2023).

Lupa por la Vida[146] ha elaborado un Mapa de Geolocalización de las ejecuciones extrajudiciales en Venezuela[147], como una útil herramienta para visibilizar las prácticas sistemáticas de los cuerpos de seguridad en todo el territorio nacional.

Lealtad política sin méritos suficientes para altos cargos en el gobierno. Destaca el caso de los "jueces políticos" que también son contratistas del Estado. Hay jueces[148] en el gobierno de Maduro que han sido ministros, diputados y hasta contratistas del Estado. 1.101 de los 2.151 jueces activos[149] en todo el país aparecen registrados en las listas del PSUV (Armando.info, 17 de febrero de 2019). En Barinas, lugar de nacimiento de Chávez, el Carnet del partido de gobierno, PSUV, es "la llave que abre las puertas a los tribunales"[150].

---

146 Proyecto conjunto de derechos humanos entre el Centro Gumilla y Provea con el propósito de construir una memoria a través de la creación de una base de datos desde la perspectiva de las víctimas de violación de los derechos humanos y monitorea a nivel nacional las violaciones al derecho a la vida, focalizada en las ejecuciones extrajudiciales por parte de los cuerpos de seguridad del Estado (Lupa por la vida, 2023).

147 Ver: https://lupaporlavida.org/mapa-de-geolocalizacion-de-ejecuciones-extrajudiciales-en-venezuela/

148 El perfil del juez venezolano en los gobiernos de Chávez y Maduro a cargo de los tribunales penales es de un abogado egresado principalmente de la Universidad Santa María de Caracas y cuyo cargo no obtuvo mediante un concurso de oposición como lo dicta la Constitución. Simpatiza y milita en el PSUV. En ocasiones se muestra más severo con partidarios y dirigentes de la oposición venezolana. Un caso para citar es el de Alfredo Baptista Oviedo, del Circuito judicial penal del estado Aragua, quien milita en el PSUV y fue más benevolente con sus camaradas, los pistoleros de Puente Llaguno, que con un grupo de jóvenes que en 2016 participaron en una protesta contra Maduro (Armando.info, 16 de julio de 2017).

149 De estos hay solamente 561 titulares, el resto son provisorios, accidentales, itinerantes, suplentes o temporales que pueden ser destituidos sin un proceso disciplinario. Los jueces se nombran desde arriba y la mayoría no goza de una buena remuneración. Un juez de control gana en bolívares el equivalente a $20 a la tasa DICOM. Persisten los bajos salarios (Armando.info, 17 de febrero de 2019) en el sistema judicial, así como en toda la Administración Pública.

150 La presidenta del Colegio de Abogados de la entidad, Lucía Quintero, señala en entrevista a Armando.info, que la mayoría de los jueces de la entidad no tienen credenciales, preparación o mérito para ocupar los cargos que tienen y dice: "Lo único que tienen es ese carnet. Yo siempre digo que la razón por la cual ellos son tan dóciles en los lineamientos que les dan es porque ellos saben que la única razón por la que

Barinas, según la base de datos de Armando.info (17 de febrero de 2019), es el estado con más jueces militantes en el PSUV, con 78,7 %. Casi ocho de cada diez jueces militan en el partido de gobierno, y el 85,3 % de ellos no tiene titularidad en su cargo. Le siguen los estados: Monagas, de donde es oriundo Diosdado Cabello, con el 77,9 %; Apure[151] con 76 %, Delta Amacuro con 75 % y Amazonas con 65,2 %.

El sistema también fomenta la rotación en los cargos[152]. De los 258 postulados en 2022 en la segunda fase —de un total de 434 candidatos en la lista inicial—, 123 se encuentran activos en 19 instituciones públicas de todo el país (sin contar las universidades). "De estos, al menos 82 personas tienen fecha de ingreso desde el inicio del gobierno de Nicolás Maduro, y se han quedado en un reciclaje interminable" (Armando.info, 30 de marzo de 2022).

Una investigación[153] de Armando.info, sobre el sistema judicial, reveló que 40 % de los jueces penales son en realidad jueces políticos y

---

están allí es porque poseen ese carnet, expresa" (Armando.info, 17 de febrero de 2019).

151 En Apure destaca el poder de la alcaldesa del PSUV Ofelia Padrón, con varios familiares en los tribunales locales: su hermana Ana Trina es juez laboral; Carmen Elena fue fiscal superior de Apure hasta 2017; tiene un sobrino alguacil y un familiar, Francisco Javier Padrón, como juez civil. Padrón fue electa alcaldesa en 2013 y reelegida en 2018; antes fue secretaria ejecutiva del gobernador Ramón Carrizales, exvicepresidente con Chávez. En Apure, el 94,6 % de los jueces activos no son titulares y el 76 % militan a favor del oficialismo; no es casual que fuera un juez de ese estado quien, junto a otros tribunales penales sin competencia electoral, ordenara en octubre de 2016 suspender la recolección de firmas del referendo revocatorio contra Maduro (Armando.info, 7 de julio de 2019).

152 Un caso emblemático es el de Saturno Ramírez, de Falcón, con 29 nombramientos en 14 años en distintos tribunales penales, dedicando en promedio cinco meses a cada uno. Las altas rotaciones en el TSJ son la norma: según Armando.info (7 de julio de 2019), "dos jueces con 27, uno con 20, otros 74 juristas que han recibido entre 10 y 19 nombramientos". Los jueces rectores regionales, que reciben lineamientos del TSJ, "llevan una carga política en sus cargos" y a veces expresan su afinidad con el gobierno en redes sociales; otros, como el rector Juan Pablo Torres Delgado, la muestran con un tatuaje (Armando.info, 7 de julio de 2019).

153 Una investigación periodística sistematizó una base de datos —actualizada hasta abril de 2019— con información de casi 6.000 jueces de los últimos 19 años, a partir de documentos oficiales del TSJ. Reveló las deformidades de un sistema judicial sometido a las presiones de la coalición gobernante: cargos provisionales, predominio

que casi el 8 % (461 jueces) de los 5.928 jueces que han pasado por el Poder Judicial en los últimos 20 años han sido también jueces contratistas que ejecutaron obras o prestaron servicios a entes del Estado (Armando.info, 17 de febrero de 2019). Hay al menos 461 casos de jueces activos o retirados que tienen o han tenido contratos con entes del Estado para obras de construcción de alcaldías, gobernaciones y ministerios, entre otros.

En el proceso de selección de magistrados de 2022 que se dio en los espacios de la Asamblea Nacional oficialista, lo que primó en la selección fue la lealtad política a la coalición gobernante, que cubriría un total de 20 vacantes (antes eran 32). La Comisión Preliminar de Postulaciones Judiciales estuvo integrada en su mayoría por diputados de esa Asamblea Nacional[154] y entre los candidatos a escoger para cubrir la plaza de magistrado del TSJ se encuentran aliados de la coalición oficialista, militantes del partido de gobierno, algunos contratistas del Estado a través de sus empresas privadas y disidentes de la oposición. Más que un proceso de evaluación de credenciales para escoger al mejor, lo que pesa en la selección es la lealtad política.

En este proceso de selección, casi seis de cada diez candidatos a magistrados aparecen como miembros del PSUV y 42 de estos candidatos son o han sido contratistas del Estado. "Son varios los casos de postulantes que figuran a la vez como militantes del partido oficialista,

---

de jueces afines al partido de gobierno, rotación de funcionarios entre regiones, cobro de tasas ilegales y numerosos casos de nepotismo de familias de jueces o alcaldes, todo lo cual evidencia la falta de autonomía y la cooptación política del poder judicial (Armando.info, 7 de julio de 2019).

[154] Un caso que no se puede dejar de mencionar es el de Luis Parra (*del grupo de los alacranes*), integrante de esta comisión, quien evaluó las credenciales de Ramón Flores Carrillo, quien fungió como su suplente en la Asamblea Nacional de 2015, ambos electos por el estado Yaracuy cuando militaban en las filas de la oposición. También fueron compañeros de viaje en la famosa gira europea que emprendió un grupo de diputados en 2019 con el propósito de "defender los intereses de Alex Saab, el contratista colombiano predilecto de Nicolás Maduro" (Armando.info, 30 de marzo de 2022).

contratistas del Estado y jueces actualmente activos en tribunales de diferentes jerarquías[155]" (Armando.info, 30 de marzo de 2022).

Hegemonía comunicacional, captura judicial-electoral y control sociopolítico

El régimen no solo reprime: administra la percepción y la conducta de la población. Examino la hegemonía comunicacional y el cierre de medios, la jugada judicial y electoral con la que se revierten los resultados adversos, y los mecanismos —del Sistema Patria al desamparo laboral y la intervención de la sociedad civil— con los que se disciplina a la ciudadanía.

Hegemonía comunicacional estatal y cierre de medios. En julio de 2023, CONATEL cerró la emisora en el estado Táchira, Éxtasis 97.7 FM, después de 29 años de radiodifusión desde la ciudad de San Cristóbal (Espacio Público, 24 de julio de 2023). El cierre de emisoras ha sido selectivo por parte del gobierno. En 2022, el régimen cerró 81 emisoras de radio en Venezuela. Entre 2003 y 2022, cerraron al menos 285 emisoras de radio en Venezuela, "lo que representa 71 % del total de medios de comunicación cerrados en los últimos 20 años" (Espacio Público, 3 de mayo de 2023).

---

155 Sobran ejemplos de funcionarios que son a la vez contratistas del Estado. Milagros Antonieta Zapata Ramírez, con actividad judicial en La Guaira, posee el 10 % de una empresa de comercialización de bienes y servicios constituida en Caracas en febrero de 2020. Michel Adriana Velázquez Grillet, empleada del Parlamento desde 2005, es socia desde 2017 de una empresa de servicios informáticos que contrata con el Estado. Yuri Quiñones Leones, director suplente de la Corporación Nacional de Alimentación Escolar (CNAE) desde 2015, tiene acciones en una compañía de desechos sólidos y en una exportadora de cacao. Y Daniel Augusto Ramírez Herrera, coordinador general de la Defensa Pública desde 2019, posee "una empresa distribuidora de alimentos, víveres, computadoras y línea blanca, constituida en 2016 en los Valles del Tuy [...] cuyos socios son dos reconocidos abogados venezolanos" (Armando.info, 30 de marzo de 2022).

En el período 2013-2021 dejaron de circular 66 impresos. En 2013 fueron vendidos bajo presión la Cadena Capriles[156], el periódico El Universal y la televisora Globovisión, todos con cambios en la línea editorial a favor del gobierno, renuncia y despido de periodistas y exclusión de articulistas de la oposición.

El Sistema Nacional de Medios Públicos dio paso al Sistema Bolivariano de Comunicación e Información[157] (SIBCI) lo que configuró un monopolio comunicacional que sirve a los objetivos político-ideológicos del régimen de Maduro. Otras prácticas de control de medios a partir de 2013 han sido: bloqueo de páginas web o aplicaciones móviles; bloqueo de acceso a sitios web; cortes de acceso a internet; manipulación de la velocidad del tráfico de datos hacia Twitter y YouTube; creación de plataformas alternativas para imponer tendencias en las redes sociales; emisión de contenido a favor del gobierno; contenido manipulado y aumento de la desinformación.

En 2021 se produjo la confiscación de los bienes del periódico El Nacional[158] y fuertes campañas de agravios a medios digitales, ONG y asociaciones civiles opositoras del régimen (Transparencia Venezuela, 6 de febrero de 2023).

Esta hegemonía comunicacional se complementa con la limitación sistemática al acceso a la información pública. El régimen implementa opacidad institucional mediante la falta de respuesta a solicitudes de información de periodistas, ausencia de ruedas de prensa y declaraciones oficiales, y eliminación de información presupuestaria y datos rele-

---

156 "Un holding de medios de comunicación que integraba *Últimas Noticias*, el diario deportivo *Líder* y uno especializado en economía, *El Mundo, Economía y Negocios*" (Transparencia Venezuela, 6 de febrero de 2023: 15).

157 "Maneja 14 medios de comunicación masivos —impresos, radiales y electrónicos— que tienen alcance nacional y sirven a los objetivos políticos de la Revolución" (Bautista, citado por Transparencia Venezuela, 6 de febrero de 2023: 18).

158 Ante demanda por daño moral por publicar un trabajo del diario español ABC con referencia a Diosdado Cabello y su vinculación con negocios del narcotráfico. La suma impuesta por el Tribunal Supremo de Justicia a los dueños del periódico fue de 13,36 millones de dólares y luego fue aumentada a 30,05 millones de dólares, incluso después de tomar por la fuerza el edificio del periódico (Transparencia Venezuela, 6 de febrero de 2023).

vantes de los portales web gubernamentales. Esta estrategia de opacidad informativa dificulta el escrutinio ciudadano y periodístico sobre la gestión pública, convirtiendo la falta de transparencia en instrumento de control político (Espacio Público, 3 de mayo de 2023).

Jugada oficialista a través del TSJ, el CNE y la Contraloría. Si al gobierno no le gusta el ganador, se repiten las elecciones. En autocracia todo se vale y se puede para el gobierno. El caso Barinas (2021-2022), que ya documenté, lo ilustra; conviene añadir que, a la anulación de la elección por el TSJ, el rector del CNE, Roberto Picón, agregó que "la inhabilitación del candidato opositor no había sido notificada oportunamente al CNE antes del fin del período de postulaciones y sustituciones" (TalCual, citado por Trak, 2022: 478). En autocracia, no hay manera de ganarle al gobierno cuando tiene cooptados los poderes públicos a su servicio e intereses.

Contención y manipulación del adversario político. Con el control del poder electoral y judicial, el gobierno de Maduro impidió en 2016 el referendo revocatorio contra la gestión de Maduro, postergó elecciones regionales, adelantó elecciones presidenciales en 2018; apresó a dirigentes opositores sin cumplimiento del debido proceso; declaró en desacato a la Asamblea Nacional legítima y estableció una Asamblea Nacional Constituyente (ANC) a su medida. "De este modo, Maduro sacó a su adversario del terreno donde es más fuerte y prácticamente lo empujó al campo de la protesta callejera, donde logró controlarlo mediante el uso de la fuerza represiva del Estado" (Salmerón y Salmerón, 2019).

Criminalización de las opiniones en redes sociales. Ciudadanos han sido judicializados mediante la aplicación de la Ley contra el Odio, sancionada en 2017 por la ANC, en virtud de la cual se ha detenido a venezolanos por emitir opiniones en las redes sociales o por hacer bromas contra funcionarios públicos, acusándolos de promoción del odio. La Ley Constitucional contra el Odio, por la Convivencia Pacífica y la Tolerancia establece penas de hasta 20 años de prisión por "delitos de odio" que incluyen mensajes en redes sociales. Desde 2017, esta ley se ha utilizado sistemáticamente para arrestar a disidentes políticos y limitar sus derechos mediante prohibiciones de viaje internacional y comparecencias periódicas ante tribunales.

Los términos y figuras penales expresados en este cuerpo normativo, como el de "odio", son tan amplios y vagos que cualquier expresión puede ser enmarcada dentro de esta figura, lo que otorga una discreción amplia para interpretar la norma. La vaguedad de su contenido fomenta la arbitrariedad en su aplicación por parte de funcionarios, promoviendo el abuso del poder y las violaciones a los derechos humanos. En la práctica, este instrumento generó una política de persecución a expresiones incómodas o críticas frente a ciertos sectores de la sociedad que detentan el poder (Espacio Público, 5 de mayo de 2021)[159].

En 2022 dos personas fueron detenidas y judicializadas por hacer críticas en Twitter contra un funcionario público, y a una señora de 72 años se le dictó orden de detención por un video en TikTok de humor en el que hacía referencia a Maduro. La señora y su hijo fueron detenidos (Transparencia Venezuela, 6 de febrero de 2023).

Control sociopolítico de la población venezolana. El régimen ejerce el control sociopolítico mediante transferencias monetarias en bolívares a las cuentas de los beneficiarios inscritos en el Sistema Patria, bajo la modalidad de bonos sociales, y la venta a precios muy bajos de la caja CLAP, todo bajo el control del Carnet de la Patria, "que permite incorporar información sobre las tendencias políticas de su portador, su empleo y condición social, entre otras cosas" (García, 2020: 201). El Carnet de la Patria es "un documento de identidad paralelo creado

---

159 Espacio Público ha documentado que la vaguedad de la figura del "odio" en esta ley permite enmarcar cualquier expresión, otorga amplia discrecionalidad y fomenta la arbitrariedad, facilitando la persecución de periodistas, activistas y ciudadanos que expresan opiniones críticas. La norma se ha usado para arrestar a disidentes y para limitarlos —aun en libertad— con prohibiciones de viaje y comparecencias periódicas.

en 2017, indispensable para acceder a ciertas ayudas económicas" (Salmerón y Salmerón, 2019).

Para enero de 2023, el Sistema Patria reportaba 21,8 millones de usuarios registrados y atendía directamente a 14,2 millones de personas mensualmente mediante la distribución de bonos (Sistema Patria, 2023). La plataforma incorpora una billetera digital que permite al Estado monitorear transacciones, consumos y ubicación de los ciudadanos. Analistas han señalado que el carnet funciona como herramienta de control social, permitiendo al gobierno rastrear necesidades, participación política y lealtad ciudadana. La exigencia del Carnet de la Patria se ha extendido progresivamente desde 2018: se requiere para acceder a gasolina subsidiada, cobrar pensiones del IVSS y, en casos documentados, ha sido condición para recibir tratamientos médicos como quimioterapia o recetas de insulina (CNN en Español, 24 de julio de 2023)[160].

Los programas sociales del gobierno han sido diseñados como mecanismo de control social, con apoyo de la tecnología, por lo que la política social de Maduro es autoritaria: politiza y controla a los pobres, con un carácter ideológico y clientelar. Ejemplos de ello son los bonos sociales. Cabe señalar que la política económica del gobierno de Maduro y sus consecuencias, como la hiperinflación, han empobrecido a los venezolanos y los han obligado a depender del Carnet de la Patria, "facilitando el control social" (García, 2020).

---

160 El Carnet de la Patria se introdujo en 2017 para conocer el estatus socioeconómico de la población y agilizar las misiones y los CLAP, pero su exigencia se fue ampliando: desde julio de 2018 para racionar la gasolina a los propietarios de vehículos y, desde septiembre, en 41 municipios fronterizos; en agosto de 2018 los jubilados protestaron porque se les exigía para cobrar sus pensiones. El secretario general de la OEA, Luis Almagro, recibió denuncias de pacientes a quienes se negó la quimioterapia por no tenerlo, y Reuters documentó casos de médicos estatales que negaban insulina a diabéticos no inscritos. Los bonos del Sistema Patria —Hogares de la Patria, Economía Familiar, 100 % Escolaridad, contra la Guerra Económica, José Gregorio Hernández, entre otros— oscilan entre 52,80 y 198 bolívares según el núcleo familiar (Sistema Patria, 2023).

Creación de expectativas positivas de cambio y su relación con la élite empresarial. El país ha sido el escenario inédito de grandes conciertos de artistas internacionales y de propagandas de que el país se arregló, apoyándose en la inteligencia artificial. A partir de 2022, el régimen de Maduro desplegó una campaña propagandística masiva bajo el lema "Venezuela se arregló", aprovechando la ligera mejoría económica derivada de la dolarización informal y la liberalización controlada para construir una narrativa que contradice radicalmente la realidad de la población. El país se convirtió en escenario de promoción de zonas comerciales de lujo accesibles únicamente al 5 % de la población con acceso a dólares, mientras el 94,5 % permanece en situación de pobreza, y el 76,6 % en pobreza extrema, según la ENCOVI (2021). Esta campaña propagandística, diseñada principalmente para redes sociales y medios internacionales, busca mejorar la imagen del régimen en el exterior mientras la vida de la población venezolana dista completamente de esta realidad vendida.

El año 2022 representó un punto de inflexión para el régimen: la situación económica tuvo una ligera mejoría a nivel interno, mientras que a nivel internacional logró superar el cerco diplomático y relajar las sanciones económicas de Estados Unidos. Los cambios producidos en el país beneficiaron al régimen y su imagen hacia el exterior, mientras mantuvieron en una situación crítica a la población (Rojas Silva y Ángel, 2023)[161].

---

161 Desde 2022, el régimen implementó la campaña propagandística "Venezuela se arregló", que aprovechó la ligera recuperación económica para construir una narrativa de normalización. Se apoyó en tres pilares: la promoción mediática de zonas comerciales de lujo, restaurantes exclusivos y conciertos accesibles solo a una élite con divisas; el uso intensivo de redes sociales e inteligencia artificial para generar contenido viral de prosperidad; y la instrumentalización de la leve mejoría macroeconómica —producto de la dolarización informal— como supuesto "éxito" del modelo. Rojas Silva y Ángel (2023) señalan que 2022 fue un punto de inflexión en el que el régimen logró cierta estabilización interna y avances diplomáticos con la relajación de sanciones. Sin embargo, la narrativa contrasta con los indicadores sociales: mientras el 5 % con acceso a dólares disfruta de consumo conspicuo, el 94,5 % restante vive en situación de pobreza. La campaña, dirigida sobre todo a audiencias e inversionistas internacionales, forma parte del Estilo Rentista: el régimen usa las rentas

Desamparo laboral y persecución de sindicalistas. En el régimen autocrático de Maduro, los derechos laborales —como el de formar sindicatos y afiliarse a ellos— no son respetados, y mucho menos el de participar en protestas para hacerlos valer y exigir mejoras salariales. Dan cuenta de ello las protestas del primer trimestre de 2023. De acuerdo con el OVCS durante el primer trimestre de 2023 se contabilizaron 2.814 protestas, de las cuales 2.165 corresponden a exigencias de derechos laborales, donde el salario mínimo[162] se ubica en menos de $6.

Los representantes sindicales son objeto de la represión del gobierno de Maduro, que además interviene o disuelve los sindicatos. Las protestas están criminalizadas, por lo que no se puede protestar para exigir derechos laborales y sociales. La clase trabajadora en Venezuela ha ido perdiendo sus derechos hasta el punto de perder un salario mínimo digno y reivindicaciones laborales que habían logrado en gobiernos anteriores. El nivel de ingresos de los trabajadores es muy precario. Con un salario mínimo mensual, los trabajadores no pueden cubrir la canasta básica, lo que atenta contra la vida y la dignidad del venezolano.

Una larga condena de 16 años de prisión por exigir mejoras salariales en las protestas ha sido el caso de 6 sindicalistas[163] en Venezuela

---

capturadas para proyectar una imagen de normalidad que atraiga divisas, mientras mantiene los sistemas de control y extracción que perpetúan la pobreza estructural.

162 Maduro firmó el aumento del ingreso mínimo integral, ajustando el Bono de Guerra Económica a 30 dólares y el bono de alimentación (Cestaticket) a 40, para un total de 70 dólares mensuales indexados a la tasa del BCV (MINEC, 2023), más un salario mínimo inferior a seis dólares que no tuvo incremento, justamente el Día del Trabajador (OVCS, 2023). El ingreso de los jubilados de la administración pública y del IVSS se fijó en 49 dólares (MINEC, 2023), en un contexto en el que la pobreza monetaria alcanzó el 81,5 % y la pobreza extrema el 53,3 % (ENCOVI, 2022). Ante este panorama, muchos optan por huir por rutas irregulares como la selva del Darién: en 2022 la cruzaron 150.327 venezolanos (GASS, 2023) y, para marzo de 2023, los migrantes y refugiados venezolanos en el mundo sumaban 7,24 millones (R4V, 2023).

163 El 1 de agosto de 2023, seis sindicalistas fueron condenados a 16 años de prisión por el Tribunal 2.º de terrorismo —por conspiración y asociación para delinquir— tras protestar en 2022 ante la ONAPRE para exigir un salario digno; habían sido detenidos por la DGCIM en julio. Los condenados son Alcides Bracho (profesor y

en el gobierno de Maduro. La sentencia fue dictada por la jueza Grendy Duque, con competencia en terrorismo. Las únicas pruebas fueron capturas de pantalla y mensajes de Twitter; la sentencia se dictó sin hechos ni pruebas que la sustentaran (El Pitazo, 1 de agosto de 2023).

Intervención de asociaciones civiles por el TSJ. Una política del régimen de Maduro ha sido la intervención no solo de los partidos políticos, sino también de organizaciones gremiales y sindicales como la Federación Campesina Bolivariana de Venezuela (FCBV) y este 2023 el foco ha estado puesto en las agrupaciones sociales y caritativas, como ha sido el caso reciente de la Cruz Roja Venezolana, cuya directiva fue destituida y reestructurada con personas que han negociado con el régimen. La Sala Constitucional del TSJ dictó sentencia número 1.057 el 4 de agosto de 2023. Imponer nuevas directivas de las asociaciones es una forma de control de la sociedad civil organizada. Antes de su intervención, estas asociaciones son víctimas de una campaña de descrédito, hostigamiento y maltrato por parte del gobierno (Acceso a la Justicia, 5 de agosto de 2023).

El control de la economía y la fabricación de la realidad

Cierro el repertorio con sus dos soportes finales, el económico y el discursivo. Muestro cómo el régimen administra la liberalización, el oro y las importaciones en beneficio de su coalición, y cómo fabrica una realidad paralela mediante el lenguaje, hasta convertir la política en un escenario de guerra donde todo vale.

---

activista sindical del magisterio, militante de Bandera Roja), Gabriel Blanco (trabajador humanitario y defensor de derechos humanos), Emilio Negrín (presidente de la Federación de Trabajadores del Poder Judicial), Reynaldo Cortes (secretario regional de Bandera Roja), Alonso Meléndez (sindicalista de Bandera Roja) y Néstor Astudillo (expresidente de Sidor, de Bandera Roja) (El Pitazo, 1 de agosto de 2023).

Liberalización económica controlada[164] **y élites económicas progobierno.** Con las sanciones financieras de 2017 y las de 2019, Maduro aplicó estrategias económicas en pro de su estabilidad política, lo que no solo lo fortaleció a él en el poder, sino también a la coalición gobernante[165].

Ocurrió una dolarización informal de la economía y una liberalización de las importaciones, tras la hiperinflación de fines de 2017 y en un contexto de sanciones. A partir de 2019 el país vivió una ola de apertura de comercios, supermercados, farmacias, hoteles y residencias[166], tiendas de artículos electrónicos, construcción de lujosas torres

---

164 Definida en una autocracia como "un proceso gradual y controlado de apertura puesto en marcha por la élite del régimen autoritario como respuesta política e institucional para hacer frente a una crisis que amenaza su estabilidad. Este proceso, controlado desde arriba, no es continuo ni lineal, sino que puede avanzar por un tiempo y luego ser revertido por sus propios promotores" (Przeworski, citado por Trak, 2022: 463).

165 "Quienes imponen sanciones dirigidas a dañar la economía de los países destinatarios esperan que el sufrimiento fuerce un cambio de régimen, cosa que rara vez sucede. Y no sucedió tampoco en Venezuela. Aunque eso no significa que las sanciones no hayan tenido un impacto [...] Cuando las sanciones aterrizan, los gobiernos responden, y los efectos en cadena de esta política tienden a tener consecuencias inesperadas e imprevistas" (Bull y Rosales, 2023: 116).

166 Los hermanos Tadeo y Bernardo Arosio Hobaica, contratistas de PDVSA, dedicados (entre otros negocios), a la construcción a través de una de sus empresas, ATB Constructores, C.A., construyeron solo en Caracas, el "Hotel La Castellana 901, las Residencias 906 en Loma Linda y 908 en Las Mercedes, y el Loft 900 en Campo Alegre del municipio Chacao" (Armando.info, 22 de noviembre de 2020). También han levantado otros cuatro edificios de viviendas tipo loft, cuyo precio por metro cuadrado está entre 1.500 y 3.000 dólares. "Los apartamentos de los edificios bautizados como LOFT 901 y 902 y Residencias 903 y 904, ubicados en la urbanización Campo Alegre, una de las mejores del municipio caraqueño de Chacao, tienen entre 95 y 515 metros cuadrados" (Armando.info, 2 de diciembre de 2020).

y centros comerciales[167]; lujosas posadas[168], restaurantes[169] y bodegones[170] con una oferta en su mayoría de productos importados[171], o pro-

---

[167] En Las Mercedes, la zona rosa de Caracas, las constructoras HP y 2PTO —de los hermanos Perdomo Rodríguez— se favorecieron de grandes contratos con el Estado, en especial con PDVSA. Junto con el Grupo Binian, la Constructora HP levantó diez torres en la última década, incluido el Centro Empresarial Guayana, y se benefició de insumos cuando el coronel Pérez Suárez dirigía la Corporación Socialista de Cemento (CSC), de quien también obtuvieron contratos en los muelles de PDVSA (Armando.info, 14 de mayo de 2023). Rafael Guillermo, Roger Vicente y Maryuri Nataly Perdomo Rodríguez —de 40, 32 y 42 años— representan la nueva clase empresarial surgida con Chávez y Maduro; desde 2012 construyeron seis grandes torres de lujo, como la torre Sena, "de estilo high tech [...] en donde HP cuenta con su propia tienda de materiales de construcción, que ocupa las dos primeras plantas de la edificación" (Armando.info, 7 de agosto de 2022). Están detenidos desde marzo de 2023 por la trama de corrupción en PDVSA.

[168] Como el caso de la Posada Rafaela y Cristóbal, ubicada en las alturas del páramo de Mucuchíes del estado Mérida en Venezuela, a 3.000 metros de altura y a poco más de un kilómetro del pueblo de Mucuchíes. Su dueño: el coronel Antonio Pérez Suárez. Una construcción con 1.928 metros cuadrados que comenzó su construcción en 2020. Una edificación con habitaciones de grandes vitrales con una hermosa vista, cuyo precio oscila entre 160 y 240 dólares por noche y con un lujoso restaurante: *1900 Bar & Lounge* (Armando.info, 14 de mayo de 2023).

[169] Solo en Caracas se inauguraron más de 200 restaurantes en 2022. Uno fue Altum, un local de lujo abierto en diciembre de 2022 en Altamira, al que se accede subiendo 50 metros en una grúa y cuya reserva costaba 180 dólares, al estilo de Dinner In The Sky —marca pionera presente en más de 60 países—. Su dueño es Nelcy Blanco Gil, en sociedad con otras personas (Armando.info, 29 de enero de 2023). A solo seis meses de inaugurado, el restaurante tuvo que ofrecer platos más económicos y, desde el 28 de abril, está cerrado y bajo investigación por la trama de corrupción en PDVSA y la Superintendencia de Criptoactivos (SUNACRIP), bajo resguardo de la Policía Anticorrupción.

[170] El coronel Luis Piligra, quien ejerció la presidencia tanto en Bolipuertos como en Lácteos Los Andes entre los años 2018 y 2019, "a través de las empresas La Fonda de Helenmar C.A. y Comercializadora Hermanos Correia era propietario de un bodegón en el municipio Chacao-cantón comercial del noroeste de Caracas, que aloja torres de oficinas y urbanizaciones de clase media y alta- llamado La Esquinita Gourmet" (Armando.info, 12 de septiembre de 2021). Otro bodegón inaugurado en 2019 es el de Nabil Abou Nassif de origen libanés, cercano a los hermanos Delcy y Jorge Rodríguez. Once meses después de dejar el cargo de director de administración y finanzas de la Alcaldía de Caracas, (cuando Jorge Rodríguez fue alcalde de la ciudad de Caracas), "registró a Ok Mart, la emergente cadena de bodegones surtidos con productos importados" (Armando.info, 15 de agosto de 2021).

[171] Sin pago de impuestos ni restricciones legales o sanitarias.

yectos turísticos en áreas protegidas de parques nacionales[172] a los que un porcentaje muy reducido de la sociedad venezolana tiene acceso (cerca de un 5 %). Las sanciones ayudaron a transferir activos y recursos, brindando la oportunidad de mercado a nuevas élites (Bull y Rosales, 2023) y a lavar el dinero de la coalición gobernante y de sus allegados[173].

"Las sanciones impuestas sobre personas y empresas vinculadas al gobierno obligaron a venezolanos con buenas conexiones a usar sus dólares en el país en lugar de invertirlos en el exterior" (Bull y Rosales, 2023: 117).

Maduro y su coalición en el gobierno han contado para ello con un conjunto de nuevos empresarios, una nueva élite con dinero que orbita en torno a esa coalición y que ha invertido los recursos mal habidos creando una zona rosa en la capital del país.

Control de la minería del oro por la coalición y los militares. Desde agosto de 2016, ante la caída de los precios del petróleo, Maduro crea y toma el control del Arco Minero del Orinoco[174], para ello el gobierno crea el Ministerio para el Desarrollo Minero Ecológico; promulga nuevas leyes y decretos y establece alianzas comerciales con

---

[172] La compañía ATB Constructores de los Hermanos Arosio Hobaica, no solo construye en Caracas hoteles y apartamentos de lujo, también ha incursionado en el sector del turismo con la construcción de una casa de descanso llamada Aguamiel de 4.590 metros cuadrados en San Isidro de Galipán, en el cerro el Ávila, del estado Vargas con seis habitaciones y dos suites con sauna y vapor y el otro proyecto turístico está ubicado en el archipiélago de Los Roques, el único parque marino del país y consiste en una posada de una sola planta frente al mar. Ambas zonas se encuentran protegidas por estar en Parques Nacionales, donde está prohibido construir, pero que contaron con sus respectivos permisos del Instituto Nacional de Parques (Armando.info, 2 de diciembre de 2020).

[173] Donde el secreto ha sido ley con la aprobación de la ANC en 2019 de la Ley Antibloqueo.

[174] Un área estratégica de no menos de los 112 mil kilómetros cuadrados que bordean el sur del río Orinoco. Zona creada a través de decreto presidencial de fecha 24 de febrero de 2016 y denominada zona de desarrollo estratégico nacional Arco Minero del Orinoco (AMO), destinada al desarrollo minero.

transnacionales mineras[175] y corporaciones de países con regímenes autoritarios como Turquía, China, Rusia, Angola, Palestina, entre otros.

El negocio del gobierno de Maduro consistió en el intercambio de oro por comida, en el marco de las sanciones financieras de los EE. UU., desde agosto de 2017, mediante prácticas ilegales con mecanismos que dan margen a la corrupción.

En 2018, Nicolás Maduro nombró a Adrián Antonio Perdomo Mata[176] como presidente de la estatal Minerven[177]. Al mes de este nom-

---

175 Una investigación de Runrun.es (2019) reveló que en 2018 salieron de Venezuela más de 73 toneladas de oro en 33 vuelos hacia Dubái y Turquía: "73,2 toneladas de lingotes de oro fueron vendidos entre la empresa emiratí Noor Capital (27.396 kilos), la turca Sardes Kiymetlí Madenler A.S (23.994 kilos) y la belga domiciliada en EAU, Goetz Gold LLC (21.886 kilos)", transportadas mayormente por Turkish Airlines y por privadas como Copa Airlines, Solar Cargo, Rotana Jet y E-Cargo (Runrun.es, 2019). Se desconoce si el oro procedía de las reservas del BCV o de la producción no reportada del Arco Minero del Orinoco. Tareck El Aissami, vicepresidente del área económica, viajó a Turquía a visitar refinadoras, pues parte del oro venezolano empezó a refinarse allí en 2018, sin que se sepa si regresó al país; según la BBC, hay sospechas de que podría hallarse en territorio iraní (Runrun.es, 2019).

176 Documentos de Armando.info revelan los vínculos empresariales entre Adrián Perdomo Mata, Alex Saab y Álvaro Pulido, que se remontan a 2011, cuando iniciaron negocios como contratistas del gobierno a través del Fondo Global de Construcción —constituido en Malta para casas prefabricadas— (Armando.info, 24 de marzo de 2019). Perdomo fue directivo de Trading Energy and Coal (Trenaco), registrada en Caracas en octubre de 2014, con casa matriz en Suiza, que obtuvo un contrato con PDVSA por 4.500 millones de dólares que no se concretó (Armando.info, 4 de noviembre de 2018). También registró en Colombia las empresas Aerojet Executive (transporte aéreo, operada por Roswell Oberto, piloto de Pulido) y Corporación Latinoamericana de Suministros (Colasum), constituida en 2015 junto a Carlos Lizcano —vinculado a Group Grand Limited en Hong Kong, que recibió contratos por casi 800 millones de dólares para importar 21,5 millones de combos CLAP—. En julio de 2019, Maduro designó a Perdomo presidente de la CVG Minerven; figura además en Aleaciones Metálicas del Pacífico (Panamá), donde comparte directorio con Amir Nassar Tayupe, abogado de Saab. Ese año, el Tesoro de EE. UU. lo incorporó a su lista de sancionados (Armando.info, 24 de marzo de 2019).

177 La Compañía General de Minería de Venezuela (Minerven), estatal encargada de explorar y procesar el oro de Guayana, fue sancionada en marzo de 2019 por la OFAC del Tesoro estadounidense. Según el secretario del Tesoro, Steven Mnuchin, la sanción obedece a que "el sector aurífero ofrece al régimen de Maduro una línea de salvamento para mantenerse en el poder" mediante el comercio ilícito de oro (Armando.info, 17 de septiembre de 2020). La llegada de Perdomo Mata a la presidencia de Minerven "coincidió con el auge de las exportaciones intempestivas de oro vene-

bramiento, Maduro mediante decreto crea la Sociedad Anónima Minería Binacional Turquía Venezuela (Mibiturvén), una empresa mixta entre Minerven[178] y una sociedad con registro turco, de nombre Marilyns Proje Yatirim[179], que posee el 45 % de las acciones de Mibiturvén (Armando.info, 28 de octubre de 2018). Desde entonces comenzaron los despachos a Turquía de toneladas de oro venezolano[180] al mismo

---

zolano a nuevos destinos, como Turquía, para financiar las importaciones de comida", detrás de las cuales estaban Alex Saab y Álvaro Pulido, principales beneficiarios de las ventas para los CLAP (Armando.info, 24 de marzo de 2019).

178 Bajo Maduro, Minerven se vino abajo. Según mineros entrevistados por Armando.info (15 de enero de 2018), trabajar allí "significaba un estatus [...] Pero las cosas han cambiado [...] Las plantas de producción han sido desmanteladas y no se alcanzan las metas anuales de producción, ni de cerca". En 2017, hasta mediados de noviembre, el BCV recibió 5.992 kilos de oro de Minerven, pero varios mineros aseguraron que provenía de minas ilegales: "estamos autorizados para comprar de 17 a 18 asociaciones de productores artesanales de oro, pero sabemos que se lo compran a mineros ilegales. Así es como se trabaja ahora" (Armando.info, 15 de enero de 2018).

179 "El rastro de la minera turca es fantasmal. Del registro de Estambul se desprende también que tiene una sociedad espejo en el Reino Unido denominada Marilyns Capital Limited y en la que Lorenzo Antonelli, un joven italiano de 25 años, es su director [...] La web de la compañía fue creada el 21 de junio, solo dos meses antes de lograr el convenio con Minerven para la explotación del oro venezolano" (Armando.info, 28 de octubre de 2018). Un vínculo entre el presidente de Minerven, Perdomo Mata, y Alex Saab se aprecia en el registro de Estambul, donde la empresa turca Marilyns Proje Yatirim —escogida por Minerven— y la Mulberry Proje Yatirim —de Saab y Pulido, dedicada a la venta de alimentos para los CLAP desde fines de 2016— comparten el mismo número de teléfono. La web de Marilyns se creó semanas antes de su alianza con Minerven, sin trayectoria previa como empresa (Armando.info, 28 de octubre de 2018).

180 Ante el colapso de PDVSA y la puesta en marcha del Arco Minero del Orinoco, Maduro estableció un sistema de intercambio oro-alimentos con Turquía, mediante un convenio de refinación entre Turquía y el BCV (Armando.info, 28 de octubre de 2018). Según el subsecretario del Tesoro estadounidense Marshall Billingslea, habían salido 21 toneladas de oro hacia Turquía, valoradas en unos 800 millones de dólares, en una operación que calificó de saqueo. A cambio, Turquía envió unas 31 mil toneladas de comida y 120 toneladas de medicamentos, mientras Maduro y Recep Tayyip Erdogan estrechaban lazos (Armando.info, 24 de marzo de 2019). El esquema arrancó en diciembre de 2016, cuando Turkish Airlines inauguró la ruta Caracas-Estambul —vuelo recibido por Marleny Contreras, esposa de Diosdado Cabello y ministra de Turismo— e involucró a contratistas como los hermanos Majed y Khaled Khalil Majzoub, allegados de Jorge y Delcy Rodríguez, junto al turco Saffet Calarkan. Por esa aerolínea se trasladaron las reservas de oro: la OCDE documentó un vuelo

tiempo que los productos turcos tomaron presencia en las cajas CLAP del gobierno. Son negocios que se hacen con secretismo y opacidad.

Asimismo, desde la creación del AMO, Nicolás Maduro Guerra (Nicolasito) es quien dirige el procesamiento y la comercialización del oro, a través de su persona de confianza, Eduardo José Rivas[181]. Maduro Guerra[182] recibe órdenes de su padre, Nicolás Maduro Moros. La zona donde opera Rivas tiene el apoyo, protección y vigilancia de la DGCIM. No es común la presencia de este organismo policial en el área minera y en las plantas de procesamiento de oro. Lo común para los habitantes de la zona y los trabajadores de las plantas es la presencia de la Guardia Nacional Bolivariana (GNB).

El gobierno de Maduro maneja su proyecto industrial del oro con la técnica de la cianuración en el complejo Domingo Sifontes conformado por seis empresas privadas[183] que se manejan con opacidad. Cabe

---

del 1 de enero de 2018 con una carga valorada en 36 millones de dólares (Armando.info, 5 de junio de 2022).

181 Rivas preside el Complejo Industrial Domingo Sifontes, en El Callao (Bolívar), con una gestión comprometida con los intereses de Maduro y su coalición. También dirige el Complejo Manuel Carlos Piar, inaugurado en 2019, con nueve plantas de cianuración en la zona industrial de Matanzas, en Puerto Ordaz, "junto al mayor clúster venezolano de industria pesada para la transformación de minerales". Según Cristopher Figuera, en entrevista a Armando.info (26 de julio de 2020), Rivas "cuida los intereses de los Maduro Flores, de los hermanos Rodríguez Gómez, de Jorge Arreaza, de un sector de la élite militar y de Tareck El Aissami, e incluso menciona a Alex Saab", quien aparece como el principal financista en la mayoría de las empresas del complejo Domingo Sifontes.

182 Sancionado por el Departamento del Tesoro de Estados Unidos en junio de 2019, una de las razones para dicha sanción fue su beneficio de las minas venezolanas junto a los esposos Nicolás Maduro y Cilia Flores (Armando.info, 26 de julio de 2020).

183 Una de estas empresas es Inversiones y Representaciones Glenduard, en la que Rivas controla la mayoría de las acciones. Otra es la Corporación Petroglobal, de Mario Bonilla Vallera y Raúl Saavedra Leterni, amigos cercanos de los hijos de Cilia Flores —Yoswal y Yosser Gavidia Flores— y de Nicolás Maduro Guerra. La investigación penal estadounidense Operación Money Flight, que rastreó el lavado de 1.200 millones de dólares de PDVSA, identificó a Bonilla Vallera en 2018 como testaferro de los hijos de Cilia Flores. Glenduard y Petroglobal —ambas constituidas en 2016, antes del decreto del Arco Minero— firmaron en 2017 una alianza de cinco años con la Corporación Venezolana de Minería (CVM): "la CVM aporta el derecho minero y la comercialización del mineral mientras que las empresas aportan el capital, la tecnología y el talento humano". La planta de cianuración de Petroglobal procesa

destacar que las empresas del complejo comparten la misma abogada como redactora de las actas constitutivas, quien además es la socia de Eduardo Rivas en la empresa Inversiones y Representaciones Glenduard (Armando.info, 26 de julio de 2020).

Desde el gobierno se ejecutó la *Operación Manos de Metal* en junio de 2018. Afirma el general Manuel Ricardo Cristopher Figuera[184] en una entrevista a Armando.info (26 de julio de 2020) que el propósito de esta operación fue conformar un monopolio para la compraventa del oro y no impedir el contrabando y la extracción de minerales, en especial del oro, tal y como lo declara el gobierno. Nicolasito utilizó la Dirección General de Contrainteligencia Militar para conducir dicha operación (Armando.info, 26 de julio de 2020). Otra operación ejecutada por el gobierno a través de la Fuerza Armada es la Operación Roraima 2022, que inició en octubre de 2022, entre sus operaciones estaría combatir la minería ilegal[185], sin embargo, para los habitantes de la zona sería "una toma selectiva por parte del gobierno y sus intereses" (Armando.info, 25 de junio de 2023).

En el gobierno de Maduro, la minería artesanal[186] o pequeña minería ha quedado rezagada, muy distante es la realidad de lo que contem-

---

200 toneladas diarias y la de Glenduard, el doble, 400 (Armando.info, 26 de julio de 2020).

184 Cristopher Figuera, exdirector del SEBIN y del CESPPA y exsubdirector de la DGCIM, desertó del gobierno y se exilió en Estados Unidos tras el fallido golpe del 30 de abril de 2019. En entrevista con Armando.info relató que, durante la Operación Manos de Metal, recibió denuncias de familiares de personas perseguidas por la DGCIM dedicadas al comercio del oro; al indagar, "recibió como respuesta que esos procedimientos los estaba dirigiendo personalmente Nicolás Maduro Guerra con apoyo de la DGCIM, bajo instrucciones presidenciales, y que el director del organismo, el general Iván Hernández Dala, estaba en cuenta y dio la orden de apoyar" (Armando.info, 26 de julio de 2020).

185 Unos 2.000 mineros están pagando las consecuencias de la guerra que tienen los militares. Se han descubierto fosas comunes y se han llevado a cabo desapariciones forzadas y asesinatos colectivos (Armando.info, 25 de junio de 2023).

186 Los pequeños mineros venden el oro amalgamado —el que se extrae de la mina—, distinto del oro procesado y fundido que se comercia internacionalmente. Los mineros artesanales lo venden a precios bajos por un acuerdo entre los grandes compradores (mafias, militares y gente del gobierno) del sur de Bolívar: en 2020, durante la pandemia, recibían 15 dólares por gramo (antes pagaban 30), mientras el precio

plan los documentos emanados del Ministerio del Poder Popular para el Desarrollo Ecológico-Minero, según los cuales, en palabras de su ministro Víctor Cano, los pequeños mineros "serían socios formales y parte fundamental de estas alianzas[187]" (Armando.info, 16 de julio de 2023).

Un trabajador que labora en la Corporación Venezolana de Minería (CVM), le aseguró a Armando.info (16 de julio de 2023), que "el minero ha quedado abandonado y el negocio se ha reservado para los amigos del gobierno, a quienes ahora se les conoce como los enchufados". No cabe duda de que el AMO se ha convertido en una corporación de personas allegadas al gobierno de Maduro y su familia, donde lo que cuenta son las conexiones políticas y la influencia. No hay datos oficiales, ni estadísticas de producción, ni se conoce la magnitud de las inversiones involucradas en el negocio del oro.

En el gobierno de Maduro "poco importa realmente si el oro tiene un origen legal o no, si es extraído por compañías o por bandas[188] que controlan las minas. Cuatro áreas del estado Bolívar, decretadas en

---

internacional subía —a fines de abril de 2020 se ubicó en 54,75 dólares— (Armando.info, 10 de mayo de 2020). Además, los mineros pagan un impuesto a grupos guerrilleros como el ELN y las FARC y al comandante de la GNB —una "vacuna" de protección o un peaje para trabajar y cruzar la frontera—, tras lo cual estos disponen de dólares para comprarles el oro barato (Armando.info, 10 de mayo de 2020).

187 Patricia Salamanca, pastora evangélica de El Callao, fue persuadida por el gobierno hace unos años para ser socia del Estado. "Junto con su marido y otros mineros [...] se convirtieron en uno de los primeros 10.000 enrolados en este nuevo esquema. A este grupo [...] se les concedió un espacio en la mina La increíble. Durante dos años, invirtieron todo lo que tenían para acondicionar la mina y [...] extraer las primeras pepitas de oro [...] Un día, llegaron unas personas del gobierno que les dijeron que tenían que abandonar la mina [...] a cambio, recibirían una indemnización. Hasta el día de hoy siguen esperando esa compensación. Lo perdieron todo" (Armando.info, 16 de julio de 2023). Hoy, militares y políticos allegados al gobierno operan la mina mediante concesiones.

188 Una banda armada como la llamada 'Nacupay'. "Antes de entrar, se nos dice que no tomemos fotos de los hombres armados, ni de la maquinaria que usa el mercurio. Justo antes de la entrada, una señal dice MunSol "Empresa minera aliada a la patria bolivariana en el Arco Minero del Orinoco". Detrás de la señal, encontramos docenas de mineros informales que trabajan en los embarrados hoyos al aire abierto. Solo estamos autorizados a fotografiar a los mineros que laboran con las tablas de lavar, características de la minería artesanal [...]" (Armando.info, 15 de enero de 2018).

2016 como una inmensa zona minera nombrada como Arco Minero del Orinoco, representan una simbiosis de ambos mundos" (Armando.info, 15 de enero de 2018).

En la corporativización del AMO por parte del Estado, reina el hermetismo sobre los actores que están involucrados en la industrialización del oro. Solo en el municipio El Callao[189] se cuentan 40 industrias, entre explotaciones mineras, molinos y recuperadoras, y aproximadamente 129 alianzas extractivas operativas (Armando.info, 16 de julio de 2023).

"Las prohibiciones y sanciones internacionales han empujado con más fuerza el comercio del oro venezolano a las manos de actores criminales[190], lo que ha aumentado los ingresos ilícitos y dificultado el rastreo del origen, según afirman expertos y venezolanos involucrados en el comercio de oro" (Armando.info, 17 de septiembre de 2020).

---

[189] En el sector Nacupay de El Callao se localiza la recuperadora Zurisadai, uno de sus propietarios es el general de la Guardia Nacional, José Gregorio Almao Barroeta, ex presidente de una de las misiones del gobierno, la Misión Negra Hipólita. También encontramos a la empresa Arco Dorado 2, cuyo propietario es Wuilher Torrella, un exfuncionario de la Asamblea Nacional, y en cuanto a los mineros independientes, está Asocipemica, cuya dirigente es una chavista de nombre Maryuliz Marcano. No podemos dejar de mencionar a la empresa Aurumin, una de las más grandes, donde reina la falta de información en cuanto a su producción o quiénes son sus dueños (Armando.info, 16 de julio de 2023).

[190] En El Dorado —población de 5.000 habitantes en Bolívar, dentro del Arco Minero, que vive de la extracción de oro— impera la ley del "sistema de la F", cuyo jefe es Fabio Enrique González Isaza, alias El Negro Fabio, a quien todos pagan un tributo semanal llamado "la causa", que puede llegar al valor de un kilo de oro: los mineros calculan que entre el 10 % y el 20 % de lo que extraen al mes se va en ese pago. Detrás hay una estructura criminal a la que todos deben pagar para trabajar, desde el vendedor de café hasta las recuperadoras de materiales. El Negro Fabio se mantiene en el anonimato y, cuando aparece, lo hace en actividades sociales —regala comida, organiza jornadas de salud, reinaugura plazas y escuelas— para sostener su liderazgo; quien rompe la ley del sistema arriesga ser golpeado o ejecutado (Armando.info, 25 de junio de 2023).

Los militares[191] están involucrados en la actividad y el negocio del oro[192], extorsionan a las bandas que operan las minas ilegales[193] y controlan las rutas de exportación[194] (De Grazia, en entrevista a Armando.info, 15 de enero de 2018). Además, aplican la violencia con sus propias operaciones para mantener el control. "Cerca del 80 por ciento del oro de Venezuela se va ilegalmente del país en aviones de contrabando" (Alcalá, en entrevista a Armando.info, 15 de enero de 2018) y cerca del 91 % del oro explotado en Venezuela es ilegal, según una investigación de la Iniciativa Global contra el Crimen Organizado Transnacional (Armando.info, 15 de enero de 2018).

---

191 Los militares reciben el oro también de transacciones revestidas de legalidad, como los impuestos en oro para el uso del aeropuerto de Santa Elena de Uairén (capital del municipio Gran Sabana, en la frontera con Brasil). Las facturas de los impuestos para el aeropuerto son firmadas y despachadas por militares, funcionarios de la CVM. Por cada vuelo "hay 30 gramos de oro en impuestos" (Armando.info, 10 de mayo de 2020).

192 En 2016 el gobierno de Maduro creó la Compañía Anónima Militar de Industrias Mineras, Petrolíferas y de Gas (CAMIMPEG), junto con una Zona Económica Militar.

193 Las minas ilegales están controladas por oficiales del ejército corruptos, sindicatos del crimen organizado y grupos rebeldes colombianos; el oro venezolano se denomina "oro de sangre" por su extracción ilegal y sus consecuencias en derechos humanos y ambientales (Armando.info, 17 de septiembre de 2020). Un efectivo de la GNB que desertó a Brasil tras la masacre de Kumarakapay y Santa Elena de Uairén (Gran Sabana, febrero de 2019) confirmó "el rol de las fuerzas militares en el contrabando de oro": "siempre hay tráfico de oro para Brasil [...] por parte del mismo Gobierno, donde Generales y comandantes hicieron cruzar oro para la venta en el estado de Roraima [...] En la Gran Sabana, el Ejército venezolano cobra vacunas tanto en oro como en dólares" (Armando.info, 10 de mayo de 2020).

194 Por vía terrestre, una de las rutas es Colombia, donde el oro es llevado a Bogotá, Cali y Medellín, y luego es nacionalizado como oro colombiano antes de seguir su ruta internacional hacia países como los Estados Unidos y Suiza, entre otros. También se van hacia Brasil y Guyana (Armando.info, 10 de mayo de 2020). No obstante, una buena parte del oro sale de manera ilegal por vía aérea (un destino frecuente, las Islas del Caribe) (Alcalá en entrevista a Armando.info, 15 de enero de 2018), a través de al menos 42 pistas clandestinas desde donde despegan avionetas cargadas de oro y donde los militares están involucrados. Una investigación periodística de Armando.info (30 de enero de 2022), con ayuda de imágenes satelitales y apoyo de la inteligencia artificial, logró identificar 3.718 puntos de actividad minera, en su mayoría ilegal, en los estados Bolívar y Amazonas.

Centralización de las importaciones por el Estado a través de CORPOVEX. Se trata de un ente creado, similar a las corporaciones estatales cubanas, para controlar el comercio. El gobierno de Maduro centralizó las importaciones a Venezuela desde finales de 2013. Para ello, creó la Corporación Venezolana de Comercio Exterior[195] (CORPOVEX) y colocó al frente de esta corporación a un militar[196] de su confianza, el mayor general Giuseppe Yoffreda. CORPOVEX es manejada con opacidad. Armando.info (19 de mayo de 2019) creó una base de datos[197] que da cuenta de que, en el período 2014-2018 (primer gobierno de Maduro), dicha corporación fue la segunda mayor receptora de mercancías, siendo la primera, también del Estado venezolano, la Corporación de Abastecimiento y Servicios Agrícolas (CASA). CORPOVEX es el corazón de los negocios del gobierno de Maduro que ha beneficiado a Maduro, su coalición gobernante y su entorno empresarial. La primera sede de CORPOVEX estuvo ubicada[198] en la

---

[195] CORPOVEX sustituye a la cuestionada Comisión de Administración de Divisas (CADIVI) que se encargó de la entrega de dólares para las importaciones a partir de 2003, durante la gestión de Chávez, año de inicio del control de cambios. "Solo en 2012 desde CADIVI se desviaron hasta 20.000 millones de dólares para compañías 'fantasmas' o de 'maletín', según denunciaron funcionarios chavistas como Jorge Giordani o Edmée Betancourt" (Armando.info, 19 de mayo de 2019).

[196] Se trata del mayor general Giuseppe Yoffreda Yorio, un alto oficial de la Aviación Militar, quien estuvo al frente de esta corporación desde marzo de 2014 hasta junio de 2018. Durante su gestión benefició a empresarios del entorno presidencial. Es un militar cercano a Diosdado Cabello. Luego de dejar el cargo sin rendir cuentas, al menos de manera oficial, fue nombrado embajador de Venezuela en Catar (Armando.info, 19 de mayo de 2019). Yoffreda, "controló a lo largo de una década las compras internacionales del sector militar, primero, y luego todas las del Estado" (Armando.info, 29 de noviembre de 2020), fue sustituido por Xabier Fernando León Anchustegui, ex vicepresidente del BANDES y ex viceministro de comercio, entre otros cargos. Con León al mando de CORPOVEX continúa el silencio en cuanto a la gestión de esta corporación.

[197] Que consistió en la descarga y sistematización de casi 71.000 registros de importaciones de la aduana de Puerto Cabello, el principal puerto venezolano, y confirmó "las dimensiones del monstruo estatal creado por Maduro y arroja pistas sobre la naturaleza de los proveedores" (Armando.info, 19 de mayo de 2019).

[198] Luego fue trasladado al piso diez del Centro Empresarial Eurobuilding, un reconocido hotel de cinco estrellas en el este de Caracas, y finalmente fue ubicado en el Centro Comercial Mata de Coco, municipio Chacao, donde se encuentran las oficinas del Servicio Nacional Integrado de Administración Aduanera y Tributaria

Vicepresidencia de la República, junto a Venezolana de Exportaciones e Importaciones (VEXIMCA), encargada de las compras del sector militar y también presidida por Yoffreda.

En 2015 Maduro centralizó las compras de otras empresas del Estado a través de CORPOVEX. Es el caso de VEXIMCA[199], Suministros Venezolanos Industriales C.A. (SUVINCA), CVG Internacional o Bariven, encargada de las compras industriales de Petróleos de Venezuela (PDVSA) (Armando.info, 19 de mayo de 2019).

En el marco de las sanciones económicas de septiembre de 2017, la oficina de delitos financieros del Departamento del Tesoro advirtió sobre CORPOVEX que "miembros del régimen y sus aliados dirigen los contratos del gobierno[200] a sus compañías asociadas para importar bienes y lograr la aprobación de CORPOVEX para compañías domi-

---

(SENIAT). Quien está a cargo de este organismo es José David Cabello, hermano de Diosdado Cabello. "Desde ese momento, CORPOVEX solo empezó a crecer, tragándose todo a su paso bajo instrucción de Maduro" (Armando.info, 19 de mayo de 2019).

199 Sobre esta empresa, el Departamento del Tesoro realizó un seguimiento debido a las multimillonarias transferencias realizadas en dólares a desconocidas compañías en la Florida cuyos dueños eran cercanos al gobierno de Maduro (Armando.info, 29 de noviembre de 2020).

200 En apenas dos años, el gobierno otorgó una veintena de contratos al empresario italiano Valerio Antonini, amigo de Diego Maradona, que se encargó de comercializar materia prima agrícola y de manejar los silos del principal puerto venezolano. El negocio supera los mil millones de dólares y Maduro pagó no solo con divisas, sino con petróleo y toneladas de oro, en el marco de las sanciones (Armando.info, 30 de junio de 2019). Las operaciones se hicieron a través de la italiana Casillo Commodities Italia Spa y de Anton Commodities, registrada en Suiza, que enviaba granos a Cuba y Venezuela. Entre 2015 y 2019, esa empresa firmó al menos 27 contratos por unos 1.640 millones de dólares para suministrar maíz, trigo, aceite de soya, azúcar, arroz y pasta, entre otros (Armando.info, 24 de enero de 2021).

ciliadas en el extranjero[201], a menudo compañías fantasmas[202] (offshore) para participar en la actividad importadora" (Armando.info, 19 de mayo de 2019). CORPOVEX aprueba contratos sin licitación y dentro de un ambiente de opacidad[203], lo que ha dado margen a la corrupción y al lavado de dinero.

---

201 Según la data organizada por Armando.info, se citan algunas empresas que han recibido jugosos contratos por parte del régimen de Maduro, como AMW (HK) International, con sede en Hong Kong, o Anis Services constituida en Panamá, o la empresa Postar Intertrade Limited, registrada en la isla de Barbados cuyo propietario es Samark López Bello, a quien Estados Unidos acusa de ser el testaferro de Tarek El Aissami, exministro del Petróleo, entre otros altos cargos. Esta compañía vendió a CORPOVEX en 2017 miles de cajas con alimentos del programa de los CLAP. No se puede dejar de mencionar una de las empresas de los empresarios colombianos Alex Saab Morán y Álvaro Pulido Vargas, esta es Group Grand Limited, registrada en Hong Kong con grandes contratos y operaciones ligadas a los CLAP (Armando.info, 19 de mayo de 2019).

202 Un informe sobre las importaciones de CORPOVEX, reseñado por El Nuevo Herald, destaca la asignación de 125 millones de dólares a tasa preferencial a tres empresas de maletín: las venezolanas Villaber 2007 C.A. y Representaciones Felther C.A., y la estadounidense Sunflower Extra-LLC, registrada en Delaware. La asignación se hizo por orden presidencial en julio de 2014 para importar productos de higiene personal, "con un presunto sobreprecio de 30 %, a una tasa de cambio de 6,30 bolívares por dólar. En aquel entonces los dólares en el mercado negro podían venderse hasta por 188 bolívares; esa brecha de hasta 3.000 por ciento representó un gran negocio para quienes revendían los dólares oficiales [...] en vez de hacer las importaciones para las que habían sido aprobados" (Armando.info, 9 de noviembre de 2022).

203 Entre los grandes contratos aprobados en 2019 —durante la gestión de León Anchustegui en CORPOVEX— está el de Sigma International Services Inc., registrada en Panamá sin actividad conocida en Venezuela, pero cuyos dueños son contratistas de larga data: los hermanos Khalil Majzoub (Majed y Khaled), empresarios libaneses-venezolanos con buenas conexiones con el régimen, en especial con Jorge Rodríguez. Ya con CADIVI, entre 2004 y 2012, se beneficiaron "de al menos 91 millones de dólares a tasas preferenciales" (Armando.info, 18 de agosto de 2021). Uno de sus contratos con CORPOVEX, para importar comida y útiles escolares de Turquía, superó los 134 millones de euros: "El contrato para útiles escolares fue suscrito por poco más de 17,14 millones de euros. El de la comida, por 117,5 millones" (Armando.info, 18 de agosto de 2021).

Falsas narrativas y creación de una falsa realidad. El régimen y sus voceros son especialistas en construir una falsa realidad con base en la técnica goebbeliana[204] de mentir reiteradamente (García, 2020).

El lenguaje "sirve para sembrar confusión y mantener a la gente largo tiempo en la oscuridad" (del Rey, citado por Von Bergen, 2017: 37). La veracidad de los hechos pasa a un segundo plano ante la funcionalidad de su narrativa, de ahí tanto disparate en los discursos de Maduro (García, 2020). Un ejemplo emblemático de esta técnica es la consigna "Venezuela se arregló", cuya funcionalidad propagandística se impuso sobre su evidente falsedad.

La creación de una falsa realidad no se limita al lenguaje. El régimen recurre también a la heroificación propagandística de Nicolás Maduro y Rafael Lacava bajo los personajes "Súper Bigote" y "Drácula", y a los festivales y conciertos masivos del estado Carabobo, recursos con los que construye una imagen de normalidad y legitimidad ajena a la realidad del país, como analizo más adelante.

La política como escenario de guerra donde todo vale. En ella se recurre al engaño, a los montajes para inculpar a inocentes, a la mentira, a los juicios prefabricados, a la represión despiadada y a otras formas de terrorismo de Estado (García, 2020).

El populismo político como engranaje de permanencia

Las acciones y estrategias que acabo de documentar no agotan el repertorio del régimen —existen otras—, pero recogen las más determinantes y constituyen la dimensión propiamente política de la reformulación que propongo. Si las tres primeras fases del populismo son de naturaleza económica —el gasto expansivo que, agotadas las rentas, desemboca en el colapso de la Fase 3—, la cuarta fase es de naturaleza política: el cambio de gobierno que Dornbusch-Edwards (1991) pre-

[204] Viene del célebre ministro de propaganda nazi, Joseph Goebbels, quien desarrolló todo un aparato propagandístico con una única "verdad" aceptada en los tiempos de Hitler (García, 2020).

veían como desenlace inevitable tras el desastre. En Venezuela, sin embargo, esa cuarta fase no se materializó, y la razón reside precisamente en el populismo político que aquí he descrito: la transformación autoritaria del régimen, la cohesión de la coalición gobernante, el fraude electoral, el uso político de la religión, el control simbólico del espacio público, la represión y las alianzas internacionales conformaron el engranaje que bloqueó la alternancia que el agotamiento económico hacía previsible. Populismo económico y populismo político se revelan, así, como dos caras de un mismo proyecto de permanencia.

He reconstruido empíricamente los mecanismos específicos mediante los cuales la arquitectura institucional del régimen de Maduro ha operacionalizado la supervivencia autoritaria que mi marco teórico anticipa.

El conjunto de estrategias que acabo de documentar —desde la transformación autoritaria del régimen y la captura del sistema electoral hasta la represión, las alianzas internacionales y el control simbólico— admite, más allá de su lugar en la secuencia temporal del modelo, una lectura estructural que las sintetiza en cuatro dimensiones integradas y transversales: (1) la represión sistémica, ejercida mediante aparatos de seguridad financiados con los recursos remanentes (DGCIM, SEBIN, FAES, desapariciones forzadas, torturas), que opera sobre un previo quiebre institucional y una captura del sistema electoral que clausuraron las vías pacíficas de alternancia; (2) las alianzas estratégicas transnacionales con regímenes autoritarios (China, Cuba, Rusia, Irán y Turquía), que proporcionan recursos financieros, tecnología de vigilancia, asesoría en inteligencia y respaldo diplomático; (3) el control militarizado de los sectores estratégicos (el petróleo, la minería del oro y las importaciones a través de CORPOVEX), que permite la captura de las rentas y la distribución clientelar selectiva; y (4) la manipulación simbólica mediante falsas narrativas —y el uso político de la religión y la hegemonía comunicacional— que eximen al régimen de toda responsabilidad por el colapso y lo atribuyen a enemigos externos.

Leídas así, estas cuatro dimensiones transversales confirman las principales predicciones de la literatura sobre el rentismo y el autoritarismo y, a la vez, las desbordan. Confirman el círculo vicioso de las instituciones extractivas que describen Acemoglu y Robinson (2012), en el que las élites que controlan el poder bloquean toda apertura inclusiva porque se benefician de la extracción; los tres mecanismos causales de Ross (2001, 2012) —el efecto de represión, el efecto de gasto y el efecto de modernización—, aunque con una precisión que forma parte de mi aporte: Ross los formula sobre la abundancia de la renta, mientras que en la Venezuela de Maduro operan sobre su escasez; y el "dilema del político" de Geddes (1994), en el que mantener instituciones ineficientes resulta políticamente racional, pues son ellas las que preservan la coalición que sostiene al gobernante.

La cuarta dimensión, la simbólica, reclama una relectura del "Estado mágico" de Coronil (1997). En su formulación original, el Estado petrolero venezolano conjuraba modernidad y abundancia a partir de la renta, en un ejercicio de poder teatral —espectáculo, heroificación del líder y fetichización del petróleo—. Bajo Maduro, privado de las rentas que alimentaban ese conjuro, el Estado mágico no se extingue: se invierte. La misma maquinaria simbólica que antes producía prosperidad produce ahora enemigos y traslada hacia ellos —el imperio, las sanciones, la "guerra económica"— la responsabilidad por el desastre, en una externalización maniquea de la culpa que enfrenta a un pueblo agredido con un enemigo exterior (De la Torre, 2017, 2020). Lo que en Coronil era un conjuro de abundancia se degrada, así, en un conjuro de victimización.

En conjunto, estos cuatro mecanismos resuelven teóricamente la anomalía que vertebra este libro: explican por qué el colapso económico de las tres primeras fases no desembocó en el cambio de gobierno que Dornbusch-Edwards (1991) daban por inevitable en la cuarta. El Estilo Rentista no desapareció con ese colapso; se transformó de distribuidor de prosperidad en administrador estratégico de la escasez, y reservó el acceso privilegiado a los recursos remanentes —las divisas, los contratos estatales, las importaciones y los bonos focalizados— exclusivamente a quienes garantizan una lealtad incondicional al régimen. La escasez misma, y no ya la abundancia, se convirtió en el instrumento de su permanencia.

7
Participación de la coalición gobernante y la cúpula militar en economías ilegales: la supervivencia del régimen mediante la degradación del Estilo Rentista

Documento las múltiples estrategias políticas, económicas y represivas que explican la permanencia de Maduro en el poder a pesar del colapso económico documentado en la Fase 3 del populismo económico de Dornbusch-Edwards (1991). Sin embargo, una dimensión fundamental que articula y hace viables todas esas estrategias es la participación de la coalición gobernante, especialmente la cúpula militar, en economías ilegales que complementan y sustituyen la renta petrolera en declive. Esta diversificación hacia rentas ilícitas constituye la clave para comprender por qué no se ha materializado la Fase 4 del populismo económico —el cambio de régimen— en Venezuela.

El Estilo Rentista como marco explicativo de la transición de rentas legales a ilegales

Dornbusch-Edwards (1991) y Edwards (2019b) plantean que la Fase 4 del populismo económico se caracteriza por el reemplazo del régimen populista tras el desastre económico: inflación muy alta, reservas internacionales inexistentes, exportaciones en mínimos históricos, deuda pública en mora y economía llena de distorsiones. Venezuela cumplió todas estas condiciones entre 2017 y 2020, pero Maduro no fue desplazado del poder. La explicación teórica radica en que el Estilo Rentista no desapareció con el colapso de la renta petrolera legal; se transformó hacia la captura de rentas ilegales para mantener cohesionada la coalición autoritaria.

El Estilo Rentista, como he argumentado a lo largo de esta investigación, no es simplemente una característica económica sino un mecanismo político-económico mediante el cual el manejo personalista y discrecional de recursos extraordinarios —sin rendición de cuentas ni consensos democráticos— permite la reproducción del poder. Cuando la renta petrolera legal colapsa por la destrucción de PDVSA (documentada extensamente en secciones anteriores), las sanciones internacionales y la caída de los precios del crudo, el régimen no abandona el patrón rentista, sino que lo degrada hacia fuentes ilícitas: narcotráfico, minería ilegal de oro, contrabando de combustible y minerales estratégicos.

Esta degradación del Estilo Rentista explica la paradoja venezolana: un régimen sin legitimidad electoral, sin desempeño económico, con hiperinflación y migración masiva que, no obstante, mantiene cohesionada su coalición de poder. La respuesta está en que la escasez de recursos no elimina las prácticas rentistas; por el contrario, intensifica la lucha por el control de los recursos restantes —ahora ilegales— y refuerza el autoritarismo como mecanismo de distribución selectiva y opaca de esas rentas ilícitas a quienes garantizan lealtad al régimen.

Instituciones extractivas como facilitadoras del narcotráfico de Estado

Acemoglu y Robinson (2012) definen las instituciones extractivas como aquellas diseñadas para extraer rentas y riqueza del conjunto de la sociedad en beneficio de las élites dominantes, asociadas con autocracias que concentran poder con escasos límites. García (2020) señala que estas élites tienen interés en fortalecer esta institucionalidad extractiva recurriendo, cuando es necesario, a mecanismos abiertamente represivos para preservar su posición privilegiada. Las instituciones extractivas que el chavismo consolidó durante dos décadas —particularmente PDVSA, el control militar de fronteras, puertos y aeropuertos, y la cooptación del sistema judicial— son precisamente las que ahora facilitan economías ilegales.

En marzo de 2020, el Departamento de Justicia de Estados Unidos acusó formalmente a Nicolás Maduro y catorce funcionarios venezolanos de alto rango —incluyendo líderes militares como el ministro de Defensa Vladimir Padrino López— por narcotráfico, narcoterrorismo, corrupción y lavado de dinero (Departamento de Justicia de Estados Unidos, 2020).

Las acusaciones detallan una relación de décadas entre el círculo íntimo de Maduro y la Fuerza Armada Nacional Bolivariana con grupos armados ilegales, específicamente las Fuerzas Armadas Revolucionarias de Colombia (FARC) y el Ejército de Liberación Nacional (ELN), para facilitar el tráfico de drogas en la región (Crisis Group, 2021; El País, 2023; El Espectador, 2022). El fiscal general estadounidense William Barr señaló que el régimen venezolano facilitaba el transporte de "hasta 250 toneladas de cocaína anuales", utilizando la estructura estatal para enriquecer a los más altos niveles del gobierno.

InSight Crime (2018) documentó la existencia de una estructura denominada "Cartel de los Soles" —que recibe su nombre de las estrellas doradas que los generales de la Guardia Nacional Bolivariana usan en sus uniformes— integrada por militares y funcionarios venezolanos que aprovechan la estructura pretoriana del Estado para el tráfico de drogas. La investigación identificó 123 oficiales de gobierno con altas posiciones gubernamentales vinculados al narcotráfico y 14 instituciones del Estado que han tenido o tienen en sus más altos cargos a personas involucradas en estas actividades.

Este hallazgo es fundamental: el narcotráfico en Venezuela no opera al margen del Estado, sino a través de sus instituciones extractivas. La Junta Internacional de Fiscalización de Estupefacientes de las Naciones Unidas (JIFE, 2020) confirmó en su informe anual que grupos delictivos crearon una red dentro del ejército venezolano, infiltrando todas las principales ramas de las fuerzas armadas.

PDVSA como institución extractiva facilitadora del narcotráfico

PDVSA, cuya transformación en institución económica extractiva analicé extensamente en secciones anteriores, no solo ha sido destruida mediante corrupción, politización y militarización, sino que sus instalaciones, rutas logísticas y redes internacionales han sido instrumentalizadas para economías ilegales. El control militar de PDVSA no responde únicamente a razones de lealtad política, sino también a intereses económicos ilícitos. Los puertos petroleros, las rutas marítimas establecidas para exportación de crudo, los sistemas de comunicación y la infraestructura logística de PDVSA facilitan el trasiego de drogas.

García (2020) señala que las instituciones extractivas en Venezuela se fortalecen mediante mecanismos abiertamente represivos. El caso de PDVSA ejemplifica esta dinámica: la empresa dejó de ser una institución productiva para convertirse en un instrumento de extracción de renta (legal e ilegal) y de reproducción del poder autoritario. La opacidad operativa de PDVSA —exacerbada tras la aprobación de la Ley Antibloqueo en 2020 que eliminó cualquier rendición de cuentas— permite que sus operaciones sirvan simultáneamente para evadir sanciones mediante comercialización opaca de petróleo y para facilitar actividades de narcotráfico utilizando la misma infraestructura.

El control militar de aeropuertos, puertos, fronteras y carreteras —muchos bajo administración de empresas militares creadas desde PDVSA como CAMIMPEG— facilita estas operaciones ilícitas, concentrándose principalmente en los estados fronterizos con Colombia: Zulia, Táchira y Apure, donde operan guerrillas colombianas y disidencias de las FARC (Crisis Group, 2021; El Espectador, 2022). Reportes indican que más de 200 toneladas de cocaína transitan anualmente por territorio venezolano, representando aproximadamente el 40 % del consumo mundial (InSight Crime, 2018). Venezuela se consolidó como la ruta preferida de contrabando de drogas desde Sudamérica hacia Estados Unidos —a través de América Central y el Caribe Oriental— y hacia Europa vía África Occidental.

Economías ilegales como respuesta a la Fase 3 del populismo económico

El colapso económico documentado en las fases del populismo económico —hiperinflación, desaparición del ahorro, colapso salarial, pérdida de 75 % del PIB entre 2013 y 2021— generó una situación paradójica: la coalición gobernante perdió acceso a la renta petrolera legal masiva que históricamente había distribuido clientelarmente, pero no perdió el poder. La explicación radica en que diversificó sus fuentes de renta hacia economías ilegales que, aunque menores en volumen que la renta petrolera en su apogeo, resultan suficientes para mantener cohesionada la cúpula del poder mediante distribución selectiva y opaca.

Según cálculos citados por analistas, los ingresos por narcotráfico ascendieron a 5.100 millones de dólares en 2022, equivalentes al 8,5 % del PIB venezolano. Esta cifra, aunque modesta comparada con los ingresos petroleros históricos, resulta estratégicamente suficiente cuando se distribuye de manera altamente concentrada entre la coalición militar y política que controla el régimen. El Estilo Rentista opera aquí en su forma más depurada: ya no se trata de distribuir prosperidad a amplios sectores mediante clientelismo masivo (como en la época de bonanza petrolera chavista), sino de administrar estratégicamente la escasez, asignando acceso privilegiado a rentas ilegales —narcotráfico, oro ilegal, contrabando— a quienes garantizan lealtad incondicional.

La participación en economías ilegales genera corresponsabilidad criminal que dificulta estructuralmente el abandono del régimen por parte de los militares, quienes enfrentarían consecuencias legales internacionales. Esta corresponsabilidad explica por qué las sanciones individuales y las acusaciones internacionales, lejos de debilitar al régimen, lo han consolidado: los altos mandos militares saben que su supervivencia política, económica y jurídica depende de la supervivencia de

Maduro. Armando.info (12 de abril de 2020) documentó cómo Venezuela compró la lealtad de sus generales mediante acceso privilegiado a negocios: para 2019, casi un tercio de los 312 generales activos estaban vinculados a empresas habilitadas para hacer negocios con el gobierno, siendo 35 de ellos socios o miembros de juntas directivas de compañías privadas con estilos de vida incompatibles con sus salarios militares. A estos negocios legales se suman ahora las rentas ilegales del narcotráfico y la minería ilegal.

El Arco Minero del Orinoco: oro ilegal como segunda renta extractiva

El control del Arco Minero del Orinoco por parte de militares y la coalición gobernante tampoco responde únicamente a razones estratégicas, sino a la captura de rentas ilegales mediante minería ilegal y contrabando de oro que permiten financiar la lealtad de sectores clave del poder (Armando.info, 15 de enero de 2018, 26 de julio de 2020). Como documenté en secciones anteriores, desde agosto de 2016 Maduro creó y tomó control del Arco Minero mediante decretos, leyes y alianzas con corporaciones de regímenes autoritarios (Turquía, China, Rusia). El negocio central: intercambio de oro por alimentos para evadir sanciones financieras estadounidenses desde 2017, operando con secretismo absoluto y opacidad total.

El control del oro recae en Nicolás Maduro Guerra ("Nicolasito"), hijo del presidente, quien dirige procesamiento y comercialización a través de operadores de su confianza, con protección de la Dirección General de Contrainteligencia Militar (DGCIM). Cerca del 91 % del oro explotado es ilegal y el 80 % sale del país en aviones de contrabando (Armando.info, 15 de enero de 2018). Los militares extorsionan bandas que operan minas ilegales y controlan rutas de exportación. Control Ciudadano (31 de marzo de 2022; marzo de 2023) documenta el crecimiento exponencial de la red de empresas militares que operan con opacidad en múltiples sectores económicos, incluida la minería, configurando un entramado institucional extractivo que permite la captura de rentas ilegales.

Esta diversificación hacia el oro ilegal replica el mismo patrón del Estilo Rentista: recursos extraordinarios (oro) gestionados discrecionalmente por la cúpula del poder (Nicolasito y militares de confianza) sin rendición de cuentas, distribuidos selectivamente a la coalición para mantener lealtades. La minería artesanal quedó abandonada, reservándose el negocio para "enchufados" del gobierno. El Arco Minero opera con hermetismo total: no hay datos oficiales de producción, magnitud de inversiones ni transparencia sobre las más de 40 industrias y 129 alianzas extractivas operativas (Armando.info, 16 de julio de 2023).

Instituciones extractivas y la imposibilidad de la Fase 4

La persistencia del régimen de Maduro a pesar del colapso económico total desmiente la predicción de la Fase 4 del modelo de Dornbusch-Edwards (1991), pero confirma mi tesis sobre el Estilo Rentista: este no es simplemente una política económica que desaparece con la crisis, sino un mecanismo político de reproducción del poder que se adapta a las circunstancias. Cuando las rentas legales colapsan, las instituciones extractivas —diseñadas por décadas para concentrar poder y extraer riqueza sin límites democráticos— facilitan la transición hacia rentas ilegales.

Acemoglu y Robinson (2012) señalan que las instituciones extractivas se asocian con autocracias que concentran poder para su provecho personal, recurriendo a mecanismos represivos cuando es necesario. Venezuela ejemplifica este proceso: las mismas instituciones extractivas que permitieron el saqueo de PDVSA, la destrucción de la industria petrolera y la corrupción masiva documentada en secciones anteriores, ahora facilitan narcotráfico, minería ilegal y contrabando. La diferencia es que, en la fase de bonanza petrolera, el régimen podía mantener cierta fachada de legalidad; en la fase de colapso, las instituciones extractivas operan abiertamente al servicio de economías criminales.

García (2020) identifica el régimen de Maduro como de "expoliación", donde las élites dominantes fortalecen la institucionalidad extractiva mediante mecanismos abiertamente represivos. La represión que he documentado —torturas, desapariciones forzadas, asesinatos selectivos, presos políticos— no es un efecto colateral del autoritarismo, sino una condición necesaria para mantener el control sobre las rentas ilegales. Los testigos, opositores, periodistas investigativos y disidentes internos que podrían exponer las redes de narcotráfico y minería ilegal deben ser silenciados mediante terror de Estado. La represión y las economías ilegales son dos caras de la misma moneda: ambas son estrategias de supervivencia del Estilo Rentista degradado.

El Estilo Rentista como mecanismo de adaptación autoritaria

La participación de la coalición gobernante en economías ilegales no es una desviación del Estilo Rentista sino su manifestación más pura en condiciones de escasez extrema. El patrón persiste: manejo discrecional de recursos extraordinarios (ahora ilegales) sin rendición de cuentas, para mantener cohesionada una coalición de poder y perpetuarse en el gobierno. La diferencia está en la fuente de los recursos (de petróleo legal a narcotráfico y oro ilegal) y en su distribución (de clientelismo masivo a reparto selectivo entre élites cómplices).

Esta transformación explica por qué no se cumplió la Fase 4 del populismo económico de Dornbusch-Edwards (1991): el régimen no fue reemplazado porque las instituciones extractivas consolidadas durante dos décadas —PDVSA militarizada, control militar de fronteras y puertos, cooptación judicial, ausencia de controles— facilitaron la transición de rentas legales a ilegales sin perder el control del aparato estatal. El Estilo Rentista no desapareció con la crisis; se radicalizó, convirtiendo al Estado venezolano en facilitador de economías criminales para garantizar la supervivencia del régimen autoritario. Esta es la respuesta definitiva a la pregunta que estructura este análisis: Maduro permanece en el poder porque logró transformar el Estilo Rentista de mecanismo de distribución de renta petrolera a mecanismo de captura y distribución de rentas ilegales, manteniendo así cohesionada su coalición autoritaria mediante corresponsabilidad criminal.

8
La gestión de la política social: del clientelismo masivo al control selectivo como mecanismo de supervivencia del régimen autoritario

Los resultados devastadores de la gestión económica en los gobiernos de Nicolás Maduro —la pérdida del 75 % del PIB en siete años, hiperinflación, colapso salarial— produjeron la mayor catástrofe social de la historia venezolana contemporánea: más del 80 % de la población vive en pobreza, 7,8 millones han emigrado, y 19,7 millones experimentan pobreza multidimensional (HumVenezuela, 2022). Ante el deterioro progresivo de las condiciones de vida, el régimen ha transformado radicalmente su política social: del clientelismo masivo redistributivo del chavismo durante la bonanza petrolera a un sistema de control selectivo, excluyente y represivo que opera como mecanismo de supervivencia del autoritarismo.

Esta transformación de la política social constituye una manifestación adicional del argumento central que estructura esta sección: el Estilo Rentista no desapareció con el colapso económico de la Fase 3, sino que se adaptó mediante la administración estratégica de la escasez. Como expliqué en el marco teórico sobre la no materialización de la Fase 4, el régimen no requiere generar prosperidad generalizada para mantenerse en el poder; le basta con controlar discrecionalmente recursos suficientes para distribuirlos selectivamente a sectores estratégicos que garanticen lealtad. La política social de Maduro ejemplifica esta lógica: ya no distribuye bienestar universal como instrumento de legitimación democrática, sino que opera como herramienta de coerción, vigilancia y premiación de lealtades políticas.

La política social, como plantea Roth (2019), debería ser el instrumento que permite hacer nación, el cimiento de la sociedad donde cada ciudadano se siente parte del proyecto colectivo independientemente de su posición en la escala social. Debería expresar solidaridad mediante una redistribución justa de la riqueza, sustentada en una política fiscal transparente y legítima[205]. Sin embargo, la dependencia histórica venezolana de rentas extractivas petroleras —característica definitoria del Estilo Rentista— impidió la construcción de capacidades fiscales democráticas basadas en impuestos ciudadanos. Esto permitió que el Estado rentista distribuyera subsidios sin rendición de cuentas, configurando desde el chavismo un sistema clientelar que Maduro radicalizó transformándolo en instrumento de control autoritario.

Del clientelismo redistributivo al control selectivo autoritario

El Sistema Patria y el Carnet de la Patria, implementados desde inicios de 2017[206], constituyen la operacionalización de esta política social como mecanismo de supervivencia del régimen. Este sistema dual, ex-

---

205 Los recursos no provienen de una política fiscal justa y transparente basada en el cobro del impuesto sobre la renta a las personas y empresas por parte del gobierno para crear una solidaridad social por parte de los miembros de la sociedad.

206 Para desarrollar el Sistema Patria, el gobierno otorgó a la empresa panameña Landscape Vision Corp (Lanvicorp) —a través de CORPOVEX y por 37.649.248 dólares— un contrato para comprar los equipos del Carnet de la Patria que usaría CANTV. Los beneficiarios fueron los hermanos panameños Ramón, Vicente y Roberto Carretero Napolitano. Lanvicorp, en realidad una constructora, había recibido un mes antes 4,5 millones de dólares de CORPOVEX para comprar juguetes; su sucursal venezolana se constituyó en agosto de 2013 y el holding tiene una filial en Hong Kong (2015). Desde la Fundación Propatria 2000 —adscrita a la Presidencia y dirigida por Carlos Malpica Flores, sobrino de Cilia Flores, y luego por su hijo Walter Gavidia Flores— recibió contratos como el estadio de béisbol Hugo Chávez, la remodelación de los hoteles Guaicamacuto y Gran Caribe y la construcción de gimnasios verticales. Los Carretero Napolitano llegaron a Venezuela recomendados por el régimen cubano: su Corporación Logística del Caribe, registrada en Panamá, obtuvo además contratos de CORPOVEX entre 2017 y 2018 por más de 25 millones de dólares. Una fuente consultada por Armando.info (20 de marzo de 2022) reveló que "Ramón Carretero conoce a Maduro y a Cilia Flores por Raúl Castro".

cluyente y polarizador condiciona toda la protección social del Estado a la inscripción en una plataforma de vigilancia que registra datos socioeconómicos, políticos y de comportamiento de los ciudadanos[207]. Solo los inscritos pueden acceder a bonos de protección social[208], Cajas CLAP[209] y misiones sociales residuales. Esta selectividad no es accidental: responde a la lógica teórica identificada por Geddes (1994) donde, en contextos de crisis, el control sobre recursos escasos aumenta exponencialmente su valor político. Los bonos y los CLAP no buscan aliviar la pobreza masiva —su impacto compensatorio es marginal—, sino crear dependencia clientelar focalizada y sistemas de vigilancia que permitan premiar lealtades y castigar disidencias.

Los hogares beneficiarios "capturan" las misiones disponibles, los bonos (o transferencias directas) y la caja CLAP, es decir, el programa social que esté activo. Lo prioritario es que un miembro del hogar conozca cuál es el procedimiento burocrático para enrolarse e inscribir a cada miembro de la familia. Esto es lo que limita la condición de beneficiario, en palabras de España (2021), ya no de una misión, sino de todo el paquete de programas a los que puede acceder cada hogar venezolano. La política social del gobierno de Maduro está condicionada

---

207 El Carnet es un documento personalizado con información de sus usuarios que da acceso "al conjunto de servicios sociales y públicos que el gobierno dispusiera para sus portadores" (España, 2021: 234): "con un simple escaneo del código QR que porta, los datos viajan y se almacenan rápidamente en los servidores de la plataforma gubernamental Patria" (Armando.info, 20 de marzo de 2022). En su desarrollo no solo participó la empresa de los Carretero Napolitano, sino también la tecnológica china ZTE, encargada de vender los servidores para la base de datos y crear un sistema de pago móvil, además de capacitar a trabajadores instalados en una unidad especial de CANTV, según reveló una investigación de Reuters publicada en 2018 (Armando.info, 20 de marzo de 2022).

208 Es un tipo de programa de transferencia monetaria directa a la población. En noviembre de 2017 el gobierno de Maduro anuncia la entrega de un bono en Bs, cuya equivalencia fue $4,4 dado el inicio de la Navidad, luego el gobierno siguió anunciando la entrega de bonos ocasionales por un valor que fluctúa entre $1 y $5, en teoría, los beneficiarios serían todos los inscritos en el Sistema Patria.

209 Programa de subsidio indirecto, la caja CLAP varía en cuanto a su cantidad, tipo de productos importados y periodicidad. El pronóstico del gobierno de Maduro era recibir la caja de forma mensual, pero eso no ha sido posible. Este es un programa de "altísima corruptibilidad y escaso efecto redistributivo" (Aponte, 2019: 22).

al Sistema Patria y al Carnet de la Patria; quienes no estén inscritos no son beneficiarios del programa y quedan excluidos de los beneficios sociales. Esto contrasta con la política social del gobierno de Chávez, que no excluía a nadie. Ahora es necesario el dominio de la tecnología, el conocimiento y un teléfono o computador para proceder a realizar el registro. En la siguiente figura se aprecia el Carnet de la Patria.

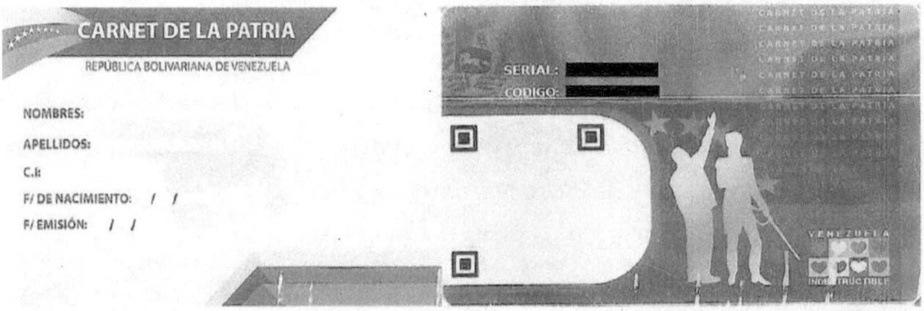

Figura 7. *Carnet de la Patria (anverso y reverso), sistema de identificación electrónica implementado en 2016 para la distribución de bonos sociales. El régimen de Maduro utiliza este mecanismo para depositar decenas de "bonos" mensuales (Hogares de la Patria, José Gregorio Hernández, Lactancia Materna, entre otros) como instrumento de control social y clientelismo político. Los beneficiarios deben poseer el carnet activo y actualizar regularmente sus datos en la plataforma patria.org.ve para recibir los pagos, creando dependencia económica y funcionando como herramienta de condicionamiento electoral.*

Fuente: NoonIcarus, "Carnet de la Patria", licencia CC BY-SA 4.0, vía Wikimedia Commons.

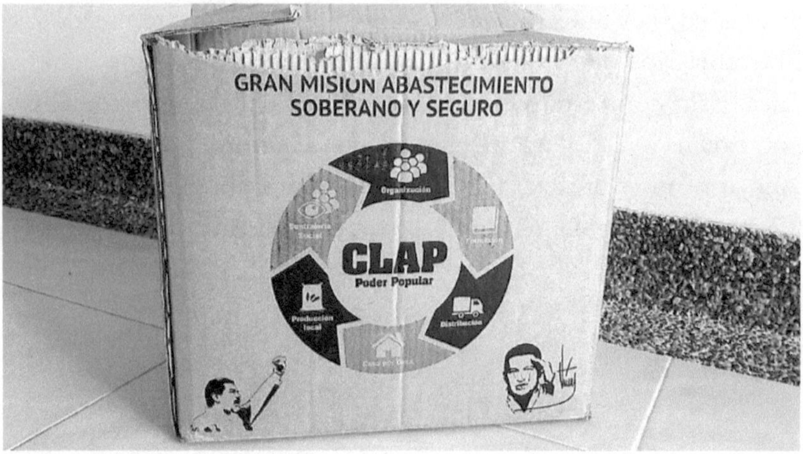

Figura 8. *Caja del programa CLAP (Comité Local de Abastecimiento y Producción), mecanismo de distribución de alimentos subsidiados implementado en 2016 como instrumento de control social y clientelismo político en Venezuela.*

Fuente: NoonIcarus, "CLAP box", licencia CC BY-SA 4.0, vía Wikimedia Commons.

En cuanto a los bonos sociales, Aponte (2019: 22) señala que, por ser un programa de transferencia monetaria directa a la población, "es un precedente que puede ser muy positivo hacia el futuro [...] este tipo de mecanismo que puede ser útil como uno de los componentes de las políticas sociales en el porvenir." La ampliación de la cobertura de la población con cuentas en bancos puede contribuir a una gestión transparente de los recursos, que van directos al destinatario. Sin embargo, Aponte (2019) enumera los obstáculos en el manejo de los bonos sociales en el gobierno de Maduro, referidos específicamente a los bonos de protección social (Hogares de la Patria y Bonos de Protección ocasionales) que son los que tienen una mayor cobertura. Estos son: 1) opacidad y debilidad informativa; 2) fallas de diseño; 3) descuido de lo institucional-organizativo; 4) clientelismo ilícito, conexión con el Carnet de la Patria; 5) improvisación; 6) escasa capacidad compensatoria.

Lo más preocupante es la capacidad adquisitiva real de la población venezolana, con estos bonos sociales. Los aportes son muy modestos y no representan una mejora en el ingreso, en un contexto de Emergencia Humanitaria Compleja, inflación crónica e hiperinflación[210]. No hay duda de que la política social del gobierno de Maduro ha tenido un propósito clientelar y propagandístico, lo que se puede apreciar en toda la iconografía existente. Está centrada en la distribución y no se conoce si estos programas los reciben todas las personas inscritas. La política social es selectiva: no todos están inscritos en la Plataforma Patria, por no dominar la tecnología, no contar con un teléfono o computador, no querer dar la información socioeconómica que se solicita al ingresar al sistema para la inscripción, o no comulgar con la ideología ni estar inscrito en el PSUV, es decir, no formar parte de la base electoral del madurismo.

A continuación, se presenta una tabla descriptiva de los bonos sociales desde su creación.

---

[210] El plan asistencialista comenzó con el reparto desordenado de bolsas de comida en zonas populares y luego se transformó en una caja que las familias censadas reciben, en teoría, quincenalmente. "El 10 de octubre de 2016, Nicolás Maduro aprobó al Gobernador del estado Táchira, José Vielma Mora, un punto de cuenta para la compra de 10 millones de combos de alimentos. El presidente [...] autorizó 340 millones de dólares provenientes del FONDEN para la importación" (Armando.info, 23 de abril de 2017). El gobernador solicitó además la exoneración de los gravámenes de importación, el IVA y los servicios aduaneros, pagaderos a la tasa preferencial DIPRO de 10 bolívares por dólar, "un valor ínfimo si se compara con la cotización del dólar 'paralelo', casi 500 veces más alta" (Armando.info, 23 de abril de 2017).

Cuadro 4. *Sistema de bonos del Carnet de la Patria como mecanismo de control político y dependencia económica (2017-septiembre 2023)*

Sistema de Bonos del Carnet de la Patria

Mecanismo de control político y dependencia económica · Venezuela, 2017 – septiembre 2023

Nombre del Bono	Año Implem.	Población Objetivo	Monto (Jun. 2023)	Frecuencia	Monto (USD)	Mecanismo de Control
Hogares de la Patria	2017	Familias vulnerables (1-6+ integrantes)	**Bs 52,80-198**	Mensual	**USD 2,06-7,71**	Requiere Carnet activo y actualización constante de datos. Control de seguimiento del núcleo familiar.
Bono Contra la Guerra Económica	2018	Trabajadores y jubilados del sector público	**Bs 100-290**	Mensual	**USD 3,90-11,30**	Condiciona empleo público a lealtad al Estado. Monto supera el salario mínimo (~$5 USD): dependencia absoluta.
Dr. José Gregorio Hernández	2017	Personas con discapacidad	**Bs 132-148,50**	Mensual	**USD 4,55-5,14**	Negación de servicios médicos sin Carnet (Reuters, 2017). Requiere actualización y validación mensual.
Parto Humanizado	2017	Mujeres embarazadas	**Bs 132**	Pago único	**USD $5,14**	Registro de datos en el sistema. Solo 15 días para reclamar el beneficio tras notificación.
Lactancia Materna	2017	Madres lactantes (primeros 6 meses)	**Bs 132**	Semestral (6 meses)	**USD $5,14**	Seguimiento mensual obligatorio. Crea vínculo entre maternidad y lealtad al sistema estatal.
100% Amor Mayor	2018	Adultos mayores sin pensión IVSS	**Bs 130**	Mensual	**USD $5,06**	Dependencia absoluta del adulto mayor al Estado. Sin autonomía de pensión. Cooptación de pensionados fuera del IVSS.
Chamba Juvenil	2018	Jóvenes 15-25 años (programas empleo)	**Bs 135**	Mensual	**USD $5,26**	Vinculación política con el PSUV y programas de movilización partidista juvenil.
Beca Universitaria	2018	Estudiantes universitarios	**Bs 135**	Mensual	**USD $5,26**	Cooptación estudiantil. Requiere inscripción activa que permite monitoreo de actividad estudiantil.
Bonos Especiales (Carnaval, Reyes, Paz, Pueblo…)	2017-2023	Población general registrada en Patria	**Bs 50-150**	Esporádico	**USD 1,97-5,85**	Aumentan en períodos electorales. Coordinación con "Puntos Rojos" del CNE para verificación del voto (2018-2022).

Nota metodológica:

Los montos corresponden a junio de 2023, último período con datos verificables dentro del marco temporal de este análisis (2016-septiembre de 2023). La tasa de cambio utilizada es la del Banco Central de Venezuela (BCV): 25,65 Bs/USD promedio de junio de 2023. Los montos en bolívares han sido ajustados múltiples veces desde 2017 debido a la hiperinflación, pero su valor real en dólares se ha mantenido relativamente estable (USD 2-8 para bonos regulares). El salario mínimo mensual en Venezuela para junio de 2023 era aproximadamente 130 Bs (unos 5 USD), inferior a la mayoría de estos bonos individuales.

Fuente: Elaboración propia basada en El Nacional (2020), IPYS Venezuela (2018), Reuters (2017), Blog Patria (2023), Runrun.es (2023), El Comercio (2023), Banco Central de Venezuela (2023) y Presidencia de Venezuela (2023).

La racionalidad política de una política social aparentemente irracional

La política social de Maduro presenta características que, desde una perspectiva de bienestar social y derechos ciudadanos, parecen irracionales: opacidad informativa, fallas de diseño, descuido institucional, clientelismo ilícito, improvisación y escasa capacidad compensatoria (Aponte, 2019). Los bonos tienen un impacto marginal en el ingreso familiar ante la hiperinflación; las CLAP llegan irregularmente (cada tres o cuatro meses, o más); su contenido es de mala calidad, y el sistema excluye a millones por falta de acceso tecnológico o por oposición ideológica. Sin embargo, aplicando el marco teórico del "dilema del político" de Geddes (1994), estas aparentes fallas revelan su funcionalidad política para la supervivencia del régimen.

Geddes demuestra que, en contextos institucionales débiles, los políticos enfrentan la disyuntiva entre construir instituciones eficientes de largo plazo que beneficien al país y mantener instituciones ineficientes, pero políticamente útiles que permitan distribuir patronazgo y asegurar supervivencia política inmediata. El régimen de Maduro optó deliberadamente por lo segundo: una política social ineficiente desde la perspectiva del bienestar colectivo, pero óptima desde la lógica de control autoritario y distribución selectiva de lealtades.

Ross (2001, 2012) identificó el "efecto de gasto" como un mecanismo mediante el cual los regímenes petroleros utilizan las rentas para cooptar a la oposición mediante el clientelismo, reduciendo las demandas de participación política genuina. En condiciones de abundancia petrolera chavista, este efecto operaba mediante la redistribución masiva (misiones universales, subsidios generalizados). Bajo Maduro, ante el colapso de la renta petrolera legal, el efecto de gasto se focaliza radicalmente: ya no hay recursos para el clientelismo universal, pero sí para la distribución selectiva a los sectores estratégicos mediante los bonos focalizados y los CLAP. El Sistema Patria permite identificar, clasificar y segmentar la población: quiénes son leales (reciben beneficios), quiénes son neutrales (pueden ser cooptados), quiénes son opositores (son excluidos y vigilados).

La opacidad, irregularidad de entregas y mala calidad de CLAP no son fallas operativas sino características funcionales para el régimen. La opacidad impide auditorías que revelarían corrupción (Alex Saab, empresas fantasmas); la irregularidad mantiene a los beneficiarios en expectativa permanente de la próxima entrega, renovando la dependencia; la mala calidad es consecuencia de priorizar el enriquecimiento de intermediarios sobre la nutrición. Estas características maximizan la extracción de renta por élites conectadas al régimen (Estilo Rentista degradado) mientras mantienen dependencia clientelar suficiente para movilización electoral y control social.

La política social de Maduro confirma la transformación del Estilo Rentista analizada en esta sección: de distribuidor de prosperidad mediante clientelismo masivo legítimo (Chávez con alta renta petrolera), a administrador estratégico de la escasez mediante clientelismo selectivo coercitivo (Maduro con renta colapsada). Esta transformación explica parcialmente por qué la Fase 4 del populismo económico no se materializó: el régimen no necesita revertir la pobreza generalizada para mantenerse en el poder; le basta con controlar discrecionalmente recursos suficientes (bonos, CLAP, acceso a divisas, contratos) para mantener dependencia de sectores estratégicos y castigar mediante exclusión a quienes no garanticen lealtad.

Los CLAP: corrupción, intermediación y dependencia

Entre 2015 y 2017, los programas de alimentación del gobierno de Maduro pasaron de representar el 50 % a más del 80 % del total de los que se declaraban beneficiarios de alguna misión (España, 2021). Durante ese periodo, la situación de las familias venezolanas que dependían de la política social del gobierno era muy adversa: Emergencia Humanitaria Compleja, crisis económica e hiperinflación.

El gobierno de Chávez mejoró y amplió una red de distribución y abastecimiento de alimentos con subsidios indirectos a los alimentos y bienes de primera necesidad (España, 2021), que sufrió un deterioro y colapso en los gobiernos de Maduro, hasta el punto de eliminar la red de Abastos Bicentenario, Mercal, Mercalitos y las Bodegas. Sobre este particular dice España (2021: 232), lo siguiente:

> [...] La insostenibilidad de Mercal y sus derivados llevó a instaurar, a mediados de 2016, un mecanismo de distribución de productos en las propias comunidades. Las compras de alimentos (en su mayoría importados) por parte del Estado ya no serán ofrecidas en los establecimientos públicos a precios subsidiados, sino que pasarían a formar parte de una bolsa o caja de comida a ser distribuida de manera local entre los hogares censados por los partidarios del partido de gobierno organizados en los denominados Comités Locales de Abastecimiento y Producción (CLAP).

¿Quiénes distribuyen las cajas CLAP a los beneficiarios censados en el Sistema Patria en las comunidades? Líderes y miembros de los Consejos Comunales y organizaciones del partido de gobierno para la movilización electoral, como las Unidades de Batalla Bolívar Chávez y otros grupos organizados en torno al gobierno de Maduro, como el Frente Francisco de Miranda (responsable de la formación sociopolítica), miembros del PSUV y de otras organizaciones políticas partidistas adeptas al gobierno de Maduro, como Somos Venezuela, entre otros. No hay duda de que la política social de Maduro se politizó y comenzó a operar bajo una lógica clientelar, selectiva y populista.

El impacto social de la política social de Maduro es menor si se la compara con el gobierno de Chávez. Para España (2021: 234), la situación actual del programa CLAP ha sido bastante incierta en 2019 y parte de 2020, cuando realizó la investigación. El programa ha contado con serios tropiezos que han obstaculizado su implementación, debido a "la corrupción, los problemas financieros del Estado y las sanciones". Las comunidades se quejan por la falta de entrega de la caja, no les llega en varios meses, pueden recibir una caja cada cuatro meses, o más tiempo de espera y la calidad de los productos importados ha sido muy cuestionada por las mismas comunidades, las quejas inundan las redes sociales, como el caso de la leche en polvo[211] y las latas de atún[212], repercutiendo en la nutrición de los niños, de las madres embarazadas, lactantes, ancianos y la población en general[213].

Detrás de la compra de los alimentos para ensamblar estas cajas hay una enorme corrupción, con los nombres de: Alex Saab y Álvaro

---

211 Los análisis del Instituto de Ciencia y Tecnología de Alimentos de la UCV revelaron que los productos distribuidos como "leche" en los CLAP constituyen un fraude alimentario: no cumplen los requerimientos nutricionales mínimos, en especial los 500 miligramos diarios de calcio que necesitan los niños de dos a cuatro años. El primer estudio (septiembre-diciembre de 2017, ocho marcas) halló graves deficiencias: Mac leche contenía solo 8,79 gramos de proteína frente a los 26 declarados y 604 de sodio que casi duplicaban la etiqueta; Suprema, Rancho Nuevo, KF Milk y Pure Milk presentaban entre 78,45 y 90,94 gramos de carbohidratos por 100 frente a los 38 reglamentarios; y Rancho Nuevo apenas 3,82 gramos de proteína (Armando.info, 18 de febrero de 2018). Un segundo análisis de seis marcas mexicanas del Grupo Brandon confirmó el problema: Lacto Más tenía solo 179,63 miligramos de calcio frente a los 949-1.290 exigidos. Estos productos, que incumplen normas venezolanas y mexicanas, son "una sustancia de composición variable" (Armando.info, 7 de octubre de 2018), "un engrudo alto en sodio y carbohidratos, pero bajo en calcio y proteínas" (Armando.info, 17 de marzo de 2019): un negocio para empresas e intermediarios a costa de la salud de la población más vulnerable.

212 Cada caja CLAP puede contener hasta seis latas de atún. Un estudio de la Procuraduría Federal del Consumidor de México (Profeco), realizado entre octubre y diciembre de 2018 sobre 27 marcas, determinó que 14 contenían un alto componente añadido de soya. Una de las peor valoradas, presente en los hogares venezolanos más pobres, es El Dorado: su presentación de 140 gramos de atún en aceite arrojó entre 21 % y 44 % de soya en "masa drenada", y la versión en agua, entre 13 % y 22 %. "Parece claro que detrás de la adición de soya al atún enlatado hay una operación para bajar costos y aumentar la rentabilidad: a mayor cantidad de la proteína vegetal, menor gasto en el producto" (Armando.info, 17 de marzo de 2019). Las presentaciones en hojuelas o desmenuzado —las más baratas y con más soya— son las distribuidas en las cajas, con quejas por su apariencia y sabor. Otras marcas presentes, no incluidas en el estudio mexicano, son Marhel, La Marina, Mazatún y Capitán Nemo; muy distinto es el atún Paraguaná, hecho en Venezuela, que es lomo sin soya y de excelente calidad.

213 "Afortunadamente nos llega la caja y la leche es solo para él", dice una madre venezolana al pediatra de su hijo de tres años en el hospital de niños J.M. de los Ríos, el principal centro pediátrico del país. "El niño empieza a mostrar signos de desnutrición [...] Pesa 12 kilos, menos de los que debería tener según el promedio de su edad". Otra madre de Catia, una zona popular de Caracas, contó que "cuando me llega la que es muy salada, la de la vaquita roja, yo la vendo o la cambio por otra, esa le cae mal, le da diarrea a la niña". Para estas madres, la única opción es la leche de la caja CLAP a precio subsidiado, cuando el salario mínimo equivale a unos 4 dólares al cambio paralelo (Armando.info, 18 de febrero de 2018).

Pulido[214]. Negocio que prosperó y que dio para tejer la misma trama y modus operandi en el negocio petrolero y con el oro venezolano. La trama corrupta de los CLAP se tejió en México y luego se extendió a otros países y sectores de la economía. La política social del gobierno de Maduro ha sido un instrumento para hacer negocios tanto para la coalición de gobierno como para la élite empresarial que la acompaña. Más negocios, más poder.

La compra masiva de alimentos en México mediante empresas intermediarias o traders, en su mayoría registradas en paraísos fiscales como Hong Kong, Panamá o Barbados, empresas fantasmas o de maletín, de pura fachada que movilizan grandes sumas de dinero, ha sido el esquema utilizado para importar los alimentos de las Cajas CLAP, en este negocio, una élite empresarial conectada con el gobierno de Maduro busca productos baratos con un beneficio económico mayor. Algunas de estas empresas intermediarias son: Group Grand Limited (registrada en Hong Kong); Postar Intertrade Limited[215]; M.I.R Importació I Exportació; FB Foods y Wellsford Trading Corp (registradas en Panamá); J&B International Trading (registrada en Miami) y Mass Joy Industries Limited (registrada en Hong Kong). Millones de cajas

---

214 Detrás del negocio están los colombianos Alex Saab Morán y Álvaro Pulido Vargas, los dos grandes importadores privados de alimentos del gobierno, vinculados a los CLAP desde inicios de 2017 a través de una empresa registrada en Hong Kong (Armando.info, 5 de agosto de 2018). "En el negocio Group Grand Limited solo funge como trader y cobra por adelantado [...] Varios empresarios coinciden en que los productos reflejan sobreprecio [...] Por ejemplo, Group Grand Limited cobró por cada kilogramo de atún 6,29 dólares, por el de la salsa de tomate 7,39 dólares y por el de mayonesa 8,17 dólares" (Armando.info, 23 de abril de 2017). La fiscal destituida Luisa Ortega Díaz afirmó tener una investigación sobre las bolsas CLAP que le permite sostener que Group Grand Limited "se presume es del presidente de la República, Nicolás Maduro" (Armando.info, 5 de agosto de 2018).

215 Esta empresa no tiene domicilio en Venezuela, tampoco está inscrita en el Registro Nacional de Contratistas (RNC) para poder realizar contratos con el Estado venezolano. El domicilio de esta empresa se encuentra en la isla caribeña de Barbados y, aunque no figura como su dueño, es Samark López, quien, además de otros jugosos negocios con el gobierno, también se involucró en la importación de alimentos con el programa de cajas CLAP. (Samark López, el vendedor consentido del chavismo).

con comida han salido del puerto de Veracruz, México[216], rumbo a puertos venezolanos y, en algunas ocasiones, a puertos colombianos.

Un esquema fraudulento fue lo que detectó en octubre de 2018 la Procuraduría General de México en referencia a la comercialización y exportación de productos de baja calidad y sobreprecio tejido entre los intermediarios del gobierno de Maduro y las empresas localizadas en México y destacaron la presencia en estos negocios de una "red[217] tejida por los empresarios colombianos Alex Saab Morán y Álvaro Pulido Vargas, los principales beneficiarios en la intermediación detrás de los CLAP" (Armando.info, 17 de marzo de 2019).

---

[216] Este puerto es el principal centro de distribución de alimentos de Venezuela desde donde han salido hacia Venezuela buques cargados con las cajas CLAP. La empresa Group Grand Limited (registrada en Hong Kong y en México) ha sido la gran beneficiaria en este negocio, sus propietarios en documentos de registro son el venezolano Rodolfo Reyes y los colombianos Alex Saab y Álvaro Pulido, sin embargo, la exfiscal Luisa Ortega Díaz afirmó que su principal beneficiario es Nicolás Maduro. Desde la empaquetadora El Sardinero, una de las más grandes compañías mexicanas dedicadas al armado de cajas o despensas con alimentos, se han preparado hasta 25 mil cajas diarias (casi 25 contenedores diarios), que luego salen del puerto de Veracruz hasta el de La Guaira (Armando.info, 3 de septiembre de 2017).

[217] Entre los grupos económicos conectados con el principal programa estatal está el grupo Brandon, que en 2018 monopolizó el negocio de la leche en polvo (que no es leche); el Corporativo Kosmos y sus filiales Serel y La Cosmopolitana, de Jorge y Elías Landsmanas; El Sardinero, de Jorge Carlos Fernández Francés; y Almacenes Vaca y Rice & Beans, de Aristóteles Vaca Pérez. "Algunas de estas empresas ya han figurado en la prensa mexicana [...] La Cosmopolitana [...] fue la responsable de distribuir en 2014 comida contaminada con Salmonella en una cárcel [...] que provocó la intoxicación de 450 internos; El Sardinero fue multado por falsificar la dirección en una licitación [...] Almacenes Vaca acumula alrededor de 600 contratos por adjudicación directa con el Gobierno de Enrique Peña Nieto". Según la Secretaría de Economía de México, solo entre enero de 2017 y agosto de 2018 las exportaciones de los 11 productos de las cajas CLAP sumaron 850 millones de dólares (Armando.info, 4 de noviembre de 2018).

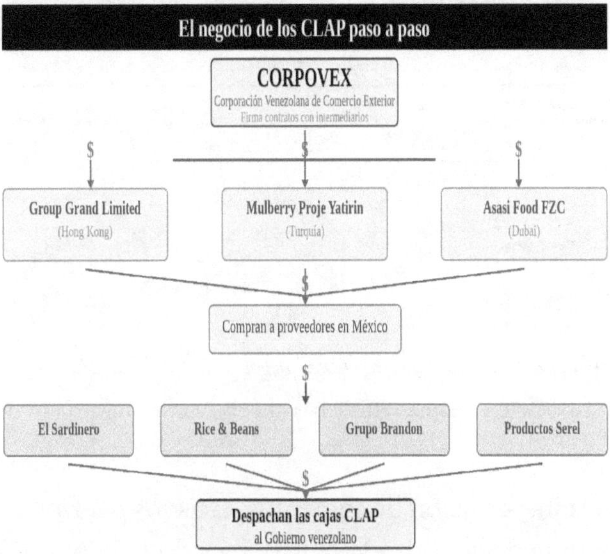

Figura 9. *El negocio de los CLAP paso a paso.*

Fuente: Elaboración propia (2023) basada en Armando.info (4 de noviembre de 2018).

Las cifras oficiales revelan que entre 2016 y 2018 se distribuyeron entre la población venezolana registrada en el Sistema Patria 231 millones de combos CLAP, con productos en su mayoría importados de México por intermediarios, "que finalmente se los vendieron al gobierno de Maduro entre 31 dólares y 37 dólares" (Armando.info, 17 de marzo de 2019).

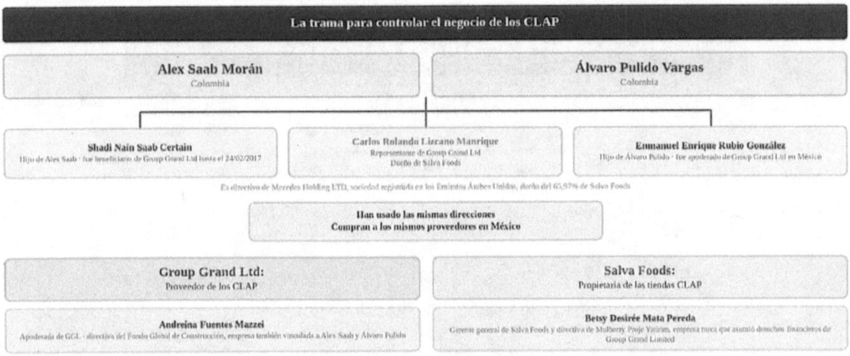

Figura 10. *La trama para controlar el negocio de los CLAP.*

Fuente: Elaboración propia (2023) basada en Armando.info (16 de septiembre de 2018).

No solo la importación de alimentos hacia los puertos venezolanos ha sido el gran negocio, otro de tantos, ha sido la importación de medicamentos bastante lucrativa para la empresa Group Grand Limited de Saab y Pulido, quienes en el 2017 recibieron a través de CORPOVEX 213 millones de dólares mediante la firma de tres contratos para la compra de medicinas que fueron despachadas desde la India, uno de los mayores fabricantes de medicamentos genéricos en el mundo. "Esos 213 millones de dólares equivalen, por ejemplo, a 33 % de los 642 millones de dólares que adeudan las autoridades a la veintena de compañías agrupadas en la Cámara de la Industria Farmacéutica (Cifar) por concepto de importaciones no liquidadas" (Armando.info, 17 de junio de 2018).

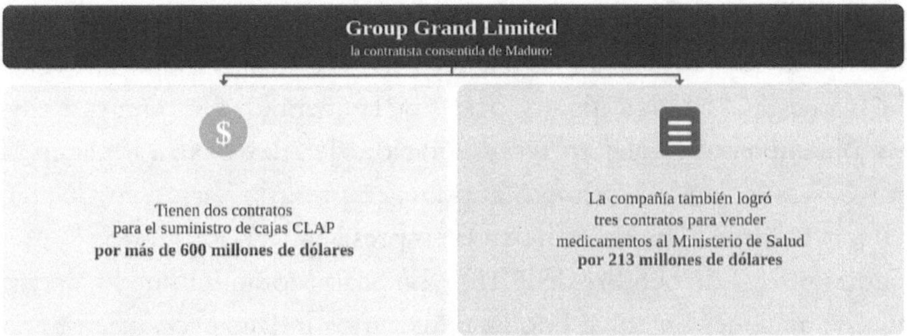

Figura 11. *Contratos millonarios con la empresa Group Grand Limited.*

Fuente: Elaboración propia (2023) basada en Armando.info (17 de junio de 2018).

El negocio con las cajas CLAP en el gobierno de Maduro ha contado con otros contratistas, parte de la élite empresarial madurista: Yussef Abou Nassif Smaili, Omar Abou Nassif Sruji y Jamal Abou Nassif Smaili, de origen libanés, quienes han obtenido grandes contratos para la importación de alimentos. Al menos en el negocio con los CLAP recibieron desde 2017 la cantidad aproximada de 413 millones de dólares. Estos contratistas son cercanos a los hermanos Delcy y Jorge Rodríguez.

Figura 12. *La trama del negocio con los CLAP en los gobiernos de Maduro.*

Fuente: Elaboración propia (2023) basada en Armando.info (15 de agosto de 2021).

De las cajas CLAP ahora el negocio derivó en una franquicia. En Venezuela se inauguraron las Tiendas CLAP, "una franquicia surgida del plan estatal en los antiguos locales de la quebrada red pública Abastos Bicentenario, y que en representación de Alex Saab es manejada por Carlos Rolando Lizcano Manrique, empresario nacido en Cúcuta, y Betsy Desirée Mata Pereda, con la empresa Salva Foods 2015[218]" (Armando.info, 7 de octubre de 2018). "Ni Saab Morán, ni Pulido Vargas poseen acciones en Salva Foods, pero varios indicios conducen hacia ellos". En Caracas hay nueve sucursales de estas tiendas.

Maduro en enero de 2017 durante su discurso de Memoria y Cuenta ante el TSJ, exclamó: "Vamos a convertir Mercal, Pdval, Abastos Bicentenario y todo nuestro sistema en un sistema de tiendas de los CLAP [...] Yo llamo a todos los sectores que quieren seguir trabajando en Venezuela a que se sumen a esta nueva dinámica" (Armando.info, 5 de agosto de 2018).

Una red de tiendas para el programa estatal de los Comités Locales de Abastecimiento y Producción (CLAP) anunció Maduro para atender las necesidades del pueblo venezolano en cuanto a la venta de alimentos, las llamadas "Tiendas CLAP", no es una empresa del gobierno sino privada, Salva Foods 2015 (creada en 2016), es la beneficiaria de la red de Tiendas CLAP. Sin embargo, otras fuentes consultadas por Armando.info (5 de agosto de 2018), creen que Salva Foods vende la mercancía al gobierno, haciendo las veces de intermediaria. Privatizada

---

218 Salva Foods 2015 se suma a la fantasmal Group Grand Limited, registrada en Hong Kong para proveer al gobierno, desde inicios de 2017, millones de cajas CLAP mediante dos contratos millonarios, además de otro para comprar medicamentos de la India a través del Ministerio de Salud (Armando.info, 5 de agosto de 2018). A través de Group Grand Limited, Saab y Pulido vendieron a Venezuela alimentos por más de 200 millones de dólares —negociación aprobada por Maduro y por José Gregorio Vielma Mora, gobernador de Táchira y militar del golpe del 4 de febrero de 1992—, con dólares preferenciales pero facturados con sobreprecio (Armando.info, 23 de abril de 2017). "Las facturas de compra en las Tiendas CLAP y el RIF inicial de Salva Foods muestran una dirección también usada por Group Grand Limited [...] sociedad que tenía inicialmente la misma sede del Fondo Global de Construcción, otra corporación con la cual Saab Morán y Pulido Vargas se convirtieron en contratistas del chavismo en 2011" (Armando.info, 5 de agosto de 2018).

o no, lo que reina es la opacidad, la falta de transparencia y el secretismo. Lo que está detrás de todo esto es el clientelismo, el amiguismo y la corrupción concretados en grandes negocios con la importación de alimentos para el pueblo venezolano, millones de dólares facturados por las cajas CLAP, contratos avalados por la estatal CORPOVEX y donde están involucradas personas cercanas a la coalición gobernante del gobierno de Maduro.

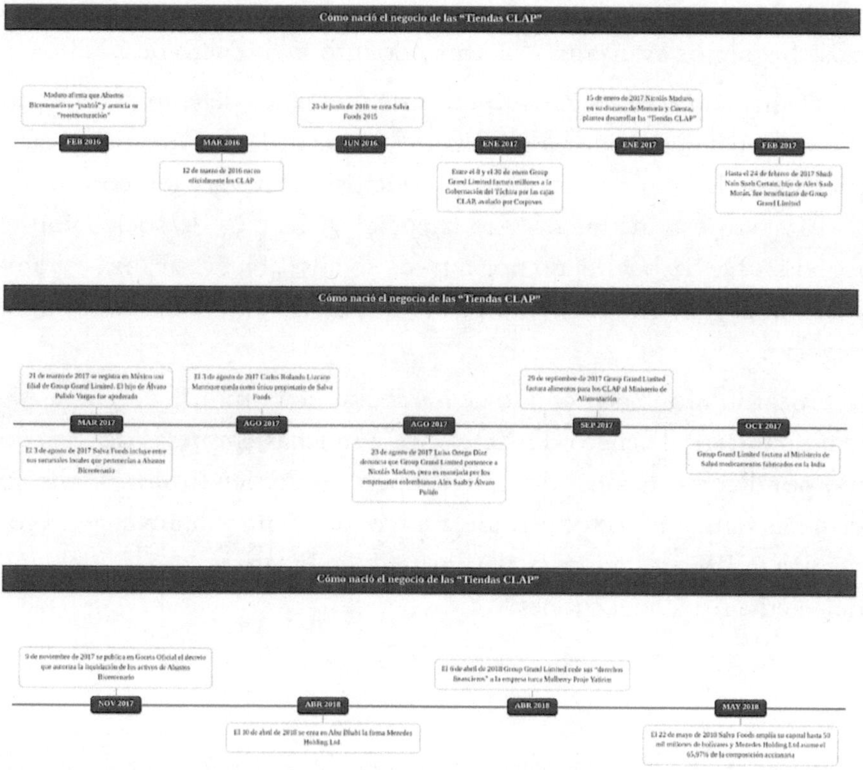

Figura 13. *Trayectoria del negocio de las Tiendas CLAP.*

Fuente: Elaboración propia (2023) basada en Armando.info (16 de septiembre de 2018).

Con opacidad y en el marco de una privatización encubierta, las Tiendas CLAP han dado paso a Forum Shop, que ha venido a ocupar los espacios de las referidas tiendas. Salva Foods ahora le da paso a la cadena de supermercados Fórum Súper Mayorista[219]. En diciembre de 2020, la almirante Érica Virgüez Oviedo, presidenta de la empresa estatal Bolivariana de Puertos (Bolipuertos), estuvo presente en la inauguración de la primera tienda en Caracas y en su cuenta de Twitter, expresó lo siguiente: "Inauguramos el supermercado mayorista Forum, en el Centro Comercial Los Próceres, a fin de ofrecer bienestar y comodidad a la gran familia militar y no militar, que busca en Caracas la mejor opción para adquirir alimentos y productos, con excelentes precios. ¡Seguimos avanzando!" (Armando.info, 8 de enero de 2023).

¿Cómo un establecimiento que está en manos de empresarios privados es inaugurado por una militar al frente de la empresa del Estado encargada de la importación de productos? ¿Privatización controlada o el Estado está detrás de este negocio? ¿Cambios de socios con el Estado? ¿De Saab y Pulido por nuevos socios? ¿Nueva alianza estratégica con el gobierno de Maduro? No queda clara la modalidad de este negocio.

Ricardo Montenegro, uno de los socios de Forum, le declaró a Armando.info (8 de enero de 2023), "[...] muchas empresas del Estado que por diversas razones dejaron de operar están siendo otorgadas bajo distintas figuras al sector privado a través del Centro de Inversión Productiva (CIP), ente adscrito al Ministerio de Finanzas, con la intención de reactivar sus operaciones."

219 Dos empresas se relacionan con Fórum Súper Mayorista. Alimentos Bulking C.A., registrada en Caracas en 2020 por Ricardo Da Luz Goncalves y Jefferson De Abreu Sousa (de 35 y 30 años), fue la primera denominación fiscal de lo que luego sería Forum, y tiene una empresa homónima registrada ese mismo año en Florida. La otra es Turen Management, constituida en Panamá en 2020, propietaria del mayor porcentaje accionario (35 %) de Fórum Súper Mayorista; a través de ella, el empresario venezolano David Somoza Mosquera —fundador de Alimento Balanceado (Alibal) y de Purolomo— es accionista de Forum (Armando.info, 8 de enero de 2023).

Los bonos sociales: propaganda, personalismo y escasa capacidad compensatoria

En el gobierno de Maduro se ha dado una reducción de los programas sociales y lo que tienen las familias venezolanas que dependen de estos programas son la caja CLAP y los bonos sociales. Ambos programas no les brindan bienestar ni calidad de vida a los venezolanos que necesitan ser atendidos por una política social seria, planificada y de mayor alcance, no politizada ni populista.

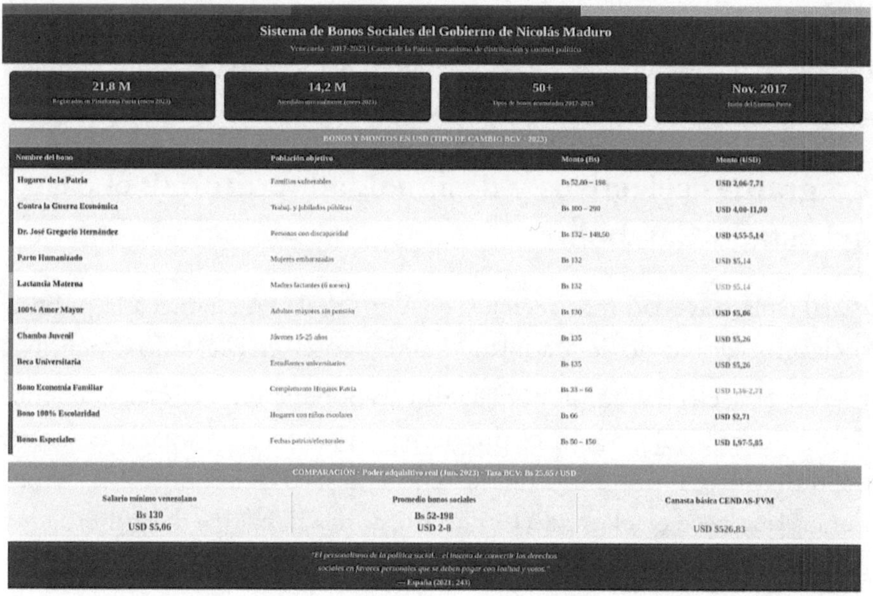

Sistema de Bonos Sociales del Gobierno de Nicolás Maduro

Venezuela · 2017-2023 | Carnet de la Patria: mecanismo de distribución y control político

21,8 M	14,2 M	50+	Nov. 2017
Registrados en Plataforma Patria (enero 2023)	[illegible] (enero 2023)	Tipos de bonos acumulados 2017-2023	Inicio del Sistema Patria

BONOS Y MONTOS EN USD (TIPO DE CAMBIO BCV · 2023)

Nombre del bono	Población objetivo	Monto (Bs)	Monto (USD)
Hogares de la Patria	Familias vulnerables	Bs 52,80 – 198	USD 2,06-7,71
Contra la Guerra Económica	Trabaj. y jubilados públicos	Bs 100 – 290	USD 4,00-11,90
Dr. José Gregorio Hernández	Personas con discapacidad	Bs 132 – 148,50	USD 4,55-5,14
Parto Humanizado	Mujeres embarazadas	Bs 132	USD $5,14
Lactancia Materna	Madres lactantes (6 meses)	Bs 132	USD $5,14
100% Amor Mayor	Adultos mayores sin pensión	Bs 130	USD $5,06
Chamba Juvenil	Jóvenes 15-25 años	Bs 135	USD $5,26
Beca Universitaria	Estudiantes universitarios	Bs 135	USD $5,26
Bono Economía Familiar	Complemento Hogares Patria	Bs 33 – 66	USD 1,36-2,71
Bono 100% Escolaridad	Hogares con niños escolares	Bs 66	USD $2,71
Bonos Especiales	Fechas patrias/electorales	Bs 50 – 150	USD 1,97-5,85

COMPARACIÓN · Poder adquisitivo real (Jun. 2023) · Tasa BCV: Bs 25,65 / USD

Salario mínimo venezolano	Promedio bonos sociales	Canasta básica CENDAS-FVM
Bs 130 USD $5,06	Bs 52-198 USD 2-8	USD $526,83

"El personalismo de la política social... el intento de convertir los derechos sociales en favores personales que se deben pagar con lealtad y votos."
— España (2021: 243)

Figura 14. *Sistema de bonos sociales del gobierno de Nicolás Maduro. Venezuela, 2017-2023.*

Fuente: Elaboración propia con IA. Datos: España (2021); García (2020); Sistema Patria (2023); IPYS Venezuela (2018); BCV (2023); El Nacional (2020); Runrun.es (2023); Presidencia de Venezuela (2018); Bloomberg Línea (24 de febrero de 2023); Bloomberg Línea (1 de septiembre de 2023); CENDAS-FVM (2023).

No existe ninguna normativa que establezca las reglas de ejecución de los programas sociales de Maduro. Sobre los bonos sociales, este programa se enmarca "pomposamente con la iconografía de la pareja presidencial y, desde diciembre de 2018, con un moralizante mensaje que sirve de anuncio (por mensaje de texto) para que los beneficiarios sepan que la transferencia le ha sido otorgada" (España, 2021: 243).

Los venezolanos al ver reflejado el depósito en su cuenta bancaria a través de su teléfono móvil expresan con emoción: ¡Ya Maduro depositó el bono! Un programa social personalista y populista. "El personalismo de la política social, el intento de convertir los derechos sociales en favores personales que se deben pagar con lealtad y votos, es un componente que no es neutro a la hora de evaluar la política social del gobierno, no solo por sus efectos nocivos desde el punto de vista de los derechos civiles y las libertades democráticas; sino también desde principios pragmáticos de operatividad" (España, 2021: 243).

Programas selectivos y desigualdad territorial: el caso del estado Carabobo

¿Cuál es la novedad más reciente en Venezuela en cuanto a la política social en el gobierno de Maduro? "0800 Bigote" en el estado Carabobo.

En el sector salud, la población carabobeña en Venezuela cuenta desde mayo de 2023 con el programa de atención primaria en salud 0800 Bigote. Un programa de asistencia de salud telefónica. Una experiencia que nace en el estado Carabobo, con la iniciativa del gobernador del estado Carabobo, Rafael Lacava, y Maduro. Se trata de un programa selectivo, que solo se ha implementado en esta región, dada la cercanía política de ambos dirigentes. Algunas imágenes de este programa a continuación:

Figura 15. *Collage del programa médico "0800-BIGOTE" en el estado Carabobo, donde la iconografía de "Súper Bigote" se integra a campañas de salud pública para reforzar la narrativa oficialista y su presencia simbólica en servicios básicos.*

Fuente: Elaboración propia creada con inteligencia artificial a partir de imágenes de propaganda gubernamental del estado Carabobo.

Otro programa del gobernador Rafael Lacava en el estado Carabobo ha sido el de útiles escolares. Detrás de este programa se esconde otro negocio con el gobierno de Maduro, otro contrato que tiene detrás una red de empresas, intereses y relaciones con el poder[220].

[220] Detrás del populismo de Lacava y Maduro —los útiles escolares con los estampados de ambos como los superhéroes Superbigote y Drácula, exhibidos en la Expoferia Plan Escolar 2022 y 2023— se esconde un gran negocio. La encargada fue la Corporación Trading Latinoamérica, C.A. (CTL), de Kelver Rodolfo Mendoza, quien convirtió "una pequeña piñatería en una corporación que comercia petróleo y chatarra, que puede construir drenajes, distribuir gasolina, gasoil, diésel y jet fuel, y, por supuesto, vender los cuadernos escolares con la figura de Superbigote" (Armando.info, 27 de noviembre de 2022). Registrada en 2008 como piñatería, cambió de denominación a fines de 2016 y "comenzó a crecer aceleradamente [...] entre 2018 y 2021 obtuvo 11 contratos con PDVSA o empresas filiales [...] como Bariven, PDVSA Gas y Sinovensa". Mendoza preside además la china Hanzhou Latin America Trading Co. (2019) y tiene en total 11 empresas "que pasan por las jurisdicciones de Venezuela, Estados Unidos, China, Panamá y Ecuador" (Armando.info, 27 de noviembre de 2022).

Figura 16. *Collage ilustrado del programa de útiles escolares en el estado Carabobo, en el que las figuras de "Súper Bigote" (asociado a Nicolás Maduro) y "Drácula" (asociado a Rafael Lacava) son representadas como íconos heroificados dentro de una narrativa visual dirigida a niños y adolescentes.*

Fuente: Elaboración propia mediante ilustraciones generadas con inteligencia artificial a partir de referencias públicas.

Los anteriores programas sociales son selectivos y populistas: nacen de la relación política entre Lacava y Maduro para atender a las comunidades del estado Carabobo, mientras que el resto de las comunidades de Venezuela se encuentran desasistidas.

Emergencia humanitaria y estrategias de supervivencia

Venezuela vive desde 2016 una Emergencia Humanitaria Compleja (EHC), sin una política social universal que ayude a los venezolanos a sobrellevar esta situación, lo que se ha potenciado es la desigualdad y un país dual. El venezolano tiene que lidiar su día a día con el hambre, la pobreza de ingreso y multidimensional, la violencia, el colapso de los servicios públicos, la falta de acceso a los servicios esenciales (sanitarios, alimentarios y educativos), la falta de ingreso y de empleo, el ausentismo y el abandono escolar, la mala salud, las muertes evitables y el abandono del país a través de una migración forzada en su mayoría por rutas terrestres, caminantes que huyen del país ante tanta calamidad y ausencia de una política social solidaria que atenúe su situación de vulnerabilidad social.

HumVenezuela reveló en su informe de marzo de 2022, que en una población total estimada de 28,7 millones de personas para 2021, los resultados del informe de medición sobre los impactos de la Emergencia Humanitaria hasta marzo de 2022, dan cuenta de "un alza de personas con necesidades humanitarias, de 19,1 millones en salud y en agua y saneamiento, y de 18,7 millones en alimentación; además de 6,2 millones de NNA que tienen serias dificultades para recibir educación básica o están fuera del sistema educativo. De estas personas, un 55 %, en promedio, presenta necesidades humanitarias severas: 65,7 % en alimentación, 56 % en salud, 55,5 % en agua y saneamiento, y 54,8 % en educación" (HumVenezuela, 2022: 24).

Hasta marzo de 2022, siguiendo el informe de HumVenezuela (2022), 19,7 millones vivían en pobreza multidimensional, la movilidad de los venezolanos fue difícil para 13,1 millones ante la falta de transporte público y 8,8 millones pasaban meses sin gas doméstico para poder cocinar. Continúo enumerando las calamidades con las que tiene que lidiar a diario el venezolano. Unos 5,9 millones de personas sufrieron fallas eléctricas severas; 3,8 millones vivían en viviendas inadecuadas y 6,4 millones fueron víctimas de abusos y/o violencias.

Lo más triste es que 15,4 millones de venezolanos dependen de los bonos populistas del gobierno, las remesas o la ayuda de terceros debido a la pérdida de la totalidad o la mayor parte de sus fuentes de ingreso y 12,3 millones de venezolanos se encuentran en inseguridad alimentaria y de este grupo 2,1 millones están en inseguridad alimentaria severa (HumVenezuela, 2022).

En estas cifras está retratada la realidad del país que no ha contado con políticas ni económicas ni sociales, solo ha contado con decisiones que han beneficiado a la coalición gobernante, a sus intereses y a toda la élite económica que le acompaña para tener el control del país y el poder. Las decisiones de esta coalición no fueron tomadas en pro de la calidad de vida, la seguridad, el bienestar y la dignidad humana del venezolano, sino en la racionalidad económica de hacer negocios a través de los contratos con el Estado y tener así más poder económico y político.

Ante esta triste realidad, ¿de cuáles estrategias se vale la sociedad venezolana ante una política social fuera de contexto y desarticulada con las necesidades de los venezolanos para poder sobrevivir, en referencia a la seguridad alimentaria? La comida es la principal necesidad de los venezolanos que dependen de los programas sociales del gobierno.

En el informe de HumVenezuela (2022), se identifica cada una de las estrategias:

Estrategias frecuentes asociadas a una seguridad alimentaria marginal (en crisis): Comprar tipos de alimentos más baratos; gastar los ahorros en la compra de alimentos; pedir dinero prestado para comprar alimentos; pedir comida prestada o pedir ayuda a otros; comprar alimentos a crédito; reducir las comidas de los adultos para que los NNA coman; reducir los gastos de actividades productivas; priorizar la alimentación de los miembros que trabajan; enviar a las personas a comer en otra parte y cambiar a los/as niños/as a una escuela más barata.

Estrategias frecuentes asociadas a una inseguridad alimentaria moderada: Reducir el tamaño de las porciones de comida; reducir la cantidad de comidas al día; reducir gastos de salud, educación u otros; vender bienes del hogar para comprar alimentos; consumir las reservas de insumos para producir; acudir a la asistencia humanitaria; vender medios de producción o de transporte y retirar a los/as niños/as de la escuela.

Estrategias frecuentes asociadas a una inseguridad alimentaria severa: permanecer con hambre; pasar un día entero sin comer; mendigar, vender casa o terrenos; pedir comida a restaurantes o locales de alimentos y buscar alimentos desechados.

Señala Puente (2023) que Venezuela ocupa el puesto 106 de 113 países en el Índice Global de Seguridad Alimentaria 2022 de la EIU

(2023), entre las naciones más pobres del mundo: un retroceso de enorme impacto sobre la población venezolana.

Estas estrategias de supervivencia —desde reducir las porciones hasta pasar días enteros sin comer o rebuscar entre los desechos— no constituyen anécdotas aisladas, sino la traducción cotidiana, en el cuerpo de millones de venezolanos, del fracaso del modelo rentista-populista. Detrás de cada cifra hay hogares que han tenido que desmontar su vida —vender sus bienes, retirar a los niños de la escuela, mendigar— para no sucumbir al hambre. El Estilo Rentista, que durante el auge petrolero prometía prosperidad, administra hoy la escasez y reparte la carencia de manera selectiva; y ese es, a mi juicio, el testimonio más elocuente del costo humano de la permanencia del régimen.

9

Cultura rentista populista de la sociedad venezolana: bases culturales de la permanencia autoritaria

La matriz cultural del rentismo populista venezolano

La permanencia de Maduro en el poder no puede comprenderse únicamente desde las variables políticas e institucionales del autoritarismo. Existe una dimensión cultural arraigada que actúa como sustrato de legitimación: la cultura rentista populista de la sociedad venezolana. Esta cultura, forjada durante décadas de dependencia petrolera, constituye un elemento explicativo fundamental para entender por qué, incluso en condiciones de represión, deterioro económico y ruptura democrática, el régimen mantiene espacios de adhesión y tolerancia social.

Conviene precisar desde el inicio el estatuto de mi argumento: la cultura rentista no produce un consentimiento generalizado —el éxodo de millones de venezolanos expresa, por el contrario, un rechazo visceral—, sino que ofrece el sustrato que el régimen instrumentaliza para neutralizar la movilización interna. La agencia reside, en todo momento, en el poder que explota esa matriz cultural, no en una sociedad que la consienta.

La literatura sobre el rentismo petrolero ha documentado extensamente cómo la abundancia de los recursos naturales configura estructuras políticas, económicas y culturales específicas (Karl, 1997; Ross, 2001, 2012). En el caso venezolano, Coronil (1997) analizó cómo el petróleo generó lo que denominó el "Estado mágico": un aparato estatal capaz de producir aparentes milagros distributivos sin exigir esfuerzos productivos proporcionales a la sociedad. Esta "magia" del petroestado venezolano se internalizó en el imaginario colectivo como un derecho natural, configurando expectativas y comportamientos que trascienden los ciclos políticos y económicos.

Conviene retener esta formulación original de Coronil: es precisamente esa matriz —el Estado capaz de producir milagros distributivos— la que se degrada e invierte en la fase autoritaria, cuando, agotada la renta, el mismo aparato simbólico deja de prometer la prosperidad para administrar la escasez, según he desarrollado al analizar el populismo político.

García Larralde (2017: 148) relaciona el populismo en Venezuela con la cultura rentista del venezolano, señalando que:

> [...] Se asocia, más bien, a un desapego a la norma [...] y a una expectativa de que el Estado tiene que cumplir con lo que cada uno considera que son sus derechos, pero sin que medie para ello el cumplimiento de sus deberes. En un plano más político, al venezolano lo han llevado a creer que el avance del país depende de la voluntad y el arrojo de líderes predestinados, no del fortalecimiento de las instituciones que favorecen su desarrollo. Es una cultura que privilegia los "atajos", en contraposición a la consolidación de las instituciones duraderas.

Esta caracterización resulta particularmente reveladora para comprender la metamorfosis del populismo venezolano. Si en contextos democráticos la cultura rentista se expresaba en demandas distributivas canalizadas a través de mecanismos de la representación política (López Maya, 2008), en el autoritarismo de Maduro esta misma cultura opera como mecanismo de supervivencia del régimen. La expectativa de que el Estado debe proveer sin contraprestaciones, combinada con la fe en líderes carismáticos por encima de las instituciones, facilita la permanencia de un poder personalista que instrumentaliza precisamente estos códigos culturales. Como señala Weyland (2013), el populismo en América Latina ha demostrado una extraordinaria capacidad de adaptación a diversos contextos institucionales, incluyendo aquellos que se alejan de la democracia liberal.

El rentismo como conducta social generalizada

Briceño-León (2018) examina en detalle esta dimensión cultural al plantear cuatro tesis sociológicas sobre los efectos del petróleo en la sociedad venezolana: 1) la sociedad venezolana vive el petróleo "como si" fuese una renta; 2) el rentismo es una conducta de los venezolanos; 3) la competencia por la renta es la conducta básica de todos los sectores sociales; y 4) los efectos que esta competencia por la renta produce son perversos.

Estas tesis cobran particular relevancia en el contexto autoritario actual. La conducta rentista no desaparece con la crisis económica ni con la ruptura democrática; por el contrario, se intensifica y metamorfosea. En un escenario de escasez extrema, la competencia por acceder a los recursos controlados por el Estado se vuelve más feroz y genera nuevas formas del clientelismo autoritario (Penfold, 2022). El régimen de Maduro ha comprendido esta dinámica y la ha capitalizado: quien controla los escasos recursos disponibles (divisas preferenciales, CLAP, gasolina subsidiada, bonos del Carnet de la Patria, remesas estatales) controla las lealtades políticas.

Lo que Brewer-Carías (2023) denomina "Estado depredador" describe con precisión cómo el régimen ha transformado el aparato estatal en un instrumento de extracción y control social. Corrales (2020) analiza cómo Maduro consolida este modelo a través de la fusión funcional de instituciones: el ejército adquiere funciones empresariales, los consejos comunales distribuyen alimentos y las redes de colectivos asumen funciones de control territorial.

Este clientelismo de escasez opera bajo una lógica de premios y castigos: el acceso a los recursos básicos se condiciona a la demostración de la lealtad política, mientras que la disidencia es castigada con la exclusión del sistema distributivo. Hansen (2019), en su análisis del Carnet de la Patria, documenta cómo este mecanismo permite al régimen monitorear, premiar y castigar a la población de manera individualizada y automatizada.

La "economía moral del venezolano", concepto desarrollado por Bautista Urbaneja (2013), permite comprender el arraigo histórico de este fenómeno:

> [...] el conjunto de expectativas a las que, a partir de cierto momento de la conciencia petrolera del país, los venezolanos creen tener derecho, por el hecho de haber nacido en una tierra dotada de tal cantidad de recursos naturales, en especial los petroleros. Esas expectativas y su fundamento en la riqueza natural dada como un hecho elemental y primordial son lo que hace del país un país de rent-claimants (Bautista Urbaneja, 2013: 393).

Lo notable del régimen de Maduro es que, incluso en medio del colapso de la industria petrolera y la economía nacional, ha logrado mantener activa esta "economía moral" a través de mecanismos selectivos de la distribución. La paradoja radica en que la misma escasez que debería erosionar la legitimidad del régimen se convierte, precisamente, en un nuevo instrumento de control político: quien controla los escasos recursos disponibles —divisas preferenciales, cajas CLAP, gasolina subsidiada, bonos del Carnet de la Patria— controla las lealtades.

Esta transformación de la escasez en mecanismo de dominación es lo que Penfold (2022) identifica como el núcleo del modelo de supervivencia autoritaria del madurismo. El propio título de su trabajo —"The Collapse of Populist Regimes and the Emergence of Survival Authoritarian Governments"— enuncia el tránsito que esta investigación formaliza: del colapso de los regímenes populistas no emerge la alternancia que preveía el modelo de Dornbusch-Edwards, sino un autoritarismo de supervivencia. Mi aporte consiste en reconstruir el mecanismo económico-cultural concreto de ese tránsito en el caso venezolano.

La búsqueda del padre: dimensión psicosocial del autoritarismo venezolano

La segunda columna de esta matriz cultural que explica la permanencia de Maduro es de orden psicosocial: la necesidad de la sociedad venezolana de la búsqueda del padre, del héroe de la patria. Este fenómeno conecta con lo que De la Torre (2015) identifica como la dimensión afectiva del populismo, donde las emociones y las identificaciones simbólicas juegan un papel tan importante como los intereses materiales.

Torres (2009, citado por Straka, 2015: 86) ofrece una interpretación reveladora de este fenómeno en el contexto venezolano:

> [...] un cierto sentimiento de orfandad peligrosamente extendido, que hace buscar a un padre y que es capaz de mitificarlo. No se trata solo de la muy compleja relación con Simón Bolívar, que es un padre que abandona a la madre —la Patria— para irse a otras tierras y tener otras hijas; sino que es un padre al que además traicionamos cuando echamos abajo su sueño grancolombiano y lo proscribimos del país. Esa relación, al fin y al cabo, simbólica, expresa otras cosas: el deseo de una sociedad matricentrada, en la que el padre está ausente y su sustitución por otra figura –por ejemplo, el caudillo protector en el siglo XIX o el Estado benefactor en el XX- resulta perentoria.

Este análisis psicosocial ilumina una dimensión crucial para entender la permanencia de Maduro: su capacidad de presentarse como heredero y continuador de Chávez, el "padre" fallecido que debe ser honrado. El régimen ha construido todo un aparato simbólico de legitimación basado en esta narrativa (Hawkins, 2016). Maduro no gobierna por mérito propio ni por legitimidad democrática, sino como depositario del legado del "Comandante Eterno". Esta operación simbólica conecta con estructuras psicosociales arraigadas de la sociedad venezolana y explica, en parte, por qué sectores de la población mantienen lealtad al régimen a pesar de sus evidentes fracasos.

La combinación de la cultura rentista (expectativa de provisión estatal) y la búsqueda del líder protector (necesidad del padre) genera un caldo de cultivo propicio para el autoritarismo populista. Como señalan Levitsky y Way (2010) en su análisis del autoritarismo competitivo, los regímenes híbridos pueden mantener la legitimidad doméstica a través de la manipulación de símbolos, las narrativas históricas y los mecanismos selectivos de cooptación. Maduro no necesita ser eficiente ni democrático; solo necesita mantener activa la promesa de la distribución y encarnar simbólicamente la figura del protector heredero.

La metamorfosis del populismo rentista: de la democracia al autoritarismo

Ante esta realidad cultural, el populismo no solo persiste, sino que se transforma en el aparato del Estado autoritario. Sus expresiones en la sociedad venezolana contemporánea revelan la paradoja fundamental del régimen de Maduro: la coexistencia de la represión política con espectáculos populistas de aparente legitimación. Esta combinación ha sido analizada por Schedler (2013) como característica de lo que denomina "autoritarismos electorales", donde la represión y la manipulación conviven con ejercicios formales de la participación y la movilización popular.

Un caso emblemático es el del gobernador Rafael Lacava en el estado Carabobo, quien ha desarrollado un modelo de gobernanza basado en el espectáculo populista y el uso discrecional de los recursos públicos. Lacava organiza eventos de gran convocatoria en playas, conciertos gratuitos con artistas internacionales de primer nivel, festivales masivos y una constante presencia mediática que lo posiciona como un líder "cercano al pueblo". A pesar de la aguda crisis que vive Venezuela —escasez de los servicios básicos, salarios de miseria, colapso de la infraestructura—, estos eventos logran convocar a miles de personas que encuentran en ellos momentos de esparcimiento y evasión.

El modelo Lacava representa lo que Ostiguy (2017) conceptualiza como la dimensión "performativa" del populismo, donde el estilo, la estética y la capacidad de generar conexión emocional con los sectores populares resultan tan importantes como el contenido programático. En contextos de crisis y autoritarismo, esta dimensión performativa adquiere funciones específicas: genera legitimidad sin necesidad de los resultados de gestión, construye lealtades afectivas que sustituyen los vínculos democráticos, y produce momentos de evasión colectiva que neutralizan el descontento político.

Lo notable no es solo la inversión de los recursos públicos en estos espectáculos —en un contexto donde faltan medicinas, agua potable y electricidad— sino la adhesión que el régimen logra activar en ciertos sectores. Sectores de la población, condicionados por décadas de la cultura rentista, no solo toleran, sino que celebran estas manifestaciones del populismo espectacular. Más aún: estos eventos han contado con el respaldo explícito de Maduro, quien ve en Lacava un modelo exitoso de gobernanza autoritaria que combina el control político con la legitimación populista.

En su análisis sobre el chavismo autoritario, Smilde (2021) sostiene que el régimen venezolano ha desarrollado una sofisticada capacidad de supervivencia que combina la represión selectiva con la generación de espacios de aparente bienestar, donde la población puede experimentar momentos de esparcimiento que contrastan con la crisis cotidiana y neutralizan, al menos temporalmente, el descontento político.

Las figuras 17 y 18 ilustran esta metamorfosis del populismo rentista en el contexto autoritario. Imágenes de un video que presenta a Lacava y Maduro como superhéroes, y las imágenes de los festivales y los conciertos masivos, no son simples curiosidades mediáticas: son expresiones de un modelo de dominación que entiende y capitaliza los códigos culturales venezolanos. El populismo ya no opera en un marco democrático de la competencia electoral abierta, sino como herramienta de un régimen autoritario que usa la cultura rentista de la población para generar espacios de adhesión y neutralización política.

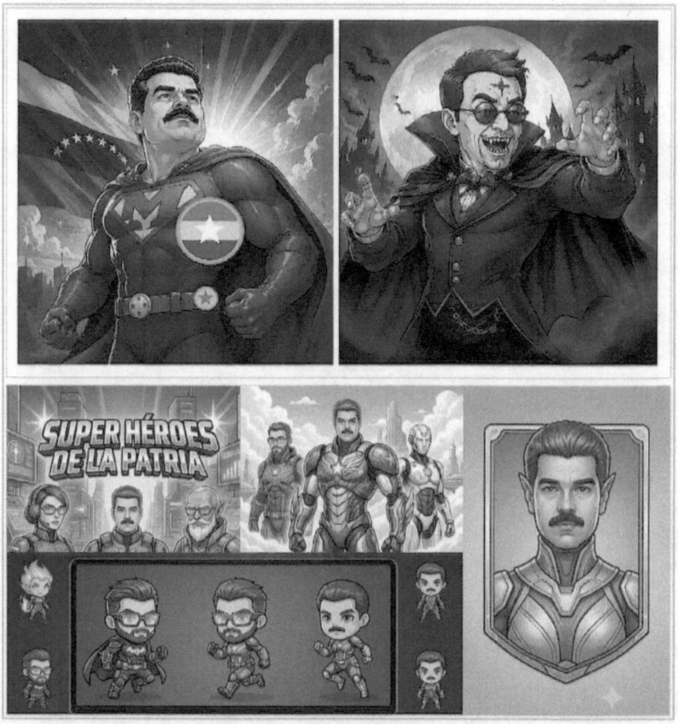

Figura 17. *Collage ilustrado de "Drácula" (Rafael Lacava) y "Súper Bigote" (Nicolás Maduro) representados como superhéroes de videojuego, dentro del imaginario propagandístico oficial.*

Fuente: Elaboración propia mediante ilustraciones generadas con inteligencia artificial a partir de referencias públicas.

Estas imágenes representan la infantilización del discurso político y la construcción de las narrativas heroicas que conectan con el imaginario del "líder salvador". En un contexto autoritario, donde los medios independientes están cercados y la información está controlada (Freedom House, 2023), estas herramientas de la propaganda digital penetran especialmente en los sectores juveniles, normalizando la figura del gobernante como superhéroe por encima de las instituciones democráticas. Mazzoleni (2008), en su análisis de la "política pop", señala cómo la estetización y la espectacularización de la política pueden servir tanto para movilizar como para despolitizar, función que en contextos autoritarios se orienta decididamente hacia lo segundo.

Figura 18. *Collage ilustrado sobre la representación pop-propagandística de "Drácula" (Rafael Lacava) y "Súper Bigote" (Nicolás Maduro), personajes utilizados en los festivales, los programas de gobierno (como el "Carro de Drácula" y el "TransDrácula") y los productos mediáticos del oficialismo en el estado Carabobo, Venezuela.*

Fuente: Elaboración propia mediante ilustraciones generadas con inteligencia artificial a partir de referencias públicas.

Los conciertos y los festivales de Lacava evidencian la persistencia de la lógica distributiva del populismo, ahora transformada en "distribución de experiencias". Si en el pasado democrático el populismo distribuía empleos públicos, subsidios y obras de infraestructura, en el autoritarismo actual distribuye espectáculo, entretenimiento y momentos de evasión colectiva. La población, agobiada por la crisis, encuentra en estos eventos un respiro temporal que genera gratitud hacia el gobernante "generoso", sin cuestionar la legitimidad democrática de su mandato ni la procedencia de los recursos utilizados. Esta estrategia conecta con lo que Auyero (2001) conceptualizó como "clientelismo político" en Argentina, pero adaptado a un contexto de la escasez extrema y el autoritarismo consolidado.

Populismo sin democracia: las bases culturales de la permanencia autoritaria

El populismo está presente en cada discurso, en cada acción del gobierno, en la toma de las decisiones públicas y su gestión. Pero lo verdaderamente significativo es que persiste la cultura rentista populista de la sociedad venezolana, ahora operando en un contexto radicalmente diferente: autoritario, represivo y de control exhaustivo. Esta persistencia cultural explica, en parte, por qué Maduro sigue en el poder a pesar de:

- El colapso económico más severo de la historia venezolana contemporánea, con una contracción del PIB superior al 75 % entre 2013 y 2021 (Vera, 2021)
- La pérdida de la legitimidad electoral y democrática, documentada por las misiones de observación internacional (OEA, 2018; Unión Europea, 2020)
- La represión sistemática de la disidencia, con miles de presos políticos y violaciones graves de los derechos humanos (Human Rights Watch, 2023; Amnistía Internacional, 2024)
- El deterioro dramático de las condiciones de vida de la población, incluyendo las crisis humanitarias en salud, alimentación y servicios básicos
- La migración masiva de más de 7,7 millones de venezolanos, la segunda mayor crisis migratoria del mundo, según datos de ACNUR (2023)

La respuesta a esta aparente paradoja no puede encontrarse únicamente en la capacidad represiva del régimen o en su control de las instituciones, aunque estos factores son indudablemente importantes (Albertus y Menaldo, 2018). Existe un componente cultural que facilita la permanencia: sectores de la población continúan relacionándose con el Estado a través de los códigos de la cultura rentista, esperando la distribución sin contraprestación, aceptando liderazgos personalizados sobre las instituciones, y tolerando el autoritarismo mientras se mantenga algún flujo —por mínimo que sea— de recursos o beneficios.

Kronick y Penfold (2022) argumentan que el régimen de Maduro ha desarrollado una sofisticada "tecnología de supervivencia autoritaria" que combina la represión selectiva, el control económico fragmentado, y la gestión estratégica de las expectativas sociales. Esta tecnología opera precisamente sobre el sustrato de la cultura rentista: el régimen no necesita satisfacer a toda la población, sino mantener redes clientelares suficientes y neutralizar la capacidad de movilización de los descontentos a través de la represión focalizada.

Maduro ha comprendido esta dinámica y la ha explotado estratégicamente. Su régimen no es solo un aparato represivo; es también una maquinaria de la gestión simbólica y material de la cultura rentista. A través de los CLAP, los bonos del Carnet de la Patria, el control de divisas, la gasolina subsidiada, los festivales de Lacava, y todo un entramado de mecanismos clientelares, el régimen mantiene activa la lógica distributiva —aunque sea de forma selectiva y degradada— que conecta con las expectativas culturales de la población (Transparencia Venezuela, 6 de diciembre de 2022).

De la Torre (2017, 2020) señala que los populismos latinoamericanos demuestran una extraordinaria capacidad de adaptación: la transición del populismo democrático al autoritarismo no implica el abandono de las estrategias populistas, sino su reconfiguración bajo nuevas condiciones. En el caso venezolano, el populismo sin democracia mantiene el discurso antiélite, la retórica de la defensa del pueblo y los mecanismos clientelares de la distribución, pero elimina la rendición de cuentas, la competencia electoral genuina y los controles institucionales que caracterizan a la democracia liberal.

En la actual autocracia, Maduro no está dispuesto a entregar su poder económico y político. Los intereses que están en juego son enormes y complejos: una nueva élite empresarial vinculada al régimen (los "bolichicos" y empresarios "enchufados"), estructuras de control de las rentas ilícitas provenientes de la minería del oro, el narcotráfico y el contrabando (InSight Crime, 2022), el respaldo geopolítico de potencias externas como Rusia, China, Irán y Cuba, y las redes militares y de inteligencia que sostienen el aparato represivo (International Crisis Group, 2022).

Pero además de estos factores estructurales de poder, la cultura rentista populista de la sociedad venezolana actúa como un elemento de estabilización del régimen: mientras sectores de la población sigan esperando la distribución del "padre-Estado" y tolerando el espectáculo populista como compensación, el autoritarismo de Maduro encontrará espacios de supervivencia.

La metamorfosis del Estilo Rentista en la Venezuela autoritaria de Maduro consiste precisamente en esto: la transformación de una cultura política forjada en contextos democráticos en un instrumento de la legitimación autoritaria. El populismo sin democracia no es una contradicción, sino una mutación adaptativa que revela la extraordinaria capacidad del régimen para instrumentalizar los códigos culturales más arraigados de la sociedad venezolana en función de su propia permanencia en el poder.

Como advierte Diamond (2020) en su análisis sobre la recesión democrática global, los autoritarismos contemporáneos no son versiones actualizadas de las dictaduras del siglo XX; son sistemas híbridos que aprenden, se adaptan y explotan tanto las debilidades institucionales como las predisposiciones culturales de sus sociedades para perpetuarse en el poder.

La cultura rentista populista de la sociedad venezolana constituye el cuarto nivel explicativo —junto a las dimensiones institucional (Acemoglu y Robinson), de la economía política de recursos (Karl y Ross) y de la racionalidad política (Geddes)— que permite comprender cabalmente por qué la Fase 4 del modelo de Dornbusch-Edwards no se materializó en Venezuela. Esta cultura, forjada durante un siglo de dependencia petrolera, genera expectativas sociales de que el Estado debe proveer sin contrapartidas ciudadanas y legitima liderazgos personalistas por encima de las instituciones.

En el contexto de colapso económico, estas expectativas culturales facilitan la adaptación del Estilo Rentista de distribuidor de la prosperidad a administrador estratégico de la escasez: sectores de la población mantienen expectativas de provisión estatal y toleran el autoritarismo mientras reciban alguna distribución selectiva (CLAP, bonos, acceso a divisas), por marginal que sea.

La cultura rentista no impide el rechazo masivo al régimen —evidenciado en la migración de cerca de 7,7 millones de venezolanos—, pero sí genera suficiente dependencia y tolerancia en los sectores estratégicos para impedir la movilización interna capaz de desplazar al régimen. El Estilo Rentista degradado opera así sobre un sustrato cultural que lo hace viable: sin la cultura rentista que naturalice la dependencia del Estado y legitime el personalismo autoritario, el modelo de supervivencia de Maduro documentado en esta sección no sería sostenible.

Esta dimensión cultural completa el marco explicativo multinivel que responde a la pregunta central: Maduro permanece en el poder porque logró instrumentalizar las instituciones extractivas consolidadas (nivel institucional), transformar las rentas legales en ilegales (nivel económico-político de recursos), hacer racional el mantenimiento de las instituciones ineficientes (nivel de racionalidad política) y capitalizar una cultura rentista que naturaliza la dependencia estatal y el personalismo (nivel cultural).

10
Descentralización y recuperación democrática en Venezuela: la experiencia de los años noventa como modelo por rescatar

Venezuela enfrenta un desafío histórico tras más de dos décadas de autoritarismo chavista-madurista que convirtieron una de las democracias más estables de América Latina en un autoritarismo hegemónico en avanzado proceso de clausura. El régimen de Nicolás Maduro anuló los contrapesos institucionales, capturó el sistema electoral, concentró el control de los recursos estratégicos, cooptó a sectores de la oposición y sometió a la sociedad civil. La pregunta que organiza este capítulo, sin embargo, no es coyuntural —cómo un líder concentró el poder— sino estructural: por qué el aparato del Estado se dejó capturar con tan escasa resistencia institucional. La respuesta que sostengo es que el autoritarismo no fue una desviación del modelo de gestión pública venezolano, sino su radicalización. La gestión burocrático-populista, enquistada en el aparato público desde 1958 y operando bajo lo que conceptualizo como el Estilo Rentista, no solo convivió con la deriva autoritaria: la facilitó, la posibilitó y, finalmente, la requirió para perpetuarse.

Por eso la recuperación de la democracia venezolana exigirá mucho más que un cambio de gobierno: exigirá un modelo alternativo de gestión pública, de raíz tecnocrática-gerencial pero democrático, descentralizado y participativo. Y la mejor prueba de que ese modelo es posible no es una abstracción teórica, sino una experiencia ya ensayada en suelo venezolano: la descentralización de los años noventa, cuya capacidad institucional el autoritarismo temió, frenó y destruyó precisamente porque era incompatible con su proyecto de concentración del poder.

El modelo que hizo posible la autocracia

La gestión burocrático-populista no fue una invención del chavismo. Como documentaron Ochoa et al. (1996), este modelo se enquistó en el aparato público venezolano desde los inicios de la democracia en 1958, al calor de la sustitución de importaciones y de la consolidación del sistema de partidos. Sus rasgos persistieron durante cuatro décadas con variaciones de intensidad: el tratamiento del ciudadano como cliente político, que convierte los derechos en favores; la centralización de las decisiones estratégicas y cotidianas en la cúpula nacional; el predominio de la militancia partidista y de los grandes intereses económicos en la toma de decisiones; la planificación reducida a instrumento de legitimación, desvinculada de la ejecución real; una administración de personal regida por la lealtad político-partidista, con estabilidad laboral sin evaluación; y un control normativo a la vez excesivo en la forma y débil en la práctica, que abre márgenes permanentes al clientelismo.

Lo que hizo viable y reproducible ese modelo durante tanto tiempo fue el Estilo Rentista. Este concepto trasciende las nociones de "economía rentista" o "Estado rentista" para designar un estilo de gestión que articula las dimensiones económica y política del rentismo petrolero e institucionaliza, en el propio aparato público, prácticas populistas y clientelares. El Estilo Rentista es el mecanismo que financia y reproduce las instituciones extractivas (Acemoglu y Robinson, 2012): permite el manejo personalista y discrecional de la renta, sin rendición de cuentas ni consensos amplios. Como señala Bautista Urbaneja (2013), el sistema opera mediante la construcción progresiva de una arquitectura financiera que pone grandes recursos bajo el control directo del líder e instrumentaliza el dominio sobre los poderes del Estado para legitimar decisiones discrecionales. Cada uno de los rasgos del modelo —clientelismo, centralización, discrecionalidad, control aparente— concentra el poder y la riqueza en la coalición dominante y anula el pluralismo propio de las instituciones inclusivas.

El chavismo-madurismo no rompió con ese modelo: lo llevó a su extremo. Lejos de construir las instituciones inclusivas que prometía el discurso de la "Revolución Bolivariana", acentuó las extractivas (Álvarez, 2017). La relación entre rentismo, populismo y autoritarismo configura un trinomio difícil de desarticular: De la Torre (2017) muestra que los Estados rentistas emplean discrecionalmente la renta para consolidar clientelas y que los proyectos sustentados en la fantasía del "pueblo como uno" tienden a derivar en autoritarismo, mientras Gudynas (2018) añade que los modelos extractivistas no solo promueven, sino que requieren estructuras políticas autoritarias para funcionar.

Peruzzotti (2017b) sintetiza el desenlace venezolano al describir al populismo como la némesis de la democratización: una fuerza que, lejos de ampliar la democracia, hibrida y erosiona el régimen, debilitando los contrapesos y los controles al Ejecutivo. El caso venezolano lo confirma: durante el período democrático (1958-1998), el modelo extractivo operó dentro de marcos que aún imponían límites —alternancia, pluralismo, autonomías regionales y controles institucionales débiles pero presentes (Ochoa y Fuenmayor, 2006)—, y fueron precisamente esos límites los que el chavismo desmanteló de forma progresiva hasta eliminarlos casi por completo bajo Maduro.

La ruta que se ensayó: la descentralización de los años noventa

Es aquí donde la experiencia de los años noventa adquiere todo su valor, porque ofrece la contraprueba histórica. Mientras la centralización rentista concentraba el poder, la descentralización iniciada en 1989 abrió, por primera vez en décadas, una ruta distinta: la del fortalecimiento institucional, la rendición de cuentas y la modernización administrativa al servicio de la democracia. Una investigación sobre cinco gobernaciones —Lara, Aragua, Mérida, Carabobo y Zulia— durante el período 1989-1998 documentó que, allí donde hubo transferencia real de competencias, recursos y autonomía, la descentralización produjo avances concretos y medibles, tanto en las competencias exclusivas transferidas a los estados —puertos, aeropuertos, vialidad— como en las concurrentes —salud, educación— (Fuenmayor, 2018), en convergencia con el balance que Mascareño (2000) realizó para el conjunto del proceso. Un patrón recorre esos hallazgos: los estados que más avanzaron fueron aquellos en los que coincidieron dos condiciones, el acompañamiento financiero y técnico de los organismos multilaterales y un gobernador comprometido como aliado del proceso. Por eso destacan Carabobo, Zulia y Mérida.

En materia de infraestructura y competencias exclusivas, los avances fueron tangibles y, en algún caso, medibles con nitidez. La gestión del Puerto de Puerto Cabello, en Carabobo, mejoró su posición competitiva entre los puertos de América Latina de la posición 192 a la 86 hacia el año 2000; el Aeropuerto La Chinita, en Zulia, llegó a operar 245 concesiones comerciales —123 locales y 122 hangares—; el Puente Rafael Urdaneta se administró mediante el servicio autónomo SARMIPGRU; en vialidad, el INVIAL de Carabobo gestionó los peajes con servicios de emergencia, y Zulia administró cerca de 1.500 kilómetros de vías estadales. El Programa Vial III, con apoyo del BID, se ejecutó en los tres estados. Estos resultados muestran que las competencias estratégicas, cuando se transfirieron de verdad, se gestionaron con eficacia en el nivel regional (Fuenmayor, 2018).

En salud, competencia concurrente, las gobernaciones innovaron en modelos de gestión. Carabobo asumió la transferencia de los servicios y, en 1994, creó INSALUD para administrar un modelo regional que integraba la atención especializada con un sistema de respuesta a emergencias —el Programa de Atención Inmediata, con un tiempo de respuesta de siete minutos y unas 4.110 emergencias atendidas a diario—. A ese sistema se integró la Maternidad del Sur, administrada por la Fundación Dr. José Luis Fachín de Boni, un centro materno-infantil de atención continua con un Centro de Atención Ciudadana en el que participaban madres voluntarias; fue una innovación gerencial real, aunque convivió con tensiones —el cobro de servicios y la flexibilización de las condiciones del personal— que un modelo gerencial verdaderamente democrático debe corregir. Zulia desarrolló el modelo del Ambulatorio Luis Sergio Pérez, donde hacia 2001 el ochenta por ciento del personal operaba bajo un esquema de microempresas profesionales, y Mérida ensayó en el Hospital de Tucaní un sistema de recuperación de costos con tarifas diferenciadas. En todos los casos, el rediseño contó con el respaldo técnico y financiero del Banco Mundial y el BID (Fuenmayor, 2018).

En servicios básicos y educación, el acompañamiento multilateral fue igualmente decisivo. Mérida concentró un esfuerzo notable en obras de gran envergadura, con el Proyecto Aguas de Mérida —financiado por el Banco Mundial y la CAF— y un Sistema de Transporte Masivo con financiamiento de la CAF. En educación, Mérida impulsó las Escuelas Integrales, dotadas de computadoras y comedores desde 1992 con el apoyo del Banco Mundial y el BID, mientras Carabobo ejecutó, en alianza con esos mismos organismos, el programa de calidad educativa "camino a la excelencia" —las llamadas Escuelas Amarillas— que, según el balance de Mascareño (2000: 122), incorporó más de 200 de las 262 escuelas estadales, otorgó becas a más de 2.000 estudiantes e incidió sobre más de 80.000 alumnos; como toda política centrada en la excelencia, planteó el reto de extender sus beneficios al conjunto de la población, una tensión de equidad que el modelo por rescatar debe resolver. En agricultura, Mérida desarrolló el Programa de Extensión Agrícola (CIARA) con financiamiento del Banco Mundial.

El corazón de la transformación, sin embargo, estuvo en la modernización administrativa, la incorporación tecnológica y la profesionalización del empleo público, y es allí donde se aprecia con mayor nitidez el distanciamiento deliberado del molde burocrático-clientelar. El proceso fue deliberado y simultáneo, y quedó registrado estado por estado (Fuenmayor, 2018). En Lara se crearon la COPRE estadal, la Dirección de Descentralización y el sistema automatizado SACEL; en Aragua, el Centro de Desarrollo de los Recursos Humanos de la Administración Pública Estadal y Municipal y un sistema de control de gestión; en Mérida, la COPRE-Mérida (1994), el Proyecto PLATINO (1996) para interconectar las dependencias y una Unidad de Auditoría Interna (2002) encargada de la evaluación de programas, la rendición de cuentas y el control interno. El Zulia destacó como el estado que más avanzó en modernización administrativa, con el IZEPES (1991), la Comisionaría para la Modernización, la Unidad de Soporte Tecnopolítico (1997) y un Equipo Central de Reforma (1998), formando a sus cuadros directivos en la Planificación Estratégica Situacional del chileno Carlos Matus.

Carabobo recorrió un camino paralelo: implantó el sistema integrado de gestión ORACLE con la asesoría de General Motors, creó en el año 2000 una Dirección de Control de Gestión, avanzó en un gobierno electrónico pionero para la época e incorporó a cargos clave a profesionales y técnicos con trayectoria en el sector privado, en lugar de los cuadros designados por mera lealtad partidista que caracterizaban al modelo tradicional. Toda esta profesionalización se apoyó en la capacitación del IESA, de las COPRE estadales y de los organismos multilaterales —Banco Mundial, BID y PNUD—, un esfuerzo de formación gerencial que Mascareño (1996) documentó como rasgo distintivo de la nueva gestión de las gobernaciones. Era, en sustancia, el tránsito del funcionario-cliente al gestor profesional: el principio mismo que opone la gestión gerencial a la burocrático-populista.

Esa lógica de cambio se extendió al desarrollo económico con proyectos que importaban prácticas gerenciales para resolver problemas concretos. El caso más ilustrativo es el de Carabobo, que con recursos del BID articuló, a través del fondo FOCAPEMIAC, un programa de apoyo a los microempresarios con financiamiento y capacitación: un instrumento que no repartía favores, sino que formaba y financiaba a emprendedores bajo criterios técnicos. A ello se sumaron la Cadena Asociativa del Plástico (CAPEC), que asoció a 46 pymes del sector, un Parque Tecnológico con incubadoras de empresas, y la consolidación de 60 parques industriales y del primer Consorcio de Exportación Industrial del país, también en Carabobo.

Zulia creó el fondo FUNZUCREPO en 1990 y Mérida el FONFIMER en 1991 para el financiamiento de la pequeña y mediana empresa. La misma orientación alcanzó a la vivienda, con el programa PROVIS en Zulia —apoyado por el BID— y el programa "Unidos por tu Casa" en Carabobo (1999), basado en la autogestión comunitaria. Proyectos de este tipo —diseñados con asistencia multilateral y ejecutados con racionalidad gerencial— son la mejor evidencia de que la descentralización no fue solo administrativa, sino que ensayó una manera distinta de relacionar al Estado con la economía y la ciudadanía (Fuenmayor, 2018).

Todo este proceso contó con el acompañamiento sistemático y el financiamiento de los organismos multilaterales —el Banco Mundial, el Banco Interamericano de Desarrollo, la Corporación Andina de Fomento y el Programa de las Naciones Unidas para el Desarrollo—. Mérida constituye el caso paradigmático, con doce programas de inversión en sectores estratégicos —salud, educación, agricultura, vialidad, transporte, agua potable y vivienda— materializados mediante tres Cumbres Estadales con los organismos multilaterales entre 1996 y 1998. En el plano fiscal, el Fondo Intergubernamental para la Descentralización (FIDES), creado en 1993, ilustró el potencial de un buen diseño de transferencia: nutrido por una porción del impuesto al valor agregado, distribuía recursos a estados y municipios atados a proyectos de inversión —no a gasto corriente— e incorporaba a las comunidades organizadas en el seguimiento de las obras.

Junto a la modernización de la gestión, la descentralización generó algo decisivo para la democracia: pluralismo y rendición de cuentas reales. Gobernadores de partidos distintos —Acción Democrática, COPEI, La Causa R, el MAS— administraban simultáneamente estados diferentes, de modo que la ciudadanía podía comparar desempeños y premiarlos o castigarlos en las urnas. La competencia entre jurisdicciones vecinas creó incentivos a la mejora continua y una forma de control territorial inexistente bajo el centralismo; Carabobo, en particular, hizo de la transparencia un activo de gobierno con su Dirección de Control de Gestión. Allí estaba en germen, en la práctica y no en la teoría, la articulación entre eficacia gerencial y legitimidad democrática que este capítulo propone rescatar.

Debo, llegada a este punto, hacer una precisión sobre mi propia trayectoria intelectual, en honor a la honestidad académica que este argumento reclama. Durante años estudié la descentralización venezolana de los noventa desde una mirada crítica: en mi libro y en varios de mis artículos subrayé los límites de su dimensión tecnocrática y la analicé dentro de la tradición que la leía como un instrumento de reducción del Estado al servicio del mercado. No reniego de aquel análisis; fue riguroso y respondía a las preguntas pertinentes en un país que entonces aún era una democracia. Pero el tránsito a la autocracia y el desastre de la gestión bajo Maduro me obligaron a revisar el criterio mismo desde el cual juzgaba aquella experiencia. El dato empírico no cambió: cambió la pregunta. Ya no se trata de si la descentralización amplía suficientemente la democracia, sino de qué preserva el pluralismo, la rendición de cuentas y la capacidad de gestión frente a la captura autoritaria del Estado. Lo que bajo una democracia funcional podía leerse como el límite de una reforma, a la luz de la centralización totalizante del autoritarismo, se revela como una capacidad institucional que vale la pena rescatar.

Y se revela, sobre todo, porque el régimen la frenó y la destruyó deliberadamente. El freno tuvo un primer rostro nítido en Mérida: la gobernación había avanzado, de la mano del Banco Mundial, el BID y Cordiplan, en un ambicioso proyecto de concesión y privatización de áreas estratégicas —los aeropuertos, las carreteras, el sistema de transporte masivo, la Casa Internacional de Congresos Mucucharastí y el propio Teleférico de Mérida, entre otros bienes y servicios—. El proyecto estaba en fase avanzada, con sus talleres técnicos y sus convenios, pero no llegó a materializarse: lo detuvo el triunfo de Hugo Chávez en las elecciones presidenciales de 1998 (Fuenmayor, 2018). Lo que en Mérida fue el freno de un proyecto, a partir de 1999 se convirtió en política sistemática. La recentralización no fue un reacomodo administrativo neutro, sino una estrategia autoritaria deliberada: mediante la subordinación de las autoridades territoriales y el avasallamiento de la autonomía local, proporcionó al régimen el impulso para concentrar el poder sin contrapesos (Arellano, 2023).

El desmantelamiento fue jurídico, fiscal y financiero a la vez. El FIDES fue primero capturado —al incorporarse los consejos comunales como receptores en desmedro de las autoridades electas— y luego derogado y liquidado en 2010, para ser sustituido por el Consejo Federal de Gobierno y un Fondo de Compensación Interterritorial controlados desde el Ejecutivo. En el plano del financiamiento de gran envergadura, la ruptura fue aún más drástica: en 2007 el gobierno saldó anticipadamente su deuda y rompió con el Banco Mundial y el Fondo Monetario Internacional, clausurando el canal multilateral que había acompañado la modernización de los noventa, y desplazó el financiamiento hacia préstamos opacos respaldados con petróleo que, tras la caída de los precios, también se interrumpieron. El resultado de esta combinación —recentralización, expulsión de los multilaterales y endeudamiento discrecional— está hoy a la vista en el colapso de la infraestructura básica del país: redes eléctricas, sistemas de agua y vialidad severamente deteriorados.

El modelo por rescatar: la gestión gerencial democrática

Conviene precisar el alcance de esta propuesta. No se trata de reivindicar el contexto de los años noventa en su conjunto —marcado por la crisis de los partidos, el agotamiento del modelo de sustitución de importaciones y un giro aperturista que he analizado críticamente en otros trabajos—, ni de rescatar su componente privatizador o tecnocrático. Lo que rescato es algo más preciso y demostrable: la capacidad institucional, la profesionalización de la gestión y la rendición de cuentas que la descentralización hizo posibles. La participación ciudadana, en cambio, fue el eslabón más débil de aquel proceso, de carácter predominantemente territorial; pero no estuvo ausente: convivieron con él experiencias incipientes —el movimiento vecinal, ensayos municipales de presupuesto participativo, el seguimiento comunitario de las obras del FIDES— que demostraron su viabilidad sin llegar a institucionalizarse como sistema. Mi propuesta retoma esa semilla dispersa y la eleva, ahora sí, a principio rector del modelo.

Superar el Estilo Rentista y el modelo de gestión burocrático-populista que lo operacionaliza exige, por tanto, mucho más que un cambio de gobierno: exige una transformación del modelo de gestión pública. La experiencia venezolana enseña que, sin ese cambio, cualquier alternancia política corre el riesgo de reproducir los mismos patrones extractivos y clientelares que condujeron a la autocracia. Como advirtieron Ochoa y Fuenmayor (2006), el país ha estado "atrapado" entre dos modelos igualmente insostenibles: el burocrático-populista tradicional y el tecnocrático sin democracia de las reformas neoliberales. La salida no está en ninguno de los dos, sino en su superación: una gestión tecnocrática-gerencial democrática.

La propuesta se apoya en los aportes de Carles Ramió (2022) sobre la modernización administrativa. Ramió sostiene que las administraciones del siglo XXI no pueden afrontar sus retos con el modelo burocrático tradicional —rígido, jerárquico, formalista y orientado al procedimiento antes que al resultado—, al que califica de obsoleto, inmovilista e insatisfactorio. En su lugar propone una burocracia inteligente, articulada en torno a una "burocracia elástica" que combina flexibilidad gerencial orientada a resultados con el resguardo de los valores públicos de legalidad, equidad y transparencia, profesionalización meritocrática, rendición de cuentas rigurosa y capacidad permanente de innovación. Para el caso venezolano, esa gestión gerencial democrática es precisamente el antídoto del modelo burocrático enquistado y hoy radicalizado en todo el aparato del Estado, y descansa sobre un sistema cuyo eje es la descentralización. Es el pilar primero porque neutraliza la lógica rentista en su raíz, al distribuir el control sobre los recursos y generar espacios de innovación, pluralismo y rendición de cuentas que el centralismo suprime.

Sobre esa base, la profesionalización meritocrática del empleo público sustituye el botín partidista por concursos, evaluación y carrera administrativa, separando con nitidez la esfera política de la gestión técnica; la gestión orientada a resultados reemplaza la planificación-legitimación por un ciclo de objetivos medibles, presupuesto vinculado y consecuencias según el desempeño; la rendición de cuentas rigurosa —transparencia activa, auditorías independientes y contraloría social (Ochoa y Montes de Oca, 2004)— sustituye el control aparente por uno genuino; y la participación ciudadana efectiva, institucionalizada y vinculante es la que convierte la gestión tecnocrática-gerencial en una gestión tecnocrática-gerencial democrática, pues sin ella la gerencialización corre el riesgo de derivar en una tecnocracia divorciada de las necesidades reales de la población (Ramió, 2022). De estos pilares, los que atañen a la capacidad de gestión tienen anclaje empírico en la experiencia de los noventa; la participación vinculante es el aporte normativo que aquella experiencia solo ensayó de manera incipiente y que el modelo del futuro debe incorporar.

Orientaciones para la implementación

Una transformación de esta envergadura no se logra en un solo período de gobierno. Requiere voluntad política sostenida durante diez o quince años, a través de varios gobiernos, plasmada en consensos multipartidistas y en marcos legales de difícil reversión (Ramió, 2022). La secuencia debe priorizar lo estructural antes que lo masivo: en una etapa fundacional, el marco legal habilitante y el restablecimiento de las autonomías regionales y locales; en una etapa de consolidación, la descentralización fiscal con transferencias automáticas no discrecionales, sistemas de evaluación y transparencia activa; en una etapa de expansión, la generalización de la meritocracia, la gestión por resultados y el gobierno electrónico; y, en una etapa de maduración, la consolidación cultural del nuevo modelo como práctica normalizada.

Los riesgos son serios y conocidos —la reproducción del clientelismo bajo nuevas formas, la tecnocracia sin participación, el sabotaje de los intereses enquistados, la impaciencia política que abandone el proceso ante las dificultades iniciales y la recentralización sigilosa bajo pretexto de eficiencia o crisis—, y exigen salvaguardas equivalentes: el blindaje legal de la descentralización, la supervisión de los concursos, la participación obligatoria en la evaluación y una comunicación sostenida que mantenga el apoyo social al proceso.

Venezuela enfrenta, en definitiva, una encrucijada histórica. La tragedia del chavismo-madurismo demostró de manera irrefutable que la gestión burocrático-populista bajo el Estilo Rentista no solo es incompatible con la democracia, sino que facilita, posibilita y finalmente requiere el autoritarismo; y, como advierten Acemoglu y Robinson (2012), las instituciones extractivas, una vez consolidadas, tienden a perpetuarse mediante círculos viciosos en los que las élites que se benefician de ellas resisten toda transformación inclusiva.

Pero esa misma historia contiene su antídoto. La experiencia de los años noventa prueba tres cosas: que el país posee la capacidad institucional, los profesionales formados y los modelos validados para gestionar de otra manera; que la descentralización no es un experimento riesgoso ni una importación ajena, sino una ruta de fortalecimiento institucional, rendición de cuentas y modernización administrativa ya ensayada en suelo venezolano y con resultados medibles en salud, educación, infraestructura, agricultura, agua, transporte y vivienda; y que el autoritarismo la temió y la destruyó precisamente porque sabía que era incompatible con su proyecto de concentración de poder. Esa reacción hostil es, quizá, la mejor prueba de su eficacia. El país no parte de cero. Rescatar esa ruta —y poner la gestión gerencial democrática a contrarrestar la maquinaria burocrática enquistada y radicalizada que sostuvo la autocracia— no es una utopía abstracta, sino la condición concreta para que el cambio de gobierno, necesario pero insuficiente por sí solo, se convierta en una recuperación democrática verdadera y duradera.

Conclusiones

Marco teórico multinivel: explicando la persistencia autoritaria en el colapso económico

Esta investigación ha demostrado que la persistencia de Nicolás Maduro en el poder a pesar del colapso económico total —la pérdida del 75 % del PIB entre 2013 y 2021, la hiperinflación, la migración de cerca de 7,7 millones de venezolanos, el empobrecimiento de más del 80 % de la población— se explica mediante un marco teórico multinivel que integra cuatro dimensiones analíticas ausentes en el modelo clásico del populismo económico de Dornbusch-Edwards (1991).

El nivel institucional (Acemoglu y Robinson, 2012) demuestra que las instituciones extractivas —diseñadas para extraer la riqueza de la sociedad en beneficio de las élites concentradas— generan círculos viciosos de retroalimentación que resisten las transformaciones democratizadoras. En Venezuela, el Estilo Rentista configuró simultáneamente las instituciones económicas extractivas (el control estatal discrecional del petróleo sin rendición de cuentas) y las instituciones políticas extractivas (la concentración del poder ejecutivo sin controles democráticos).

La escasez extrema no debilitó estas instituciones, sino que aumentó su valor político: controlar el acceso discrecional a los recursos remanentes se convirtió en imperativo de supervivencia para la coalición gobernante. El régimen no necesita revertir el colapso económico para mantenerse en el poder; le basta controlar los recursos suficientes para sostener su coalición mediante la represión focalizada y el clientelismo selectivo.

El nivel de economía política de los recursos (Karl, 1997; Ross, 2001, 2012) explica cómo la renta petrolera, incluso reducida, permite al régimen autoritario financiar la coerción y el clientelismo selectivo sin depender del desempeño económico ni de los consensos democráticos. Karl identificó la "paradoja de la abundancia": los países petroleros desarrollan las instituciones más débiles y los sistemas más autoritarios porque la renta petrolera altera la relación Estado-sociedad, eliminando el "contrato fiscal" que genera la rendición de cuentas. Ross demostró empíricamente tres mecanismos causales que vinculan el petróleo y el autoritarismo: el efecto de represión (financiar los aparatos de seguridad sin impuestos ciudadanos), el efecto de gasto (cooptar la oposición mediante el clientelismo), y el efecto de modernización (retrasar las transformaciones socioeconómicas que favorecen la democratización).

Bajo Maduro, estos tres mecanismos operan simultáneamente en condiciones de la escasez extrema: el Estilo Rentista se adaptó transformándose de distribuidor de la prosperidad mediante el clientelismo masivo, a administrador estratégico de la escasez mediante la distribución selectiva focalizada en los sectores que garantizan la lealtad (los militares con acceso a los negocios petroleros y mineros, los boliburgueses con los contratos estatales, los sectores populares específicos con los bonos y las cajas CLAP).

El nivel de la racionalidad política (Geddes, 1994) explica por qué el régimen mantiene las instituciones aparentemente irracionales desde la perspectiva económica. Geddes formuló el "dilema del político": en los contextos institucionales débiles, los políticos enfrentan la disyuntiva entre construir instituciones eficientes de largo plazo y mantener instituciones ineficientes, pero políticamente útiles para distribuir el patronazgo. El régimen de Maduro optó deliberadamente por lo segundo: PDVSA militarizada, opaca y corrupta; la política social clientelar e ineficiente; la minería ilegal sin controles. Estas instituciones maximizan la extracción de la renta por las élites y la distribución clientelar selectiva. Como plantea Geddes, esta preferencia por las instituciones ineficientes se intensifica en la crisis: controlar el acceso a los recursos escasos aumenta exponencialmente el valor político del patronazgo. El colapso económico paradójicamente fortaleció el valor político del control estatal sobre los recursos remanentes.

El nivel cultural (Coronil, 1997; Briceño-León, 2018) documenta cómo la cultura rentista populista forjada durante un siglo de dependencia petrolera genera expectativas sociales de que el Estado debe proveer sin contrapartidas ciudadanas y legitima liderazgos personalistas por encima de las instituciones. Coronil conceptualizó el "Estado mágico": el aparato estatal capaz de producir aparentes milagros distributivos sin exigir esfuerzos productivos proporcionales, configurando expectativas que trascienden los ciclos políticos.

El régimen manipula estratégicamente esta representación mediante narrativas que lo eximen de responsabilidad por el colapso atribuyéndolo a los enemigos externos ("la guerra económica", "las sanciones", "el bloqueo"), preservando las expectativas de que puede revertir la crisis si se eliminan las "agresiones". Esta dimensión cultural facilita la tolerancia de los sectores que mantienen la dependencia y las expectativas de la provisión estatal por marginal que sea.

El Estilo Rentista opera como el mecanismo integrador de estos cuatro niveles analíticos. No es meramente un patrón de la gestión económica sino una arquitectura institucional-política-cultural que permite al régimen autoritario sobrevivir al colapso económico mediante la transformación de la distribución masiva de la prosperidad a la administración estratégica de la escasez. Esta transformación explica la desconexión fundamental entre el desempeño económico y la persistencia política en la Venezuela de Maduro documentada exhaustivamente en esta investigación.

Hallazgos empíricos principales: del Estilo Rentista a la criminalización del Estado

La investigación documenta empíricamente que el modelo económico madurista no es simplemente ineficiente sino deliberadamente extractivo. Los casos de Alex Saab y Álvaro Pulido en las cajas CLAP, las redes de la corrupción en PDVSA documentadas mediante los intermediarios en Turquía y las empresas fantasmas, el control militarizado del Arco Minero del Orinoco con la participación de Nicolás Maduro

Guerra, y los bonos sociales clientelares del Sistema Patria, demuestran que los contratos estatales se convirtieron en el mecanismo principal de la transferencia de la riqueza desde la sociedad venezolana hacia la coalición gobernante y sus redes asociadas.

La expresión "Venezuela se arregló", promocionada durante el segundo gobierno de Maduro, constituye una ilusión deliberada que oculta la realidad estructural del saqueo sistemático. El lavado de dinero, la corrupción transnacional y la captura institucional caracterizan más precisamente la gestión del gobierno de Maduro.

Crucialmente, la investigación documenta la participación de la coalición gobernante, especialmente la cúpula militar, en las economías ilegales que complementan y sustituyen la renta petrolera en declive. Las acusaciones del Departamento de Justicia de los Estados Unidos en marzo de 2020 contra Maduro y catorce funcionarios de alto rango —incluyendo al ministro de Defensa Vladimir Padrino López— por el narcotráfico, el narcoterrorismo y el lavado de dinero, documentan una relación de décadas con grupos armados ilegales (las FARC, el ELN) para facilitar el tráfico de hasta 250 toneladas anuales de cocaína.

InSight Crime (2018) identificó el "Cartel de los Soles" integrado por militares venezolanos que controlan el narcotráfico mediante instituciones estatales, con 123 oficiales gubernamentales vinculados y 14 instituciones del Estado comprometidas. Esta diversificación hacia las rentas ilícitas —el narcotráfico con los ingresos estimados de 5.100 millones de dólares en 2022 (8,5 % del PIB), el oro ilegal con el 91 % de la producción del Arco Minero operando ilegalmente— constituye la clave para comprender por qué el régimen mantiene cohesionada su coalición a pesar del colapso de la renta petrolera legal.

El Estilo Rentista no desapareció con la crisis económica; se degradó hacia la captura de las rentas ilegales para mantener cohesionada la coalición autoritaria. La participación en las economías ilegales genera la corresponsabilidad criminal que dificulta estructuralmente el abandono del régimen por parte de los militares, quienes enfrentarían las consecuencias legales internacionales. Esta corresponsabilidad explica por qué las sanciones individuales y las acusaciones internacionales, lejos de debilitar al régimen, lo han consolidado mediante el aumento de la dependencia mutua entre las élites cómplices.

Más allá del modelo de Dornbusch-Edwards: de la transición natural a la perpetuación autoritaria

Sin la democracia en Venezuela y consolidada la autocracia, surge una interrogante teórica fundamental: ¿el populismo muere cuando muere la democracia? Una lectura influyente —la de López Maya (2022)— sostiene que la dictadura de Maduro constituye un legado del ejercicio populista de Chávez: la fase propiamente populista correspondería al liderazgo carismático, mientras que lo que se consolida bajo Maduro se caracteriza, ante todo, como dictadura.

Comparto con López Maya la lectura de continuidad —el régimen actual es, en efecto, heredero de aquel ejercicio del poder—; mi argumento, sin embargo, desplaza el acento: sostengo que la lógica populista no se agota con la fase carismática, sino que sobrevive por otra vía —institucional y administrativa— que es la que este libro documenta, coherente con la observación de Casullo (2019) de que "el populismo siempre está a punto de morir y siempre está naciendo". Con el cambio del régimen político hacia el autoritarismo consolidado, el populismo se manifiesta persistentemente en el discurso de la Coalición Iliberal Revolucionaria, en la ideología oficial, en las instituciones capturadas, en la práctica gubernamental cotidiana y en la gestión clientelar de las políticas públicas.

La clave de esta divergencia reside en el nivel de análisis. El debate sobre la relación entre populismo y democracia se ha librado predominantemente en el plano del régimen político —¿democracia, híbrido o autoritarismo?— y en el del discurso y la representación. Mi argumento desplaza la pregunta hacia el plano donde, en el caso rentista, el populismo efectivamente se reproduce: el de la gestión pública. La formulación de la política pública es la fase indispensable —sin ella no hay implementación— y es allí donde se codifica la lógica clientelar de los instrumentos: los controles de precios y de cambio, las cajas CLAP, el Sistema Patria, la Ley Antibloqueo, los Planes de la Patria.

Pero es en la gestión —en la implementación o ejecución— donde el populismo se enquista en el aparato del Estado y se vuelve rutina: el modelo de gestión burocrático-populista, identificado por Ochoa et al. (1996) en plena democracia y radicalizado bajo Maduro, traduce ese diseño en la práctica cotidiana. Y la brecha entre lo formulado y lo ejecutado, lejos de ser una mera falla técnica, constituye un espacio político: es en la implementación donde los actores, el entramado intraburocrático y las coaliciones de poder reorientan la política hacia sus propios intereses y los del régimen, con frecuencia en perjuicio de la población (Lipsky, 1980; Fontaine, 2018). Como advierte Roth (2019), la implementación no es la ejecución neutral de lo decidido, sino el momento en que la política pública se redefine según la configuración de actores e intereses que la operan.

Y es precisamente allí, en la gestión, donde el populismo no muere con la democracia: muy por el contrario, sobrevive en la autocracia y se potencia. Porque si viviera solo de la legitimación electoral y la apelación plebiscitaria al pueblo, el colapso democrático lo extinguiría; pero al estar enquistado en la rutina del aparato público, no depende de la democracia para reproducirse. Más aún: la desaparición de los contrapesos democráticos —elecciones competitivas, rendición de cuentas, prensa independiente, alternancia— no debilita el populismo de gestión, sino que lo libera; la discrecionalidad clientelar que en democracia aún enfrentaba algún control, en autocracia opera sin freno. López Maya y Panzarelli (2012) ya habían advertido la imbricación entre populismo, rentismo y socialismo del siglo XXI en Venezuela; mi contribución avanza sobre esa intuición al especificar el mecanismo —el Estilo Rentista— mediante el cual el populismo se enquista en la gestión de la renta y sobrevive a la propia democracia que lo vio nacer.

Es la condición rentista la que vuelve estructuralmente improbable la muerte del populismo. En una economía donde el Estado capta la totalidad de la renta del subsuelo sin depender de la tributación ciudadana, la base material del clientelismo no se agota con el colapso productivo: se reorganiza. Por eso el fracaso económico —que en el modelo de Dornbusch-Edwards debía activar los mecanismos de rendición de cuentas y forzar la alternancia (Fase 4a)— queda desacoplado de la supervivencia política del régimen. El Estilo Rentista es exactamente ese desacople: la renta financia la lealtad cuando ya no puede financiar la prosperidad, y el populismo, despojado de su componente redistributivo y de su envoltura electoral, persiste como racionalidad de gestión orientada a la conservación del poder.

En este sentido, "Populismo sin democracia" no nombra una contradicción ni una fase transitoria, sino un equilibrio estable: la forma madura que adopta el populismo cuando la renta le permite prescindir de la democracia que en su origen lo legitimaba. El título del libro es, así, su tesis condensada: en un petroestado, el populismo no muere con la democracia porque nunca vivió únicamente de ella; vivió, sobre todo, de la renta.

Brewer-Carías (2023) caracteriza acertadamente este fenómeno al afirmar que en los últimos veinte años se ha instalado un sistema de populismo destructivo y autoritario operado por una "clepto-kakistocracia" que ha conducido al establecimiento de un Estado depredador que ha destruido totalmente al país. Los venezolanos han vivido, en palabras de Brewer-Carías, "un conflicto conducido por y desde el Estado y su gobierno, contra la sociedad, el país, la nación y sus instituciones y ciudadanos".

Venezuela no solo derivó en una autocracia consolidada, sino también en un país en estado de guerra interna, con sus instituciones fundamentales destruidas sistemáticamente. El populismo autoritario con el Estilo Rentista se ha transformado en un populismo de guerra, constituyendo un arma política del gobierno de Maduro y su coalición para perpetuarse indefinidamente en el poder, replicando conscientemente el modelo cubano de control político y social.

El análisis precedente se inscribe en el giro que Peruzzotti (2017a) propone para el estudio del populismo: desplazar la mirada desde el populismo como estrategia discursiva de acceso al poder —el plano privilegiado por la tradición laclauiana, cuyas limitaciones para dar cuenta del populismo en el gobierno el propio Peruzzotti (2021) ha señalado— hacia el populismo como ejercicio de gobierno y sus efectos sobre el entramado institucional. Peruzzotti caracteriza ese ejercicio como un proceso de hibridación institucional mediante el cual los liderazgos electos desmantelan, de manera gradual y selectiva, las estructuras de intermediación y los controles al Ejecutivo propios de la democracia representativa (Peruzzotti, 2017b).

Mi investigación adopta ese desplazamiento analítico, pero lo extiende en dos direcciones que el marco de la hibridación no contempla. En primer lugar, desciendo del ejercicio de gobierno a la gestión pública concreta: es en la formulación y, sobre todo, en la implementación de las políticas —el modelo de gestión burocrático-populista identificado por Ochoa et al. (1996) y radicalizado bajo Maduro— donde el populismo se vuelve rutina administrativa y se enquista en el aparato estatal. En segundo lugar, avanzo en el tiempo: mientras Peruzzotti analiza la hibridación dentro de un contexto aún democrático, yo examino qué ocurre cuando esa hibridación ha culminado en una autocracia consolidada y el populismo, despojado de su envoltura electoral, sobrevive sin democracia, sostenido por el Estilo Rentista.

Esta supervivencia no es una conjetura teórica: la documento en el repertorio de acciones y estrategias políticas que he sistematizado. Lejos de ser respuestas improvisadas al colapso, ese repertorio revela un diseño deliberado para clausurar toda salida endógena: el fraude electoral sistemático, la captura del Tribunal Supremo de Justicia y del Consejo Nacional Electoral, la represión selectiva y los presos políticos, la cooptación y fragmentación de la oposición, la hegemonía comunicacional y el cierre de medios, el control sociopolítico mediante el Sistema Patria y el Carnet de la Patria, la lealtad de la cúpula militar a cambio de acceso económico y, en el plano externo, las alianzas con potencias autocráticas.

Tomadas en conjunto, estas estrategias constituyen los micro-fundamentos empíricos de la Fase 4c que propongo: el régimen clausuró la Fase 4a —la alternancia democrática que el modelo de Dornbusch-Edwards suponía inevitable tras el colapso— y resistió la Fase 4b —la presión externa coordinada—, de modo que solo una intervención exógena logró quebrar el bloqueo estructural. El populismo venezolano no murió cuando murió la democracia; radicalizó sus prácticas de gestión y las enquistó en todo el aparato estatal, confirmando que, en un petroestado, la permanencia del régimen se juega en el entramado intraburocrático antes que en las urnas.

En esta investigación demuestro las limitaciones del modelo clásico de Dornbusch-Edwards, hallazgos que exigen una reformulación fundamental que incorpore variables políticas e institucionales ausentes en la conceptualización original. Mientras el modelo predice correctamente las Fases 1-3 del ciclo populista (la expansión fiscal insostenible, que genera desequilibrios macroeconómicos crecientes y desemboca en el colapso económico total), su Fase 4 —el cambio de régimen y el arribo del nuevo gobierno que enfrenta la economía devastada— asume implícitamente un contexto institucional democrático o semidemocrático donde el fracaso económico genera costos políticos insostenibles para el gobernante a través de mecanismos de accountability funcionales: las elecciones competitivas, la opinión pública movilizada, los medios de comunicación independientes, las instituciones de contrapeso efectivas, y la posibilidad de la alternancia política mediante la presión social interna.

Esta suposición presenta limitaciones estructurales en los regímenes autoritarios con instituciones extractivas consolidadas que han capturado completamente los mecanismos de rendición de cuentas. Propongo un Modelo Reformulado para los Contextos Autoritarios Rentistas que desagrega la Fase 4 original en tres trayectorias alternativas mutuamente excluyentes, determinadas por la configuración institucional del régimen y el grado de integración en las redes autocráticas transnacionales:

Fase 4a: Estabilización natural-democrática bajo la alternancia política. Ocurre en los sistemas democráticos funcionales o híbridos con instituciones pluralistas residuales donde el colapso económico activa los mecanismos de accountability que generan presiones internas insostenibles para el régimen populista. Las elecciones competitivas, la movilización social, la presión mediática y las instituciones de contrapeso funcionan coordinadamente para forzar la alternancia política. El nuevo gobierno democrático enfrenta la economía devastada heredada (las reservas agotadas, la inflación alta, la deuda en mora, las exportaciones colapsadas), pero cuenta con la legitimidad electoral y los consensos básicos para implementar los ajustes estabilizadores. Esta fue la trayectoria histórica de la mayoría de los episodios populistas latinoamericanos estudiados por Dornbusch-Edwards: la Argentina post-Alfonsín (1989), el Perú post-García (1990), el Brasil después de diversos ciclos expansivos. La Fase 4a representa la predicción original del modelo operando bajo las instituciones inclusivas que permiten la corrección endógena mediante la alternancia democrática.

Fase 4b: Estabilización externamente inducida mediante la presión internacional coordinada. Ocurre cuando el régimen ha logrado la captura significativa de las instituciones democráticas (bloqueando los mecanismos internos de accountability de la Fase 4a), pero aún no ha consolidado completamente el autoritarismo ni ha desarrollado fuentes alternativas de sostenibilidad externa suficientes para resistir el aislamiento internacional prolongado. En este escenario, únicamente la presión externa coordinada y sistémica —que incluya el aislamiento económico mediante las sanciones secundarias efectivas, la coordinación diplomática internacional amplia con la amenaza creíble de la intervención multilateral, la presión militar disuasiva que aumente los costos de la represión, el apoyo sistemático a la resistencia interna con los recursos y el reconocimiento internacional, los incentivos materiales para la defección de las élites militares y empresariales, y el bloqueo de las fuentes alternativas del financiamiento proporcionadas por los regímenes autoritarios aliados— puede generar las condiciones mínimas para la transición hacia la estabilización.

La Fase 4b requiere voluntad política internacional sostenida, coordinación diplomática excepcional entre múltiples actores (los Estados Unidos, la Unión Europea, las democracias latinoamericanas, los organismos multilaterales), y la capacidad de mantener la presión durante períodos prolongados (años, no meses) hasta que las fisuras internas del régimen y el agotamiento de sus fuentes de la sostenibilidad externa generen las condiciones para la transición negociada o el colapso del autoritarismo. Esta fase es extraordinariamente difícil de materializar y depende de factores geopolíticos frecuentemente fuera del control de los actores democráticos.

Fase 4c: Perpetuación autoritaria mediante las instituciones extractivas y las redes transnacionales. Ocurre cuando el régimen ha consolidado completamente las instituciones extractivas bloqueando todos los mecanismos democráticos de accountability (eliminando la alternancia electoral, capturando el poder judicial y electoral, militarizando el Estado, reprimiendo los medios independientes), y simultáneamente ha desarrollado las fuentes alternativas de la sostenibilidad externa mediante la integración plena en las redes autocráticas transnacionales que neutralizan el aislamiento occidental.

En esta trayectoria, el régimen perpetúa indefinidamente las fases disfuncionales del populismo (la contracción económica, la hiperinflación, el empobrecimiento masivo) sin que esto genere costos políticos que forzarían su salida. El Estilo Rentista se transforma: de distribuidor de la prosperidad mediante el clientelismo masivo durante el boom, a administrador estratégico de la escasez mediante la distribución selectiva focalizada en los sectores que garantizan la supervivencia autoritaria (los militares que controlan los sectores extractivos, los operadores de las economías ilegales, los tecnócratas represivos).

La Fase 4c representa la situación donde ninguna de las dos trayectorias estabilizadoras se materializa: ni la alternancia democrática interna (bloqueada por el autoritarismo consolidado) ni la presión externa coordinada efectiva (neutralizada por las redes autocráticas transnacionales). El régimen opera indefinidamente en las condiciones de la crisis económica permanente, financiando su supervivencia mediante la combinación de las rentas extractivas residuales (el petróleo colapsado pero aún existente), la diversificación hacia las economías ilegales (el narcotráfico, la minería criminal, el contrabando), y el respaldo externo de los regímenes autoritarios aliados (China, Rusia, Irán, Cuba, Turquía) que proporcionan el financiamiento, el armamento, la tecnología represiva, y la evasión de las sanciones occidentales.

Venezuela bajo Maduro ejemplifica paradigmáticamente la Fase 4c: El régimen bloqueó la Fase 4a mediante la destrucción sistemática de las instituciones democráticas (la captura del TSJ, el CNE, la AN, la Contraloría, la Fiscalía, la militarización del Estado, la represión de los medios independientes, la criminalización de los partidos opositores), y ha resistido exitosamente la Fase 4b mediante la integración plena en las redes autocráticas transnacionales que le proporcionan la sostenibilidad externa a pesar de las sanciones estadounidenses y europeas.

China le otorgó aproximadamente 59.000 millones de dólares en los préstamos respaldados con el petróleo entre 2007-2015 y elevó la relación a "asociación estratégica a toda prueba" en 2023 (Diálogo Interamericano, 2023); Cuba proporciona unos 5.600 asesores militares y de inteligencia (el G2) que penetran el SEBIN, la DGCIM y el CESPPA (El Tiempo, 2020); Rusia ha vendido el armamento por 11.000 millones de dólares y asesora en la evasión de las sanciones petroleras (Infobae, 8 de febrero de 2020); Irán asesora en la refinación del crudo y la evasión de las sanciones mediante los buques sin transponder (Infobae, 10 de enero de 2025); Turquía facilita la comercialización opaca del oro venezolano (Runrun.es, 14 de marzo de 2019). Esta red transnacional proporciona al régimen la capacidad de resistir al aislamiento occidental indefinidamente.

Las contribuciones teóricas fundamentales de esta investigación

Esta investigación ha generado cuatro contribuciones teóricas originales que trascienden el caso venezolano y proporcionan herramientas conceptuales aplicables al análisis comparado de las autocracias extractivas contemporáneas:

Primera contribución: El desarrollo del Estilo Rentista como la categoría analítica central para comprender las dinámicas políticas donde las autocracias extractivas perpetúan el populismo despojado completamente de sus componentes democratizadores. Demuestro que el populismo puede sobrevivir y transformarse en los contextos autoritarios consolidados mediante la subordinación de la racionalidad económica a la racionalidad política de supervivencia del régimen.

El Estilo Rentista no es meramente un patrón de la gestión económica sino una arquitectura institucional-política-cultural que integra simultáneamente: las instituciones económicas extractivas (el control discrecional de las rentas sin rendición de cuentas), las instituciones políticas extractivas (la concentración del poder sin controles democráticos), la diversificación hacia las economías ilegales (el narcotráfico, la minería criminal, el contrabando), y la reproducción de las expectativas culturales rentistas que legitiman el personalismo político y la dependencia estatal. Esta categoría permite analizar no solo el caso venezolano sino otros contextos donde los regímenes autoritarios mantienen el discurso populista mientras operan mediante la represión y la captura criminal de los recursos.

Segunda contribución: La proposición de un marco alternativo que va más allá del modelo de Dornbusch-Edwards para los contextos autoritarios, demostrando que los regímenes integrados en las redes transnacionales de apoyo mutuo entre autocracias pueden bloquear indefinidamente los mecanismos endógenos de corrección asumidos por el modelo clásico.

Mi reformulación incorpora cuatro dimensiones analíticas ausentes en el modelo original: la naturaleza del régimen político (la autocracia versus la democracia) que determina si las presiones económicas pueden traducirse en cambios políticos; el rol de las instituciones extractivas deliberadamente diseñadas para la captura de rentas que transforman la aparente ineficiencia económica en racionalidad política; la integración en las redes autocráticas transnacionales que proporcionan el respaldo externo compensando las presiones democratizadoras internas; y la diversificación de las fuentes extractivas desde las rentas legales hacia las rentas ilegales que permite financiar coaliciones mínimas independientemente del colapso que afecta a las mayorías excluidas.

La desagregación de la Fase 4 en tres trayectorias alternativas (4a democrática, 4b externamente inducida, 4c autoritaria perpetua) constituye un aporte conceptual fundamental para comprender por qué algunos regímenes populistas colapsan mientras otros se perpetúan indefinidamente.

Tercera contribución: La documentación empírica exhaustiva mediante el caso paradigmático de PDVSA de cómo la gestión burocrático-populista transforma deliberadamente las empresas estatales en las instituciones extractivas diseñadas para la captura de las rentas por las coaliciones gobernantes.

El modelo de gestión burocrático-populista fue identificado originalmente por Ochoa et al. (1996) para analizar la administración pública venezolana durante el período democrático, explorando variables como: los sujetos y procesos de decisión (partidos políticos y empresarios), la centralización de las decisiones, la regulación excesiva y débil control, el crecimiento burocrático, la administración de personal clientelar, y la planificación como instrumento de legitimación. Ochoa y Fuenmayor (2006) continuaron desarrollando este modelo analizando los primeros años del chavismo. Fuenmayor (2018) describió el proceso de descentralización político-territorial que se desarrolló en Venezuela durante los años 90, en el contexto de una democracia representativa con elementos de democracia participativa.

Este libro demuestra cómo estos rasgos identificados en contextos democráticos se radicalizan bajo el autoritarismo consolidado de Maduro, transformándose de ineficiencia administrativa en democracia hacia un diseño extractivo deliberado en autocracia.

La contribución teórica original de esta investigación consiste precisamente en aplicar el modelo de gestión burocrático-populista al contexto autocrático y demostrar su metamorfosis: bajo Maduro, se manifiestan como (1) centralización extrema de las decisiones eliminando toda autonomía técnica y concentrando el poder en la cúpula militar, (2) politización radical del personal destruyendo completamente la meritocracia mediante criterios exclusivos de lealtad ideológica, (3) clientelismo discrecional como sistema de asignación de recursos basado en la participación en redes del saqueo, (4) opacidad institucionalizada que impide cualquier forma de rendición de cuentas mediante marcos legales como la ley antibloqueo, (5) eliminación absoluta de la evaluación técnica por desempeño destruyendo todos los incentivos para la eficiencia, y (6) instrumentalización ideológica mediante las narrativas de la soberanía y el antiimperialismo. Estos calificativos —extrema, radical, discrecional, institucionalizada, absoluta, ideológica— representan aportes conceptuales de esta investigación que describen la metamorfosis del modelo bajo autoritarismo.

Demuestro que la aparente destrucción de la capacidad productiva (PDVSA pasó de producir 3,3 millones de barriles diarios en 1998 a menos de 900.000 barriles diarios en 2025, una caída superior al 70 %) no constituye incompetencia gerencial sino la racionalidad política desde la lógica de la supervivencia autoritaria. Estos rasgos radicalizados se manifiestan paradigmáticamente en PDVSA y posteriormente se replican en todo el sector extractivo venezolano (el Arco Minero del Orinoco, el sistema de las criptomonedas estatales, las cajas CLAP), confirmando que la gestión burocrático-populista transforma las empresas estatales en las instituciones extractivas permanentes del autoritarismo.

Cuarta contribución: La innovación metodológica replicable mediante el uso sistemático del periodismo de investigación de alto rigor documental de Armando.info como una fuente primaria en los contextos de la opacidad institucionalizada absoluta, en articulación con los datos empíricos, las cifras oficiales y las demás fuentes documentales que sustentan esta investigación. Demuestro que esta estrategia proporciona la evidencia empírica comparable —y en muchos aspectos superior— a la documentación oficial en las democracias transparentes.

La participación de Armando.info en los proyectos colaborativos internacionales (Panama Papers, Paradise Papers, FinCEN Files, Suisse Secrets) le proporcionó el acceso privilegiado a millones de documentos filtrados de bancos internacionales, firmas de servicios offshore y registros corporativos confidenciales, permitiendo documentar con nombres específicos, montos exactos, fechas precisas, redes empresariales complejas y mecanismos operativos detallados el funcionamiento real del Estilo Rentista. Esta innovación metodológica puede ser replicada por otros investigadores de los regímenes autoritarios opacos mediante el uso estratégico del periodismo de investigación riguroso como una fuente primaria académica.

Más allá del modelo de Dornbusch-Edwards: Venezuela como caso de autoritarismo extractivo rentista

Venezuela representa no simplemente una "anomalía" temporal del modelo de Dornbusch-Edwards, sino una nueva categoría teórica: el autoritarismo extractivo rentista que puede perpetuar indefinidamente las fases disfuncionales del desarrollo económico mediante la captura institucional completa, la diversificación de las fuentes extractivas hacia las economías legales e ilegales, y la integración en las redes autocráticas transnacionales que proporcionan la sostenibilidad externa al autoritarismo interno. El caso venezolano establece un precedente extraordinariamente peligroso para otros contextos latinoamericanos con las características estructurales similares: la abundancia de recursos naturales que facilita los Estados rentistas, las tradiciones populistas históricas que legitiman la concentración del poder, las instituciones democráticas débiles susceptibles a la captura autoritaria y el potencial de la integración estratégica en las redes transnacionales autocráticas.

La tragedia venezolana proporciona la evidencia empírica de que la democracia, una vez capturada por las coaliciones extractivas suficientemente consolidadas con el acceso a las rentas extraordinarias y el respaldo autocrático transnacional, puede no recuperarse por medios internos durante períodos históricamente prolongados y enfrenta limitaciones estructurales significativas incluso ante la aplicación de la presión externa máxima coordinada.

El análisis demuestra que solo una combinación excepcional de la presión internacional coordinada —que incluya el aislamiento económico total con las sanciones secundarias efectivas, la coordinación diplomática internacional amplia, la presión militar disuasiva creíble, el apoyo sistemático a la resistencia interna, los incentivos para la defección de las élites militares, y la neutralización simultánea de las fuentes alternativas de la sostenibilidad proporcionadas por las redes autocráticas transnacionales— puede generar condiciones mínimas para una transición externamente inducida hacia la Fase 4b. Sin estos elementos operando simultáneamente, Venezuela continuará siendo indefinidamente un caso de la excepción permanente al modelo de Dornbusch-Edwards, perpetuando la Fase 4c.

Conviene distinguir mi tesis de dos explicaciones rivales. La primera reduce la permanencia de Maduro a la pura coerción: si el régimen sigue en pie, se afirma, es solo porque reprime. La represión es, sin duda, un pilar, y así lo documento; pero no explica por sí sola por qué la coalición gobernante no se ha fracturado ni por qué el régimen ha sabido reconvertir su base rentista. La segunda atribuye el colapso económico a las sanciones internacionales y no al modelo. Los datos lo desmienten: la caída de la producción petrolera, la fuga de personal calificado y el desplome de PDVSA comenzaron años antes de las sanciones financieras de 2017 y de las petroleras de 2019, y responden a decisiones políticas internas que el Estilo Rentista permite explicar. Las sanciones agravaron la crisis; no la originaron.

Esta dimensión criminal encuentra eco en la obra de Moisés Naím. En *Ilícito* (2005) advirtió cómo las economías ilegales transnacionales se entrelazan con el poder estatal, y en su ensayo "Estados mafiosos" (2012) describió aquellos gobiernos en los que altos funcionarios dejan de limitarse a tolerar el crimen organizado para convertirse en sus actores centrales, de modo que la defensa de esos negocios ilícitos pasa a ser una prioridad oficial. El Cartel de los Soles, la militarización del Arco Minero y los esquemas de lavado revelados en el caso de Tareck El Aissami no son desviaciones del sistema, sino parte de su arquitectura. Mi noción de criminalización institucional dialoga con la de Naím, pero la especifica para el caso venezolano: aquí el entramado criminal no captura un Estado preexistente, sino que se entrelaza con el Estilo Rentista hasta volverse indistinguible de él.

Orientaciones para la futura recuperación democrática

Reconocer la magnitud de la tragedia no debe conducir a la resignación sino a la claridad sobre las condiciones necesarias para la recuperación democrática. La lección fundamental de esta investigación es que Venezuela no podrá recuperar y consolidar la democracia únicamente mediante el cambio del gobierno. Se requiere una transformación institucional integral que desmantele deliberadamente las estructuras de la gestión pública que facilitaron y consolidaron el autoritarismo. Superar el Estilo Rentista y el petropopulismo requiere necesariamente un acuerdo fundamental entre los actores políticos y sociales para desarrollar un proyecto de país sustentable que supere las prácticas populistas y clientelares enquistadas. Sin embargo, antes de cualquier proyecto de la reconstrucción nacional, resulta absolutamente clave rescatar la democracia, el Estado de Derecho y las instituciones que hagan posible una verdadera alternancia política y la rendición de cuentas efectiva.

La transformación institucional requerida debe atacar sistemáticamente cada uno de los rasgos del modelo de gestión burocrático-populista —identificados originalmente por Ochoa et al. (1996) y desarrollados posteriormente por Ochoa y Fuenmayor (2006)— que este libro demuestra se radicalizaron bajo el autoritarismo de Maduro facilitando la autocracia extractiva: la descentralización político-territorial efectiva como la prioridad absoluta para revertir la centralización extrema del poder, la profesionalización meritocrática del personal público para deshacer la politización radical, la gestión orientada a resultados con evaluación sistemática para eliminar el clientelismo extractivo, la rendición de cuentas rigurosa mediante la transparencia activa y las auditorías independientes para desmantelar la opacidad institucionalizada, y la participación ciudadana efectiva institucionalizada.

La descentralización emerge como el componente crítico porque ataca directamente la raíz del problema: la centralización extrema que facilita el Estilo Rentista y el control político-partidista discrecional. Retomar el proceso de la descentralización político-territorial que se desarrolló en Venezuela durante los años 90 en el contexto de la democracia representativa con elementos de democracia participativa —documentado en Fuenmayor (2018)— constituye una necesidad estratégica fundamental para la reconstrucción democrática futura y para prevenir la repetición de este modelo destructivo.

La transformación no será fácil ni rápida. Requiere voluntad política sostenida, consensos básicos multipartidistas, recursos significativos, liderazgos técnico-políticos comprometidos, y paciencia estratégica. Los riesgos son múltiples: la reproducción del clientelismo, la tecnocracia sin la democracia, el sabotaje interno, la impaciencia política y la recentralización sigilosa. Pero el costo de no transformar el modelo de la gestión pública sería aún mayor: condenar a Venezuela a repetir los ciclos del autoritarismo cada vez que surja un líder populista con el acceso a los recursos extraordinarios. Sin la democracia funcional, ninguna transformación de la gestión pública será sostenible; pero sin la transformación de la gestión pública, ninguna democracia recuperada será robusta ante los futuros intentos de la captura autoritaria.

Límites y agenda futura

Toda investigación tiene fronteras, y reconozco las de esta. La principal no está en la calidad de mis fuentes —el rigor de Armando.info y su triangulación con Foro Penal, Provea, HumVenezuela y las cifras oficiales del Banco Central de Venezuela y de la Asamblea Nacional respaldan cada afirmación—, sino en la naturaleza misma de lo que estudio: el carácter clandestino de buena parte de las economías que describo —la minería del Arco Minero, el contrabando de oro, las redes de lavado— impone un margen de opacidad que ningún investigador puede despejar por completo. Dejo abiertas tres líneas de trabajo: la verificación del modelo de la Fase 4c en otros petroestados autoritarios; el estudio comparado de la perpetuación del poder en la Nicaragua de Ortega y Murillo; y el seguimiento del desenlace abierto por la captura de Maduro en enero de 2026, cuyo alcance institucional aún no puede evaluarse.

Una precisión necesaria: documentar y analizar la captura de Maduro del 3 de enero de 2026 no implica emitir un juicio sobre la legalidad o la legitimidad de la operación militar estadounidense que la hizo posible. Ese debate jurídico y normativo —sobre soberanía, derecho internacional y los límites del intervencionismo— excede el objeto de este libro. Mi propósito es explicar cómo y por qué el régimen llegó hasta ese punto, no pronunciarme sobre los medios de su desenlace.

Reflexión final y transición a la validación empírica posterior

Como investigadora comprometida con la precisión empírica y la relevancia social, tengo la responsabilidad intelectual de reconocer cuando la realidad empírica desafía sistemáticamente mis marcos teóricos establecidos y exige la reformulación conceptual fundamental. Venezuela bajo Maduro representa no solo el fracaso catastrófico de un modelo económico específico, sino la demostración empírica más clara de cómo las instituciones extractivas pueden evolucionar hacia las formas de la perpetuación que desafían tanto la racionalidad económica como los modelos clásicos de la transición política.

La investigación principal de este libro concluye en septiembre de 2023 con Venezuela operando en la Fase 4c de la perpetuación autoritaria, con Maduro atrincherado mediante las instituciones extractivas consolidadas, la diversificación hacia las economías ilegales, y la integración en las redes autocráticas transnacionales. Si mi marco teórico multinivel es correcto, formulo las siguientes predicciones verificables sobre los acontecimientos posteriores:

Primera predicción: El régimen impedirá sistemáticamente la competencia electoral genuina mediante la inhabilitación de candidatos opositores viables, la obstrucción de los procesos de inscripción, la manipulación del padrón electoral, o —si las presiones internas e internacionales hacen inevitable la realización de las elecciones— la perpetración del fraude masivo que invalide los resultados desfavorables al oficialismo.

Segunda predicción: El régimen reforzará las instituciones extractivas en los sectores estratégicos (PDVSA, el Arco Minero del Orinoco) mediante la mayor militarización, la opacidad institucionalizada, la criminalización de trabajadores técnicos disidentes, y la expansión de alianzas con corporaciones de regímenes autoritarios que faciliten la evasión de las sanciones y la captura de las rentas ilegales.

Tercera predicción: Ante la resistencia interna significativa o las amenazas externas a su permanencia, el régimen intensificará la represión mediante detenciones masivas de opositores, torturas sistemáticas, desapariciones forzadas y la legislación que criminalice anticipadamente cualquier forma de disenso, confirmando que el control coercitivo es la condición necesaria para mantener las instituciones extractivas operando indefinidamente.

Los acontecimientos ocurridos entre julio de 2024 y junio de 2026 —posteriores a la conclusión de la investigación principal en septiembre de 2023— proporcionan un laboratorio natural excepcional para validar empíricamente estas predicciones teóricas. El fraude electoral masivo del 28 de julio de 2024, la represión sistemática posterior con más de 3.000 detenciones políticas documentadas por Foro Penal, la designación de Gustavo González López (exdirector del SEBIN) como presidente de PDVSA en octubre de 2025, la designación oficial del "Cartel de los Soles" como organización terrorista por los Estados Unidos en julio de 2025, y el Premio Nobel de la Paz 2025 otorgado a María Corina Machado, constituyen la evidencia empírica contundente coherente con mi marco teórico sobre la imposibilidad de la transición endógena y la consolidación irreversible del modelo extractivo bajo la integración estratégica en las redes autocráticas transnacionales.

Los tres epílogos que siguen documentan exhaustivamente estos acontecimientos y su significación teórica para la comprensión del autoritarismo extractivo rentista como la nueva categoría analítica en la literatura sobre el populismo, las transiciones y la economía política del desarrollo.

Regresando a la interrogante que abrió esta investigación: ¿Qué sucede con el populismo cuando la democracia se desvanece? ¿Muere con ella, se transforma o, por el contrario, encuentra en las ruinas del sistema democrático el terreno fértil para una mutación más autoritaria y depredadora? La experiencia venezolana bajo el régimen de Nicolás Maduro (2013-2025) proporciona una respuesta empíricamente fundamentada que refuta décadas de literatura académica que vinculó el populismo exclusivamente con procesos democratizadores o con formas de autoritarismo competitivo que mantienen espacios de pluralismo político. El populismo venezolano no murió con el colapso de la democracia; por el contrario, se metamorfoseó mediante el Estilo Rentista en el sistema operativo fundamental de una autocracia consolidada.

Esta metamorfosis operó en dos dimensiones simultáneas: transformó las instituciones democráticas formalmente preservadas en instrumentos de legitimación del poder autocrático, y encontró en las ruinas del sistema democrático el terreno fértil para una mutación donde el discurso populista sobrevive despojado de sus componentes redistributivos, operando exclusivamente mediante la represión sistemática, el control criminal de recursos extractivos, y la captura transnacional de tecnologías autoritarias. Las 77 investigaciones periodísticas de Armando.info utilizadas en este libro demuestran empíricamente que el "Populismo sin democracia" no constituye una fase transitoria sino una forma estable y consolidada del autoritarismo extractivo del siglo XXI, donde la retórica de reivindicación popular coexiste funcionalmente con mecanismos sistemáticos de expoliación que concentran la riqueza en élites político-militares integradas en redes transnacionales de criminalidad organizada.

Esta investigación confirma que el Estilo Rentista, lejos de ser una anomalía venezolana, representa un modelo exportable de gobernanza autocrática que combina legitimación discursiva populista con prácticas extractivas que vacían sistemáticamente las instituciones democráticas de toda capacidad de control, transparencia y rendición de cuentas. Venezuela bajo Maduro valida empíricamente las tres primeras fases del modelo de Dornbusch-Edwards, pero va más allá del modelo al demostrar que la cuarta fase (cambio de gobierno o estabilización ortodoxa) no es inevitable en contextos autocráticos cuando el Estilo Rentista opera mediante el control absoluto de instituciones, la captura extractiva de recursos rentísticos, y la integración en redes autocráticas transnacionales.

En esta investigación complemento y expando el modelo clásico incorporando variables político-institucionales ausentes en la formulación original de Dornbusch-Edwards: el control autocrático de instituciones, la captura extractiva de recursos rentísticos, y la integración en redes autocráticas transnacionales (Autocracy, Inc.) que proporcionan respaldo mutuo. La metamorfosis del populismo venezolano confirma que este fenómeno constituye una amenaza estructural para la democracia en América Latina y el mundo cuando opera en contextos de autoritarismo extractivo consolidado.

EPÍLOGO 1

Del fraude electoral a la captura de Maduro (julio de 2024 a enero de 2026): Evidencia empírica contundente de la reformulación del modelo de Dornbusch-Edwards y las interrogantes de la transición bajo Autocracy, Inc.

Venezuela no constituye una anomalía aislada en el panorama político contemporáneo, sino un caso paradigmático de las tendencias globales de autocratización que caracterizan el siglo XXI. Solo el 6,6 % de la población mundial vive actualmente en democracias plenas, mientras que el 72 % vive bajo regímenes autocráticos, según documenta el V-Dem Institute (2025). Por primera vez en 20 años, el número de autocracias (91 países) ha superado al de democracias (88 países), marcando un punto de inflexión histórico en el retroceso democrático global. Este fenómeno no representa simplemente la acumulación de fracasos nacionales aislados, sino un proceso sistémico donde los regímenes autoritarios han desarrollado estrategias sofisticadas de supervivencia mediante la integración en redes transnacionales de apoyo mutuo que neutralizan efectivamente las presiones democratizadoras tradicionales.

Anne Applebaum (2024) conceptualiza este fenómeno como Autocracy, Inc.: una red global de regímenes autoritarios —Rusia, China, Irán, Cuba, Bielorrusia, Corea del Norte— que proporcionan apoyo material, tecnológico, militar y diplomático recíproco, creando un ecosistema integrado donde la supervivencia de cada régimen depende del sostén mutuo que recibe de otros miembros de esta arquitectura transnacional. A diferencia de las autocracias del siglo XX que operaban en relativo aislamiento geopolítico, las autocracias contemporáneas han desarrollado mecanismos de coordinación que incluyen transferencias de tecnología represiva, asistencia financiera que evade sanciones internacionales, respaldo diplomático en organismos multilaterales, intercambio de mejores prácticas de control social, y protección recíproca frente a mecanismos tradicionales de rendición de cuentas internacionales.

La conceptualización de Inmaculada Szmolka Vida (2010, 2011) sobre los regímenes políticos híbridos proporciona las herramientas analíticas necesarias para comprender la trayectoria venezolana dentro de este contexto global de autocratización. Szmolka Vida distingue entre autoritarismos hegemónicos restrictivos —donde persisten ciertos espacios de competencia electoral controlada, libertades civiles limitadas y medios de comunicación parcialmente independientes que funcionan como válvulas de escape del descontento social— y autoritarismos cerrados que eliminan completamente estas válvulas democráticas residuales, monopolizando absolutamente el poder mediante represión masiva sistemática, aniquilación de la oposición política organizada y control totalitario de la información. Esta distinción tipológica resulta crucial para comprender la transición cualitativa que Venezuela experimenta durante el período 2024-2025.

El modelo de Dornbusch-Edwards (1991) sobre los ciclos del populismo macroeconómico postula que las experiencias populistas latinoamericanas atraviesan inevitablemente cuatro fases: primero, expansión inicial mediante políticas fiscales y monetarias expansivas que generan crecimiento temporal; segundo, emergencia de desequilibrios macroeconómicos cuando la capacidad ociosa se agota y aparecen presiones inflacionarias; tercero, crisis aguda caracterizada por hiperinflación, escasez generalizada, colapso de reservas internacionales y deterioro severo del nivel de vida; y cuarto, estabilización ortodoxa mediante cambio de gobierno o rectificación de políticas económicas que implementan ajustes fiscales, monetarios y cambiarios para restaurar equilibrios macroeconómicos básicos.

El modelo asumía implícitamente que esta Fase 4 emergería naturalmente como respuesta endógena a la insostenibilidad económica de las fases anteriores, ya sea mediante presiones políticas internas que forzaran alternancia democrática —como ocurrió en Argentina tras el gobierno de Alfonsín, en Perú tras el primer gobierno de Alan García, o en Brasil tras el Plan Cruzado— o mediante rectificación de políticas por parte del mismo gobierno populista cuando reconociera la insostenibilidad del modelo.

Sin embargo, demuestro empíricamente que esta transición natural hacia la Fase 4 puede ser estructuralmente bloqueada cuando confluyen tres variables críticas que operan sinérgicamente: primero, consolidación de control autocrático de las instituciones políticas que elimina los mecanismos democráticos de alternancia y rendición de cuentas; segundo, captura extractiva de recursos rentísticos del Estado que proporciona ingresos suficientes para mantener la coalición gobernante sin requerir políticas económicas ortodoxas; y tercero, integración en redes autocráticas transnacionales que proporcionan respaldo financiero, tecnológico y diplomático que compensa parcialmente el deterioro de la economía doméstica y el aislamiento occidental. Los acontecimientos documentados durante el período de julio de 2024 a enero de 2026 proporcionan la evidencia empírica que demuestra las limitaciones estructurales del modelo clásico.

Esta evidencia me lleva a proponer una reformulación teórica fundamental que va más allá del modelo de Dornbusch-Edwards, incorporando variables político-institucionales ausentes en la conceptualización original. Propongo un Modelo de Dornbusch-Edwards Reformulado para contextos autoritarios que distingue tres variantes posibles de Fase 4: Fase 4a de estabilización natural-democrática bajo alternancia política generada por presiones internas que operan en sistemas democráticos funcionales donde la competencia electoral genuina permite que el descontento económico se traduzca en cambio de gobierno; Fase 4b de estabilización externamente inducida mediante presión internacional coordinada que supere la resistencia autoritaria, forzando artificialmente una transición que el régimen no implementaría voluntariamente; y Fase 4c de perpetuación autoritaria con mantenimiento indefinido de políticas extractivas bajo la consolidación autocrática que bloquea sistemáticamente tanto la vía natural democrática como la vía artificialmente inducida desde el exterior.

Venezuela bajo Maduro ejemplifica claramente esta Fase 4c, bloqueando exitosamente tanto la vía democrática interna mediante el fraude electoral masivo y la represión sistemática, como resistiendo las presiones externas mediante la integración estratégica en Autocracy, Inc.

Esta lógica de permanencia a cualquier costo coincide con lo que Applebaum (2024) recoge como el "modelo Maduro" —término acuñado por el activista Srđa Popović—: los autócratas que lo adoptan están dispuestos a aceptar la ruina económica, la pobreza generalizada y el aislamiento internacional con tal de conservar el poder, pues su prioridad no es generar prosperidad sino perpetuarse. La Fase 4c que propongo formaliza teóricamente esa intuición: el régimen no persiste a pesar del colapso, sino que se reorganiza sobre él.

El fraude electoral del 28 de julio de 2024: evidencia empírica del bloqueo estructural de la transición democrática

El 28 de julio de 2024, el Consejo Nacional Electoral (CNE) proclamó como ganador a Nicolás Maduro con el 51,20 % de los votos frente al 44,2 % de Edmundo González Urrutia, sin presentar las actas de escrutinio que respaldaran dichos resultados. Sin embargo, más de 600.000 testigos voluntarios de la oposición lograron documentar el 83,5 % de las actas electorales, las cuales fueron publicadas en una plataforma digital para verificación ciudadana. El análisis independiente de estas actas reveló que González Urrutia había obtenido aproximadamente el 67 % de los votos mientras que Maduro alcanzó solo el 30 %, evidenciando una victoria contundente de la oposición y confirmando que los resultados oficiales del CNE constituían un fraude electoral de proporciones masivas (Newtral, septiembre de 2024; WOLA, agosto de 2024; The Washington Post, 4 de agosto de 2024; Associated Press, 2 de agosto de 2024; Panel de Expertos Electorales de la ONU, agosto de 2024).

La documentación del fraude electoral fue reconocida internacionalmente por múltiples organizaciones especializadas en observación electoral. Las elecciones venezolanas de 2024 no cumplieron con los estándares internacionales de integridad electoral y no pueden considerarse democráticas, concluyó el Centro Carter (2025). El informe enfatizó que el proceso careció de transparencia básica y que la ausencia de publicación de actas desagregadas por centro de votación imposibilitó cualquier verificación independiente de los resultados anunciados por las autoridades electorales chavistas. Crucialmente, el Centro Carter (2025) validó la autenticidad de las actas electorales publicadas por la oposición, determinando mediante análisis forenses realizados por expertos internacionales independientes que eran genuinas, confirmando así que el fraude electoral puede ser demostrado matemáticamente mediante evidencia documental irrefutable.

El Consejo Nacional Electoral falló en liberar las actas oficiales de escrutinio y no condujo las auditorías requeridas ni los procesos de verificación ciudadana mandatados por ley, violando sistemáticamente los procedimientos establecidos en la propia legislación electoral venezolana que el chavismo había diseñado instrumentalmente para proyectar una apariencia de legalidad, documenta, además, el Centro Carter (2025). Esta evidencia empírica del fraude electoral por organismos internacionales independientes, combinada con la documentación matemática irrefutable proporcionada por las actas originales recopiladas por la oposición, confirma la tesis central sobre la metamorfosis del populismo venezolano en una forma específica de autoritarismo extractivo del siglo XXI: el régimen madurista ya no requiere legitimidad electoral genuina para perpetuarse en el poder, habiendo transitado completamente desde mecanismos de legitimación plebiscitaria hacia una dependencia exclusiva de mecanismos coercitivos internos combinados con el apoyo externo de la red autocrática transnacional descrita por Applebaum.

Este fraude electoral ocurrió en el contexto de una crisis económica prolongada que se extendió por nueve años consecutivos, produciendo una contracción acumulada del PIB del 75 % entre 2013 y 2021 (CEPAL, 2021; FMI, diciembre de 2022), forzando el éxodo masivo de cerca de 7,9 millones de venezolanos según estimaciones de ENCOVI (2025) y ACNUR (2025), y generando niveles de pobreza superiores al 80 % de la población según el propio régimen. La evidencia del fraude desencadenó protestas ciudadanas que fueron respondidas con represión masiva poselectoral (Human Rights Watch, abril de 2025), caracterizada por asesinatos extrajudiciales, desapariciones forzadas, detenciones arbitrarias masivas y torturas sistemáticas, consolidando definitivamente la transición del régimen hacia una dictadura plena comparable con los regímenes más represivos de América Latina.

La inhabilitación de María Corina Machado y la estrategia autocrática de la eliminación sistemática de la competencia electoral genuina

El fraude electoral del 28 de julio de 2024 no puede comprenderse adecuadamente sin examinar la sofisticada estrategia autocrática desplegada por el régimen madurista durante los meses previos para neutralizar sistemáticamente cualquier posibilidad de competencia electoral genuina. Esta estrategia multietapa demuestra empíricamente cómo los autoritarismos contemporáneos han desarrollado mecanismos jurídico-institucionales que mantienen apariencias de legalidad formal mientras eliminan efectivamente la posibilidad de alternancia democrática, coherente con las conceptualizaciones teóricas de Szmolka Vida sobre la transición de autoritarismos hegemónicos restrictivos hacia autoritarismos cerrados mediante la clausura progresiva de espacios democráticos residuales.

María Corina Machado había emergido como la figura opositora más significativa tras obtener más del 90 % de los votos en las elecciones primarias de la oposición realizadas el 22 de octubre de 2023, donde participaron más de 2,4 millones de venezolanos a pesar de múltiples restricciones impuestas por el régimen (Comisión Nacional de Primarias, octubre de 2023; CNN en Español, octubre de 2023). Su victoria arrolladora en las primarias demostró una capacidad de movilización ciudadana que no se observaba en Venezuela desde hacía años, generando expectativas generalizadas de cambio político que amenazaban directamente la supervivencia del régimen madurista.

Sin embargo, el Tribunal Supremo de Justicia, controlado completamente por el chavismo, ratificó el 26 de enero de 2024 una inhabilitación política de 15 años contra Machado, basándose en una resolución previa de la CGR del 16 de septiembre de 2021 que la acusaba de ser partícipe de la trama de corrupción orquestada por Juan Antonio Guaidó y de haber propiciado el bloqueo criminal a la República Bolivariana de Venezuela mediante su supuesto apoyo a sanciones internacionales (TSJ, enero de 2024; TalCual, enero de 2024).

La sentencia del TSJ ejemplifica perfectamente el mecanismo autocrático de instrumentalización de las instituciones formalmente legales para propósitos represivos que caracterizan a los autoritarismos contemporáneos del siglo XXI. El régimen madurista no simplemente ignoró la voluntad electoral expresada en las primarias opositoras, sino que utilizó el aparato judicial para crear una apariencia de legalidad en una decisión fundamentalmente política de eliminación de competencia electoral.

Este mecanismo resulta particularmente efectivo en contextos autocráticos porque permite al régimen mantener discursivamente el argumento de que simplemente aplica la legislación vigente, mientras que sustantivamente elimina cualquier posibilidad de competencia política genuina mediante la manipulación instrumental del marco jurídico. La inhabilitación de Machado por parte del TSJ violó además los Acuerdos de Barbados firmados en octubre de 2023 entre el gobierno de

Maduro y la Plataforma Unitaria Democrática bajo mediación noruega, los cuales establecían compromisos específicos de garantías electorales y permitían a candidatos inhabilitados apelar sus prohibiciones mediante un mecanismo especial creado bajo presión estadounidense e internacional (International Crisis Group, octubre de 2023; Prodavinci, octubre de 2023; La República, diciembre de 2023; WOLA, febrero de 2024).

Ante la imposibilidad legal de participar directamente como candidata, María Corina Machado implementó una estrategia constitucional de delegación de candidatura, designando el 22 de marzo de 2024 a Corina Yoris Villasana, una académica y filósofa de 80 años, historiadora y profesora universitaria sin experiencia en administración pública y cuyo nombre aparecía sin impedimentos en la base de datos del Consejo Nacional Electoral (CNN en Español, 22 de marzo de 2024). La selección de Yoris representaba una jugada estratégica calculada: al elegir a una figura sin trayectoria política previa, la oposición buscaba evitar que el régimen pudiera aplicar inhabilitaciones políticas retrospectivas o acusaciones de corrupción, que típicamente utiliza contra dirigentes opositores con historial de cargos públicos. Machado mantuvo que continuaría como la figura visible de la campaña opositora, recorriendo el país y movilizando a los ciudadanos, mientras que Yoris funcionaría como la candidata formal inscrita ante las autoridades electorales (Infobae, 23 de marzo de 2024).

Sin embargo, el régimen madurista había anticipado esta estrategia y desplegó una segunda línea de obstrucción autocrática: el bloqueo técnico-burocrático del sistema de postulaciones del Consejo Nacional Electoral. Desde el 21 de marzo de 2024, cuando se abrió el proceso de inscripción de candidaturas presidenciales, hasta el 25 de marzo, cuando expiraba el plazo legal de registro, la Plataforma Unitaria Democrática denunció sistemáticamente que el sistema electrónico del CNE no les permitía acceder a las claves de validación necesarias para inscribir a Yoris como candidata presidencial (Infobae, 26 de marzo de

2024; CNN en Español, 25 de marzo de 2024; Diario Las Américas, 23 de marzo de 2024).

A pesar de haber intentado ingresar al sistema desde las 6:00 am del primer día de postulaciones, los responsables de tarjetas electorales de la Mesa de la Unidad Democrática y Un Nuevo Tiempo nunca recibieron acceso al portal de inscripción, mientras que otros candidatos del oficialismo y de oposición minoritaria vinculada al chavismo no enfrentaron ningún obstáculo técnico para formalizar sus candidaturas (El Tiempo, 24 de marzo de 2024). El presidente del CNE, Elvis Amoroso, se negó a pronunciarse sobre las denuncias de la oposición durante una conferencia de prensa el 23 de marzo, limitándose a recordar que las personas inscritas serían investigadas como parte del proceso de revisión de candidaturas (CNN en Español, 25 de marzo de 2024).

Esta obstrucción técnico-burocrática representa una evolución sofisticada de los mecanismos autocráticos de control electoral. A diferencia de formas tradicionales de represión directa mediante violencia física o prohibiciones explícitas, el régimen madurista implementó una forma de represión burocrática que mantiene apariencias procedimentales formales mientras bloquea efectivamente la participación opositora mediante obstáculos técnicos supuestamente neutrales. Esta estrategia resulta particularmente efectiva en el contexto internacional porque dificulta las denuncias de violación electoral flagrante: el régimen puede argumentar discursivamente que el sistema estaba disponible para todos y que cualquier dificultad técnica era resultado de problemas operativos normales, mientras que sustantivamente ha bloqueado sistemáticamente el acceso al único mecanismo legal disponible para formalizar candidaturas opositoras.

Ante la inminencia del cierre del plazo de inscripciones e imposibilidad de registrar a Yoris, la Plataforma Unitaria Democrática se vio obligada a implementar una maniobra de emergencia para preservar su derecho a participar en las elecciones. Tras obtener una extensión de apenas 12 horas otorgada por el CNE el 26 de marzo de 2024, la coalición opositora logró inscribir in extremis a Edmundo González Urrutia, un diplomático de carrera de 74 años, exembajador de Venezuela en Argentina (1998-2002) y en Argelia (1991-1993), quien fungía como presidente de la directiva del partido Mesa de la Unidad Democrática (Infobae, 26 de marzo de 2024; France 24, 26 de marzo de 2024). González Urrutia, prácticamente desconocido en la arena política electoral venezolana y sin trayectoria previa en elecciones populares, fue inscrito explícitamente como candidato provisional destinado exclusivamente a preservar el espacio electoral de la oposición en la boleta electoral mientras se negociaba la inscripción de la candidatura definitiva.

La inscripción de última hora de González Urrutia evidencia la precariedad de las condiciones de competencia electoral que enfrentaba la oposición venezolana. El régimen había logrado forzar a la coalición opositora —que representaba la expresión electoral de más de 2,4 millones de ciudadanos que habían participado en las primarias— a inscribir como candidato a una figura sin reconocimiento público ni experiencia en campañas electorales, simplemente para evitar quedar completamente excluida del proceso electoral.

Sin embargo, esta estrategia forzada eventualmente generó un resultado imprevisto: el 19 de abril de 2024, después de días de intensas negociaciones internas y tras la declinación del gobernador del estado Zulia Manuel Rosales quien había inscrito su propia candidatura, la Plataforma Unitaria Democrática votó por unanimidad confirmar a González Urrutia como el candidato definitivo de la oposición para las elecciones del 28 de julio (Infobae, 20 de abril de 2024; CNN en Español, 19 de abril de 2024). Esta decisión transformó al candidato provisional en candidato oficial que enfrentaría a Maduro, con el respaldo y la presencia protagónica de María Corina Machado durante toda la campaña electoral.

La trayectoria de obstrucción sistemática que va desde la inhabilitación judicial de Machado, pasando por el bloqueo burocrático a Yoris, hasta la inscripción forzada de González Urrutia, demuestra empíricamente los mecanismos multinivel mediante los cuales los autoritarismos contemporáneos eliminan la competencia electoral genuina mientras mantienen apariencias formales de procesos electorales. Esta estrategia autocrática escalonada es coherente con la hipótesis central sobre la metamorfosis cualitativa del régimen venezolano: el madurismo ya no opera como un autoritarismo hegemónico restrictivo que permite ciertos espacios de competencia controlada, sino que ha transitado de manera avanzada hacia un autoritarismo cerrado que utiliza instrumentalmente las instituciones formalmente legales —Tribunal Supremo de Justicia, Contraloría General, Consejo Nacional Electoral— para neutralizar sistemáticamente cualquier posibilidad real de alternancia democrática mediante elecciones.

La relevancia teórica de esta secuencia de obstrucción electoral reside en que ocurrió precisamente en un contexto donde el régimen madurista enfrentaba presión internacional significativa derivada de los Acuerdos de Barbados y del compromiso estadounidense de flexibilizar las sanciones económicas condicionado al cumplimiento de garantías electorales mínimas. A pesar de esta presión externa y de los compromisos formales asumidos internacionalmente, el régimen implementó una estrategia multi-etapa de eliminación de competencia electoral que bloqueó exitosamente tanto la participación de la candidata con mayor respaldo ciudadano como la de su sucesora designada, demostrando que la integración en redes autocráticas transnacionales proporciona suficiente respaldo para resistir las presiones democratizadoras que históricamente habían forzado transiciones políticas en otros contextos latinoamericanos.

Esta evidencia empírica respalda la centralidad de la variable de integración en redes autocráticas transnacionales en el Modelo de Dornbusch-Edwards Reformulado para Contextos Autoritarios, coherente con la hipótesis sobre la existencia de una Fase 4c de perpetuación autoritaria que bloquea estructuralmente tanto los mecanismos democráticos internos de alternancia como las presiones internacionales coordinadas.

El desenlace de esta estrategia autocrática de eliminación de competencia electoral se consolidó definitivamente con el fraude masivo del 28 de julio de 2024 documentado en la sección anterior, demostrando que el régimen madurista había transitado completamente hacia una forma de autoritarismo que ya no requiere legitimidad electoral genuina para perpetuarse en el poder. Significativamente, María Corina Machado se vio forzada a pasar a la clandestinidad después de las elecciones fraudulentas de julio de 2024, ocultándose para preservar su vida y su libertad ante la represión masiva desatada por el régimen contra la disidencia democrática.

Desde la clandestinidad, Machado continuó liderando la resistencia democrática venezolana, y su labor fue reconocida internacionalmente cuando el Comité Noruego del Nobel le otorgó el Premio Nobel de la Paz 2025 el 10 de octubre de 2025 por su incansable labor en la promoción de los derechos democráticos del pueblo venezolano y por su lucha para lograr una transición justa y pacífica de la dictadura a la democracia (CNN en Español, 10 de octubre de 2025). Machado logró salir de Venezuela clandestinamente para viajar a Oslo, Noruega, donde recibió el Premio Nobel, el reconocimiento internacional más significativo posible a la resistencia democrática venezolana. Este galardón elevó la lucha de Machado como símbolo global de resistencia civil frente a la deriva autoritaria en América Latina, confirmando que la comunidad internacional considera al régimen madurista como una dictadura consolidada que ha eliminado completamente los mecanismos democráticos de alternancia política.

La represión masiva postelectoral del 28 de julio de 2024: evidencia empírica de la transición hacia el autoritarismo cerrado

La represión masiva desatada tras el fraude electoral del 28 de julio de 2024 representa la culminación del Estado Híbrido documentado por JEP (agosto de 2023) en su análisis del período 2014-2023. Durante aquellos años, como registra JEP, la connivencia Estado-crimen organizado se manifestaba en 334 asesinatos políticos ejecutados con impunidad absoluta por cuerpos de seguridad (GNB, PNB, SEBIN,

DGCIM) y colectivos armados, gobernanza criminal en "Zonas de Paz" y el sistema carcelario del "pranato". Sin embargo, la represión post-28J no solo continúa estos patrones, sino que los radicaliza cuantitativa y cualitativamente: en apenas cinco meses se concentra el 7,5 % del total de asesinatos del período 2014-2023 (25 muertes en protestas según Human Rights Watch, abril de 2025), evidenciando aceleración dramática de la violencia estatal. Lo que JEP conceptualizó como Estado Híbrido —mezcla de gobernabilidad formal con criminalidad sistémica— se transforma en Estado Criminal Consolidado donde la represión masiva indiscriminada se institucionaliza como política de Estado sin pretensiones de legalidad.

Los datos sobre el salto represivo post-28J son contundentes: Human Rights Watch (abril de 2025) documenta 25 asesinatos en el contexto de protestas (la mayoría por disparos en áreas vitales del cuerpo), mientras la Misión Internacional Independiente de Determinación de los Hechos de la ONU (en adelante Misión FFM, septiembre de 2025) reporta más de 2.200 detenciones arbitrarias entre julio de 2024 y agosto de 2025 que constituyen crímenes de lesa humanidad. Foro Penal (8 de diciembre de 2025) registra el récord histórico de 893 presos políticos (774 hombres, 119 mujeres, 4 adolescentes, 174 militares), cifra que supera cualquier pico previo documentado. Pero el salto es también cualitativo: generalización de torturas sistemáticas (asfixia con bolsas plásticas, golpizas, descargas eléctricas en genitales), desapariciones forzadas de corta duración para interrogatorios sin registro, y aplicación masiva del Sippenhaft o "castigo de parentela" —detención de familiares de opositores como método de presión— que la Misión FFM caracteriza como crimen de lesa humanidad por persecución política.

La represión post-28J despliega tres patrones simultáneos que evidencian el avance hacia el cumplimiento de los criterios de Szmolka Vida (2010, 2011) para clasificar autoritarismos cerrados: no admisión de grupos políticos distintos al partido dominante, ausencia total de

Estado de Derecho, y represión incluso hacia sectores dentro del propio régimen.

La transición de represión selectiva (líderes opositores, activistas) documentada por JEP en 2014-2023 hacia un aparato de represión masiva e indiscriminada en 2024-2025 abarca líderes políticos, activistas comunitarios, ciudadanos comunes, adolescentes, personas con discapacidad, ancianos y militares en servicio activo. La criminalización de familiares de opositores mediante Sippenhaft, la detención de adolescentes sometidos a tortura para forzar confesiones, la muerte de al menos 30 personas bajo custodia estatal (JEP, 10 de diciembre de 2025) por negación deliberada de atención médica, y la persecución sistemática de militares acusados de "traición" confirman el terror masivo indiscriminado como política de Estado sin límites legales, éticos ni etarios.

La represión desatada por el régimen madurista después del fraude electoral del 28 de julio de 2024 representa una intensificación cualitativa sin precedentes del autoritarismo venezolano, proporcionando evidencia empírica contundente de la tesis sobre la transición completa desde un autoritarismo hegemónico restrictivo hacia un autoritarismo cerrado que elimina sistemáticamente cualquier espacio residual de disenso político, organización ciudadana independiente o expresión crítica del régimen. Esta escalada represiva no constituye simplemente una respuesta coyuntural ante protestas poselectorales, sino una estrategia deliberada de consolidación autocrática mediante el terror masivo sistemático que busca neutralizar permanentemente cualquier posibilidad futura de movilización ciudadana contra el régimen.

Esta represión poselectoral no surgió en un vacío histórico, sino que representa la intensificación de patrones represivos que el régimen chavista ha desarrollado durante más de dos décadas. Durante las protestas de 2014 lideradas por Leopoldo López, el régimen demostró su disposición a utilizar violencia letal contra manifestantes, resultando en 43 muertos y 1.854 detenidos (Amnistía Internacional, 2014). La represión de 2017 marcó un punto de inflexión en la normalización del terror estatal. Organismos internacionales de derechos humanos documentaron al menos 163 muertos, miles de detenidos y múltiples casos de tortura sistemática durante cuatro meses de protestas (Human Rights Watch, 29 de noviembre de 2017).

Los casos de Fernando Albán y Rafael Acosta Arévalo establecieron precedentes sobre los métodos del régimen. Albán, concejal de Primero Justicia, cayó desde el décimo piso del edificio del SEBIN en octubre de 2018 en circunstancias nunca esclarecidas que apuntan a asesinato extrajudicial encubierto como suicidio. El capitán Rafael Acosta Arévalo fue torturado hasta la muerte en junio de 2019 mientras estaba bajo custodia de la Dirección General de Contrainteligencia Militar. La detención arbitraria de Leopoldo López entre 2014 y 2019 demostró la disposición del régimen a neutralizar figuras políticas mediante encarcelamiento prolongado: López pasó más de tres años en prisión bajo condiciones degradantes diseñadas para quebrar psicológicamente a uno de los líderes opositores más carismáticos.

Sin embargo, la magnitud y sofisticación de la represión desatada después del 28 de julio de 2024 superan estos precedentes históricos, confirmando el avance acelerado de la transición hacia un autoritarismo cerrado, que ha eliminado las restricciones residuales que anteriormente limitaban parcialmente el ejercicio del terror estatal.

La magnitud cuantitativa de la represión poselectoral del 28 de julio de 2024 proporciona evidencia estadística irrefutable de esta intensificación cualitativa del autoritarismo venezolano. Al 8 de diciembre de 2025, Venezuela mantenía 893 presos políticos, de los cuales 774 son hombres y 119 mujeres, 719 son civiles y 174 son militares (Foro Penal, 8 de diciembre de 2025).

Esta cifra representa un incremento del 240 % respecto a los 263 presos políticos documentados antes de las elecciones del 28 de julio de 2024, evidenciando que la represión poselectoral no constituyó simplemente una respuesta reactiva ante protestas sino una estrategia deliberada y planificada de encarcelamiento masivo diseñado para generar terror colectivo en la población. Del total de presos políticos, 1.893

personas han sido liberadas después de su detención arbitraria inicial, pero 893 permanecen encarceladas bajo condiciones de tortura sistemática, desaparición forzada, negación de debido proceso y violaciones masivas de derechos humanos fundamentales documentadas exhaustivamente por múltiples organismos internacionales independientes (Foro Penal, 8 de diciembre de 2025).

La dimensión más perturbadora de esta represión masiva reside en la detención arbitraria de adolescentes menores de edad, evidenciando que el régimen madurista ha eliminado completamente cualquier restricción ética, legal o humanitaria en su estrategia de consolidación autocrática mediante el terror. Un menor es definido como cualquier persona menor de 18 años. Foro Penal documentó que al menos 142 adolescentes entre 14 y 17 años fueron detenidos desde el 29 de julio durante las protestas poselectorales, muchos de ellos sometidos a torturas físicas y psicológicas, mantenidos en calabozos adultos en violación flagrante de normativas internacionales de protección de menores, y procesados bajo cargos de terrorismo y traición a la patria que conllevan penas de hasta 30 años de prisión (CNN en Español, 10 de septiembre de 2024).

En septiembre de 2024, familiares de adolescentes detenidos protestaron frente a la Fiscalía General de Venezuela para exigir la liberación de sus familiares, leyendo cartas desgarradoras donde los menores suplicaban por su liberación y documentaban las condiciones inhumanas de su detención (Emol, 26 de septiembre de 2024). El 1 de septiembre de 2024, el régimen liberó a 86 adolescentes como supuesto gesto humanitario, aunque mantuvo encarcelados a decenas más y continuó procesándolos judicialmente bajo cargos gravísimos (CNN en Español, 1 de septiembre de 2024). La instrumentalización de adolescentes como objetivos de represión estatal confirma que el régimen madurista opera bajo una racionalidad de terror masivo indiscriminado que va más allá de cualquier precedente histórico en Venezuela, coherente con la hipótesis sobre el avance hacia un autoritarismo cerrado que progresivamente elimina las restricciones normativas que anteriormente limitaban parcialmente el ejercicio del poder represivo.

La represión poselectoral del 28 de julio de 2024 presenta tres patrones estratégicos distintos que operan simultáneamente: destrucción sistemática de la oposición política democrática mediante detención, tortura y desaparición forzada de líderes y activistas; represión intrarégimen contra figuras chavistas que el núcleo duro madurista percibe como potenciales amenazas internas; y represión masiva indiscriminada contra ciudadanos comunes sin afiliación política previa que expresaron disenso electoral o participaron en protestas pacíficas. Esta triple estrategia represiva demuestra la sofisticación del aparato de control autocrático venezolano, el cual ha desarrollado mecanismos diferenciados de neutralización según el tipo de amenaza percibida.

La magnitud y sistematicidad de la represión poselectoral han sido documentadas mediante múltiples metodologías convergentes que incluyen 101 entrevistas con víctimas, familiares, testigos, defensores de derechos humanos y periodistas, análisis forense de 76 videos y 17 fotografías, verificación de certificados de defunción oficiales y registros judiciales (Human Rights Watch, abril de 2025). Esta evidencia empírica identifica con precisión a los actores responsables: la Dirección General de Contrainteligencia Militar (DGCIM), el Servicio Bolivariano de Inteligencia Nacional (SEBIN), la Guardia Nacional Bolivariana (GNB), la Policía Nacional Bolivariana (PNB), y grupos paramilitares denominados colectivos que operan con impunidad absoluta bajo protección estatal explícita.

La represión poselectoral evidencia además la consolidación de una estructura criminal transnacional donde el Estado venezolano no funciona como garante del orden público sino como operador de un sistema de terror preventivo destinado a impedir cualquier forma de organización política autónoma, incluso dentro de sus propias fuerzas de seguridad (Instituto Casla, mayo de 2025). El régimen ha desarrollado una arquitectura institucional de represión que incluye: la creación del Órgano Nacional de Dirección y Defensa Integral (ODDI) bajo mando presidencial directo que fusiona todas las fuerzas de seguridad; la expansión de centros de detención de máxima seguridad administrados por el Sistema Especial de Máxima Seguridad (SESMAS); la activación de centros clandestinos de tortura en instalaciones militares y casas confiscadas; e integración de los organismos de inteligencia (SEBIN, DGCIM) a funciones policiales de control callejero, eliminando cualquier separación entre inteligencia estratégica y represión cotidiana.

Al menos 25 personas fueron asesinadas en el contexto directo de las protestas poselectorales, de las cuales 24 fueron manifestantes pacíficos o transeúntes que no participaban en protestas, pero se encontraban en zonas donde ocurrieron manifestaciones, y solamente 1 miembro de la Guardia Nacional Bolivariana (Human Rights Watch, abril de 2025). La documentación sobre los métodos empleados revela patrones consistentes con el uso excesivo y letal de la fuerza: disparos con armas de fuego ejecutados por fuerzas de seguridad y colectivos contra manifestantes desarmados, uso de perdigones a corta distancia causando heridas fatales, empleo de gases lacrimógenos de manera indiscriminada en espacios cerrados y contra grupos familiares, golpizas severas con objetos contundentes que causaron traumatismos craneales letales.

La sistematicidad de estos patrones represivos, su replicación en múltiples estados del país sin variación significativa en los métodos empleados, y la participación coordinada de diferentes cuerpos de seguridad sugieren fuertemente la existencia de directrices centralizadas sobre el uso de la fuerza letal emanadas desde los niveles superiores de la cadena de mando del aparato represivo venezolano.

La planificación estratégica anticipada de esta represión masiva queda evidenciada mediante la preparación del Centro Penitenciario Tocorón y la cárcel de Tocuyito para recibir a los detenidos de las protestas poselectorales (Instituto Casla, mayo de 2025). El régimen creó una infraestructura represiva específica antes de desplegar la represión masiva, confirmando que el terror poselectoral no fue una reacción improvisada sino la ejecución de planes prediseñados. Nicolás Maduro declaró públicamente el 1 de agosto de 2024: "He decidido crear dos cárceles de máxima seguridad para todas las bandas que están metidas en el ataque criminal de estos días... ya estaban preparándose (Tocorón y Tocuyito) y todos los guarimberos van para estos penales" (Semana, 2 de agosto de 2024), confirmando que la infraestructura represiva estaba lista antes de la represión masiva, evidenciando la planificación anticipada.

La naturaleza sistemática de la represión poselectoral constituye crímenes de lesa humanidad de persecución por motivos políticos según las definiciones establecidas en el Estatuto de Roma de la Corte Penal Internacional, concluyó la Misión Internacional Independiente de Determinación de los Hechos de la ONU en el informe presentado al Consejo de Derechos Humanos (Misión FFM ONU, septiembre de 2025). Más de 2.200 detenciones arbitrarias entre julio de 2024 y agosto de 2025, incluyendo 220 menores de edad con edades entre 12 y 17 años, fueron documentadas por la Misión FFM ONU (septiembre de 2025).

Los patrones sistemáticos de tortura aplicados de manera rutinaria contra los detenidos incluyen: asfixia con bolsas plásticas que provocan pánico extremo y sensación de muerte inminente, golpizas brutales que producen fracturas óseas y traumatismos craneales, descargas eléctricas aplicadas específicamente en genitales para maximizar dolor y humillación, amenazas sistemáticas de violación sexual tanto a hombres como a mujeres, desnudos forzados prolongados diseñados para destruir la dignidad personal, privación de agua y alimentos durante días que debilita físicamente a los detenidos, simulacros de ejecución que generan trauma psicológico severo, aislamiento en celdas oscuras sin ventilación adecuada, y obligación de presenciar torturas de otros detenidos como método de terrorización psicológica.

Francisco Cox, experto de la Misión FFM ONU, declaró públicamente: "Ante el sometimiento de la justicia al ejecutivo, la única esperanza de justicia reposa en las instancias internacionales" (Misión FFM

ONU, septiembre de 2025), confirmando que el sistema judicial venezolano ha sido completamente capturado por el ejecutivo y ya no funciona como mecanismo de protección de derechos fundamentales sino como instrumento de persecución política.

El 11 de diciembre de 2025, la Misión Internacional Independiente de Determinación de los Hechos sobre Venezuela de las Naciones Unidas publicó su más reciente informe documentando que la Guardia Nacional Bolivariana (GNB) es responsable de crímenes de lesa humanidad cometidos entre 2014 y 2024 (Misión FFM ONU, 11 de diciembre de 2025), incluyendo: privación arbitraria de la vida mediante uso excesivo de fuerza letal, detención arbitraria sistemática, torturas y tratos crueles, inhumanos y degradantes aplicados rutinariamente contra los detenidos, y violencia sexual como método de tortura y humillación.

El informe documenta que estos crímenes responden a patrones sistemáticos y generalizados que configuran una política de Estado antes que abusos aislados de funcionarios individuales. La GNB constituye uno de los componentes principales del aparato represivo venezolano junto con la DGCIM y el SEBIN. La confirmación por parte de la Misión FFM de la ONU de que la GNB es responsable de crímenes de lesa humanidad valida jurídicamente que la represión venezolana cumple los estándares técnicos establecidos en el Estatuto de Roma para caracterizar las conductas como crímenes internacionales que no prescriben y generan responsabilidad penal individual incluso décadas después de cometidos.

El análisis sistemático de la evidencia empírica permite identificar tres patrones represivos diferenciados que demuestran cómo el régimen venezolano avanza decididamente hacia los criterios definitorios que Szmolka Vida (2010, 2011) establece para caracterizar a los regímenes como autoritarismos cerrados: primero, la eliminación de la posibilidad de existencia de grupos políticos que representen intereses distintos a los de quienes ejercen el poder; segundo, la ausencia de Estado de Derecho y el no reconocimiento de derechos políticos y libertades públicas fundamentales; y tercero, la represión intra-régimen que evidencia la intensificación de la deriva autoritaria mediante la eliminación del disenso incluso dentro de las propias fuerzas que sostienen al régimen.

Patrón 1: Represión selectiva contra los actores organizados de la disidencia (oposición, prensa, gremios y academia)

El primer patrón corresponde a la represión estratégica contra los actores organizados que poseen capacidad real de articulación y movilización social: los liderazgos políticos opositores, pero también la prensa crítica, los gremios profesionales y la academia. Este patrón evidencia el avance hacia el cumplimiento del primer criterio definitorio del autoritarismo cerrado según Szmolka Vida (2010): no se admite la posibilidad de existencia de grupos políticos que representen otros intereses u objetivos distintos a los de quienes ejercen el poder.

Mientras la ONG Justicia, Encuentro y Perdón (28 de agosto de 2023) documentó, durante 2014-2023, represión selectiva contra líderes opositores de alto perfil —característica de los autoritarismos hegemónicos restrictivos que toleran cierta oposición controlada—, la evidencia documentada durante 2024-2025 demuestra que el régimen venezolano ha transitado hacia la destrucción sistemática de toda la estructura organizativa de los partidos opositores mediante detenciones masivas, exilio forzado y la aplicación del Sippenhaft o castigo de parentela contra familias enteras. La captura de coordinadores regionales, dirigentes locales y activistas de base no solo busca neutralizar liderazgos sino desarticular la capacidad organizativa en todos los niveles territoriales, generando terror paralizante en el tejido social opositor y confirmando el cumplimiento del criterio de autoritarismo cerrado.

La concentración de la represión contra Vente Venezuela, el movimiento liderado por María Corina Machado que ganó las primarias opositoras y encabezó la campaña del 28 de julio, evidencia el cálculo estratégico del régimen. Según informes del propio movimiento, en lo que va de 2025 se registraron 232 detenciones arbitrarias documentadas, de las cuales 143 corresponden a militantes de Vente Venezuela (CNN en Español, 27 de noviembre de 2025). Durante octubre de 2025 se registraron 60 detenciones de miembros de Vente Venezuela, con un promedio de una detención cada 15 horas (CNN en Español, 27 de noviembre de 2025; AlbertoNews, 1 de noviembre de 2025), lo que confirma que la persecución opera de manera sistemática, continua e intensificada.

La represión contra los partidos políticos durante 2024-2025 alcanzó un total de 287 personas documentadas, con una distribución que refleja el cálculo estratégico: Vente Venezuela 100 personas (35 % del total), Primero Justicia 47 (16 %), Voluntad Popular 31 (11 %), Comando Con Venezuela 17 (6 %), Acción Democrática 16 (6 %), Un Nuevo Tiempo 6 (2 %), y otros partidos con cifras menores, según documenta el Instituto Casla (mayo de 2025). Esta distribución no es aleatoria: el régimen concentra la represión contra el partido con la mayor capacidad de movilización electoral demostrada, destruyendo sistemáticamente su estructura organizativa desde los coordinadores nacionales hasta los activistas de base.

Esta cifra sería significativamente mayor si se incluyeran más de 300 personas reportadas como resguardadas en la clandestinidad, incluyendo a María Corina Machado y Juan Pablo Guanipa —líderes de Vente Venezuela y Primero Justicia— junto con alcaldes, concejales municipales, periodistas, miembros y testigos de mesa, e influencers, advierte el Instituto Casla (mayo de 2025). El Instituto documentó un patrón particularmente intimidatorio: personas que permanecieron resguardadas por meses y regresaron a sus casas fueron detenidas en menos de 24 horas, confirmando que el régimen mantiene vigilancia permanente mediante redes de informantes y "patriotas cooperantes" que rastrean a los opositores de manera continua hasta materializar su captura.

Para el 10 de marzo de 2025, Foro Penal (10 de marzo de 2025) había documentado 64 desapariciones forzadas en curso, confirmando que esta práctica continúa operando sistemáticamente más allá del período inmediatamente poselectoral. La persecución específica contra miembros de Vente Venezuela y Primero Justicia evidencia el objetivo deliberado del régimen de destruir completamente la estructura organizativa de los partidos con mayor capacidad de movilización electoral. Jesús Armas, exconcejal de Caracas y dirigente de Primero Justicia, y Luis Tarbay, activista de Vente Venezuela, fueron detenidos arbitrariamente en Caracas el 10 y el 24 de diciembre de 2024, respectivamente, documenta Amnistía Internacional (15 de julio de 2025). Al concluir 2024 había aproximadamente 160 miembros de Vente Venezuela y 34 de Primero Justicia bajo custodia o en situación de desaparición forzada, confirmando que casi la mitad de todos los presos políticos pertenecen específicamente a estos dos partidos que lideraron la resistencia electoral del 28 de julio, documenta Amnistía Internacional (15 de julio de 2025).

El 9 de enero de 2025, Vente Venezuela denunció el secuestro de Manuel Muñoz, coordinador de Vente Joven Caracas, y la desaparición del periodista Julio Balza, ambos vinculados al partido. En octubre de 2025, el régimen secuestró a Reinaldo Emilio Gutiérrez y su hijo Reinaldo Andrés Gutiérrez, encargados del cuidado y mantenimiento de la casa de Corina Parisca, madre de María Corina Machado. Según informó el Comité de Derechos Humanos de Vente Venezuela, ambos hombres fueron detenidos el 26 de octubre de 2025 y desde entonces se desconoce su paradero, sin que el régimen chavista o la Fiscalía hayan dado información o reconocido la detención. "Reinaldo y su hijo han sido detenidos simplemente por estar relacionados con la familia de la líder nacional", confirmó el partido, evidenciando la extensión del Sippenhaft hacia trabajadores domésticos sin protagonismo político alguno por su mera asociación laboral con la familia Machado.

Esta evidencia empírica documenta que el régimen opera deliberadamente para acabar con Vente Venezuela como estructura política organizada mediante una estrategia multinivel que combina: detención masiva de militantes; desapariciones forzadas de coordinadores y activistas documentadas por Amnistía Internacional (15 de julio de 2025); exilio forzado de 408 personas según Armando.info (14 de diciembre de 2025); y extensión del Sippenhaft hacia familiares, trabajadores domésticos y cualquier persona vinculada directa o indirectamente con el partido o su líder María Corina Machado. Esta estrategia confirma la hipótesis de que el régimen considera a Vente Venezuela como amenaza existencial que debe ser eliminada completamente antes que simplemente controlada o neutralizada parcialmente.

El exilio masivo como extensión territorial de la represión

La represión no se limita a las detenciones dentro del territorio venezolano, sino que se extiende mediante la generación deliberada de condiciones que fuerzan el exilio masivo de los cuadros políticos opositores. Un total de 408 venezolanos pasaron a la clandestinidad o fueron forzados al exilio después de las elecciones del 28 de julio de 2024, según documenta el medio periodístico Armando.info (14 de diciembre de 2025) mediante entrevistas a más de 40 personas desplazadas por motivos políticos. Los perfiles son variados: testigos y miembros de mesa, militantes, defensores de derechos humanos, periodistas, dirigentes políticos, voluntarios y familiares. Todos enfrentaron amenazas, detenciones, desapariciones o persecución contra sus allegados.

Muchos optaron por la clandestinidad inmediata al ver cómo detenían a compañeros o vecinos. Algunos permanecieron escondidos durante semanas o meses. La vida en esa clandestinidad significó aislamiento total: sin contacto con familiares ni amigos, con el uso del teléfono limitado a lo indispensable y con las redes sociales completamente bloqueadas. Ansiedad, paranoia y depresión se convirtieron en parte de la rutina. La organización Juntos se Puede, que desde 2019 atiende a venezolanos migrantes en Colombia, registró más de 500 personas que llegaron al país vecino por motivos políticos entre el 1 de agosto y el 30 de octubre de 2024, una cifra sin precedentes si se compara con años anteriores, cuando los casos no superaban la veintena, según documenta el medio periodístico Armando.info (14 de diciembre de 2025). De los 408 casos documentados, los activistas y miembros de partidos políticos fueron los principales afectados por la razzia, seguidos de defensores de derechos humanos y periodistas.

El caso del municipio Torres del estado Lara ilustra la magnitud y sistematicidad de esta estrategia represiva que combina persecución directa con destrucción económica mediante confiscación de bienes. Javier Oropeza, alcalde independiente electo en 2021 tras romper dos décadas de dominio chavista, tuvo que pasar a la clandestinidad el 3 de agosto de 2024 cuando decenas de drones sobrevolaron su vivienda y la de su alcaldesa encargada, Iraida Timaure. De la nómina de la Alcaldía del municipio Torres hace poco más de un año, Javier Oropeza y otros 41 empleados se encuentran ahora en el exilio, al igual que siete familiares. Otros dos trabajadores se mantienen arbitrariamente detenidos en sedes del SEBIN y del CONAS en Barquisimeto, según documenta el medio periodístico Armando.info (14 de diciembre de 2025).

A Javier Oropeza le confiscaron su apartamento, dos fincas familiares —haciendas Copacoa y Bariquigua—, así como la sede física de El Caroreño y de El Diario de Lara. A Iraida Timaure, alcaldesa encargada, le quitaron su casa en Carora. Era su único bien patrimonial. "Se llevaron todo: cortinas, colchones, camas, muebles, nevera, cocina, aires acondicionados, vehículos, computadoras", según registra Armando.info (14 de diciembre de 2025). Esta confiscación total de bienes —que incluye desde propiedades inmobiliarias hasta electrodomésticos básicos— opera como castigo económico deliberado que elimina cualquier posibilidad de reinserción social de los opositores exiliados, forzándolos a comenzar desde cero en los países receptores sin recursos materiales ni capacidad de retorno.

La persecución en el estado Táchira alcanzó dimensiones particularmente intimidatorias mediante el uso de redes sociales como herramientas de señalización pública para generar terror. Quienes participaron en las elecciones del 28 de julio —ya fuera como activistas, miembros de mesa, testigos electorales o dirigentes políticos— vieron sus rostros publicados en distintas páginas de redes sociales de grupos armados activos en la frontera, como el colombiano Ejército de Liberación Nacional (ELN) y grupos de base del oficialismo. Voceros de alta jerarquía chavista, como el gobernador Freddy Bernal o el ministro del Interior Diosdado Cabello, en su programa semanal de TV Con el mazo dando, divulgaron sus nombres para señalarlos ante los seguidores del chavismo gobernante, convirtiendo los programas de televisión estatal en plataformas de persecución política que identifican públicamente a los opositores como objetivos legítimos de represión, según detalla Armando.info (14 de diciembre de 2025).

En 14 municipios de Táchira se comprobaron episodios de persecución contra 51 militantes de Vente Venezuela. La persecución también llegó a 15 de sus familiares. Todos permanecen en el exilio y la mayoría prefiere no revelar su ubicación por temor a represalias, conforme constata Armando.info (14 de diciembre de 2025). Esta extensión del castigo hacia familiares directos sin protagonismo político propio evidencia que el régimen opera mediante la lógica del castigo colectivo que busca maximizar los costos psicológicos de la disidencia política, forzando a los opositores a calcular no solo riesgos personales sino también consecuencias para sus familias.

El caso de Pedro Delgado, activista de 21 años del municipio de Junín e integrante de la organización Táchira de Verdad, ilustra la intensidad y persistencia de la persecución que fuerza el exilio incluso después de travesías extremadamente peligrosas. Delgado recibió la primera amenaza el 30 de junio de 2024 cuando dos personas en moto se le acercaron y lo golpearon en la cara: "Eso es para que sigas con María Corina", le advirtieron. El 24 de julio de 2024, día del cierre de campaña, él y un grupo de unas 80 personas fueron rodeados a las afueras de una vivienda. Al día siguiente, decidió salir de Venezuela. Su casa fue allanada. Sin embargo, fiel al compromiso que lo había movido, Pedro decidió volver. Burló los cuerpos de seguridad en el paso fronterizo de Delicias y el 28 de julio retornó para votar, disfrazado para evitar que lo detuvieran: "Tenía lentes, tapabocas y gorra, para cubrir mi identidad", según relata Armando.info (14 de diciembre de 2025).

Durante los días siguientes comenzaron a circular por distintos grupos de WhatsApp varias fotos de Delgado bajo el rótulo de "Se busca". Delgado alcanzó a escapar con ayuda de su motorizado de confianza y cruzó hacia Cúcuta. Un mes y medio le tomó atravesar luego la selva del Darién, de Colombia a Panamá, hasta llegar a México. Una de las escenas que más recuerda ocurrió en el sector La Bandera, en la travesía del Darién, donde los migrantes dejaban clavadas las enseñas nacionales de sus países. Delgado dejó la suya el 17 de septiembre de 2024 y escribió: "Venezuela libre". Pero el exilio no le trajo toda la calma que podía esperar. Las amenazas contra él y sus allegados continuaron. El 10 de enero de 2025, día en el que Nicolás Maduro se juramentó nuevamente como presidente, el ELN publicó en Facebook los rostros de distintos activistas de Vente en Junín, entre ellos el suyo, como reporta Armando.info (14 de diciembre de 2025).

Esta documentación exhaustiva evidencia que la represión post-28J no se limitó a detenciones masivas temporales, sino que generó un exilio permanente de los cuadros medios y activistas de base que constituyen la infraestructura organizativa de los partidos opositores. Los 408 casos documentados representan únicamente aquellos que pudieron ser verificados mediante entrevistas directas, sugiriendo que la cifra real de personas forzadas al exilio o a la clandestinidad por motivos políticos es significativamente mayor. Este exilio masivo opera como mecanismo de destrucción sistemática de las capacidades organizativas opositoras, confirmando la transición hacia el autoritarismo cerrado que no tolera la existencia de grupos políticos autónomos.

Casos paradigmáticos de represión selectiva contra el liderazgo opositor

Juan Pablo Guanipa Villalobos, dirigente nacional de Primero Justicia y coordinador de María Corina Machado en el estado Zulia, fue detenido el 23 de mayo de 2025, dos días antes de las elecciones regionales, cuando el ministro Diosdado Cabello lo acusó de liderar una red terrorista que supuestamente planificaba un boicot electoral. Su hermano Pedro Guanipa, director de la Alcaldía de Maracaibo sin protagonismo político propio, fue detenido arbitrariamente en septiembre de 2024 y mantenido preso hasta agosto de 2025 bajo detención domiciliaria como mecanismo de presión para forzar la rendición de Juan Pablo, evidenciando la extensión del castigo hacia familiares como técnica de coacción psicológica.

La CIDH (2025) otorgó medidas cautelares a Juan Pablo Guanipa en octubre de 2024 reconociendo que se encontraba en una situación de gravedad, urgencia y riesgo de daño irreparable a sus derechos. Los familiares denunciaron en junio de 2025 que Guanipa permanece incomunicado en un centro de detención del régimen cuyo paradero exacto se desconoce, sin acceso a abogados ni familiares, y bajo un régimen de aislamiento que impide conocer su condición física y mental.

Rocío San Miguel, reconocida defensora de derechos humanos y directora de la ONG Control Ciudadano especializada en temas de seguridad, fue detenida el 9 de febrero de 2024 en el Aeropuerto Internacional de Maiquetía cuando intentaba viajar a Miami junto a su hija. El régimen la acusa de participar en el supuesto plan Brazalete Blanco que supuestamente buscaba asesinar a Maduro, aplicando el patrón de criminalización mediante conspiración que utiliza sistemáticamente para justificar detenciones de opositores visibles. Además de San Miguel, fueron detenidos su exesposo, dos hermanos y el padre de su hija, evidenciando la extensión del castigo hacia núcleos familiares completos. Amnistía Internacional (2024) documentó que San Miguel sufrió desaparición forzada durante varios días, siendo mantenida incomunicada sin acceso a abogados ni familiares, y posteriormente permaneció recluida en El Helicoide, donde sufrió una fractura en el hombro que no recibió atención médica especializada durante más de siete meses.

Represión extendida hacia alcaldes, liderazgo gremial y academia

La detención sistemática de autoridades locales opositoras opera como estrategia para desmantelar los focos de poder territorial que podrían servir como bases organizativas para la resistencia. Los casos documentados incluyen a Yonnhy Liscano (alcalde del Municipio Ayacucho, Táchira), detenido el 20 de junio de 2024; Fernando Feo (alcalde del Municipio Tinaquillo, Cojedes), arrestado el 4 de agosto de 2024; Abrahán Hayon Chocrón (alcalde del Municipio Rangel, Mérida), capturado el 4 de septiembre de 2024 quien posteriormente logró fugarse el 25 de octubre y actualmente se encuentra exiliado en España; y Jordán Sifuentes (alcalde del Municipio Mejías, Sucre, único alcalde opositor del estado), detenido el 2 de agosto de 2024 (Efecto Cocuyo, 3 de octubre de 2024), entre otros.

La represión alcanza además al liderazgo gremial organizado que podría eventualmente desarrollar capacidades de movilización social. El Dr. Pedro Fernández, médico urólogo de 45 años, coordinador regional de Médicos Unidos por Venezuela en el estado Mérida, profesor adjunto de la Facultad de Medicina de la Universidad de Los Andes y directivo del Colegio de Médicos de Mérida, fue detenido el 20 de octubre de 2025 al mediodía en su consultorio del Centro Clínico Marcial Ríos por hombres encapuchados sin identificación ni orden judicial (Efecto Cocuyo, 21 de octubre de 2025). El Ministerio Público lo imputó por instigación al odio y terrorismo (Efecto Cocuyo, 24 de octubre de 2025). La Universidad de Los Andes calificó el arresto como "ilegal y ominoso" y exigió el cese inmediato de la persecución por disentir (Efecto Cocuyo, 21 de octubre de 2025).

Este caso evidencia que el régimen criminaliza incluso a profesionales de la salud que ejercen liderazgo gremial en defensa de condiciones laborales, extendiendo la represión más allá del activismo político explícito hacia cualquier forma de organización social autónoma.

La represión de profesores universitarios del estado Zulia revela el esfuerzo deliberado por silenciar voces académicas críticas. Enrique

Márquez, ingeniero eléctrico de la Universidad del Zulia y excandidato presidencial, fue detenido el 7 de enero de 2025 y permanecía incomunicado al cierre del período analizado (Efecto Cocuyo, 9 de enero de 2025).

Eduardo Labrador, profesor de la Facultad de Ciencias Económicas y Sociales de LUZ y diputado regional, fue detenido el 18 de octubre de 2024 y presenta grave deterioro de salud documentado durante 2025, incluyendo pérdida de más de 14 kilogramos, tres parálisis faciales y severos problemas en la columna vertebral que requieren atención médica urgente; la Comisión Interamericana de Derechos Humanos otorgó medidas cautelares en su favor en noviembre de 2024 (Efecto Cocuyo, 18 de septiembre de 2025; La Patilla, 18 de septiembre de 2025). Rodrigo Cabezas, economista, profesor de LUZ y exministro de Finanzas durante el gobierno de Chávez, fue detenido el 12 de junio de 2025 y liberado el 23 de julio tras 41 días de detención arbitraria (El Nacional, 23 de julio de 2025; Efecto Cocuyo, 23 de julio de 2025).

Criminalización del ejercicio profesional de abogados y periodistas

El régimen ha criminalizado el ejercicio de la abogacía independiente, transformando al abogado en enemigo del Estado mediante un patrón sistemático donde defender a un opositor puede ser considerado traición a la patria, documenta el Instituto Casla (mayo de 2025). Entre los casos documentados se encuentran: Perkins Rocha (representante del Comando Con Venezuela ante el CNE, detenido el 27 de agosto), Henry Gómez (vicepresidente Comisión DDHH Colegio de Abogados Amazonas, detenido el 17 de agosto), Félix Perdomo (ONG Súmate), Nélida del Rosario Sánchez Oropeza (coordinadora formación Súmate, detenida el 26 de agosto), Kennedy Tejeda Jiménez (detenido preguntando por detenidos en el comando GNB Carabobo, el 2 de agosto), Franyer José Hernández Valladares (colaborador Comando Con Venezuela, Portuguesa, detenido el 10 de abril de 2025), Eduardo Torres (Provea, detenido el 9 de mayo de 2025).

Varios abogados defensores de presos políticos recibieron anulación de pasaportes, maltratos en instalaciones judiciales, tratos vejatorios en tribunales y señalamientos públicos amenazantes de altas autoridades que estigmatizan causando temor.

La persecución contra periodistas y comunicadores sociales alcanzó 32 casos documentados entre abril de 2024 y mayo de 2025, con delitos imputados que incluyen terrorismo, incitación al odio, asociación para delinquir, instigación al odio, obstrucción de la justicia y difusión de noticias falsas. El cierre de 14 emisoras de radio durante el período, incluyendo Más Network Coro 97.9 FM (Falcón), Criolla 100.7 FM (Ciudad Bolívar), Radio Mundial 860 AM (Táchira), Bendición Stereo 93.9 FM (Bolívar), Radio Cristal 610 AM (Lara), entre otras, confirma que el régimen opera mediante una estrategia dual que combina criminalización de comunicadores individuales con eliminación de medios que podrían servir como plataformas de información alternativa.

Un estudio de la Universidad de Costa Rica (28 de julio de 2025) documentó que 477 periodistas venezolanos se encuentran actualmente en el exilio, confirmando que Venezuela lidera América Latina en número absoluto de periodistas forzados a abandonar el país. Esta cifra evidencia que la criminalización del periodismo independiente no solo opera mediante la detención de periodistas individuales sino mediante la generación de condiciones que hacen imposible el ejercicio del periodismo crítico en el territorio venezolano, forzando el exilio masivo de profesionales de la comunicación como estrategia de silenciamiento sistemático.

Roland Carreño, periodista y dirigente de Voluntad Popular, ejemplifica la persecución sistemática contra comunicadores que transicionaron desde el periodismo social hacia el activismo político opositor. Carreño fue detenido originalmente en octubre de 2020 bajo acusaciones de financiamiento al terrorismo y liberado en octubre de 2023 como parte de los Acuerdos de Barbados. Sin embargo, fue detenido nuevamente el 2 de agosto de 2024, cinco días después del fraude electoral, permaneciendo recluido en El Helicoide bajo régimen de incomunicación sin acceso a familiares ni a abogados de confianza. En septiembre de 2025, Carreño fue sacado de El Helicoide junto con Freddy Superlano y trasladado a un paradero desconocido, generando denuncias por desaparición forzada que se extendieron por más de 36 horas sin información oficial sobre su ubicación. La CIDH otorgó medidas cautelares a Carreño el 17 de agosto de 2024 por considerar que se encuentra en una situación de gravedad, urgencia y riesgo de daño irreparable a sus derechos en Venezuela.

Cuantificación del patrón 1: el récord histórico de diciembre de 2025

Al 8 de diciembre de 2025 existían 893 presos políticos en Venezuela, distribuidos en: 774 hombres (87 %), 119 mujeres (13 %), 4 adolescentes entre 14 y 17 años, 719 civiles y 174 militares, documenta Foro Penal (8 de diciembre de 2025). Desde 2014 hasta diciembre de 2025, el régimen ha ejecutado 18.612 detenciones arbitrarias por motivos políticos acumuladas, confirmando la naturaleza sistemática y sostenida de la represión a lo largo de más de una década, documenta Foro Penal (diciembre de 2025).

Esta represión sistemática, complementada con los 408 casos documentados de exilio y clandestinidad forzada por Armando.info (14 de diciembre de 2025), los 477 periodistas exiliados documentados por la Universidad de Costa Rica (28 de julio de 2025), y los 287 miembros de partidos políticos detenidos según el Instituto Casla (mayo de 2025), imposibilita significativamente la organización política independiente en Venezuela, confirmando que el régimen no admite la existencia de grupos políticos que representen intereses distintos a los del poder, cumpliendo así el primer criterio definitorio de autoritarismo cerrado según Szmolka Vida.

Patrón 2: Represión selectiva intra-régimen contra militares

El segundo patrón corresponde a la represión sistemática dentro de las propias Fuerzas Armadas que sostienen al régimen, evidenciando que ni siquiera los miembros del aparato de seguridad están protegidos de la persecución cuando el régimen percibe amenazas potenciales a la lealtad absoluta. Este patrón constituye el marcador definitivo de la transición hacia el autoritarismo cerrado según Szmolka Vida (2010), dado que los autoritarismos hegemónicos restrictivos mantienen típicamente la cohesión interna en sus coaliciones gobernantes mientras que los autoritarismos cerrados aplican el terror preventivo incluso contra sus propias bases de apoyo.

La detención de 174 militares —según Foro Penal (8 de diciembre de 2025)— acusados de "traición a la patria" por manifestar dudas sobre el fraude electoral, evidencia que incluso sectores institucionales del régimen son considerados una amenaza cuando cuestionan la narrativa oficial. Esta represión intra-régimen revela fragilidad estructural grave: la lealtad no se sustenta en consenso institucional sino en amenazas de castigo transgeneracional, confirmando que el régimen solo puede sostenerse mediante terror indiscriminado incluso hacia sus propias fuerzas armadas.

Magnitud cuantitativa de la represión militar

Al 8 de diciembre de 2025 existían 174 militares entre los 893 presos políticos totales, confirmando que aproximadamente el 20 % de los presos políticos venezolanos pertenecen a las Fuerzas Armadas, documenta Foro Penal (8 de diciembre de 2025). Esta cifra extraordinaria evidencia que el régimen considera la disidencia militar como amenaza existencial que debe ser neutralizada mediante represión particularmente severa, generando el terror preventivo que disuada a oficiales y suboficiales de considerar siquiera opciones de deserción o conspiración.

Esta cifra oficial de 174 militares detenidos subestima significativamente la magnitud real de la represión intra-régimen, ya que el Instituto Casla (mayo de 2025) obtuvo información confidencial sobre más de 532 detenidos con identidades desconocidas ubicados en la sede del DGCIM en Boleíta, Caracas, al cierre del informe en mayo de 2025. Si una proporción significativa de estos detenidos desconocidos son militares —como sugiere su reclusión en instalaciones del DGCIM, el organismo especializado en contrainteligencia militar—, la cifra real de militares sometidos a represión podría multiplicarse por varios órdenes de magnitud respecto a los 174 documentados oficialmente.

Caso paradigmático: Familia Baduel como Sippenhaft transgeneracional

El caso de la familia Baduel constituye el ejemplo paradigmático de represión transgeneracional que extiende el castigo a través de dos generaciones como mecanismo de terrorización sistemática. El general Raúl Isaías Baduel, exministro de Defensa bajo Hugo Chávez y compañero de promoción militar del fallecido presidente, rescató personalmente a Chávez del golpe de Estado de abril de 2002, demostrando lealtad absoluta al proyecto chavista en su momento más vulnerable (Provea, 11 de octubre de 2022). Sin embargo, cuando Baduel se opuso a la reforma constitucional de 2007 que buscaba eliminar los límites de reelección presidencial, el régimen lo detuvo en 2009 bajo acusaciones de corrupción.

Baduel fue sometido a torturas sistemáticas durante 12 años de prisión, incluyendo una cirugía clandestina para atender una hernia inguinal realizada contra su voluntad el 23 de diciembre de 2020 en un quirófano improvisado en las afueras del hospital militar de Fuerte Tiuna, según documenta exhaustivamente Provea (11 de octubre de 2022), y murió en prisión el 12 de octubre de 2021, convirtiéndose en el décimo preso político muerto bajo custodia del Estado venezolano. La Misión Internacional Independiente de Determinación de los Hechos sobre

Venezuela solicitó formalmente la apertura de una investigación exhaustiva, transparente e independiente sobre las circunstancias de la muerte de Baduel en prisión, con apego al Protocolo de Minnesota (Misión Internacional Independiente de Determinación de los Hechos sobre Venezuela, 14 de octubre de 2021), investigación que nunca se realizó efectivamente.

La represión no terminó con la muerte del general Baduel, sino que se extendió deliberadamente hacia sus hijos como castigo transgeneracional diseñado para maximizar el terror dentro de las Fuerzas Armadas. Josnars Adolfo Baduel, hijo del General, fue detenido el 4 de mayo de 2020 en el contexto de la Operación Gedeón y sentenciado a 30 años de prisión —la pena máxima— el 22 de mayo de 2024 (Human Rights Watch, 22 de septiembre de 2025). Durante su detención, la Misión Internacional de Hechos sobre Venezuela documentó que Josnars fue sometido a torturas brutales: golpizas que le produjeron fracturas, asfixia por inmersión bajo agua y con bolsas plásticas, descargas eléctricas aplicadas específicamente en genitales para maximizar dolor y humillación, y suspensión de los brazos (Misión Internacional Independiente de Determinación de los Hechos sobre Venezuela, citada en Human Rights Watch, 22 de septiembre de 2025).

Un examen de traumatología y ortopedia realizado en diciembre de 2021 en el Hospital Militar Dr. Vicente Salías Sanoja diagnosticó lesiones que requieren al menos cuatro cirugías, atención médica que el régimen le ha negado sistemáticamente. Josnars permaneció incomunicado durante los primeros cinco meses de 2025 y desde agosto se le ha vuelto a negar toda comunicación con el exterior, permaneciendo recluido en una celda de 2x2 metros con letrina en el mismo espacio (Human Rights Watch, 22 de septiembre de 2025).

Raúl Emilio Baduel, hijo mayor, fue detenido el 21 de marzo de 2014 en el contexto de una protesta antigubernamental y condenado a 8 años de prisión, permaneciendo en El Helicoide hasta 2018, cuando fue excarcelado en el marco de negociaciones (Provea, 11 de octubre de 2022). Raúl Iván Baduel, otro hijo, fue apresado y torturado específicamente para obligar a sus hermanos a inculparse en delitos que no cometieron (Provea, 11 de octubre de 2022).

Desapariciones forzadas de militares y torturas preventivas

El 3 de noviembre de 2025, la abogada defensora de derechos humanos y directora ejecutiva del Instituto Casla, Tamara Suju, denunció la desaparición de 16 militares presos en la Cárcel Militar de Ramo Verde que fueron trasladados supuestamente a tribunales con la expectativa de que tuvieran el tiempo de pena cumplida y fueran liberados. Sin embargo, Suju declaró: "A esta hora, los oficiales que presumiblemente iban a ser trasladados a tribunales, que tenían el tiempo de pena cumplida, se encuentran desaparecidos. No llegaron a los tribunales, no fueron liberados y se desconoce dónde están" (Suju, citada en La Patilla, 3 de noviembre de 2025). Este patrón de traslados fraudulentos donde se promete libertad, pero se ejecuta la desaparición, constituye tortura psicológica particularmente refinada que destruye cualquier expectativa de justicia y genera desesperanza total entre presos políticos militares.

Adicionalmente, la organización Familiares de Presos Políticos Militares en Venezuela (FPPM-Ve) documentó en su informe de diciembre de 2024 que junto con el general Baduel fueron detenidos en enero de 2017 "siete sargentos del Ejército de la Unidad de Francotiradores, quienes fueron cruelmente torturados durante 6 días en la DGCIM y aún permanecen tras las rejas y sin juicio" (FPPM-Ve, diciembre de 2024, citado en Infobae, 5 de agosto de 2025). Este caso evidencia que la represión militar no se limita a oficiales de alto rango que podrían ejecutar golpes de Estado, sino que desciende hasta suboficiales de rango medio, confirmando el objetivo de generar terror masivo preventivo dentro de las Fuerzas Armadas antes que neutralizar únicamente amenazas reales demostradas.

Caso contemporáneo: Familia Hernández Castillo y multiplicación del Sippenhaft (noviembre de 2025)

El caso más reciente que evidencia la continuación y multiplicación del Sippenhaft como política sistemática del régimen es el de la familia Hernández Castillo, documentado entre el 19 y el 21 de noviembre de 2025. Samantha Sofía Hernández Castillo, adolescente de 16 años, fue detenida el 19 de noviembre de 2025 por funcionarios encapuchados de la DGCIM que irrumpieron en la casa de sus abuelos en la parroquia El Valle, Caracas (Comité por la Libertad de los Presos Políticos, 19 de noviembre de 2025, citado en Runrun.es, 22 de noviembre de 2025).

Durante el operativo, además de Samantha, fue detenida otra mujer con sus dos hijos adolescentes, extendiendo el castigo colectivo más allá del núcleo familiar directo del militar perseguido (El Estímulo, 20 de noviembre de 2025). Dos días después, el 21 de noviembre de 2025, Aranza de los Ángeles Hernández Castillo, hermana mayor de Samantha, de 19 años, fue igualmente detenida por funcionarios de la DGCIM que irrumpieron encapuchados y con armas largas en su vivienda —donde se encontraba junto a su hija pequeña— y se la llevaron golpeando a los familiares que intentaron impedirlo, según denunciaron el Instituto Casla y otras organizaciones de derechos humanos (Runrun.es, 22 de noviembre de 2025).

Ambas hermanas son hijas del primer teniente Christian Hernández Castillo, acusado por el régimen de traición a la patria y actualmente en el exilio tras ser vinculado a la supuesta Operación Aurora que presuntamente se llevaría a cabo el 22 de diciembre de 2019 en el estado Bolívar (Infobae, 3 de julio de 2022). Adicionalmente, son sobrinas de Henry Alberto Castillo Molero, de 31 años, empresario y productor agrícola detenido el 24 de enero de 2025 en El Valle y desaparecido forzadamente sin información oficial sobre su paradero desde hace diez meses (Comisión Interamericana de Derechos Humanos, 29 de julio de 2025).

La CIDH otorgó medidas cautelares en beneficio de Henry Alberto Castillo Molero mediante la Resolución 51/2025, tras considerar que se encuentra en situación de gravedad, urgencia y riesgo de daño irreparable a sus derechos, señalando que los familiares fueron advertidos de que, si querían volver a ver con vida al beneficiario, Christian Hernández debía entregarse (Comisión Interamericana de Derechos Humanos, 29 de julio de 2025). Las hermanas son además cuñadas de Maykelis Borges, detenida el 29 de enero de 2025 estando embarazada de dos meses, quien dio a luz en prisión y permanece recluida junto con su bebé en el Instituto Nacional de Orientación Femenina (CNN en Español, 27 de noviembre de 2025; Runrun.es, 30 de enero de 2026), ampliando el castigo transgeneracional hacia una cuarta generación que incluye ahora a un recién nacido.

La madre de Samantha y Aranza responsabilizó públicamente al ministro Diosdado Cabello por lo que pudiera sucederle a su hija, declarando: "Hago responsable a Diosdado Cabello de lo que le pueda pasar a mi hija" (citada en La Patilla, 20 de noviembre de 2025). La madre exigió la liberación inmediata de Aranza y Samantha Hernández, así como garantías plenas para su integridad, denunciando que "la persecución a las familias es un crimen, no un método de control" (Un Mundo Sin Mordaza, citado en El Nacional, 22 de noviembre de 2025).

Tamara Suju, directora del Instituto Casla, calificó explícitamente estos casos como parte de un patrón sistemático de "secuestrar y judicializar a los familiares" (Suju, citada en La Patilla, 21 de noviembre de 2025), comparándolo directamente con el Sippenhaft —término jurídico alemán que designa el castigo por parentesco aplicado por el régimen nazi— y advirtiendo que "esto incluye abuelos, padres, hijos, sobrinos… y se está multiplicando en Venezuela" (Suju, citada en El Nacional, 22 de noviembre de 2025). Suju declaró además que estos actos constituyen crímenes de lesa humanidad y alertó de que quienes los cometen buscan proyectarse como víctimas ante la comunidad internacional (Runrun.es, 22 de noviembre de 2025).

El Comité por la Libertad de los Presos Políticos (CLIPP) y la organización Un Mundo Sin Mordaza denunciaron formalmente ambas detenciones, exigiendo cese inmediato de la persecución familiar y respeto absoluto a los derechos humanos (Un Mundo Sin Mordaza, citado en El Nacional, 22 de noviembre de 2025). Con la detención de Samantha, el número de adolescentes detenidos por motivos políticos en Venezuela se elevó a siete en noviembre de 2025, cuando hasta el 13 de noviembre solo cuatro menores de edad estaban encarcelados, evidenciando la aceleración de la criminalización de menores vinculados a familias de militares disidentes (El Estímulo, 20 de noviembre de 2025).

Este caso evidencia tres elementos críticos que confirman la naturaleza sistemática y planificada del Sippenhaft como política de Estado: primero, la secuencialidad calculada de las detenciones (primero la menor de 16 años, dos días después su hermana de 19 años), sugiriendo que el régimen ejecuta detenciones escalonadas para maximizar el terror psicológico en la familia antes que neutralizar amenazas reales; segundo, la extensión transgeneracional del castigo que ahora alcanza cuatro generaciones (desde el tío Henry desaparecido, pasando por el teniente Christian en el exilio, sus hermanas Samantha y Aranza detenidas, hasta la cuñada Maykelis encarcelada con su bebé recién nacido); y tercero, la ausencia total de imputaciones sustantivas contra las víctimas directas —adolescentes y jóvenes sin protagonismo político— confirmando que el objetivo no es neutralizar amenazas sino aterrorizar mediante castigo colectivo familiar.

Interpretación teórica: fragilidad estructural y terror preventivo

El caso Baduel, la desaparición de 16 militares de Ramo Verde, las torturas a sargentos francotiradores, y el caso contemporáneo de la familia Hernández Castillo demuestran empíricamente que en el avanzado cierre autoritario venezolano la lealtad pasada no garantiza seguridad presente: un general que rescató personalmente al líder fundador del chavismo en su momento más vulnerable termina muerto tras años de tortura, y sus hijos continúan pagando el precio de su disidencia política una década después de su muerte; un teniente que simplemente fue acusado de participar en una conspiración no demostrada en 2019 ve a sus hermanas adolescentes detenidas seis años después mientras él permanece en el exilio.

Esta lógica del castigo transgeneracional opera como mecanismo de disuasión extremadamente efectivo dentro de las Fuerzas Armadas: cualquier oficial que considere oponerse al régimen debe calcular no solo el costo personal sino también las consecuencias para toda su familia a través de múltiples generaciones, incluyendo menores sin capacidad de defensa política y bebés recién nacidos que heredan el estigma de la disidencia familiar. Cuando un régimen debe reprimir sistemáticamente a sus propias fuerzas de seguridad mediante terror preventivo transgeneracional, revela una paradoja estructural irresoluble: la institución diseñada para garantizar la supervivencia del sistema se ha convertido en su amenaza existencial más grave, obligando al poder autoritario a desplegar contra sus propios militares el mismo aparato represivo que éstos deberían controlar.

El Sippenhaft no es entonces una desviación ética del régimen venezolano sino su lógica operativa fundamental: ante la imposibilidad de construir consenso o garantizar lealtad mediante incentivos políticos o económicos en un contexto de colapso institucional total, el castigo transgeneracional funciona como tecnología de control que convierte cada familia militar en rehén permanente del régimen, transformando el cálculo racional de la disidencia en una ecuación imposible donde la traición al sistema implica la destrucción deliberada y planificada de generaciones enteras —incluidos aquellos que aún no han nacido—.

Patrón 3: Represión masiva indiscriminada contra la población general

La radicalización del Estado Híbrido identificado por la organización Justicia, Encuentro y Perdón (28 de agosto de 2023) alcanzó en 2024-2025 su expresión más extrema mediante la criminalización de la ciudadanía ordinaria sin capacidad organizativa previa, evidenciando la culminación del Estado Anómico documentado en el informe sobre tipologías estatales venezolanas.

El tercer patrón corresponde a la represión masiva contra ciudadanos comunes que no poseen capacidad organizativa significativa ni representan amenazas reales al control territorial del régimen, evidenciando la transición decisiva hacia un autoritarismo cerrado (Szmolka Vida, 2010, 2011) caracterizado por la ausencia absoluta de Estado de Derecho y el desmantelamiento sistemático de libertades fundamentales mediante terror preventivo indiscriminado. Este patrón evidencia el avance hacia el cumplimiento del criterio definitorio del autoritarismo cerrado: no existe Estado de Derecho ni reconocimiento de los principales derechos políticos y libertades públicas fundamentales (Szmolka Vida, 2010, 2011). La criminalización de la expresión ciudadana ordinaria busca generar autocensura masiva mediante la demostración de que cualquier expresión crítica, incluso en contextos privados, puede generar consecuencias catastróficas, eliminando cualquier espacio protegido de la intervención estatal.

La detención de adolescentes —cuatro menores según reportes de Foro Penal a lo largo de 2025—, personas con discapacidad, las desapariciones forzadas documentadas por la Misión Internacional Independiente de Determinación de los Hechos sobre la República Bolivariana de Venezuela (22 de septiembre de 2025) y las muertes bajo custodia estatal registradas en el contexto poselectoral, confirman que ningún sector social queda fuera del alcance represivo.

La Misión de Determinación de los Hechos (22 de septiembre de 2025) documentó 30 muertes en el periodo cubierto: 25 en el marco de protestas —en al menos 12 casos con involucramiento directo de cuerpos de seguridad estatales— y 5 bajo custodia del Estado, estableciéndose en dos casos motivos razonables para creer que el Estado no brindó atención médica oportuna, sometiendo a los detenidos a tratos crueles, inhumanos y degradantes. El terror ya no distingue militancia política, edad, condición de salud ni inocencia: cualquier ciudadano puede ser criminalizado arbitrariamente, materializando el Estado

Anómico que Justicia, Encuentro y Perdón (28 de agosto de 2023) caracterizó como incumplimiento absoluto de marcos constitucionales y tratados internacionales de derechos humanos.

Caso paradigmático: Dra. Marggie Orozco y criminalización de la expresión política ordinaria

El caso de la Dra. Marggie Xiomara Orozco Tapias, médica de 65 años del estado Táchira, ilustra con precisión quirúrgica la conversión del espacio privado en territorio de vigilancia estatal y la criminalización de ciudadanos sin capacidad organizativa mediante redes de delación comunitaria. Orozco fue detenida el 5 de agosto de 2024 a las 9:30 pm en San Juan de Colón, municipio Ayacucho, tras ser denunciada por la jefa del Comité Local de Abastecimiento y Producción (CLAP) de su comunidad por un audio enviado a un grupo comunitario de WhatsApp donde criticaba la distribución de bombonas de gas doméstico, llamaba a participar en las elecciones del 28 de julio y expresaba opiniones sobre la situación del país (El Pitazo, 17 de noviembre de 2025; Infobae, 17 de noviembre de 2025; El Nacional, 17 de noviembre de 2025).

El 14 de noviembre de 2025, el Tribunal 4° de Juicio del Circuito Judicial Penal del estado Táchira, bajo la jueza Luz Dary Moreno, la condenó a 30 años de prisión —la pena máxima en Venezuela— por delitos de traición a la patria, incitación al odio y conspiración (El Pitazo, 17 de noviembre de 2025).

La condena revela múltiples dimensiones del terror estatal contemporáneo. Primero, transforma estructuras de distribución alimentaria gubernamental (CLAP) en aparatos de vigilancia y delación comunitaria donde cualquier expresión crítica puede convertirse en fundamento para décadas de prisión. Segundo, criminaliza conversaciones ordinarias en espacios comunitarios digitales, eliminando cualquier distinción entre discurso público y privado. Tercero, aplica penas máximas reservadas constitucionalmente para delitos graves como homicidio, secuestro o violación a expresiones políticas que no contienen amenazas directas de violencia ni constituyen organizaciones conspiradoras.

Cuarto, ignora completamente condiciones de salud críticas: Orozco es paciente cardiópata que sufrió dos infartos en los últimos dos años, el más reciente el 15 de septiembre de 2024 estando detenida, requiriendo traslado de emergencia al Hospital Central de San Cristóbal, siendo devuelta al día siguiente al anexo femenino del Centro Penitenciario de Occidente en Santa Ana del Táchira (El Pitazo, 17 de noviembre de 2025; La Opinión, 18 de noviembre de 2025). Padece además depresión crónica tras la pérdida trágica de dos hijos, uno en intento de atraco y otro en accidente (La Opinión, 18 de noviembre de 2025).

El exgobernador del estado Táchira César Pérez Vivas declaró el 16 de noviembre de 2025 que la sentencia "dictada por la juez Luz Dary Moreno es un acto perverso contra una persona con graves problemas de salud" (El Nacional, 17 de noviembre de 2025). Mary Carmen Goicetti, abogada de la organización Libertas Venezuela, caracterizó la condena como vulneración directa del derecho a la libertad de expresión constitucionalmente protegido (El Pitazo, 17 de noviembre de 2025).

El caso de Verónica Andreina Rojas Soto, de 44 años de Los Teques, estado Miranda, condenada el 1 de octubre de 2025 a 10 años de prisión por incitación al odio por mensajes de WhatsApp que no contenían amenazas directas de violencia sino únicamente expresiones políticas críticas del régimen, confirma que este patrón de criminalización de comunicación privada opera sistemáticamente (El Tequeño, 15 de octubre de 2025; El Nacional, 16 de octubre de 2025; Noticias24 Venezuela, 16 de octubre de 2025). La conversación privada con una amiga —quien también fue detenida, pero liberada semanas después— se convirtió en fundamento para una década de prisión, lo que evidencia que las relaciones personales de confianza han sido transformadas en espacios de riesgo donde cualquier expresión puede ser denunciada y castigada con severidad extrema.

Karelys Rojas, hija de la detenida residente en Portugal, ha denunciado la desproporción de la condena, señalando que su madre "es una mujer de hogar, dedicada a su esposo y a mi hermana menor de 15 años. No representa ningún peligro para la sociedad. Solo expresó una opinión en privado" (El Tequeño, 15 de octubre de 2025). La familia reporta que Rojas Soto padece problemas circulatorios que podrían agravarse durante su reclusión en el Centro Penitenciario Femenino de Los Teques (El Tequeño, 15 de octubre de 2025; La Verdad, 15 de octubre de 2025).

Sippenhaft aplicado a la población civil: la familia Andrade

El castigo colectivo familiar como mecanismo de terror se evidencia en el caso de la familia Andrade del estado Trujillo, que ilustra la aplicación del Sippenhaft —término jurídico alemán que designa el castigo por parentesco— como política deliberada del Estado venezolano. El 11 de septiembre de 2025, más de 100 agentes allanaron la vivienda de la familia Andrade buscando a Pedro Andrade, activista político que el régimen tenía bajo orden de captura (Efecto Cocuyo, 12 de septiembre de 2025; La Patilla, 12 de septiembre de 2025).

Al no encontrarlo, procedieron a detener arbitrariamente a María Nolberta Hernández Ramírez de 71 años, madre de Pedro, quien no tiene ningún protagonismo político ni se le imputa delito alguno más allá de su parentesco; Liseth Jackeline Andrade Hernández, hermana de Pedro, también detenida sin cargos sustantivos; y un sobrino menor de edad, extendiendo el castigo a tres generaciones familiares (Efecto Cocuyo, 9 de noviembre de 2025). Este patrón del castigo transgeneracional opera como mecanismo de terrorización particularmente efectivo: cualquier persona que considere oponerse al régimen debe calcular no solo el costo personal sino también las consecuencias para toda su familia, incluyendo adultos mayores sin capacidad de defensa y menores que no tienen responsabilidad alguna en las acciones del familiar perseguido.

Represión contra poblaciones vulnerables

La represión contra poblaciones absolutamente vulnerables que no representan amenaza alguna al régimen confirma la naturaleza del terror indiscriminado característico de los autoritarismos cerrados. Entre julio y septiembre de 2024 se documentó la detención de 164 adolescentes de 14 a 17 años, incluyendo menores con discapacidad cognitiva que no participaban en protestas, sino que fueron detenidos arbitrariamente en sus vecindarios (Foro Penal, noviembre de 2024). Al 8 de diciembre de 2025, permanecen 4 adolescentes entre los 893 presos políticos, violando flagrantemente la Convención sobre los Derechos del Niño que Venezuela ha ratificado (Foro Penal, 8 de diciembre de 2025).

El 16 de diciembre de 2025, el Comité por la Libertad de los Presos Políticos denunció el caso de Gabriel Rodríguez, adolescente de 17 años sentenciado a 10 años de prisión por el delito de terrorismo (El Estímulo, 17 de diciembre de 2025; El Nacional, 17 de diciembre de 2025). Gabriel fue detenido el 9 de enero de 2025 cuando se dirigía con fiebre hacia un ambulatorio para atención médica en Cabudare, estado Lara (Efecto Cocuyo, 17 de diciembre de 2025; Runrun.es, 17 de diciembre de 2025). La detención ocurrió mientras el adolescente buscaba tratamiento para una condición de salud, sin que existiera ninguna evidencia de participación en protestas, posesión de armas, o actos violentos. La sentencia de 10 años contra un menor de edad que fue arrestado mientras buscaba atención médica evidencia criminalización absoluta donde cualquier presencia en espacios públicos durante el período poselectoral es considerada terrorismo, eliminando completamente la presunción de inocencia y el debido proceso.

Los patrones sistemáticos de torturas aplicadas contra menores documentados incluyen: golpizas durante la detención, obligación de filmar videos culpándose y declarando que la oposición les pagó, torturas psicológicas continuas (amenazas de muerte, privación del sueño, gritos con palabras obscenas), violencia sexual (insinuaciones sexuales, desnudamiento, actos lascivos, descargas eléctricas en zonas íntimas), privación de alimentos e hidratación por semanas causando grave pérdida de peso, y desarrollo de pensamientos suicidas por no entender su situación (Foro Penal, noviembre de 2024).

María Corina Machado ha denunciado casos emblemáticos: Victoria, adolescente de 16 años estudiante de bachillerato y miembro de la Orquesta Sinfónica, secuestrada el 29 de julio de 2024 y sometida a desaparición forzada sin derecho a defensa (Infobae, 1 de septiembre de 2024); Lauriannys Valentina Cedeño Farías, de 17 años, detenida el 14 de agosto de 2024 en Carúpano por reenviar un mensaje de WhatsApp, quien sufrió colapso y daños cerebrales (Efecto Cocuyo, 27 de agosto de 2024; El Nacional, 27 de agosto de 2024); Isaías Fuenmayor, de 15 años, uno de los primeros muertos durante las protestas del 29 de julio de 2024 (Human Rights Watch, 2 de mayo de 2025; La Verdad, 30 de julio de 2024).

Al menos 15 casos de detenciones de personas con discapacidad física y mental fueron documentados, incluyendo personas epilépticas, con enfermedades de salud mental, trastornos del espectro autista, enfermos cardíacos, diabéticos, personas con cáncer, enfermos renales (Foro Penal, noviembre de 2024). Esta práctica constituye violencia interseccional —cuando una persona sufre discriminación doble por su condición política y por su discapacidad— siendo una forma particularmente cruel de represión.

Caso emblemático: Yenny Barrios, líder social de Carora, estado Lara, con linfoma no Hodgkin, fue detenida el 9 de septiembre de 2024 cuando estaba convaleciente de una operación realizada apenas 17 días antes (El Pitazo, 23 de octubre de 2024; Runrun.es, 8 de noviembre de 2025). A pesar del clamor de su hijo y las ONGs sobre su deterioro físico y la falta de atención médica especializada, tuvo que pasar más de dos meses para su primera quimioterapia, y otro mes para que el régimen la liberara (Infobae, 6 de noviembre de 2025).

Robert Rico, joven del espectro autista, fue detenido y permaneció varios meses encarcelado sin que el entorno carcelario fuera adaptado a sus necesidades, violando el principio de ajustes razonables consagrado en la Convención sobre los Derechos de las Personas con Discapacidad (CDPD). Fue excarcelado el 5 de enero de 2025 cuando lo llevaron a un terminal de pasajeros, lo soltaron y le dijeron que llamara a sus familiares para que fueran a buscarlo (El Pitazo, 5 de enero de 2025).

Vigilancia totalitaria y criminalización del análisis económico

Durante el primer semestre de 2025, Un Mundo Sin Mordaza registró 231 casos que generaron 302 violaciones a la libertad de expresión, incluyendo 148 detenciones arbitrarias de periodistas, activistas, analistas económicos y ciudadanos comunes que expresaron críticas mediante redes sociales. La criminalización del análisis económico independiente evidencia la eliminación de información básica necesaria para que los ciudadanos comunes puedan tomar decisiones cotidianas: 58 personas fueron detenidas específicamente por promoción del dólar paralelo, confirmando que reportar la tasa de cambio paralela —información esencial para establecer precios, calcular salarios justos o proteger ahorros mediante conversión a moneda extranjera— ha sido criminalizado como amenaza existencial al régimen (Un Mundo Sin Mordaza, 2025).

El 20 de octubre de 2025, Maduro ordenó desarrollar una función en VenApp —la aplicación gubernamental de servicios digitales— para que la población reportara "todo lo que vean, todo lo que oigan" durante las 24 horas, involucrando a la Fuerza Armada Nacional Bolivariana, las milicias chavistas y las bases populares en un sistema de vigilancia masiva permanente (CNN en Español, 21 de octubre de 2025). El 5 de noviembre de 2025, el Partido Socialista Unido de Venezuela aprobó formalmente la creación de "inteligencia social y comunal" mediante la cual los vecinos reportarán a quienes no sean conocidos en sus comunidades, institucionalizando la delación ciudadana como mecanismo de control social (Infobae, 5 de noviembre de 2025).

Esta transformación de VenApp en una herramienta de vigilancia totalitaria confirma la consolidación de un Estado de vigilancia que replica deliberadamente los mecanismos de control desarrollados en Cuba mediante los Comités de Defensa de la Revolución (CDR) y en la Alemania Oriental comunista mediante la Stasi. La integración de VenApp con el Carnet de la Patria —el sistema de identificación biométrica que controla el acceso a subsidios alimentarios y servicios básicos—, con los registros del SAIME que contienen información migratoria y biométrica completa, con registros médicos del sistema de salud pública, y con récords laborales, permite al régimen crear perfiles ciudadanos integrales utilizados para distribuir recursos selectivamente a los leales y negar servicios básicos a los opositores, consolidando un sistema de control social mediante coerción económica.

La empresa china ZTE instaló sistemas de vigilancia masiva en Venezuela incluyendo cámaras de reconocimiento facial desplegadas en espacios públicos y sistemas avanzados de monitoreo de comunicaciones que permiten interceptar llamadas telefónicas, mensajes de texto y comunicaciones de internet, confirmando la transferencia de tecnología represiva desde China hacia Venezuela como parte de la integración en Autocracy, Inc. (Letras Libres, 29 de noviembre de 2018; Voz de América, 7 de diciembre de 2021).

El Alto Comisionado de las Naciones Unidas para los Derechos Humanos, Volker Türk, denunció el 16 de diciembre de 2025 el reclutamiento forzado de adolescentes en las Milicias Bolivarianas que el régimen venezolano está ejecutando como parte de la estrategia de militarización masiva de la población civil. Türk denunció además la promulgación de dos leyes de emergencia en septiembre y noviembre de 2025 que no han sido publicadas oficialmente, operando como legislación secreta que viola el principio fundamental de publicidad de las leyes en cualquier Estado de Derecho. Türk advirtió que la proyección de inflación para 2025 alcanza el 270 % según organismos internacionales, y que el salario mínimo oficial es más de mil veces inferior al costo de la canasta básica alimentaria, confirmando que el colapso económico se agrava mientras la represión se intensifica (ONU, 16 de diciembre de 2025).

La denuncia sobre el reclutamiento forzado de adolescentes en estructuras militares paramilitares evidencia que el régimen busca expandir las bases de control territorial mediante la incorporación de menores de edad a las Milicias Bolivarianas, siguiendo el modelo cubano de CDR que incorporan a la población civil en estructuras de vigilancia y control social. Esta militarización de adolescentes viola múltiples instrumentos internacionales de protección de derechos del niño, incluyendo la Convención sobre los Derechos del Niño y el Protocolo Facultativo relativo a la participación de los niños en los conflictos armados (Infobae, 16 de diciembre de 2025).

Cuantificación de los tres patrones y validación teórica

La coexistencia simultánea de estos tres patrones represivos —selectividad estratégica contra élites opositoras, terror interno contra las propias Fuerzas Armadas, y represión masiva indiscriminada contra la población general— valida empíricamente la transición venezolana desde el autoritarismo hegemónico restrictivo hacia el autoritarismo cerrado.

Los datos cuantitativos actualizados confirman la magnitud del terror sistemático al 8 de diciembre de 2025: 893 presos políticos documentados por Foro Penal (diciembre de 2025) (774 hombres, 119 mujeres, 4 adolescentes, 174 militares representando el 20 % del total); 1.081 presos políticos documentados por JEP (10 de diciembre de 2025) con 145 personas con paradero desconocido; 160 miembros de Vente Venezuela bajo custodia o desaparecidos confirmando el objetivo de destruir completamente la estructura organizativa del partido según Amnistía Internacional (2025).

A estas cifras se suman 408 casos documentados de exilio y clandestinidad forzada por Armando.info (diciembre de 2025); 477 periodistas exiliados según la Universidad de Costa Rica (2025); 46 desapariciones forzadas documentadas por Amnistía Internacional (2025); 64 desapariciones forzadas en curso documentadas por Foro Penal (2025) al 10 de marzo de 2025; 25 asesinatos durante protestas poselectorales según Human Rights Watch (abril de 2025); más de 2.200 detenciones arbitrarias entre julio de 2024 y agosto de 2025 según Misión FFM ONU (septiembre de 2025); 302 violaciones a la libertad de expresión durante el primer semestre de 2025 según Un Mundo Sin Mordaza (2025); y 30 muertes totales vinculadas directamente a detención política (25 bajo custodia más 5 posliberación por secuelas) documentadas por JEP (10 de diciembre de 2025).

Esta evidencia empírica documentada por organismos internacionales independientes y organizaciones de la sociedad civil venezolana —que incluye criminalización de expresión política ordinaria mediante penas de décadas de prisión, castigo transgeneracional que extiende la represión a familias completas sin consideración de inocencia individual, detención de poblaciones absolutamente vulnerables incluyendo menores con discapacidad cognitiva y adultos mayores sin capacidad organizativa, desapariciones forzadas sistemáticas, torturas rutinarias institucionalizadas en centros específicamente diseñados para ello, asesinatos extrajudiciales, 30 muertes bajo custodia o por secuelas de detención, y transformación de estructuras comunitarias en redes de vigilancia totalitaria— confirma el cumplimiento del segundo criterio definitorio de autoritarismo cerrado según Szmolka Vida: la ausencia de Estado de Derecho y la eliminación del reconocimiento de derechos políticos y libertades públicas fundamentales.

Los métodos de la represión: tortura institucionalizada, desaparición forzada y muerte bajo custodia

Los tres patrones represivos descritos comparten un mismo repertorio de terror que el régimen aplica sin distinción según la víctima: la desaparición forzada, la tortura institucionalizada y la muerte bajo custodia. Reúno aquí estos métodos para mostrar el aparato represivo en su conjunto, más allá de a quién se dirige.

Desapariciones forzadas sistemáticas y torturas institucionalizadas

Un total de 46 casos de desapariciones forzadas durante el período postelectoral fueron documentados por Amnistía Internacional (15 de julio de 2025), evidenciando la institucionalización de esta práctica como política deliberada del Estado venezolano. El informe identifica un patrón sistemático que se replica consistentemente: primero, detención sin orden judicial por funcionarios encapuchados que no se identifican ni informan sobre la autoridad que ejecuta la detención; segundo, traslado a centros clandestinos de detención sin registro oficial en ninguna institución del Estado; tercero, negación sistemática de información a familiares sobre paradero o estado de salud del detenido; cuarto, incomunicación prolongada durante la cual se ejecutan torturas sin que el detenido tenga acceso a abogados, médicos o familiares; y quinto, aparición selectiva después de semanas o meses en algunos casos, o desaparición permanente en otros.

Agnès Callamard, secretaria general de Amnistía Internacional, declaró: "La desaparición forzada constituye un crimen de derecho internacional que no prescribe. Estas desapariciones son parte de una política sistemática diseñada para aterrorizar a la población".

Esa maquinaria de desaparición se sostuvo en una infraestructura física que solo salió a la luz meses después. En marzo de 2026, Armando.info documentó que el SEBIN operó un centro clandestino de tortura en la quinta La Arenosa, una vivienda de la urbanización Colinas de Santa Mónica, al suroeste de Caracas, acondicionada con altos muros de piedra, cercado eléctrico y cámaras en ángulos cruzados, y sustraída de todo registro oficial. Allí fueron recluidos y sometidos a tormentos al menos siete opositores secuestrados tras el fraude del 28 de julio de 2024.

Al propio Jesús Armas lo interrogaron en esa casa sobre el paradero de María Corina Machado y Juan Pablo Guanipa mientras le cubrían la cabeza con una bolsa plástica, agravando su condición de asmático; y Noel Álvarez, expresidente de Fedecámaras y coordinador del Comando Con Venezuela —capturado el 10 de enero de 2025, el mismo día de la toma de posesión fraudulenta de Maduro—, permaneció cinco días inmovilizado mediante un dispositivo que agentes y prisioneros apodaban "El pulpo", por atar a la vez manos y piernas. Ambos fueron trasladados después a El Helicoide (Armando.info, 22 de marzo de 2026).

La existencia de recintos de tortura ocultos en zonas residenciales, fuera de todo control judicial y de todo registro, revela que la desaparición forzada operaba mediante una infraestructura clandestina que servía de antesala a las cárceles del régimen.

Los patrones generales de torturas físicas documentados con extraordinario detalle en los centros penitenciarios de Tocorón (1.200 detenidos) y Tocuyito (497 detenidos), que fueron remodelados específicamente en agosto de 2024 para recibir la ola represiva postelectoral según el Instituto Casla (mayo de 2025), incluyen: golpes y palizas con manos, porras, palos y objetos; descargas eléctricas en varias partes del cuerpo incluyendo específicamente genitales (violencia sexual); asfixias con bolsas plásticas llenas de sustancias tóxicas; colgamientos esposados por 12 horas donde solo tocaban el piso con la punta de los pies; quemaduras por exposición al suelo caliente por el sol; encapuchados o vendados por semanas con heridas en las muñecas; posiciones incómodas prolongadas (cuclillas o arrodillados con brazos atrás por horas); animales como amenazas (perros grandes entrenados ladrando cerca del rostro de los encapuchados); golpes y latigazos en las plantas de los pies; simulaciones de ejecución.

Humberto Prado, director del Observatorio Venezolano de Prisiones, declaró en julio de 2025: "En todos los años que tengo trabajando en materia de derechos humanos, jamás había visto un ensañamiento como el que se ha registrado en contra de los presos políticos", y confirmó que en las cárceles de Tocorón, Tocuyito y El Rodeo I, el personal de custodia no estaba identificado, solo se conocían por seudónimos, estaban encapuchados y vestidos de negro, según el Observatorio Venezolano de Prisiones (21 de julio de 2025). El Observatorio documentó que al menos 158 adolescentes fueron detenidos arbitrariamente durante la represión postelectoral, muchos de ellos golpeados, incomunicados y recluidos en centros para adultos.

Los patrones de torturas psicológicas documentados incluyen: falta de medios de vida (alimentación escasa en mal estado con gusanos, apenas 2-3 vasos de agua, causando pérdida de peso promedio 20-30 kg en los primeros 3 meses, con casos extremos de 35-50 kg; negación de atención médica a personas con hipertensión, diabetes, cáncer, VIH, generando deterioro severo); exposición prolongada a condiciones insalubres (sin acceso a ducha, retrete, productos de higiene por semanas/meses, causando brotes de sarna, dermatitis, hongos, escabiosis, piojos); discriminación y amenazas a la comunidad LGTB; privación de visitas familiares y llamadas telefónicas (algunos más de 10 meses sin contacto); dolor de otros (presenciar torturas de compañeros); amenazas continuas ("terroristas, se van a quedar aquí para siempre, los dejaron solos", y según el Observatorio Venezolano de Prisiones (21 de julio de 2025): "les dicen que nunca van a salir, que se van a pudrir en la cárcel, que por su culpa sus familiares están sufriendo y gastando dinero"); e inducción al suicidio.

El Observatorio Venezolano de Prisiones (21 de julio de 2025) documentó múltiples intentos de suicidio en Tocorón durante los primeros meses de reclusión, y confirmó que al menos 58 presos políticos permanecen en aislamiento total del resto de la población carcelaria, sin acceso al sol y sometidos a los castigos más severos.

Tocorón: torturas específicas documentadas

Los patrones específicos aplicados en Tocorón incluyen: el "Mata-Chivo" (golpe entre cervical y nuca de bienvenida a todos); posiciones incómodas con palo de escoba en brazos extendidos por horas (brutales palizas si el palo caía); desnudamiento por un mes sin ropa interior (dermatitis, irritación, hongos, escabiosis); descargas eléctricas con Taser aplicadas intencionalmente en genitales (violencia sexual); tortura de oscuridad (noches sin electricidad mientras custodios golpeaban las celdas gritando amenazas, causando pánico, ansiedad, ataques de pánico); inducción al suicidio masiva (hasta 8 intentos de suicidio por día durante los primeros 3 meses); suministro de Altram (ansiolítico) masivo desde noviembre para mantener a los detenidos atontados, según documenta el Instituto Casla (mayo de 2025).

Tocuyito: la tortura de la arepa asada

Un método específico aplicado en Tocuyito durante la primera semana de diciembre por dos semanas, ejecutado por funcionarios con los alias "Hanoman" (jefe) y "Adonis" (segundo): llevar a los detenidos a la cancha deportiva a pleno sol, esposarlos de manos hacia atrás y tobillos, tirarlos en el piso de cemento caliente, 15 minutos boca arriba más 15 minutos boca abajo, durante 4-6 horas totales, causando quemaduras térmicas en talones, palmas de manos, rostro y cuello. Esta tortura terminó cuando llegó la nueva directora y salieron los funcionarios del SESMAS como autoridad, documenta el Instituto Casla (mayo de 2025). Para febrero de 2025, el Observatorio Venezolano de Prisiones (3 de febrero de 2025) reportó que más de 200 personas detenidas en el contexto postelectoral seguían privadas de libertad en Tocorón y Tocuyito, víctimas de "torturas, vejaciones y aislamiento prolongado".

Muertes bajo custodia del Estado

La organización Justicia, Encuentro y Perdón (JEP) publicó el 10 de diciembre de 2025, en la conmemoración del Día Internacional de los Derechos Humanos, su más reciente informe sobre presos políticos en Venezuela, documentando 1.081 personas privadas de libertad por motivos políticos, distribuidas en: 184 mujeres, 897 hombres, 42 extranjeros, 50 personas con doble nacionalidad, 20 periodistas, 14 representantes sindicales, 11 defensores de derechos humanos, según documenta Justicia, Encuentro y Perdón (10 de diciembre de 2025).

JEP documentó además 145 personas con paradero desconocido oficialmente, configurando casos de desaparición forzada donde el régimen niega sistemáticamente información sobre ubicación o estado de los detenidos, violando derechos fundamentales de familiares y del detenido mismo. Crucialmente, JEP documentó 25 muertes de presos políticos bajo custodia del Estado venezolano entre 2014 y diciembre de 2025 en centros de detención, hospitales durante custodia, y bajo régimen de arresto domiciliario. Adicionalmente, JEP registró 5 muertes adicionales de personas que fallecieron después de ser liberadas debido a complicaciones de salud derivadas directamente de condiciones de detención, torturas sufridas, o negación de atención médica durante el encarcelamiento.

Esta cifra de 30 muertes totales vinculadas directamente a la detención política (25 bajo custodia más 5 posliberación por secuelas) evidencia que la represión no solo busca neutralizar la disidencia mediante encarcelamiento, sino que genera consecuencias letales derivadas de condiciones infrahumanas de detención, torturas sistemáticas y negación deliberada de atención médica, documenta Justicia, Encuentro y Perdón (10 de diciembre de 2025).

El caso más reciente documentado es el de Alfredo Javier Díaz Figueroa, preso político que falleció el 6 de diciembre de 2025 mientras permanecía detenido en El Helicoide, confirmando que las muertes bajo custodia continúan ocurriendo en diciembre de 2025 sin que el régimen enfrente consecuencias ni modifique patrones sistemáticos de abuso.

Las consecuencias psicoemocionales de la represión sistemática: evidencia empírica del trauma masivo

Los tres patrones represivos documentados —destrucción de oposición organizada, represión intra-régimen contra militares, y represión masiva indiscriminada contra población civil— generan consecuencias devastadoras que trascienden el conteo de detenidos, torturados o asesinados, manifestándose fundamentalmente en daño psicoemocional masivo que afecta tanto a víctimas directas como a indirectas. La organización no gubernamental Justicia, Encuentro y Perdón realizó en diciembre de 2025 un estudio psicojurídico que aplicó la Escala de Ansiedad y Depresión de Goldberg —instrumento validado internacionalmente— a una muestra de 48 participantes distribuidos en tres grupos: 19 familiares de víctimas de asesinato extrajudicial, 25 familiares de presos políticos, y 3 jóvenes excarcelados (JEP, diciembre de 2025). Los hallazgos cuantifican empíricamente el costo humano de la represión sistemática ejecutada mediante los tres patrones analizados.

El 83 % de los participantes presenta niveles críticos de ansiedad y el 74 % depresión severa, evidenciando que la represión estatal genera trastornos psicoemocionales masivos que exceden largamente los parámetros considerados normales en poblaciones no sometidas a violencia política sistemática (JEP, diciembre de 2025). Particularmente alarmante resulta que el 100 % de los jóvenes excarcelados presenta trastornos del sueño —comparado con 68 % en familiares de asesinados y 67 % en familiares de presos políticos— evidenciando los efectos permanentes y devastadores del encarcelamiento político sobre personas que experimentaron directamente la violencia carcelaria. Los trastornos del sueño documentados no constituyen molestias menores sino manifestaciones de hipervigilancia permanente, estados de alerta constante e incapacidad de relajación que reflejan trauma psicológico severo derivado de amenaza existencial sostenida.

Las entrevistas clínicas realizadas durante el acompañamiento psicológico revelan que las víctimas indirectas —familiares de detenidos o asesinados— desarrollan trauma vicario caracterizado por pensamientos intrusivos, sentimientos de impotencia, desesperanza respecto a la obtención de justicia, y deterioro cognitivo y conductual que afecta su funcionalidad cotidiana (JEP, diciembre de 2025). Las familias de presos políticos reportan incertidumbre paralizante, sensación de estar "atrapadas en una situación adversa, inmerecida e injusta", y angustia extrema derivada de las condiciones infrahumanas de reclusión que confirman en visitas esporádicas donde observan deterioro físico, pérdida de peso, tristeza o enfermedad en sus familiares detenidos.

Como expresan textualmente varios participantes: "Ya no es el mismo, ha cambiado mucho, lo noté distinto", confirmando que el encarcelamiento político genera transformaciones permanentes de personalidad mediante el proceso de prisionización —internalización forzada de normas y dinámicas de cultura carcelaria— documentado en contextos venezolanos por investigaciones previas sobre efectos del encarcelamiento (Crespo, 2017, citado en JEP, diciembre de 2025).

La represión poselectoral incorpora una innovación particularmente atroz: la detención masiva de niños, niñas y adolescentes. Amnistía Internacional documentó al menos 198 casos de menores detenidos por participación en protestas, muchos de ellos sometidos a tortura según testimonios recopilados (Amnistía Internacional, 2024, citado en JEP, diciembre de 2025). Esta práctica representa una extensión deliberada del patrón represivo hacia población tradicionalmente protegida por normativa internacional específica, evidenciando que el régimen no reconoce límite ético o legal alguno cuando identifica amenazas a su permanencia en el poder.

El informe JEP introduce el concepto de Sippenhaft —término alemán que designa la persecución de familiares de acusados, práctica característica del régimen nazi— para caracterizar el patrón venezolano donde la persecución trasciende víctimas directas para afectar sistemáticamente a sus familias mediante hostigamiento, amenazas, presiones económicas e incluso encarcelamiento de parientes (JEP, diciembre de 2025). Esta práctica viola el principio constitucional de no trascendencia de la pena establecido en el artículo 44.3 de la Constitución de la República Bolivariana de Venezuela: "La pena no puede trascender de la persona condenada" (citado en JEP, diciembre de 2025). El Sippenhaft opera como mecanismo multiplicador de victimización: cada detención arbitraria genera ondas concéntricas de trauma que afectan no solamente al detenido sino a cónyuges, hijos, padres, hermanos y redes de apoyo más amplias, transformando cada acto represivo individual en fuente de destrucción social masiva que desarticula familias, comunidades y tejido social.

La documentación de estos efectos psicoemocionales valida empíricamente que la represión masiva poselectoral constituye un crimen de persecución según la tipificación del artículo 7.1.h del Estatuto de Roma de la Corte Penal Internacional, el cual establece que la persecución implica "la privación intencional y grave de derechos fundamentales en contravención del derecho internacional debido a la identidad del grupo o de la colectividad" (citado en JEP, diciembre de 2025). El régimen madurista identifica a opositores políticos, manifestantes, defensores de derechos humanos, periodistas y ciudadanos no alineados como "enemigos" —empleando términos como "fascistas", "terroristas" o "golpistas"— justificando su persecución sistemática mediante estigmatización pública que deshumaniza a las víctimas y normaliza socialmente su victimización.

Esta dinámica replica patrones históricos documentados en dictaduras del siglo XX incluyendo el Terror Rojo bolchevique, el estalinismo soviético, la Revolución Cultural china y la dictadura cívico-militar argentina, todas las cuales emplearon persecución de familiares como mecanismo de terror social (JEP, diciembre de 2025).

El daño psicoemocional documentado no constituye un efecto colateral no intencional de la represión sino el resultado deliberado de una política estatal que busca quebrar la voluntad de resistencia mediante el sufrimiento psicológico extremo. El anuncio presidencial de la creación de "cárceles de máxima seguridad" para manifestantes, con el propósito explícito de "reeducación" confirma la intencionalidad de usar el encarcelamiento como instrumento de transformación ideológica forzada, práctica que constituye una violación grave del derecho internacional humanitario (SwissInfo, 2024, citado en JEP, diciembre de 2025). La "reeducación" mediante el encarcelamiento replica metodologías empleadas en regímenes totalitarios históricos y contemporáneos que buscan destruir la identidad política de los disidentes mediante la privación de libertad prolongada en condiciones diseñadas deliberadamente para infligir sufrimiento físico y psicológico extremo.

La Ley Simón Bolívar, aprobada en 2024, formaliza jurídicamente este aparato represivo mediante la imposición de penas desproporcionadas y tipos penales abiertos diseñados expresamente para perseguir a la población identificada como "enemiga", complementada por el anuncio de una reforma constitucional destinada a constitucionalizar estas normas persecutorias (JEP, diciembre de 2025). Esta arquitectura legal configura lo que el informe JEP caracteriza como "lawfare" o guerra jurídica: la instrumentalización del derecho como arma de persecución política que transforma el sistema legal de mecanismo de protección de derechos en instrumento de supresión sistemática de libertades fundamentales.

El lawfare opera mediante múltiples mecanismos coordinados: la criminalización de la expresión política ordinaria, la imposición de penas desproporcionadas que eliminan la proporcionalidad entre conducta y sanción, el uso de tipos penales indeterminados que permiten la subsunción arbitraria de cualquier comportamiento, y la negación sistemática de garantías procesales que convierte el proceso penal en un ritual de legitimación de decisiones políticas previamente adoptadas.

La convergencia de la captura judicial, la represión masiva y el trauma psicoemocional sistemático evidencia la transformación cualitativa del Estado venezolano desde una institución proveedora de servicios públicos y garante de derechos hacia un aparato represivo cuya función primaria es la perpetuación del régimen mediante la destrucción de la capacidad de resistencia ciudadana. Esta transformación replica patrones documentados en autoritarismos históricos del siglo XX, pero incorpora innovaciones contemporáneas derivadas del intercambio de conocimientos represivos entre autocracias actuales, confirmando la tesis sobre la existencia de Autocracy, Inc. como red transnacional que facilita la transferencia de tecnologías de control social entre regímenes autoritarios (Applebaum, 2024).

El caso venezolano documenta empíricamente que los autoritarismos del siglo XXI no operan aisladamente sino mediante colaboración activa que incluye intercambio de metodologías represivas, apoyo logístico mutuo y coordinación de narrativas discursivas que legitiman internacionalmente prácticas autoritarias mediante invocación de soberanía nacional, lucha antiterrorista o defensa contra interferencia externa.

La captura judicial como instrumento central de represión

La captura del aparato judicial venezolano que se despliega tras el fraude electoral del 28 de julio de 2024 representa la culminación del patrón de Estado Dual identificado por Justicia, Encuentro y Perdón (en adelante JEP) en su análisis del período 2014-2023 (Justicia, Encuentro y Perdón, 28 de agosto de 2023). Durante aquellos años, como documenta JEP, coexistían formalmente la Constitución de 1999 con una legislación decretal socialista paralela que generaba una "justicia dual": rigor extremo contra "enemigos políticos" mediante acusaciones de terrorismo o traición a la patria, e inmunidad legal sistemática para funcionarios del Estado a través de mecanismos como la Ley Orgánica Constitucional de Descentralización, Delimitación y Transferencias de Competencias del Poder Público (LOCDOFT) y la Ley Antibloqueo (LANTIBLOQUEO).

Sin embargo, en 2024-2025 esta dualidad colapsa: el régimen abandona toda pretensión de independencia judicial y consolida un aparato de represión sin apariencias democráticas. Lo que JEP conceptualizó como coexistencia entre fachada constitucional y práctica autoritaria se transforma en subordinación total y abierta del sistema judicial al proyecto de perpetuación en el poder.

Los mecanismos de captura judicial documentados durante 2024-2025 intensifican las prácticas identificadas por JEP en el período anterior. La creación de tribunales especializados en terrorismo opera al margen de garantías constitucionales básicas, replicando el patrón de "justicia dual" pero eliminando cualquier vestigio de procedimiento legal formal. La designación opaca de jueces por criterios de lealtad política —no por méritos profesionales— y la perversión institucional de la Defensoría Pública que abandona su función constitucional de defensa para convertirse en brazo acusatorio del Estado, materializan en 2024-2025 lo que JEP advirtió como tendencia estructural.

Los datos de JEP sobre el período 2014-2023 son contundentes: de 334 asesinatos por motivos políticos, solo 19 casos (5,69 %) obtuvieron sentencia y ninguna cadena de mando fue procesada, evidenciando impunidad sistémica en la cúspide del poder. La represión post-28J radicaliza cuantitativamente estos patrones: en cinco meses se registran 25 asesinatos en protestas, más 2.400 detenciones arbitrarias y el récord histórico de 893 presos políticos (Foro Penal, 8 de diciembre de 2025).

La impunidad no es consecuencia de ineficiencia judicial sino diseño deliberado del Estado autocrático, validando la tesis de Justicia, Encuentro y Perdón (28 de agosto de 2023) sobre el Estado Anómico venezolano caracterizado por incumplimiento sistemático de la Constitución y tratados internacionales de derechos humanos, negacionismo de víctimas y gobernanza criminal delegada. Lo que Eduardo Torres, del equipo legal de Provea, denominó "Triángulo de la injusticia" (Armando.info, 13 de octubre de 2024) —coordinación entre jueces, fiscales y defensores públicos para garantizar condenas sin debido proceso— opera en 2024-2025 con eficacia devastadora: tribunales que niegan acceso a expedientes, defensores públicos que no contactan a sus representados, fiscales que fabrican pruebas sin sustento. Este aparato judicial capturado no administra justicia, sino que manufactura terror sistemático, cumpliendo la función represiva esencial para la supervivencia de la autocracia consolidada post-28J.

La captura judicial documentada en esta sección no constituye un fenómeno aislado sino la manifestación del modelo de gestión burocrático-populista radicalizado que el régimen madurista ha impuesto sistemáticamente sobre todo el aparato público venezolano.

Este modelo, analizado exhaustivamente en el contexto de PDVSA en el cuerpo principal de esta investigación y en el Epílogo 2 respecto al Arco Minero del Orinoco, se manifiesta también en los tribunales antiterrorismo, donde, a partir de las fuentes consultadas, identifico los siguientes rasgos: (1) politización extrema donde la lealtad política desplaza completamente la competencia profesional como criterio de selección; (2) clientelismo y patronazgo familiar que asignan posiciones estratégicas mediante redes de parentesco con la élite chavista; (3) opacidad institucional total que elimina la transparencia mediante la ausencia sistemática de publicación de nombramientos; (4) provisionalidad como mecanismo de control que mantiene la inestabilidad laboral para garantizar obediencia absoluta; y (5) discrecionalidad sin límites legales que permite "despojar, quitar y poner como les da la gana" según documenta una fuente jurídica consultada por Armando.info (21 de diciembre de 2025).

La extensión de este modelo de gestión hacia el Poder Judicial marca el punto de no retorno en la consolidación autoritaria venezolana. En 2017, tres organismos internacionales clasificaron simultáneamente a Venezuela como autocracia: Freedom House reclasificó al país como "Not Free" y "régimen autoritario inequívoco" después de haber sido considerado "Partly Free" en 2016 (Freedom House, 31 de enero de 2017; Freedom House, 14 de noviembre de 2017); el Economist Intelligence Unit (EIU) lo trasladó de "régimen híbrido" (score 5.56 en 2016) a "régimen autoritario" (score 4.87 en 2017) (EIU, 2017); y el Instituto Internacional para la Democracia y Asistencia Electoral (IDEA) documentó su transición desde régimen híbrido hacia categoría "no democrática" en 2017, registrando 8 declives en subatributos democráticos durante el período 2013-2018 (IDEA, 2019).

Esta sincronización temporal entre la consolidación del modelo de gestión burocrático-populista radicalizado en instituciones clave —particularmente el sistema judicial después de 2017— y la reclasificación internacional hacia la autocracia no es coincidencia: el modelo de gestión constituyó el mecanismo operativo mediante el cual el régimen destruyó las salvaguardas institucionales que podrían haber bloqueado la consolidación autoritaria.

La planificación premeditada del aparato judicial inconstitucional

La creación de tribunales especializados en terrorismo mediante la resolución N° 2012-0026 del Tribunal Supremo de Justicia carece de fundamento legal en la Ley Orgánica Contra la Delincuencia Organizada y Financiamiento al Terrorismo (LOCDOFT), la cual no autoriza ni contempla la existencia de tribunales especializados para estos delitos, según documenta Armando.info (25 de agosto de 2024, 21 de diciembre de 2025). Esta inconstitucionalidad fundacional evidencia que el sistema fue diseñado deliberadamente para operar al margen del marco legal vigente, eliminando las restricciones procesales que podrían limitar la discrecionalidad represiva del régimen. La estructura actual incluye 4 tribunales de control, 3 de juicio, 2 cortes de apelaciones y 1 tribunal de adolescentes, conformando un aparato judicial paralelo que procesa exclusivamente casos políticos bajo procedimientos que violan sistemáticamente garantías fundamentales del debido proceso (Armando.info, 21 de diciembre de 2025).

La opacidad institucional total caracteriza el funcionamiento de este sistema: ninguno de los nombramientos de jueces ha sido publicado en Gaceta Oficial, violando la Ley Orgánica del Tribunal Supremo de Justicia que exige transparencia en las designaciones judiciales (Armando.info, 21 de diciembre de 2025). Esta ausencia deliberada de publicidad oficial no constituye negligencia administrativa sino diseño estratégico que permite al régimen mantener discrecionalidad absoluta sobre quién administra justicia, facilitando la rotación arbitraria de jueces según conveniencias políticas sin enfrentar escrutinio público o rendición de cuentas institucional. Como declaró una fuente jurídica consultada por Armando.info (21 de diciembre de 2025): "Despojan, quitan y ponen como les da la gana", confirmando que la provisionalidad sistemática opera como mecanismo de control donde la inseguridad laboral garantiza obediencia absoluta a directrices políticas.

La coordinación centralizada desde la Cúpula del TSJ

La magistrada Elsa Gómez Moreno, presidenta de la Sala de Casación Penal del Tribunal Supremo de Justicia, coordina desde la cúpula la operación de todo el sistema de tribunales antiterrorismo, operando como enlace directo entre el Poder Judicial y el núcleo político del régimen a través de su relación cercana con Cilia Flores, esposa de Nicolás Maduro, según documenta Armando.info (21 de diciembre de 2025). Esta conexión directa con la primera dama evidencia que las decisiones judiciales en casos políticos no emanan de análisis jurídico independiente sino de directrices políticas transmitidas desde el ejecutivo hacia el aparato judicial mediante redes de lealtad personal que trascienden las estructuras institucionales formales.

La ejecución operativa de estas directrices corresponde a Katherine Haringhton, presidenta del Circuito Judicial Penal, quien ha sido sancionada por Suiza, Reino Unido y la Unión Europea por su rol central en la persecución judicial sistemática de opositores políticos (Armando.info, 25 de agosto de 2024). Las sanciones internacionales contra Haringhton no se basan en alegaciones abstractas sino en evidencia documentada de su participación directa en procesos judiciales fraudulentos que violan garantías fundamentales del debido proceso, confirmando que la comunidad internacional ha identificado con precisión a los operadores clave del aparato represivo judicial venezolano.

Los jueces del terror: patrón de selección por lealtad versus mérito

El análisis de los perfiles de los jueces que integran los tribunales antiterrorismo revela un patrón consistente que valida empíricamente la presencia de los rasgos del modelo burocrático-populista radicalizado que he identificado en este ámbito. La edad promedio extraordinariamente joven de estos jueces —con varios casos de magistrados entre 32 y 38 años ocupando posiciones de máxima responsabilidad— combinada con la ausencia sistemática de trayectorias profesionales distinguidas, evidencia que la selección opera mediante criterios de lealtad política antes que competencia profesional o experiencia judicial, según documenta Armando.info en sus reportajes sobre el sistema judicial (25 de agosto de 2024, 29 de septiembre de 2024, 21 de diciembre de 2025).

El caso de Alejandra Verónica Romero Castillo, jueza del Tribunal 3° de Terrorismo a los 32 años, ejemplifica la operacionalización extrema del modelo burocrático-populista en el aparato judicial. Designada en julio de 2023 sin que su nombramiento fuera publicado en Gaceta Oficial, Romero maneja actualmente más de 40 casos de presos políticos incluyendo procesos emblemáticos contra Rocío San Miguel (directora de Control Ciudadano), Roland Carreño (periodista y activista de Voluntad Popular), y José Javier Tarazona (director de Fundaredes), según documentan las investigaciones de Armando.info sobre el sistema judicial chavista (21 de diciembre de 2025).

Hija del general de brigada Jorge Alejandro Romero Castillo —egresado de la Academia Militar de la Aviación Bolivariana (1985-1989) y actual gerente general del aeropuerto internacional en Táchira desde septiembre de 2025—, Romero fue designada sin haber completado estudios de posgrado, cursando recién una especialización en la Universidad Nacional Experimental de la Seguridad (UNES) cuando ya llevaba tiempo ejerciendo como jueza de terrorismo, conforme detalla Armando.info (21 de diciembre de 2025). Esta trayectoria confirma que la selección operó mediante criterios de lealtad política certificada por vínculos de consanguinidad con las Fuerzas Armadas antes que competencia profesional o experiencia judicial.

La familia Romero Castillo opera múltiples empresas que monetizan la posición judicial mediante contratos con el Estado venezolano, replicando el patrón extractivo característico del Estilo Rentista. El general Jorge Romero Castillo, su exesposa Dorys Simone Castillo Jaimes y sus tres hijos —Alejandra Verónica, Jorge Luis y Karina Aixa— registraron conjuntamente Distribuidora de Alimentos Panchita C.A. con domicilio en Aragua (Armando.info, 21 de diciembre de 2025).

Karina Aixa Romero Castillo, hermana de la jueza, aparece registrada como proveedora del Estado venezolano en el Registro Nacional de Contratistas, siendo presidenta, fundadora y propietaria del 50 % de las acciones de Ingeniería e Inversiones AKR C.A., empresa que presta servicios profesionales de ingeniería al Estado desde 2016 (Armando.info, 21 de diciembre de 2025). Adicionalmente, Alejandra Romero Castillo está comprometida para casarse con Carlos Omar Lingstuyl Gómez, fiscal auxiliar interino de la Fiscalía 98 Nacional Plena en Materia de Protección de Derechos Humanos, configurando redes de lealtad que entrelazan el Poder Judicial con el Ministerio Público mediante vínculos matrimoniales que garantizan coordinación entre ambas instituciones en la persecución de casos políticos (Armando.info, 21 de diciembre de 2025).

Romero Castillo ejecuta sistemáticamente la práctica del Sippenhaft —persecución de familiares de acusados políticos— documentada en al menos cuatro casos bajo su jurisdicción: Rafael Tudares Bracho, yerno de Edmundo González Urrutia, condenado a 30 años de prisión tras audiencia maratónica de 12 horas celebrada vía telemática; Karen Nayarit Gómez Gutiérrez (caso Brazalete Blanco); Yoshida María Vanegas Méndez, madre de Juan Carlos Monasterios; y Larry Arcesio Osorio Chía, hermano del militar retirado Rubén Darío Osorio Chía, representante de Fundaredes (Armando.info, 21 de diciembre de 2025).

Esta aplicación deliberada del principio de trascendencia de la pena —prohibido explícitamente por el artículo 44.3 de la Constitución venezolana— opera como mecanismo de terror multiplicado donde la persecución de un individuo se extiende automáticamente a su red familiar, maximizando el efecto disuasorio sobre potenciales disidentes que deben calcular no solamente el riesgo personal sino el peligro que su activismo político genera sobre cónyuges, hijos, padres y hermanos.

El récord de condenas de Romero evidencia la severidad sistemática del aparato: además de la sentencia de 30 años contra Tudares Bracho, dictó el 9 de agosto de 2024 condenas de pena máxima contra

Argenis Enrique Ugueto Benítez, Rigoberto Moreno Carmona, Darío Pastor Estrada Perozo, Robert José Franco Vallera y Julio César Sánchez Arias por supuesto complot contra la instalación de la Asamblea Nacional en 2021, sentencia confirmada por la Sala Penal del TSJ el 10 de diciembre de 2025, precisamente mientras en Oslo se celebraba la ceremonia de entrega del Premio Nobel de la Paz a María Corina Machado (Armando.info, 21 de diciembre de 2025).

De los casos que maneja Romero, 13 ya han recibido condenas de 30 años, evidenciando que la juventud e inexperiencia profesional de la jueza no limita, sino que facilita la severidad represiva al eliminar escrúpulos éticos o consideraciones de proporcionalidad que jueces con mayor trayectoria podrían mantener.

El comportamiento de Romero Castillo en audiencias documenta la degradación completa de la solemnidad judicial: fuentes jurídicas consultadas por Armando.info reportan que la jueza se ríe a carcajadas, cuchichea con funcionarios y come durante las audiencias, destruyendo cualquier apariencia de decoro que correspondería a la investidura del cargo (Armando.info, 21 de diciembre de 2025).

Las violaciones procesales son sistemáticas: negación de acceso a expedientes, rechazo de solicitudes para nombrar defensores privados, imposición de defensores públicos que sabotean la defensa, celebración de audiencias telemáticas desde centros de detención donde los presos no pueden denunciar torturas frente a sus torturadores, e incumplimiento reiterado de publicidades procesales que impiden documentación transparente de las actuaciones judiciales (Armando.info, 21 de diciembre de 2025).

Un expreso político de El Helicoide —centro de reclusión y tortura del régimen— testimonió que Romero "se negó a recibir el oficio donde solicitaba nombrar un abogado privado" y "dictó medidas cautelares sin el debido proceso", confirmando que el tribunal opera como instrumento de persecución política antes que como instancia de aplicación de derecho (Armando.info, 21 de diciembre de 2025).

Carlos Enrique Liendo Acosta, Ángel Betancourt Martínez, Franklin Mejías Caldera y Joel Abraham Monjes constituyen el núcleo operativo de este aparato represivo, operando como "cuarteto del terror judicial" según la caracterización de Armando.info (25 de agosto de 2024). Liendo Acosta —considerado el juez más implacable del sistema— opera desde el Tribunal 2° de Control contra la Corrupción y el Terrorismo, procesando la mayor cantidad de opositores políticos detenidos durante las protestas poselectorales, incluyendo casos de alto perfil como la Operación Brazalete Blanco y dirigentes del partido Vente Venezuela (Armando.info, 25 de agosto de 2024). Mejías Caldera, de 38 años, inició su carrera judicial como alguacil —funcionario cuyas responsabilidades se limitan a recepción de documentos y notificaciones— pasando luego a secretario antes de ascender a juez del Tribunal 4° de Control con Competencia en Terrorismo, trayectoria que confirma la destrucción completa de la meritocracia judicial donde el ascenso no depende de demostración de competencia profesional sino de lealtad comprobada mediante años de servicio subordinado (Armando.info, 25 de agosto de 2024).

Ángel Betancourt Martínez, de 36 años, fue designado juez del Tribunal Tercero de Control para el Terrorismo después de servir como fiscal provisorio y luego como fiscal con competencia nacional, siendo postulado por el entonces fiscal general Tarek William Saab, configurando el patrón de patronazgo donde la proximidad personal con figuras poderosas del régimen constituye el mecanismo de ascenso antes que concursos públicos o evaluación de méritos profesionales (Armando.info, 25 de agosto de 2024).

Edward Miguel Briceño Cisneros representa el caso más extremo de estancamiento profesional transformado en designación política: después de 12 años trabajando como defensor público sin destacarse profesionalmente, fue designado juez del Tribunal Primero de Primera Instancia con Jurisdicción sobre Terrorismo, siendo responsable de firmar la orden de aprehensión contra Edmundo González Urrutia por los delitos de usurpación de funciones, forjamiento de documento público, instigación a la desobediencia de las leyes, conspiración, sabotaje a daños de sistemas y asociación para delinquir (Armando.info, 29 de septiembre de 2024). La designación de Briceño —quien permaneció estancado durante 12 años en la defensoría pública penal sin mostrar ningún rasgo profesional que lo distinguiera— confirma que la competencia técnica es irrelevante cuando la función judicial ha sido redefinida como instrumento de persecución política antes que aplicación de derecho.

La captura de la defensoría pública: el "Triángulo de la injusticia"

Daniel Augusto Ramírez Herrera, actual Defensor Público General, cuenta con el apadrinamiento político de María Adelaida Maduro Moros —hermana del presidente Nicolás Maduro y predecesora de Ramírez como encargada de la Defensa Pública desde 2016 hasta 2022— a quien se le acusa de haber sido la "destructora de esa institución", así como de la magistrada emérita del Tribunal Supremo de Justicia Deyanira Nieves Bastidas, evidenciando que la designación respondió a vínculos políticos con la cúpula del poder antes que a competencia profesional o compromiso con derechos humanos (Armando.info, 13 de octubre de 2024). Ramírez Herrera además es dueño de Alimentos y Bebidas El Silbón, C.A., empresa fundada en 2016 que está inscrita como proveedora del Estado venezolano según el Registro Nacional de Contratistas, replicando el patrón extractivo donde funcionarios monetizan posiciones de poder mediante contratos gubernamentales otorgados a empresas propias o familiares (Armando.info, 13 de octubre de 2024).

El funcionamiento del sistema de defensa pública ha sido completamente pervertido mediante cuatro mecanismos coordinados: primero, negación sistemática del derecho de los detenidos a contratar defensores privados de confianza, forzándolos a aceptar defensores públicos designados por el Estado (Armando.info, 13 de octubre de 2024); segundo, asignación de defensores públicos que deliberadamente sabotean la defensa mediante no presentación de pruebas exculpatorias proporcionadas por familiares —como partidas de nacimiento, notas certificadas y cartas de buena conducta— y presión sobre detenidos para autoincriminarse mediante grabación de videos culpando a María Corina Machado a cambio de promesas de libertad (Armando.info, 13 de octubre de 2024).

El sistema se completa con dos mecanismos adicionales: tercero, rotación constante de defensores públicos mediante juramentación masiva de funcionarios provisorios —49 defensores en abril de 2024 y otro grupo en noviembre de 2023— sistema que impide la construcción de estrategias defensivas coherentes y elimina la relación de confianza necesaria entre abogado y cliente; y cuarto, celebración de audiencias mediante sistema telemático —donde defensoras "susurran dos minutos" sin que familiares sepan qué dijeron— que viola garantías procesales fundamentales al impedir la presencia física del defensor junto al defendido y facilitar la coacción de detenidos sin testigos independientes (Armando.info, 13 de octubre de 2024).

La juramentación de 49 defensores públicos en abril de 2024 —todos designados con estatus provisional y no titular— junto con otro grupo juramentado en noviembre de 2023, confirma el patrón de renovación constante donde todos son provisorios según documenta Armando.info (13 de octubre de 2024). Esta práctica revela una estrategia deliberada de mantener la inestabilidad laboral que garantice la obediencia absoluta: la provisionalidad no constituye una fase transitoria hacia la estabilización sino una condición permanente diseñada para maximizar el control mediante la amenaza constante de remoción arbitraria.

Este sistema configura lo que el abogado Eduardo Torres, integrante del equipo legal de Provea, caracteriza como "Triángulo de la injusticia": jueces, fiscales y defensores públicos que operan coordinadamente en casos políticos. Torres explica que "siempre son los mismos, una cúpula muy reducida con la cual se niega el acceso a la justicia y el derecho a la defensa" (Armando.info, 13 de octubre de 2024). Esta configuración —donde defensores públicos sabotean deliberadamente la defensa de sus propios representados, fiscales presentan acusaciones bajo directrices políticas, y jueces procesan casos según órdenes del régimen— evidencia coordinación premeditada antes que coincidencia burocrática, eliminando completamente el carácter adversarial que define los sistemas judiciales en Estados de Derecho y transformando los procesos judiciales en rituales de legitimación de decisiones políticas previamente adoptadas por el ejecutivo.

Validación teórica: Estilo Rentista y bloqueo de la Fase 4a

La instrumentalización del aparato judicial mediante el modelo de gestión burocrático-populista radicalizado evidencia el avance hacia el cumplimiento del segundo criterio definitorio del autoritarismo cerrado según Szmolka Vida (2010, 2011): la ausencia de Estado de Derecho y el no reconocimiento de derechos políticos fundamentales. Sin embargo, la evidencia venezolana va más allá de esta caracterización estática, demostrando el proceso mediante el cual los autoritarismos contemporáneos destruyen el Estado de Derecho: no mediante la eliminación abierta de las instituciones judiciales sino mediante su transformación cualitativa en instrumentos represivos que mantienen apariencias procedimentales mientras operan bajo una lógica político-extractiva que prioriza lealtad sobre legalidad, opacidad sobre transparencia, y control político sobre competencia profesional.

La captura judicial opera como componente indispensable del Estilo Rentista analizado en esta investigación: los jueces seleccionados por lealtad antes que por mérito profesional generan rentas extractivas mediante dos mecanismos complementarios. Primero, rentas directas derivadas de vínculos empresariales con el Estado —ejemplificadas por la empresa familiar de Romero Castillo como contratista estatal y la distribuidora de alimentos de Ramírez Herrera como proveedor gubernamental— que monetizan posiciones judiciales mediante contratos otorgados discrecionalmente a cambio de lealtad en decisiones judiciales (Armando.info, 13 de octubre de 2024, 21 de diciembre de

2025). Segundo, rentas indirectas derivadas del control sobre procesos judiciales que pueden utilizarse para extorsionar a opositores mediante amenazas de procesamiento o para proteger actividades criminales del régimen mediante garantía de impunidad judicial para operadores del Cartel de los Soles y funcionarios corruptos.

La captura judicial, además, cumple una función estratégica en el bloqueo de la Fase 4a del Modelo de Dornbusch-Edwards Reformulado que propongo en esta investigación. Los mecanismos democráticos de alternancia política requieren instituciones judiciales independientes que protejan derechos fundamentales, garanticen procesos electorales genuinos, y limiten el ejercicio arbitrario del poder ejecutivo. La transformación del Poder Judicial en instrumento represivo elimina esta salvaguarda institucional crítica: cuando los tribunales convalidan fraudes electorales masivos —como el TSJ hizo al validar los resultados del 28 de julio de 2024 sin examinar la evidencia presentada por la oposición—, cuando criminalizan la expresión política ordinaria mediante condenas de décadas de prisión por mensajes de WhatsApp, y cuando operan como brazos ejecutores de la persecución política mediante el "Triángulo de la injusticia", eliminan cualquier vía legal-institucional mediante la cual la ciudadanía podría revertir el autoritarismo sin recurrir a confrontación violenta.

La evidencia documental sobre el sistema de tribunales antiterrorismo confirma que la transición autoritaria venezolana no ocurrió mediante un golpe de Estado abierto que eliminara instituciones democráticas, sino mediante la captura progresiva y transformación cualitativa de esas instituciones hasta vaciarlas completamente de contenido democrático mientras se preservaban sus estructuras formales. Esta estrategia resulta particularmente efectiva porque dificulta la movilización internacional de apoyo a la transición democrática: el régimen puede argumentar discursivamente que Venezuela mantiene separación de poderes, tribunales independientes, y defensores públicos que protegen derechos de los acusados, mientras que sustantivamente ha construido un aparato judicial completamente subordinado al ejecutivo que opera como instrumento central de la consolidación autoritaria.

La concentración temporal de las reclasificaciones internacionales de Venezuela como autocracia en 2017 —año en que Freedom House, EIU e IDEA simultáneamente degradaron al país desde categorías híbridas hacia autoritarismo cerrado— coincide precisamente con la consolidación de la captura judicial documentada en esta sección (Freedom House, enero de 2017; Freedom House, noviembre de 2017; EIU, enero de 2017; IDEA, noviembre de 2019). Esta sincronización temporal no es coincidencia: los organismos internacionales especializados en medición de democracia identificaron que la instrumentalización completa del Poder Judicial marcaba la transición cualitativa desde un autoritarismo que mantenía espacios residuales de contestación legal hacia un autoritarismo cerrado que había eliminado todas las vías institucionales de resistencia democrática, confirmando que la captura judicial constituye el mecanismo operativo central mediante el cual el régimen madurista bloqueó estructuralmente la Fase 4a de estabilización democrática que el modelo clásico de Dornbusch-Edwards asumía como inevitable.

La captura judicial documentada opera como mecanismo generador de trauma psicoemocional sistemático que trasciende las víctimas directas para afectar a sus redes familiares completas. Un estudio psicojurídico realizado por la organización no gubernamental Justicia, Encuentro y Perdón en diciembre de 2025 —posterior al fraude electoral del 28 de julio— evaluó mediante la Escala de Ansiedad y Depresión de Goldberg a 48 víctimas directas e indirectas de persecución política, documentando niveles críticos de ansiedad en el 83 % de los participantes y depresión severa en el 74 %, con trastornos del sueño presentes en el 100 % de jóvenes excarcelados (JEP, 2025).

El estudio corrobora desde perspectiva psicosocial que la Resolución N° 2012-0026 que creó los tribunales antiterrorismo carece de fundamento legal en la LOCDOFT, confirmando independientemente los hallazgos periodísticos de Armando.info y validando que el sistema judicial capturado constituye no solamente instrumento de control político sino fuente directa de daño psicoemocional masivo que destruye el tejido social venezolano mediante victimización múltiple donde cada detención arbitraria genera ondas concéntricas de trauma que afectan familias completas, comunidades y la sociedad en su conjunto.

La Ley Simón Bolívar y la represión transnacional: criminalización de la diáspora como amenaza al régimen

El 28 de noviembre de 2024, la Asamblea Nacional de Venezuela, controlada completamente por el chavismo, aprobó la Ley Simón Bolívar, legislación extraordinaria que criminaliza el apoyo a las sanciones internacionales contra Venezuela con penas de hasta 30 años de prisión y confiscación total de bienes (Gaceta Oficial, 29 de noviembre de 2024). La ley establece que cualquier persona que promueva, instigue, solicite, invoque, favorezca, facilite, apoye o participe en la adopción de medidas coercitivas unilaterales contra Venezuela será considerada traidora a la patria y enfrentará las sanciones máximas establecidas en el ordenamiento jurídico venezolano.

La relevancia de esta ley trasciende la criminalización doméstica de la disidencia, ya que establece explícitamente un alcance extraterritorial que busca perseguir a venezolanos en el exilio. La ley se aplica tanto a venezolanos dentro del territorio nacional como a aquellos que residen en el exterior, eliminando la protección que tradicionalmente proporcionaba la distancia física del régimen. Esta extensión extraterritorial de la jurisdicción penal venezolana constituye una forma de represión transnacional que busca generar autocensura en la diáspora mediante amenazas creíbles de persecución que se materializarán si los exiliados regresan a Venezuela o si el régimen logra ejecutar órdenes de captura internacional mediante cooperación con países aliados integrados en Autocracy, Inc. (Acceso a la Justicia, 19 de diciembre de 2024; Badell & Grau, 2 de diciembre de 2024).

El 2 de septiembre de 2024, el Ministerio Público venezolano ordenó formalmente la captura de Edmundo González Urrutia, el candidato presidencial opositor que documentó el fraude electoral del 28 de julio mediante la publicación del 83,5 % de las actas electorales (El Tiempo, 3 de septiembre de 2024; The Objective, 16 de octubre de 2024). González Urrutia había sido forzado a exiliarse en España el 8 de septiembre de 2024 bajo amenazas de detención inmediata, y posteriormente viajó a Estados Unidos, donde fue recibido por el presidente Joe Biden como el presidente electo legítimo de Venezuela el 6 de enero de 2025 (Casa Blanca, 6 de enero de 2025). La orden de captura contra González Urrutia por los delitos de usurpación de funciones, forjamiento de documento público, instigación a la desobediencia de las leyes, conspiración, sabotaje a los sistemas y asociación para delinquir evidencia que la Ley Simón Bolívar fue diseñada específicamente para criminalizar el liderazgo opositor en el exilio que mantiene reconocimiento internacional.

La Ley Simón Bolívar debe comprenderse dentro del contexto más amplio de la represión transnacional que caracteriza a los autoritarismos del siglo XXI integrados en Autocracy, Inc. Freedom House documentó en su informe Global Transnational Repression (2022) que al menos 38 gobiernos autoritarios ejecutan sistemáticamente operaciones de represión más allá de sus fronteras entre 2014 y 2022, mediante tácticas que incluyen asesinatos y desapariciones forzadas de disidentes en el exilio, detenciones mediante uso instrumental de Interpol y órdenes rojas fraudulentas, ataques digitales y vigilancia tecnológica de activistas en el exterior, amenazas y hostigamiento de familiares que permanecen en el país de origen, y presión sobre países receptores para deportar o extraditar a disidentes (Freedom House, 2022). Venezuela ha implementado estas tácticas, confirmando su integración plena en las redes de represión transnacional que sostienen a Autocracy, Inc.

El caso más emblemático de la represión transnacional venezolana es el de Ronald Ojeda, exteniente de la Guardia Nacional Bolivariana que desertó y obtuvo asilo político en Chile, quien fue secuestrado el 21 de febrero de 2024 en Independencia, Santiago, por un comando que operó durante varios días en el territorio chileno planificando la operación (CNN en Español, 22 de febrero de 2025; La Tercera, 21 de febrero de 2025). El cuerpo de Ojeda fue encontrado el 1 de marzo enterrado en una zona rural, evidenciando que el secuestro tenía como objetivo su ejecución antes que su traslado forzado a Venezuela.

La investigación policial chilena determinó que los autores materiales eran ciudadanos venezolanos que ingresaron a Chile específicamente para ejecutar la operación, mientras que la autoría intelectual correspondía a las estructuras de inteligencia militar venezolana (DGCIM) que coordinaron la operación desde Caracas (Infobae, 12 de abril de 2024). Este caso confirma que el régimen venezolano está dispuesto a violar la soberanía de países democráticos aliados para ejecutar asesinatos selectivos de militares desertores que podrían eventualmente proporcionar testimonios sobre crímenes del régimen ante tribunales internacionales.

El Cartel de los Soles como narcoestado institucionalizado: de la captura del Estado a la fusión del crimen organizado con el aparato gubernamental

La designación del Cartel de los Soles como organización terrorista extranjera por parte del Departamento de Estado de Estados Unidos el 24 de noviembre de 2025 (Departamento de Estado de Estados Unidos, 16 de noviembre de 2025) representa el reconocimiento formal internacional de lo que los analistas independientes y los organismos de inteligencia han documentado durante dos décadas: el Estado venezolano bajo el chavismo ha experimentado una transformación cualitativa desde la captura estatal por parte del crimen organizado hacia la fusión completa entre estructuras gubernamentales y redes criminales transnacionales, configurando lo que puede caracterizarse técnicamente como un narcoestado institucionalizado.

El Cartel de los Soles recibe su nombre por las insignias de sol que utilizan los generales de las Fuerzas Armadas venezolanas en sus uniformes (InSight Crime, 2018), evidenciando desde su denominación popular que no se trata de una organización criminal externa que ha infiltrado al Estado, sino de una estructura criminal operada directamente por la cúpula militar que controla el aparato estatal venezolano. La existencia del Cartel de los Soles como estructura operativa dentro del Estado venezolano ha sido documentada desde mediados de la década de 2000, cuando las investigaciones periodísticas y de inteligencia comenzaron a revelar el involucramiento sistemático de altos oficiales de la Guardia Nacional Bolivariana, el Ejército, la Aviación y la Armada en operaciones de narcotráfico que utilizaban infraestructura estatal —aeropuertos militares, puertos navales, radares, comunicaciones encriptadas gubernamentales— para facilitar el trasiego de cocaína desde Colombia hacia Estados Unidos, Europa y África Occidental.

El Departamento del Tesoro de Estados Unidos mantiene sanciones contra más de 140 individuos y 100 entidades venezolanas vinculadas al Cartel de los Soles, incluyendo a Nicolás Maduro (presidente), Diosdado Cabello (ministro del Interior y figura más poderosa del régimen después de Maduro), Vladimir Padrino López (ministro de Defensa), Tareck El Aissami (exvicepresidente y exministro de Petróleo), entre otros altos funcionarios. Estas sanciones no se basan en alegaciones sin fundamento sino en evidencia forense acumulada durante investigaciones de múltiples años que incluyen interceptaciones de comunicaciones, testimonios de cooperadores que operaron dentro de la organización, análisis de transacciones financieras, y operaciones encubiertas que documentaron directamente el involucramiento de funcionarios venezolanos de alto rango.

El caso más documentado judicialmente es el de los sobrinos de Cilia Flores, Efraín Antonio Campo Flores y Francisco Flores de Freitas, quienes fueron condenados el 14 de diciembre de 2017 por la Corte del Distrito Sur de Nueva York a 18 años de prisión tras ser encontrados culpables de conspiración para importar cocaína a Estados Unidos (Departamento de Justicia de Estados Unidos, 15 de diciembre de 2017). Durante el juicio, los fiscales estadounidenses presentaron evidencia que demostraba que ambos operaban bajo la protección directa de la cúpula del poder venezolano, utilizando aviones de la empresa estatal Petróleos de Venezuela (PDVSA) y hangares de la base militar de Maracay para coordinar operaciones de narcotráfico. Los acusados fueron detenidos en Puerto Príncipe, Haití, el 10 de noviembre de 2015 cuando intentaban coordinar el envío de 800 kilogramos de cocaína hacia Honduras, donde la droga sería trasladada posteriormente a Estados Unidos (CNN en Español, 14 de diciembre de 2017).

Alex Saab Morán, empresario colombiano naturalizado venezolano, constituye el caso más significativo para comprender la fusión entre estructuras financieras del régimen y redes criminales transnacionales. Saab fue arrestado el 12 de junio de 2020 en Cabo Verde cuando su avión privado realizó una escala técnica mientras viajaba desde Venezuela hacia Irán, siendo posteriormente extraditado a Estados Unidos el 16 de octubre de 2021 tras 16 meses de batalla legal (Departamento de Justicia de Estados Unidos, 18 de octubre de 2021). El Departamento de Justicia de Estados Unidos acusó a Saab de blanqueo de capitales por más de USD 350 millones mediante una red de empresas fachada que operaban contratos gubernamentales fraudulentos, particularmente en el programa de distribución de alimentos subsidiados CLAP (Comités Locales de Abastecimiento y Producción) que el régimen utiliza como mecanismo de control social mediante distribución selectiva de alimentos a familias leales al chavismo.

El 20 de diciembre de 2023, Alex Saab fue liberado por Estados Unidos mediante un indulto presidencial de Joe Biden como parte de un canje de prisioneros con Venezuela que incluyó la liberación de 10 estadounidenses detenidos arbitrariamente en Venezuela, entre ellos Luke Denman y Airan Berry, dos exboinas verdes condenados a 20 años de prisión por participar en una operación fallida contra el régimen de Maduro en mayo de 2020, así como Eyvin Hernández, Jerrel Kenemore, Joseph Cristella y Savoi Wright (CBS News, 21 de diciembre de 2023; Casa Blanca, 20 de diciembre de 2023). Este intercambio fue distinto al canje de octubre de 2022 en el cual fueron liberados cinco de los ejecutivos de Citgo conocidos como los Citgo 6, quienes habían sido arrestados el 21 de noviembre de 2017 en Caracas bajo acusaciones de corrupción, a cambio de la liberación de los sobrinos de Cilia Flores que cumplían condena en Estados Unidos (NPR, 27 de noviembre de 2020).

La recompensa de USD 50 millones ofrecida por el Departamento de Estado de Estados Unidos por información que conduzca a la captura de Nicolás Maduro —anunciada el 7 de agosto de 2025 y duplicando el monto previo de USD 25 millones— refleja la gravedad que Estados Unidos asigna a las actividades criminales del régimen venezolano (Departamento de Estado de Estados Unidos, 7 de agosto de 2025). La evidencia sobre las actividades criminales del régimen venezolano incluye además la documentación de vínculos operativos con las Fuerzas Armadas Revolucionarias de Colombia (FARC), el Ejército de Liberación Nacional (ELN), grupos disidentes de las FARC que rechazaron el acuerdo de paz de 2016, y el grupo armado libanés Hezbollah. Estas alianzas no son meramente retóricas o ideológicas sino operativas: Venezuela proporciona territorio, logística, identificaciones falsas y protección a miembros de estas organizaciones, mientras que estas proporcionan expertise en narcotráfico, entrenamiento militar, y coordinación de operaciones criminales transnacionales.

La consolidación del Cartel de los Soles como estructura narcoestatal representa la manifestación más evidente de la integración de Venezuela en Autocracy, Inc., el sistema de cooperación autoritaria transnacional documentado por Anne Applebaum (2024) que permite a regímenes autocráticos sostenerse mutuamente mediante redes de apoyo financiero, político, militar y criminal. La designación del Cartel de los Soles como organización terrorista extranjera por Estados Unidos confirma que el régimen venezolano no opera como un Estado aislado sino como un nodo dentro de una red criminal-autoritaria que incluye a Rusia, China, Irán, Cuba y organizaciones criminales transnacionales como las FARC, el ELN y Hezbollah.

Esta integración en redes autoritarias internacionales proporciona al régimen de Maduro capacidades de supervivencia que trascienden las variables domésticas tradicionales del análisis político: cuando el apoyo popular colapsa, cuando la economía se contrae catastróficamente, cuando la emigración masiva evidencia el fracaso del proyecto político, el régimen persiste porque obtiene recursos financieros, tecnología de represión, inteligencia, protección diplomática y coordinación operativa de sus aliados autocráticos.

Esta integración en Autocracy, Inc. posee, además, una dimensión militar que se intensificó durante 2024-2025. En la Base Aérea El Libertador (Maracay, estado Aragua), Irán estableció —a través de la empresa estatal EANSA y con capacitación de personal militar venezolano— una base de desarrollo y fabricación de vehículos aéreos no tripulados. Allí Venezuela produce localmente varios modelos de drones iraníes: el Mohajer-2 (rebautizado Arpía o ANSU-100); el Mohajer-6 (designado ANSU-600), equipado con el sistema de armamento Qaem-5 para ataques aire-superficie guiados; y el Shahed-131 (denominado localmente Zamora V-1), de ataque unidireccional (Infobae, 10 de enero de 2025).

A lo largo de 2025, el régimen consolidó y amplió esa producción doméstica de pertrechos bélicos con asistencia iraní (El Comercio Perú, 1 de enero de 2026). En esta evolución de Venezuela —de comprador de armamento a productor de tecnología militar con apoyo iraní— reconozco una dimensión castrense de la red autocrática transnacional que vertebra mi análisis: el mismo entramado que provee tecnología de vigilancia y respaldo financiero sostiene también la transferencia de capacidades militares que el régimen capitaliza para su supervivencia.

El 1 de diciembre de 2025, la oficina de la Corte Penal Internacional (CPI) en Caracas fue cerrada por el régimen venezolano, confirmando que el gobierno busca eliminar cualquier presencia de organismos internacionales de justicia que puedan documentar los crímenes de lesa humanidad cometidos en el territorio venezolano. Este cierre de la oficina de CPI ocurre simultáneamente con la intensificación de las denuncias por parte de organizaciones de derechos humanos ante tribunales internacionales, evidenciando que el régimen percibe las investigaciones internacionales como amenaza existencial y responde mediante la eliminación de la presencia física de estos organismos en el territorio nacional (CNN en Español, 1 de diciembre de 2025; Efecto Cocuyo, 1 de diciembre de 2025).

El narcotráfico operado directamente por la cúpula militar venezolana genera flujos de efectivo en dólares que escapan completamente al control del sistema bancario internacional y que financian simultáneamente las operaciones represivas domésticas del régimen, los pagos a estructuras paramilitares como los colectivos armados, y las transferencias a funcionarios de alto rango cuya lealtad debe ser comprada continuamente mediante acceso privilegiado a rentas criminales.

La persistencia de Maduro en el poder después del fraude electoral del 28 de julio de 2024 debe comprenderse mediante la reformulación del modelo de Dornbusch-Edwards que incorpora las rentas del narcotráfico como variable estructural que transforma radicalmente las ecuaciones políticas del colapso autoritario. En el modelo de Dornbusch-Edwards aplicado originalmente a populismos latinoamericanos de los años ochenta, los experimentos heterodoxos colapsaban cuando se agotaban las reservas internacionales y el gobierno perdía la capacidad de financiar subsidios y programas clientelares, generando descontento popular que eventualmente producía alternancia democrática.

Sin embargo, la fusión entre Estado y narcotráfico institucionalizado altera fundamentalmente esta dinámica: el Cartel de los Soles genera rentas criminales que Transparencia Venezuela estima en alrededor de USD 8.200 millones anuales (El Nacional, 23 de marzo de 2025) que no dependen de reservas internacionales, que no requieren legitimidad institucional, que no pueden ser sancionadas mediante embargos convencionales, y que proporcionan al núcleo duro del régimen —la cúpula militar y de inteligencia— incentivos materiales poderosos para resistir cualquier transición democrática que necesariamente implicaría su procesamiento judicial por crímenes de narcotráfico, corrupción y crímenes contra la humanidad.

La recompensa de USD 50 millones por Maduro no es simplemente un símbolo político sino el reconocimiento de que el presidente venezolano lidera una empresa criminal transnacional cuya continuidad en el poder es condición necesaria para la impunidad de cientos de oficiales militares y funcionarios civiles que han participado directamente en operaciones de narcotráfico durante dos décadas. Esta estructura de incentivos explica por qué el régimen de Maduro puede sobrevivir a niveles de rechazo popular superiores al 80 %, a una contracción económica acumulada del 75 % del PIB, y a la emigración de cerca de 7,9 millones de venezolanos: el colapso del régimen no implicaría simplemente la derrota electoral de un proyecto político sino la desarticulación de una red criminal-autoritaria cuyos miembros enfrentan riesgos existenciales —prisión de décadas en Estados Unidos, confiscación total de activos, procesamiento en tribunales internacionales— que hacen racionalmente preferible la represión masiva indefinida antes que permitir cualquier transición que implique rendición de cuentas.

La crisis humanitaria como arma de control social: colapso de los servicios públicos, inseguridad alimentaria y destrucción del sistema de salud

La crisis humanitaria venezolana documenta el proceso terminal del modelo de Dornbusch-Edwards reformulado aplicado al autoritarismo rentista chavista. En la Fase 1 del modelo —euforia redistributiva financiada con gasto deficitario— el chavismo entre 1999 y 2013 expandió masivamente el gasto social mediante transferencias directas, misiones sociales y subsidios generalizados financiados con las rentas petroleras crecientes cuando el precio del barril alcanzó USD 100 en 2008.

En la Fase 2 —estrangulamiento y rigideces— que se materializa desde 2014, cuando colapsa el precio del petróleo, el régimen enfrenta la escasez de divisas, la aceleración inflacionaria, el desabastecimiento generalizado y el colapso del salario real, pero mantiene artificialmente el gasto social mediante la emisión monetaria inorgánica que produce una hiperinflación devastadora. Ante la suspensión de publicaciones estadísticas del Banco Central de Venezuela entre diciembre de 2015 y mayo de 2019, la Asamblea Nacional implementó el Índice Nacional de Precios al Consumidor Asamblea Nacional (INPCAN) reportando tasas anuales de 550 % (2016), 2.616 % (2017), 1.698.488 % (2018), 5.515,6 % (2019 hasta noviembre) y 508,47 % (primer semestre 2020) según Guerra (8 de enero de 2018), Guerra, Guzmán y Alvarado (10 de enero de 2019) y Guerra y Alvarado (8 de julio de 2020).

Tras tres años de opacidad estadística, el BCV admitió en mayo de 2019 una hiperinflación acumulada de 53.798.500 % entre 2016 y abril de 2019 (BCV, mayo de 2019; SELA, 30 de mayo de 2019), publicando posteriormente cifras anuales de 274 % (2016), 862,6 % (2017), 130.060 % (2018), 9.585,5 % (2019) y 2.959,8 % (2020). La divergencia entre ambas mediciones y el prolongado silencio estadístico del BCV evidencian tanto la opacidad informativa del régimen autoritario como la magnitud del colapso económico, configurando el peor episodio hiperinflacionario en la historia latinoamericana.

La Fase 3 del modelo de Dornbusch-Edwards reformulado —caracterizada por la intensificación de la escasez como mecanismo de dominación— adquiere en Venezuela una dimensión que trasciende el mero colapso económico para configurarse como un sistema deliberado de control social mediante la administración estratégica de la precariedad. La devastación económica y social que caracteriza la Venezuela de 2024-2025 no constituye únicamente la consecuencia no intencional de políticas económicas fallidas, sino el componente deliberado del arsenal de control político del régimen.

El relator especial de las Naciones Unidas para el Derecho a la Alimentación, Michael Fakhri, documentó en febrero de 2024 que el 82 % de la población venezolana vive en situación de pobreza mientras que el 53 % enfrenta la pobreza extrema, situación que fuerza a las mujeres venezolanas a intercambiar favores sexuales por comida y condena a las embarazadas y madres lactantes a la malnutrición severa (OHCHR,

14 de febrero de 2024; ONU, 14 de febrero de 2024). Esta catástrofe humanitaria manufacturada opera mediante la destrucción sistemática de las capacidades de subsistencia autónoma de la población, transformando las necesidades básicas —alimentación, salud, empleo— en los privilegios distribuidos discrecionalmente por el Estado mediante los mecanismos de lealtad política verificable.

El salario mínimo mensual que en diciembre de 2025 alcanza apenas USD 0,50 —medio dólar estadounidense— (Infobae, 10 de diciembre de 2025) frente a una canasta básica alimentaria que en diciembre de 2024 costaba USD 498,47 (CENDAS-FVM, diciembre de 2024; El Estímulo, 21 de enero de 2025) documenta la renuncia explícita del Estado venezolano a garantizar la subsistencia mediante el trabajo formal. El Alto Comisionado de las Naciones Unidas para los Derechos Humanos, Volker Türk, denunció el 16 de diciembre de 2025 que el salario mínimo venezolano representa apenas el 0,1 % de la canasta básica, mientras advirtió que la inflación proyectada del 270 % para 2025 continúa pulverizando el poder adquisitivo de la población en el contexto donde el régimen implementa el reclutamiento coercitivo de adolescentes para la Milicia Bolivariana y promulga la legislación de emergencia en septiembre y noviembre de 2025 que nunca publicó oficialmente, configurando una arquitectura jurídica secreta (Correo del Caroní, 17 de diciembre de 2025).

Esta brecha astronómica entre el ingreso formal y el costo de subsistencia no constituye una disfunción administrativa sino el instrumento político deliberado que fuerza a la población hacia tres alternativas controladas por el régimen. Primera alternativa: la dependencia absoluta de los bonos gubernamentales discrecionales distribuidos mediante el Carnet de la Patria que condiciona las transferencias monetarias a la lealtad política demostrable mediante la participación en los actos oficialistas, el respaldo electoral al chavismo y la abstención de protesta.

Segunda alternativa: la participación en la economía informal dolarizada que el régimen tolera selectivamente, permitiendo la supervivencia de los sectores que no representan amenaza política mientras mantiene la capacidad de represión discrecional mediante la aplicación arbitraria de las regulaciones. Tercera alternativa: la emigración masiva que alcanzó cerca de 7,9 millones de venezolanos según ACNUR (2025), mientras que las remesas familiares llegaron a USD 3.800 millones en 2024 (Analítica, 30 de enero de 2025), reduciendo las presiones sociales domésticas al exportar la población en edad productiva que podría articular la resistencia política.

El colapso de los servicios públicos constituye el primer pilar de este sistema de control. Los datos del Observatorio Venezolano de Servicios Públicos (OVSP) documentan un deterioro estructural que convierte la precariedad en la norma cotidiana de millones de venezolanos. En materia de electricidad, el 54 % de los hogares reportó que la frecuencia de los apagones pasó de semanal a diaria durante 2024 (OVSP, enero de 2024), con duraciones que oscilan entre dos y seis horas en el 69 % de los casos y entre seis y nueve horas en el 9 % de los hogares afectados.

La Encuesta Nacional de Condiciones de Vida (ENCOVI) 2024 de la Universidad Católica Andrés Bello confirma esta tendencia: el 47 % de los hogares reportó interrupciones en el servicio eléctrico al menos una vez por semana y por varias horas, mientras que el 28 % sufre apagones diarios (ENCOVI, 2025). El Observatorio del Gasto Público de Cedice Libertad registró que, en enero de 2025, el 68 % de los encuestados destacó sufrir apagones de forma regular (Cedice Libertad, 13 de febrero de 2025). Esta situación refleja una brecha estructural entre la oferta y la demanda energética: el país cuenta con una capacidad instalada de 36.000 megavatios, pero la demanda supera la capacidad disponible por 3.000 megavatios, generando un racionamiento permanente que afecta particularmente a los sectores de salud, educación y distribución de alimentos.

El servicio de agua potable presenta niveles de deterioro aún más severos. Para enero de 2025, el 86 % de los encuestados destacaron que el agua que llegó a sus casas estuvo cada vez más fétida y sucia que en los meses anteriores, reportando el incremento de enfermedades estomacales como consecuencia de la mala calidad del líquido (Cedice Libertad, 13 de febrero de 2025). La ENCOVI 2024 documentó que el 58 % de los hogares tiene suministro irregular de agua potable, con un 9 % que cuenta con el servicio una vez cada 15 días o más (ENCOVI, 2025).

Ante esta carencia, la población recurre a métodos alternos como los camiones cisterna (27,6 %), los botellones (23,8 %) o el suministro en otros sitios (OVSP, enero de 2024). El Observatorio Venezolano de Conflictividad Social (OVCS) registró durante 2024 un total de 5.226 protestas ciudadanas en todo el país, de las cuales 416 correspondieron a las fallas eléctricas y 335 a la falta de acceso a agua potable (OVCS, 19 de febrero de 2025), evidenciando cómo el deterioro de los servicios públicos se ha convertido en la principal causa de movilización social y, simultáneamente, en el mecanismo más efectivo para fragmentar la capacidad de acción colectiva de la población.

El agravamiento de la emergencia humanitaria compleja durante 2024-2025 revela la magnitud del deterioro social. El diagnóstico comunitario de HumVenezuela, aplicado entre julio y noviembre de 2024 con cobertura en los 24 estados del país, establece que 19,6 millones de personas tienen al menos una necesidad que dejó de ser satisfecha o no podría serlo por la caída de capacidades, de las cuales 13,5 millones enfrentan que la satisfacción de sus necesidades se encuentra en estado crítico y para 5,6 millones las privaciones son severas (HumVenezuela, 2024).

La ENCOVI 2024, elaborada por el Instituto de Investigaciones Económicas y Sociales (IIES) de la UCAB a partir de una muestra de 2.490 hogares encuestados entre junio y julio de 2024, documenta que el 73,2 % de los hogares se encontraba en situación de pobreza de ingresos con recursos insuficientes para satisfacer las necesidades básicas (ENCOVI, 2025), cifra que representa una reducción de 9,6 % respecto a 2023 derivada de la estabilidad cambiaria temporal del primer semestre de 2024. Sin embargo, la pobreza extrema afectaba al 36,5 %

de los hogares —3,4 millones en total— y la pobreza multidimensional alcanzaba al 56,5 % (ENCOVI, 2025).

La desigualdad económica experimentó una intensificación dramática durante la última década. El coeficiente de Gini subió de 40,7 en 2014 a 53,9/100 en 2024, un incremento de 32,43 % que evidencia el ensanchamiento de la brecha entre ricos y pobres (ENCOVI, 2025). La concentración extrema del ingreso queda expuesta en la comparación entre deciles: el 10 % más pobre de la población recibió en promedio 12,50 dólares al mes, mientras que el 10 % más rico tuvo ingresos promedio de 633,72 dólares (ENCOVI, 2025), lo que configura una diferencia de 50 veces entre ambos extremos. Esta polarización económica no constituye un efecto colateral del colapso, sino un resultado predecible de la destrucción deliberada del aparato productivo y la conversión de la economía venezolana en un sistema extractivo orientado a la captura de rentas por parte de las élites parasitarias vinculadas al poder político.

La inseguridad alimentaria constituye otro componente central del deterioro humanitario. HumVenezuela documentó que, en 2024, siete de cada diez hogares adoptaron estrategias de sobrevivencia para que sus miembros pudiesen comer, incluyendo permanecer con hambre (10,5 %) y pasar días enteros sin comer (7,3 %) (HumVenezuela, 2024). Aunque la encuesta registró una leve mejoría respecto a 2023 en algunos indicadores —la inseguridad alimentaria bajó de 45,2 % a 43,3 %—, la inseguridad alimentaria severa aumentó de 9,3 % a 10,5 %. Otras estrategias en alza para 2024 fueron los recortes de gastos en la educación de niños y adolescentes (19,2 %), el racionamiento de alimentos reduciendo las comidas de los adultos para que los más jóvenes puedan comer (22,7 %) o reducir la cantidad de comidas al día (25,4 %) (HumVenezuela, 2024). La ENCOVI 2024 advierte que aún quedan focos territoriales y de estratos, los cuales alcanzan aproximadamente hasta un tercio del país, donde la inseguridad alimentaria moderada y severa sigue estando presente (ENCOVI, 2025).

El colapso del sistema de salud pública complementa esta arquitectura de control mediante la escasez. La Encuesta Nacional de Hospitales 2024 documentó que el 36 % de los hospitales venezolanos reporta el desabastecimiento crítico de medicamentos en las áreas de emergencia, mientras que el 50 % enfrenta el suministro intermitente de agua y los cortes eléctricos recurrentes que comprometen los servicios médicos esenciales (Analítica, 28 de enero de 2025; France 24, 8 de abril de 2024).

La mortalidad materna se triplicó desde 2005, pasando de 95 muertes por cada 100.000 nacidos vivos a 259 en 2020 según los datos de OPS/OMS, mientras que la mortalidad infantil aumentó un 30 % entre 2013 y 2016, pasando de 14,7 a 18,6 por cada 1.000 nacidos vivos (Observatorio Venezolano de la Salud, 8 de abril de 2025; OPS/OMS, 2025). La Federación Médica Venezolana estima que más de 42.000 médicos —aproximadamente el 40 % del cuerpo médico precrisis— emigraron del país ante los salarios públicos que oscilan entre USD 5 y USD 20 mensuales (El Nacional, 10 de marzo de 2023), vaciando los hospitales públicos de personal calificado.

La ENCOVI 2024 registra que el 47 % de la población percibe la salud pública como regular y el 38 % como mala o muy mala, mientras que el 56 % de los venezolanos que necesitan medicamentos deben pagarlos de su bolsillo, gastando hasta el 30 % de sus ingresos en enfermedades como hipertensión y diabetes (ENCOVI, 2025). La infraestructura hospitalaria enfrenta el doble desafío de la falta de insumos médicos y el deterioro de los servicios básicos: las fallas en agua y electricidad han convertido a los centros de salud en lugares de alto riesgo, donde una emergencia médica puede convertirse en una sentencia de muerte (OVCS, 19 de febrero de 2025). Esta destrucción deliberada del sistema de salud universal que construyó el chavismo temprano mediante las Misiones Barrio Adentro transforma el acceso a la atención médica en el privilegio de quienes poseen dólares para las clínicas privadas o la lealtad política suficiente para acceder a los hospitales militares que el régimen mantiene funcionales selectivamente.

La dolarización de facto implementada durante 2019-2021 como mecanismo de supervivencia ante la hiperinflación experimentó durante 2024-2025 una reversión deliberada que expone su funcionalidad como instrumento de exclusión social. Los datos de Ecoanalítica documentan que la dolarización de transacciones alcanzó su punto máximo en marzo de 2021 con el 67,1 % del total de operaciones comerciales (Ecoanalítica, marzo de 2021). Sin embargo, esta proporción descendió al 45,1 % en febrero de 2024 (Ecoanalítica, febrero de 2024) y se redujo a aproximadamente el 15,8 % hacia finales de 2025, reflejando tanto la contracción de la liquidez en dólares como la reimposición gradual del bolívar mediante los mecanismos de emisión monetaria y control cambiario.

Esta reversión no obedece a una recuperación de la moneda nacional —cuyo valor permanece altamente volátil— sino a la reconcentración del acceso a las divisas en los sectores vinculados al poder político, ensanchando la brecha entre quienes mantienen la capacidad de ahorro en dólares y la mayoría de la población cuyo poder adquisitivo se deteriora aceleradamente.

El Informe de Coyuntura del IIES-UCAB de abril de 2025 proyecta un escenario de contracción económica que revertirá los modestos avances registrados durante 2021-2024. Luego de crecimientos de 5,40 % en 2021, 7,20 % en 2022 y 4,63 % en 2023, se estima que la economía caerá 2,05 % en 2025 (ENCOVI, 2025), la primera contracción desde 2020. Esta reversión se explica por la caída proyectada de la producción petrolera en un 30 % (ubicándose en 770 mil barriles diarios) y de las exportaciones petroleras en un 34 %, producto de las sanciones reimpuestas por los Estados Unidos tras el fraude electoral de julio de 2024.

Los ingresos petroleros en 2025 serían los menores en los últimos cuatro años, ubicándose en 14.100 millones de dólares sin descuentos, o reduciéndose a 10.600 millones si PDVSA debe aplicar las reducciones de precios (ENCOVI, 2025), una pérdida del 24,83 %. Paralelamente, la inflación proyectada para 2025 es de 220,94 % (ENCOVI,

2025), lo que erosionará dramáticamente el poder adquisitivo de los salarios denominados en bolívares.

El impacto de la política migratoria estadounidense agrava las proyecciones económicas para 2025. Las remesas, que según el Banco Mundial alcanzaron 3.800 millones de dólares en 2024, se estiman entre 2.800 y 3.000 millones para 2025, producto de la agresiva política migratoria de los Estados Unidos con los migrantes venezolanos (ENCOVI, 2025). Esta reducción de aproximadamente 800 millones a un millón de dólares afecta directamente a los hogares más vulnerables que dependen de estos flujos para cubrir las necesidades básicas. HumVenezuela documentó que entre 2021 y 2024 se registró una disminución en el envío de ayudas por parte de los migrantes: del 58 % que lo hacía en 2021, la cifra cayó al 43 % en 2024 (HumVenezuela, 2024), reflejando tanto el deterioro de las condiciones de los venezolanos en los países de destino como la reducción de sus capacidades de ahorro.

La educación básica enfrenta un colapso estructural que compromete el futuro de las nuevas generaciones. HumVenezuela estableció que el 38 % de los niños, niñas y adolescentes se encuentra fuera del sistema educativo o con una educación básica interrumpida por la pérdida de clases, como producto de las fallas estructurales del sistema educativo (HumVenezuela, noviembre de 2023). El 2,9 % de los niños en edad escolar perdieron más de 100 días de clases y el 9,3 % entre 50 y 100 días, mientras que más del 70 % de los escolares no tuvieron acceso al programa de alimentación escolar (HumVenezuela, 2024). La ENCOVI 2024 documentó que la cobertura educativa nacional alcanzó apenas el 66 %, lo que significa que 7,7 millones de niños y jóvenes entre 3 y 24 años estaban escolarizados, dejando fuera del sistema educativo a más de 3,5 millones (ENCOVI, 2025). Las deficiencias en los servicios básicos —electricidad, agua, transporte— constituyen los factores determinantes en la deserción escolar y en la degradación de la calidad educativa.

El transporte público ha colapsado, afectando la movilidad y el acceso al empleo. El 55 % de los encuestados por HumVenezuela deben trasladarse a pie a causa del déficit de transporte (HumVenezuela, 2024), lo que incrementa el tiempo de desplazamiento, reduce las oportunidades laborales y genera costos adicionales en energía física para las poblaciones ya afectadas por la desnutrición. Esta carencia afecta particularmente a las mujeres, quienes, según la ENCOVI 2024, representan únicamente tres de cada diez trabajadores activos y ganan en promedio 36 % menos que los hombres, enfrentando las barreras adicionales para acceder al mercado laboral formal (ENCOVI, 2025).

La migración masiva constituye tanto una consecuencia como un mecanismo adicional de control social. Según los diagnósticos comunitarios de HumVenezuela entre 2021 y 2023, se estima que el desplazamiento de personas venezolanas hacia otros países representa el 25 % de la población que existía en 2015 (HumVenezuela, noviembre de 2023), cifra que supera los 7,7 millones de venezolanos reportados por los organismos internacionales. Los estados con mayor expulsión poblacional son Táchira, Falcón, Aragua y Zulia, mientras que el desplazamiento hacia dentro del país se estima en torno a un 4 %, y la intención de emigrar aumentó del 8 % al 13,4 % entre 2022 y 2023, equivalente a 3,9 millones de personas (HumVenezuela, noviembre de 2023). Esta sangría demográfica despoja al país de su capital humano más calificado, fragmenta las familias, reduce la base tributaria y debilita las capacidades organizativas de la sociedad civil.

La represión sistemática y la criminalización de la protesta constituyen el componente político-coercitivo del sistema de control social. El Observatorio Venezolano de Conflictividad Social documentó que en 2024 la represión de las protestas pacíficas alcanzó niveles históricos, superando los registros de las tres grandes olas represivas de 2014, 2017 y 2019 (OVCS, 19 de febrero de 2025). De las 5.226 protestas ciudadanas registradas durante 2024, al menos 226 fueron reprimidas, con la intervención de civiles armados conocidos como Colectivos reportada en 129 manifestaciones, consolidando su papel como los actores paramilitares al servicio de la represión estatal (OVCS, 19 de febrero de 2025).

El marco legal represivo se expandió mediante los decretos que penalizan la difusión de información sobre los servicios públicos, tipifican como "terrorismo" la protesta social y establecen las penas de hasta 30 años de prisión por "incitación al odio" —figura ambigua utilizada para criminalizar la disidencia política—. La Ley Orgánica de Fiscalización, Regularización, Actuación y Financiamiento de las Organizaciones No Gubernamentales y afines, aprobada en agosto de 2024, otorga al régimen las facultades discrecionales para intervenir, suspender o disolver las organizaciones de la sociedad civil que documenten las violaciones de derechos humanos o presten la asistencia humanitaria. Estos mecanismos legales-formales se complementan con la judicialización masiva de los manifestantes: más de 2.000 personas fueron detenidas durante las protestas postelectorales de julio-agosto de 2024, muchas de ellas sometidas a los procesos penales bajo las acusaciones de terrorismo, traición a la patria e instigación al odio.

El Carnet de la Patria y los Comités Locales de Abastecimiento y Producción (CLAP), originalmente concebidos como los programas universales de asistencia social, experimentaron durante 2019-2025 una transformación completa en los instrumentos de clientelismo selectivo y discriminación política. Como documentó Transparencia Venezuela en 2019, el Carnet de la Patria opera como el sistema de registro, vigilancia y condicionamiento de los beneficios sociales a la lealtad política (Transparencia Venezuela, 2019). Los estudios de Carlos Aponte (2019) y Michael Penfold (2018) demostraron que, durante las elecciones presidenciales de 2018, el sistema de "Puntos Rojos" —centros de votación donde se verificaba el Carnet de la Patria— generó los incrementos de participación electoral de entre 10 % y 15 % en las zonas donde operaban, evidenciando la efectividad del chantaje alimentario como mecanismo de movilización electoral.

Para 2024-2025, la cobertura de los CLAP experimentó una reducción dramática: de abastecer aproximadamente al 70 % de los hogares durante el período 2017-2019, los datos de ENCOVI y HumVenezuela sugieren que la distribución se concentra actualmente en las zonas urbanas controladas por las estructuras chavistas y en los hogares registrados en las bases de datos del Carnet de la Patria. Esta focalización selectiva convierte el acceso a los alimentos subsidiados en un privilegio condicionado a la demostración de lealtad política, mientras que los vastos sectores de la población —particularmente en las zonas rurales, los estados fronterizos y las áreas urbanas de oposición— quedan excluidos de cualquier forma de asistencia estatal. La desmonetización de los bonos transferidos mediante el Carnet de la Patria —que en contextos de alta inflación pierden el valor adquisitivo en cuestión de días— agrava la dependencia permanente de los beneficiarios y refuerza los mecanismos de subordinación.

El análisis integrado de estos componentes revela que la crisis humanitaria compleja no constituye un colapso involuntario, sino un sistema coherente de dominación que opera mediante la administración estratégica de la escasez. La destrucción de los servicios públicos, el agravamiento de la desigualdad económica, la reversión selectiva de la dolarización, la criminalización de la protesta y la focalización clientelar de la asistencia social configuran un entramado de mecanismos de control que fragmentan la capacidad de acción colectiva, erosionan la autonomía individual y convierten la supervivencia cotidiana en una negociación permanente con las estructuras de poder político. Como advierte la ENCOVI 2024, la crisis humanitaria se ha focalizado en las regiones y los estratos sociales, pero la situación general de la población puede volver a deteriorarse por las condiciones político-institucionales de 2025 y sus consecuencias socioeconómicas (ENCOVI, 2025).

Esta constatación exige una reformulación teórica del modelo de Dornbusch-Edwards. Mientras que la Fase 4 del modelo clásico contempla la corrección mediante la alternancia democrática y el ajuste económico ortodoxo, el caso venezolano demuestra que, en los regímenes autoritarios con el control del aparato coercitivo, el acceso a las rentas extractivas y la capacidad de manipulación electoral mediante el fraude masivo, la crisis puede perpetuarse indefinidamente como mecanismo de gobernanza. La administración de la precariedad —combinada con la represión selectiva, el clientelismo focalizado y la fragmentación social— permite al régimen mantener el poder político incluso ante el colapso económico, invirtiendo la lógica del modelo original donde el deterioro económico conduce inevitablemente a la alternancia política. En Venezuela, la Fase 3 reformulada no constituye una fase terminal que anticipa la corrección democrática, sino un estado de equilibrio autoritario donde la crisis humanitaria se convierte en el instrumento de perpetuación del poder.

ENCOVI 2025: EL RETRATO FINAL DEL ESTILO RENTISTA VENEZOLANO

La presentación de la Encuesta Nacional sobre Condiciones de Vida (ENCOVI) 2025, realizada por el Instituto de Investigaciones Económicas y Sociales (IIES) de la Universidad Católica Andrés Bello el 7 de mayo de 2026, ofrece el último retrato sistemático de las condiciones de vida en Venezuela durante el año 2025 —el último año completo del régimen de Nicolás Maduro antes de su captura el 3 de enero de 2026—. La encuesta, levantada entre marzo y junio de 2025 a partir de una muestra de 11.352 hogares en 22 de los 24 estados del país (quedaron por fuera Amazonas y Delta Amacuro por razones logísticas), constituye la decimoprimera edición de un proyecto que se ha consolidado como la principal fuente independiente sobre las condiciones materiales de la población venezolana ante la opacidad estadística del régimen (ENCOVI, 2026).

Los hallazgos de ENCOVI 2025 confirman empíricamente la tesis central de esta investigación: el Estilo Rentista produce un equilibrio autoritario en el que las mejoras económicas marginales coexisten con la perpetuación del deterioro estructural multidimensional. La pobreza monetaria por ingresos descendió del 73,2 % de los hogares en 2024 al 68,5 % en 2025, una reducción de 4,7 puntos porcentuales atribuida por la coordinadora del proyecto, Anitza Freitez, al desmontaje progresivo del sistema de controles en el ámbito económico que favoreció la disminución de la inflación y cierta recuperación de los ingresos

(ENCOVI, 2026). La pobreza extrema, por su parte, se ubicó en el 32 % de los hogares —significativamente menor que el 76,6 % reportado por ENCOVI 2021 durante el pico de la hiperinflación, pero todavía suficiente para mantener a uno de cada tres hogares venezolanos sin capacidad de cubrir las necesidades alimentarias básicas—.

Sin embargo, el dato analíticamente más relevante para la reformulación del modelo de Dornbusch-Edwards propuesta en esta investigación es el estancamiento del Índice de Pobreza Multidimensional (IPM), que se ubicó en 55 % en 2025, manteniéndose en niveles similares a los registrados en 2022 y permaneciendo dieciséis puntos por encima del 39 % medido en 2014. Como señala explícitamente el informe, la mejora en los ingresos que refleja la caída de la pobreza monetaria no se traduce en una evolución del bienestar de la población (ENCOVI, 2026).

Este desacoplamiento entre la recuperación parcial de los ingresos y la persistencia del deterioro multidimensional —que incluye fallas estructurales en servicios públicos, vivienda, educación, empleo y salud— constituye la evidencia empírica más contundente de que el Estilo Rentista venezolano había desactivado los mecanismos de transmisión entre la corrección económica y la mejora del bienestar social que el modelo clásico de Dornbusch y Edwards (1991) asume como secuencia natural en su Fase 4. La política económica del régimen, atrapada en la lógica institucional extractiva descrita por Acemoglu y Robinson (2012), había producido un equilibrio donde las correcciones cambiarias y monetarias generaban alivios coyunturales sin alterar la matriz de privaciones estructurales que reproduce la pobreza multidimensional.

Otros indicadores de ENCOVI 2025 refuerzan esta lectura. La población venezolana se estima en 28,5 millones de personas, frente a los 34 millones proyectados por las Naciones Unidas para la misma fecha —una diferencia de 5,5 millones que confirma la magnitud del éxodo migratorio documentado por ACNUR (2025) y consolida a Venezuela como el país con el mayor desplazamiento poblacional forzado del hemisferio occidental—. El sistema educativo continúa en colapso estructural: aproximadamente 1,2 millones de niños, niñas y adolescentes permanecen fuera del sistema educativo, mientras que el rezago escolar severo se triplicó entre 2017 y 2025, comprometiendo de manera multigeneracional el capital humano del país.

El clientelismo estatal sigue siendo un pilar del régimen rentista: el 88 % de los hogares reportó haber recibido cajas CLAP en 2025 y el 76,7 % recibió al menos un bono temporal en el último año. La remuneración promedio en el sector público se ubicó en apenas 116 dólares mensuales —compuesta principalmente por bonificaciones discrecionales, no por salario base—, frente a 230 dólares en el sector privado y 117 dólares en el trabajo por cuenta propia. El coeficiente de Gini, que mide la desigualdad de ingresos, había pasado de 40,7 en 2014 a 53,9 en 2024, situando a Venezuela entre los países más desiguales del hemisferio (ENCOVI, 2026).

ENCOVI 2025 confirma, en suma, que el régimen rentista venezolano capturado el 3 de enero de 2026 dejaba como herencia un país gravemente fracturado: con una mejora superficial de los ingresos producto del desmontaje parcial de los controles económicos, pero con un deterioro estructural multidimensional que requerirá décadas de inversión sostenida en servicios públicos, educación, salud, vivienda e infraestructura para revertirse.

La transición democrática que Venezuela enfrenta tras la captura del líder autocrático no podrá limitarse a la corrección macroeconómica clásica del modelo de Dornbusch-Edwards; deberá necesariamente incluir un programa multidimensional de reconstrucción del bienestar social que aborde simultáneamente las herencias institucionales, fiscales, monetarias, educativas, sanitarias y de capital humano legadas por veintisiete años de Estilo Rentista en su modalidad autocrática. La ventana de oportunidad que se abre tras el 3 de enero de 2026 deberá aprovecharse no solo para reactivar la economía, sino para reconstruir las capacidades estatales destruidas, las redes de protección social desmanteladas y el tejido educativo erosionado durante el período documentado por las once ediciones de ENCOVI entre 2014 y 2025.

El 3 de enero de 2026: evidencia empírica contundente de la reformulación del modelo de Dornbusch-Edwards para contextos autoritarios

El evento histórico

En la madrugada del 3 de enero de 2026, las fuerzas militares de Estados Unidos capturaron al presidente venezolano Nicolás Maduro y a su esposa Cilia Flores tras realizar ataques aéreos en Caracas y en varios estados venezolanos (ABC News, 3 de enero de 2026; Bloomberg, 3 de enero de 2026; PBS News, 3 de enero de 2026; NPR, 3 de enero de 2026; Axios, 3 de enero de 2026). Este acontecimiento histórico sin precedentes en las relaciones interamericanas contemporáneas proporciona la evidencia empírica contundente de la tesis central desarrollada en esta investigación: el colapso económico doméstico por sí solo resulta insuficiente para generar transición política en contextos autocráticos con respaldo transnacional.

El presidente Donald Trump anunció mediante Truth Social a las 4:21 am EST del 3 de enero: "Los Estados Unidos de América han llevado a cabo exitosamente un ataque a gran escala contra Venezuela y su líder, el presidente Nicolás Maduro, quien ha sido, junto con su esposa, capturado y sacado del país. Esta operación se realizó en conjunto con las autoridades policiales de Estados Unidos" (Axios, 3 de enero de 2026). La fiscal general Pam Bondi confirmó que Maduro y Cilia Flores "pronto enfrentarán toda la fuerza de la justicia estadounidense en suelo estadounidense, en tribunales estadounidenses" por cargos que incluyen conspiración de narcoterrorismo, conspiración de importación de cocaína y cargos de armas (ABC News, 3 de enero de 2026).

La captura de Maduro representa la culminación de la escalada militar documentada en secciones anteriores de este epílogo: el despliegue del portaaviones USS Gerald R. Ford, los 16.000 efectivos en la región del Caribe, las 23 operaciones navales con 87 muertes, la incautación del petrolero Skipper, el bloqueo total ordenado el 16 de diciembre de 2025, la designación del Cartel de los Soles como organización terrorista extranjera, y el ultimátum presidencial que venció el 28 de noviembre sin que Maduro aceptara las condiciones de salida negociada. Al no lograr la rendición voluntaria mediante presión diplomática y militar creciente, Estados Unidos ejecutó la intervención militar directa que Trump había anunciado el 13 de diciembre: "Los ataques terrestres van a comenzar a suceder" (CNN en Español, 13 de diciembre de 2025).

La operación militar: ataques coordinados y captura nocturna

Los ataques comenzaron aproximadamente a las 2:00 am hora local de Venezuela del 3 de enero de 2026, cuando se escucharon al menos siete explosiones en Caracas acompañadas de sonidos de sobrevuelos de aeronaves (PBS News, 3 de enero de 2026). Las operaciones militares estadounidenses se concentraron en Caracas y los estados de Miranda, Aragua y La Guaira. El gobierno venezolano denunció los ataques como "grave agresión militar perpetrada por el actual gobierno de los Estados Unidos de América" (ABC News, 3 de enero de 2026).

En entrevista con Fox News, Trump declaró que Maduro fue capturado "en la mitad de la noche", señalando que las luces en Caracas "estaban mayormente apagadas debido a cierta experiencia que teníamos", confirmando que las fuerzas estadounidenses ejecutaron operaciones de neutralización de infraestructura eléctrica antes de la captura (NPR, 3 de enero de 2026). El líder del partido gobernante Nahum Fernández informó a Associated Press que Nicolás Maduro y su esposa se encontraban en su residencia dentro de la instalación militar de Fuerte Tiuna cuando fueron capturados: "Ahí fue donde bombardearon. Y ahí llevaron a cabo lo que podríamos llamar un secuestro del presidente y la primera dama del país" (PBS News, 3 de enero de 2026).

En la conferencia de prensa en Mar-a-Lago a las 11:00 am del 3 de enero, Trump declaró que "hubo algunas heridas, pero ninguna muerte" del lado estadounidense, señalando que "estábamos preparados para una segunda ola… pero esto fue tan letal… que no tuvimos que hacerlo" (NPR, 3 de enero de 2026). El presidente estadounidense realizó múltiples referencias a la Doctrina Monroe de 1823, declarando: "he superado eso… muchos ahora lo llaman la Doctrina Donroe", agregando que "el dominio estadounidense en el hemisferio occidental no será cuestionado nuevamente" (NPR, 3 de enero de 2026).

Trump declaró además que Estados Unidos "va a manejarlo, esencialmente", refiriéndose al gobierno de Venezuela, indicando que esto continuará "hasta que podamos hacer una transición segura, adecuada y juiciosa" (NPR, 3 de enero de 2026). El presidente estadounidense señaló que el negocio petrolero venezolano "ha sido un desastre, un desastre total durante mucho tiempo", y que "vamos a tener a nuestras muy grandes compañías petroleras estadounidenses, las más grandes del mundo, que van a gastar miles de millones de dólares, arreglar la infraestructura muy dañada y comenzar a hacer dinero para el país" (NPR, 3 de enero de 2026).

Las acusaciones formales: narcoterrorismo y conspiración criminal

La fiscal general Pam Bondi hizo pública una acusación federal que había permanecido bajo secreto judicial, acusando a Nicolás Maduro, su esposa Cilia Flores y otras cuatro personas de conspiración de narcoterrorismo y otros cargos (CNBC, 3 de enero de 2026). La acusación presentada en la Corte del Distrito Sur de Nueva York alega que "durante más de 25 años, los líderes de Venezuela han abusado de sus posiciones de confianza pública y corrompido instituciones que alguna vez fueron legítimas para importar toneladas de cocaína a los Estados Unidos" (CNBC, 3 de enero de 2026).

Además de Maduro y Cilia Flores, la acusación incluye a Nicolás Ernesto Maduro Guerra (hijo de Maduro), Diosdado Cabello Rondón,

Ramón Rodríguez Chacín y Héctor Rusthenford Guerrero Flores (CNBC, 3 de enero de 2026). Los cargos específicos incluyen: conspiración de narcoterrorismo, conspiración de importación de cocaína, posesión de ametralladoras y dispositivos destructivos, y conspiración para poseer ametralladoras y dispositivos destructivos (CNBC, 3 de enero de 2026).

La acusación formaliza las alegaciones que el Departamento de Justicia de Estados Unidos había presentado originalmente en marzo de 2020, cuando imputó formalmente a Maduro y 14 funcionarios venezolanos por narcoterrorismo, conspiración para importar cocaína y posesión de armas. Una de las acusaciones de los fiscales en Nueva York acusaba a Maduro y al jefe del partido socialista Diosdado Cabello de conspirar con rebeldes colombianos y miembros de las fuerzas armadas "para inundar a Estados Unidos con cocaína" y usar el tráfico de drogas como "un arma contra Estados Unidos" (PBS News, 3 de enero de 2026).

Validación empírica: la reformulación del modelo de Dornbusch-Edwards

El evento del 3 de enero de 2026 proporciona la validación empírica más contundente de la tesis central desarrollada en esta investigación: el modelo clásico de Dornbusch-Edwards (1991) sobre los ciclos del populismo macroeconómico no puede predecir ni explicar las trayectorias de los autoritarismos contemporáneos integrados en redes transnacionales de apoyo mutuo. El modelo clásico asumía que la Fase 4 de estabilización ortodoxa emergería inevitablemente cuando las crisis económicas se agravaran, ya sea mediante rectificación de políticas por parte del mismo gobierno populista o mediante alternancia democrática forzada por presiones internas.

La evidencia venezolana documenta empíricamente que esta transición "inevitable" no ocurrió a pesar de que todas las condiciones que el modelo clásico identifica como generadoras de cambio estuvieron presentes simultáneamente durante el período 2014-2025: crisis económica prolongada con contracción del 75 % del PIB, hiperinflación de seis dígitos, colapso del nivel de vida con el 94,5 % de hogares en pobreza según ENCOVI (2021), migración forzada de cerca de 7,9 millones de ciudadanos según ACNUR (2025), sanciones internacionales severas, presión diplomática coordinada, y expectativas generalizadas de cambio político evidenciadas por la masiva participación electoral del 28 de julio de 2024.

El régimen venezolano resistió todas estas presiones durante más de una década mediante tres mecanismos estructurales identificados en esta investigación. Primero, consolidación autocrática que eliminó los mecanismos democráticos de alternancia mediante el fraude electoral masivo del 28 de julio de 2024 y la represión sistemática que generó 893 presos políticos al 8 de diciembre de 2025 según Foro Penal (diciembre de 2025). Segundo, diversificación de fuentes extractivas que proporcionaron ingresos para financiar coaliciones mínimas mediante narcotráfico operado como política de Estado a través del Cartel de los Soles y control de rentas petroleras residuales. Tercero, integración en Autocracy, Inc. según Applebaum (2024), que proporcionó respaldo militar ruso, financiamiento chino, tecnología de vigilancia y expertise en control social cubano.

La captura de Maduro mediante intervención militar externa estadounidense confirma empíricamente que el colapso económico doméstico y las presiones políticas internas fueron insuficientes para generar la transición que el modelo clásico de Dornbusch-Edwards predecía como inevitable. El régimen venezolano no cayó por las dinámicas económicas internas postuladas por el modelo clásico —presiones sociales insoportables derivadas de hiperinflación, escasez y deterioro masivo del nivel de vida que eventualmente forzarían un cambio de gobierno— sino exclusivamente mediante la aplicación de la fuerza militar externa que superó las capacidades de resistencia proporcionadas por la integración en Autocracy, Inc.

. Esta evidencia valida definitivamente la distinción que propongo en esta investigación entre tres variantes posibles de Fase 4. La Fase 4a de estabilización natural-democrática estuvo bloqueada estructuralmente mediante la consolidación autocrática documentada en el fraude electoral y la represión masiva. La Fase 4b de estabilización externamente inducida se materializó finalmente el 3 de enero de 2026, pero únicamente mediante intervención militar directa de magnitud extraordinaria. La Fase 4c de perpetuación autoritaria operó exitosamente durante más de una década bloqueando tanto la vía democrática interna como resistiendo las presiones externas convencionales hasta que la escalada militar estadounidense alcanzó el umbral de fuerza suficiente para superar las capacidades de resistencia proporcionadas por Autocracy, Inc.

La transición incierta: interrogantes críticas a cuatro días de la captura de Maduro

Los acontecimientos de los días 7 y 8 de enero de 2026, cuatro días después de la captura de Maduro, revelan la complejidad extraordinaria de la transición que Venezuela enfrenta. El 7 de enero, el presidente Trump anunció que Venezuela entregará entre treinta y cincuenta millones de barriles de petróleo a Estados Unidos, y que su administración controlará indefinidamente la comercialización del crudo venezolano (Infobae, 7 de enero de 2026). El secretario de Energía Chris Wright precisó que Washington gestionará directamente "la producción que salga de Venezuela en el mercado" de manera indefinida, y que los ingresos obtenidos se depositarán en cuentas controladas por el gobierno estadounidense (Telemundo, 7 de enero de 2026). Simultáneamente, PDVSA confirmó que mantiene negociaciones con Estados Unidos bajo lo que describió como "transacciones estrictamente comerciales", mientras que los envíos de petróleo a China, el principal comprador venezolano durante la última década, permanecen completamente suspendidos por quinto día consecutivo (Reuters vía Infobae, 7 de enero de 2026).

Esta configuración extraordinaria plantea interrogantes fundamentales para las teorías clásicas de transiciones democráticas. El primero se relaciona con la persistencia de la Coalición Iliberal Revolucionaria en el ejercicio formal del poder estatal. Delcy Rodríguez fue juramentada como presidenta encargada el 5 de enero de 2026, Vladimir Padrino López permanece como ministro de Defensa controlando las fuerzas armadas, Diosdado Cabello mantiene el cargo de ministro del Interior dirigiendo los servicios de inteligencia SEBIN y DGCIM así como los colectivos paramilitares, y Jorge Rodríguez fue reelegido presidente de la Asamblea Nacional para el período 2026-2031. La declaración de Delcy Rodríguez el 7 de enero afirmando que Venezuela "no está bajo el control de ningún agente extranjero" mientras simultáneamente negocia la entrega del control del petróleo venezolano a Washington (Telemundo, 7 de enero de 2026) ilustra la contradicción fundamental inherente a esta situación.

Francisco Alfaro Pareja (2020) conceptualizó la estructura política venezolana como dos archipiélagos enfrentados durante más de dos décadas: la Coalición Iliberal Revolucionaria (CIR) y la Coalición Liberal Democrática (CLD), cada una compuesta por diversos "islotes" con distintas visiones y estrategias. En el caso de la CIR, los islotes no se refieren tanto a partidos sino a individuos y grupos de poder que se posicionan entre una línea dura (hard-liner) representada por figuras como Diosdado Cabello y los militares del Cartel de los Soles, y una línea blanda (soft-liner) que podría incluir sectores que reconocen la insostenibilidad del modelo, pero priorizan la preservación del poder sobre cualquier transición genuina.

La persistencia de esta CIR en el ejercicio formal del poder estatal después del 3 de enero de 2026, con Delcy Rodríguez como presidenta encargada, Vladimir Padrino López controlando las fuerzas armadas, Diosdado Cabello dirigiendo los aparatos represivos, y Jorge Rodríguez reelegido presidente de la Asamblea Nacional, plantea la interrogante teórica fundamental: ¿puede Venezuela experimentar una transición democrática genuina sin la disolución completa de esta coalición iliberal y su reemplazo por una coalición liberal democrática que opere bajo principios de Estado de Derecho, separación de poderes y rendición de cuentas?

El marco teórico desarrollado en esta investigación sobre el Estilo Rentista como mecanismo institucional de subordinación de la racionalidad económica a la racionalidad política permite formular la interrogante con precisión: ¿puede Venezuela experimentar una transición democrática genuina cuando los mismos actores que operaron el Estilo Rentista durante décadas —concentración de poder, control discrecional de flujos extractivos, destrucción de instituciones de accountability, gestión burocrático-populista— permanecen ejerciendo control formal del aparato estatal bajo supervisión externa? La evidencia histórica de transiciones asistidas externamente sugiere que la ocupación económica directa puede generar estabilidad de corto plazo, pero legitimidad interna precaria cuando las élites domésticas que colaboran con la potencia ocupante son percibidas como carentes de legitimidad democrática propia.

El segundo conjunto de interrogantes se relaciona con la economía política de la inversión petrolera bajo control externo directo. Trump ha anunciado que empresas petroleras estadounidenses invertirán "miles de millones de dólares" para "reparar la infraestructura petrolera" venezolana (NPR, 3 de enero de 2026). Wright reconoció que "tomará decenas de miles de millones de dólares y un tiempo significativo para revitalizar esta industria venezolana" (Infobae, 7 de enero de 2026). La pregunta teórica fundamental conecta directamente con el marco de Acemoglu y Robinson (2012) sobre instituciones extractivas versus inclusivas: ¿puede la inversión extranjera masiva en el sector petrolero generar desarrollo sostenible cuando ocurre en ausencia de las instituciones democráticas que garantizan Estado de Derecho, transparencia, rendición de cuentas y participación ciudadana en las decisiones sobre recursos naturales?

El tercer conjunto de interrogantes se relaciona con el papel de los organismos multilaterales en la reconstrucción institucional. El Banco Interamericano de Desarrollo publicó en 2020 el informe "Una mirada al futuro de Venezuela" elaborado por Emmanuel Abuelafia y José Luis Saboin, que propuso una secuencia de intervenciones enfocadas en atención a la emergencia humanitaria, reinstauración del andamiaje institucional básico, y posteriormente lanzamiento de reformas estructurales de gran calado, estimando que se requieren aproximadamente ocho mil millones de dólares durante los primeros tres años. Sin embargo, ese informe fue elaborado bajo el supuesto de una transición negociada con participación del gobierno interino de Juan Guaidó reconocido por más de sesenta países, escenario que difiere radicalmente de la situación post-3 de enero de 2026 donde la transición ocurre bajo intervención militar externa con control económico directo estadounidense y con la Coalición Iliberal permaneciendo formalmente en el poder.

El cuarto conjunto de interrogantes se relaciona con la descentralización político-territorial como estrategia potencial para reconstruir la democracia desde los niveles subnacionales cuando las instituciones centrales permanecen capturadas o bajo control externo. La investigación previa de esta autora (Fuenmayor, 2018) documentó exhaustivamente cómo la descentralización venezolana durante el período 1989-1998 generó innovación en la gestión pública, pluralismo político efectivo y rendición de cuentas real mediante la transferencia de competencias, recursos y poder de decisión a gobernaciones y municipios electos democráticamente. El análisis de cinco gobernaciones durante ese período demostró que la implementación de reformas inspiradas en la Nueva Gestión Pública permitió la modernización de sistemas administrativos, profesionalización de la función pública subnacional y generación de competencia electoral genuina que permitía a los ciudadanos comparar desempeños de gobernadores de distintos partidos políticos y premiar o castigar electoralmente.

El quinto conjunto de interrogantes se relaciona con la transformación del modelo de gestión pública desde el modelo burocrático-populista hacia un modelo de gestión tecnocrática-gerencial. Esta investigación ha documentado exhaustivamente cómo el Estilo Rentista opera mediante cinco características del modelo burocrático-populista que deben ser sistemáticamente desmanteladas: clientelismo que subordina acceso a servicios públicos y empleos gubernamentales a lealtad política, discrecionalidad administrativa sin controles que permite corrupción masiva, fragmentación programática que impide coordinación efectiva entre agencias estatales, subordinación de racionalidad técnica a racionalidad política electoral de corto plazo, y ausencia de sistemas de evaluación de desempeño y rendición de cuentas.

Conclusión: Venezuela ante la oportunidad histórica de recuperación democrática

La captura de Nicolás Maduro el 3 de enero de 2026 cierra el capítulo más oscuro de la historia política venezolana contemporánea, pero simultáneamente abre una oportunidad histórica sin precedentes para que Venezuela recupere la democracia que el chavismo destruyó sistemáticamente durante más de dos décadas. Esta oportunidad de oro se sustenta en una transformación fundamental del contexto político que hace posible, por primera vez desde 2013, que el modelo de Dornbusch-Edwards opere como fue concebido: con la Fase 4 de estabilización democrática emergiendo mediante elecciones libres, competitivas y transparentes que permitan la alternancia política pacífica.

El contraste entre julio de 2024 y el escenario futuro es absoluto. Las elecciones del 28 de julio de 2024 fueron robadas por una Coalición Iliberal Revolucionaria que tenía el control total de las instituciones del Estado: el Consejo Nacional Electoral que se negó a publicar las actas electorales, el Tribunal Supremo de Justicia que validó el fraude sin evidencia, la Fuerza Armada Nacional Bolivariana que reprimió la protesta ciudadana generando 30 muertes bajo custodia según JEP (10 de diciembre de 2025), la Fiscalía General que encarceló a 893 opositores incluyendo menores de edad según Foro Penal (diciembre de 2025), y los colectivos paramilitares que ejecutaron violencia sistemática contra manifestantes. En ese contexto autocrático, sin Estado de Derecho, sin competencia genuina, sin transparencia electoral, con el poder y el país secuestrados en manos de unos pocos narcotraficantes convertidos en funcionarios, no existía posibilidad alguna de que la Fase 4 democrática del modelo de Dornbusch-Edwards se materializara mediante vías institucionales.

La remoción forzada de Maduro cambia radicalmente este panorama. Por primera vez desde que Chávez llegó al poder en 1999, Venezuela tiene la posibilidad de construir instituciones electorales independientes, un Poder Judicial imparcial, una Fiscalía que persiga delitos sin discriminación política, fuerzas armadas subordinadas al poder civil democrático, y medios de comunicación libres que permitan el debate público sin censura. Si estas instituciones se construyen exitosamente, entonces SÍ será posible que el modelo original de Dornbusch-Edwards se cumpla: cuando un gobierno populista genere una crisis económica grave mediante políticas insostenibles, la población podrá castigar electoralmente a ese gobierno y elegir democráticamente una alternativa que implemente las reformas ortodoxas necesarias para estabilizar la economía. La diferencia fundamental es que, en democracia, esa alternancia ocurre mediante el voto libre en elecciones competitivas; en autocracia, requiere intervención militar externa porque los mecanismos democráticos han sido destruidos.

La descentralización política y administrativa debe constituir un pilar fundamental de la reconstrucción democrática venezolana. La evidencia histórica documentada en Fuenmayor (2018) demuestra que durante el período 1989-1998, cuando Venezuela experimentó su descentralización más amplia, las gobernaciones y alcaldías se convirtieron en laboratorios de innovación democrática que generaron competencia electoral genuina, rendición de cuentas real y profesionalización de la gestión pública. Estados como Carabobo bajo Henrique Salas Römer, Bolívar bajo Andrés Velásquez, Aragua bajo Didalco Bolívar, y municipios como Chacao bajo Leopoldo López demostraron que era posible implementar reformas inspiradas en la Nueva Gestión Pública que mejoraran servicios públicos, redujeran la corrupción, y generaran legitimidad democrática mediante resultados tangibles.

La recentralización chavista destruyó estos avances mediante el vaciamiento presupuestario que redujo las transferencias a estados y municipios del 20 % del presupuesto nacional a menos del 3 %, la persecución judicial de gobernadores y alcaldes opositores, y la creación de estructuras paralelas como los consejos comunales controlados directamente desde el poder central. La recuperación democrática de Venezuela requiere revertir esta recentralización mediante una nueva transferencia masiva de competencias, recursos y poder de decisión hacia los niveles subnacionales. Esto permitiría que la democracia se reconstruya progresivamente desde experiencias exitosas en el nivel local y regional, reduciendo la dependencia del nivel nacional que permanece más vulnerable a la captura por élites autoritarias o a la influencia del control económico externo estadounidense.

La privatización y modernización de PDVSA constituyen otro pilar esencial de la transformación estructural necesaria. Durante más de dos décadas, PDVSA operó como un botín político que el chavismo saqueó sistemáticamente: la empresa perdió más del 70 % de su capacidad productiva, pasando de 3,3 millones de barriles diarios en 1998 a menos de 900.000 barriles en 2025, no por falta de reservas petroleras sino por la destrucción deliberada de la meritocracia que hizo funcionar a PDVSA durante décadas, el nombramiento de militares y operadores políticos sin experiencia petrolera en cargos técnicos críticos, la corrupción masiva que desvió miles de millones de dólares hacia cuentas personales de funcionarios, y el uso de PDVSA como instrumento de clientelismo político para financiar programas sociales discrecionales que compraban lealtad.

La reconstrucción de PDVSA como empresa petrolera técnicamente competente, transparente y generadora de rentas para el desarrollo nacional —no para enriquecer élites políticas— requiere tres transformaciones simultáneas. Primera, separación absoluta entre la gestión técnica de PDVSA y el poder político: el nombramiento de directivos debe basarse en criterios de experiencia técnica y capacidad gerencial verificables mediante concursos públicos transparentes, no en lealtad política.

Segunda, implementación de sistemas de transparencia radical que publiquen proactivamente toda la información sobre contratos, precios de venta, costos de producción, inversiones realizadas y distribución de ingresos, permitiendo a la ciudadanía y a organismos de control independientes detectar corrupción y exigir rendición de cuentas. Tercera, rediseño del modelo de propiedad y gestión que podría incluir la venta parcial de acciones de PDVSA en mercados de capitales internacionales, generando incentivos de mercado para la eficiencia y sometiendo la empresa a auditorías externas obligatorias, mientras el Estado venezolano retiene una participación mayoritaria que garantice que las rentas petroleras sirvan objetivos de desarrollo nacional con inclusión social.

El Epílogo 2 examina exhaustivamente la destrucción sistemática de PDVSA bajo el chavismo, documenta el narcotráfico operado como política de Estado a través del Cartel de los Soles, y analiza las reformas estructurales necesarias para transformar PDVSA en una empresa petrolera moderna, transparente y técnicamente competente que sirva al desarrollo nacional y no al enriquecimiento de élites depredadoras.

La transformación del modelo de gestión pública desde el estilo burocrático-populista hacia la gestión tecnocrática-gerencial es igualmente fundamental. Las propuestas de Carles Ramió (2022) sobre gestión tecnocrática-gerencial enfatizan seis pilares que deben implementarse simultáneamente: meritocracia en reclutamiento y promoción de personal público mediante concursos transparentes y evaluaciones objetivas, autonomía institucional que proteja agencias técnicas de interferencia política directa, transparencia radical mediante publicación proactiva de información gubernamental, participación ciudadana genuina en diseño e implementación de políticas públicas, profesionalización continua del personal público, y aplicación estricta de criterios de eficiencia y eficacia con rendición de cuentas ante instancias de control independientes.

El pueblo venezolano, que expresó masivamente su voluntad de cambio democrático el 28 de julio de 2024 documentando el 67 % de apoyo a Edmundo González Urrutia según las actas electorales originales validadas por el Centro Carter (2025), merece que esta oportunidad histórica no se desperdicie. La captura de Maduro el 3 de enero de 2026 representa la culminación de una tragedia política que generó: cerca de 7,9 millones de personas forzadas al exilio según ACNUR (2025), 893 presos políticos incluyendo menores de edad y personas con discapacidad según Foro Penal (diciembre de 2025), 30 muertes documentadas bajo custodia o por secuelas de detención según JEP (10 de diciembre de 2025), torturas sistemáticas que cumplen estándares técnicos de crímenes de lesa humanidad según la Misión FFM ONU (septiembre de 2025, diciembre de 2025), y una población sometida a pobreza del 94,5 % según ENCOVI (2021) mientras la élite gobernante acumulaba fortunas mediante narcotráfico y corrupción masiva.

La transición democrática que Venezuela necesita requiere cinco condiciones simultáneas. Primera, elecciones presidenciales libres, competitivas y transparentes en el menor plazo posible —idealmente dentro de los próximos seis meses— que permitan al pueblo venezolano elegir democráticamente su gobierno sin fraude, sin represión, sin censura, y con observación internacional robusta que garantice la legitimidad del proceso. Segunda, reconstrucción de la institucionalidad democrática mediante el nombramiento de autoridades del Consejo Nacional Electoral, Tribunal Supremo de Justicia, Fiscalía General y Defensoría del Pueblo basado en criterios de independencia, probidad y capacidad técnica verificables, no en cuotas políticas que perpetúen clientelismo.

Tercera, justicia transicional que investigue y sancione los crímenes de lesa humanidad cometidos por el régimen chavista mientras simultáneamente genere mecanismos de reconciliación nacional que permitan la reincorporación a la vida democrática de quienes participaron en el chavismo sin cometer crímenes. Cuarta, recuperación económica mediante reformas estructurales que estabilicen la macroeconomía, atraigan inversión productiva, generen empleo de calidad, y reconstruyan el tejido productivo destruido por el chavismo. Quinta, políticas sociales universales que protejan a los sectores más vulnerables durante la transición, garantizando que la estabilización económica no se realice a costa de los más pobres, sino que genere inclusión social genuina.

La transición democrática venezolana requiere fundamentalmente la disolución de la Coalición Iliberal Revolucionaria (CIR) que operó el autoritarismo extractivo durante más de dos décadas y su reemplazo por una Coalición Liberal Democrática (CLD) que restaure los principios democráticos fundamentales. Siguiendo el marco analítico de Alfaro Pareja (2020), esta transición implica no solamente el cambio de personas en posiciones de poder sino la transformación estructural del modo en que se ejerce el poder: de la concentración autocrática hacia la separación de poderes, del control discrecional de recursos hacia la transparencia y rendición de cuentas, de la represión sistemática hacia el respeto a los derechos humanos. La liberación inmediata e incondicional de los 893 presos políticos documentados por Foro Penal (diciembre de 2025), el desmantelamiento de los aparatos de tortura como el Helicoide, la DGCIM y el SEBIN tal como operan actualmente, y el juicio penal de los responsables de crímenes de lesa humanidad constituyen prerrequisitos éticos y políticos para cualquier transición legítima.

Mientras la CIR permanezca controlando instituciones estatales clave, el riesgo de regresión autocrática permanece elevado: la historia de las transiciones fallidas en América Latina documenta que cuando las élites autoritarias mantienen poder de veto sobre reformas democráticas, pueden bloquear la consolidación democrática y eventualmente revertir los avances. La construcción de una CLD genuina requiere tanto la incorporación de fuerzas democráticas tradicionales como la apertura a nuevos liderazgos surgidos de la resistencia ciudadana, operando bajo una premisa compartida: el compromiso con la democracia liberal no es negociable y trasciende diferencias ideológicas legítimas sobre políticas públicas.

Si Venezuela logra estas cinco condiciones, entonces el modelo original de Dornbusch-Edwards se habrá cumplido finalmente, pero con una modificación crítica validada por la evidencia empírica: en contextos autocráticos integrados en redes transnacionales, la Fase 4 de alternancia democrática requiere primero la remoción del gobierno autoritario mediante presión externa extraordinaria, para posteriormente permitir que las dinámicas democráticas internas operen libremente. Venezuela tiene ahora, por primera vez en más de dos décadas, la oportunidad de construir una democracia funcional con Estado de Derecho, separación de poderes, rendición de cuentas y alternancia pacífica. Esta oportunidad de oro no debe desperdiciarse.

El otorgamiento del Premio Nobel de la Paz 2025 a María Corina Machado (CNN en Español, 10 de octubre de 2025) por su incansable labor en la promoción de los derechos democráticos del pueblo venezolano representa el reconocimiento internacional de que la resistencia democrática venezolana mantuvo viva la esperanza de transición incluso en las condiciones más adversas. La documentación exhaustiva de los crímenes cometidos por el régimen chavista en este epílogo constituye un aporte a la memoria histórica que será esencial para los procesos de justicia transicional que Venezuela enfrentará.

Venezuela permanece como testimonio definitivo de que los modelos clásicos del populismo macroeconómico requieren reformulación fundamental para incorporar las variables político-institucionales que determinan si los autoritarismos contemporáneos pueden ser derrocados mediante presiones convencionales o si requieren intervenciones extraordinarias. Pero Venezuela también puede convertirse en testimonio esperanzador de que, cuando se remueven los obstáculos autoritarios, los pueblos pueden recuperar su democracia y construir futuros de libertad, prosperidad y justicia social.

La coalición se reconfiguró internamente, pero sus pilares represivos persisten. Vladimir Padrino López fue destituido como ministro de Defensa el 18 de marzo de 2026 y reasignado al Ministerio de Agricultura, siendo reemplazado por el general Gustavo González López (CNN en Español, 20 de marzo de 2026). Alex Saab fue detenido por un operativo conjunto con el FBI el 3 de febrero y deportado a Estados Unidos el 16 de mayo de 2026 (Semana, 16 de mayo de 2026). Diosdado Cabello continúa como ministro del Interior controlando el SEBIN, la DGCIM y los colectivos paramilitares; Jorge Rodríguez fue reelecto presidente de la Asamblea Nacional para el período 2026-2031; y Daniella Cabello, hija del ministro del Interior, fue nombrada ministra de Turismo el 2 de febrero de 2026, consolidando una lógica dinástica del régimen.

La Ley de Amnistía para la Convivencia Democrática, promulgada el 19 de febrero de 2026 y declarada concluida por Delcy Rodríguez el 23 de abril de 2026 (CNN en Español, 24 de abril de 2026), reveló empíricamente la naturaleza excluyente del proceso: aunque el oficialismo declaró 8.616 beneficiados, Foro Penal documentó solo 768 excarcelaciones reales de presos políticos, de las cuales únicamente 186 ocurrieron como consecuencia directa de la amnistía (Foro Penal, 21 de abril de 2026). Al 4 de mayo de 2026, Foro Penal contabilizó un total de 457 personas detenidas por motivos políticos —414 hombres, 43 mujeres y un adolescente, distribuidos entre 270 civiles y 187 militares (Foro Penal, 9 de mayo de 2026)—, mientras Un Mundo Sin Mordaza documentaba 386 incidentes contra la libertad de expresión durante 2025 y 326 casos de persecución transnacional contra opositores en el exilio (Un Mundo Sin Mordaza, febrero de 2026; Un Mundo Sin Mordaza, abril de 2026).

El caso de Juan Pablo Guanipa Villalobos, dirigente de Primero Justicia y coordinador de María Corina Machado en el estado Zulia, cuya detención del 23 de mayo de 2025 ya fue documentada en este epílogo, ilustra la continuidad coercitiva de la "transición": liberado el 8 de febrero de 2026 tras ocho meses de detención, fue secuestrado por hombres armados doce horas después y enviado a arresto domiciliario en Maracaibo (Infobae, 20 de febrero de 2026). Guanipa Villalobos calificó posteriormente la Ley de Amnistía como "excluyente" y exigió la "fe de vida" y la liberación inmediata de todos los presos políticos civiles y militares (CNN en Español, 26 de febrero de 2026; El Nacional, 11 de mayo de 2026).

Más dolorosa aún resulta la evidencia humana del caso de Víctor Hugo Quero Navas, preso político de 50 años detenido por la DGCIM el 1 de enero de 2025 y muerto bajo custodia en el Internado Judicial Rodeo I el 24 de julio de 2025, cuya muerte el régimen ocultó durante diez meses hasta el comunicado del Ministerio del Servicio Penitenciario del 7 de mayo de 2026 (CNN en Español, 10 de mayo de 2026). Su madre, Carmen Teresa Navas Plua, falleció el 17 de mayo de 2026 a los 82 años, nueve días después de identificar visualmente los restos durante una exhumación rodeada de irregularidades (Infobae, 18 de mayo de 2026). En el velatorio de Carmen Navas se afirmó que ella "representa a todas las madres de Venezuela" (Infobae, 19 de mayo de 2026).

El proceso judicial contra Maduro y Cilia Flores avanza en Estados Unidos en paralelo a esta persistencia del régimen en Venezuela. Tras su declaración inicial de "no culpables" el 5 de enero de 2026 ante el juez Alvin K. Hellerstein del Tribunal Federal del Distrito Sur de Nueva York, ambos permanecen recluidos en el Centro Metropolitano de Detención de Brooklyn enfrentando cargos federales por narcoterrorismo, conspiración para la importación de cocaína a Estados Unidos, y posesión y uso de ametralladoras y artefactos destructivos.

En la segunda audiencia, celebrada el 26 de marzo de 2026, el juez Hellerstein rechazó la solicitud de la defensa de Maduro —representada por el abogado Barry Pollack— de desestimar el caso, y programó una nueva audiencia para el 30 de junio de 2026 (Telemundo, 26 de marzo de 2026; CNN en Español, 26 de marzo de 2026; Infobae, 5 de mayo de 2026). En el mismo proceso figuran como coacusados Diosdado Cabello, Ramón Rodríguez Chacín, Nicolás Maduro Guerra y

Héctor Guerrero Flores —alias "Niño Guerrero", líder del Tren de Aragua—, configurando uno de los procesos judiciales transnacionales más significativos contra una élite gobernante latinoamericana en la historia contemporánea.

El contraste entre el debido proceso judicial estadounidense aplicado a Maduro y Flores y la impunidad estructural del caso Quero —donde el régimen ocultó durante diez meses la muerte bajo custodia de un detenido sin acceso a defensa— ilustra con precisión la asimetría institucional que separa al régimen rentista venezolano de los Estados de Derecho funcionales. Estos casos validan la reformulación del modelo de Dornbusch-Edwards desarrollada en esta investigación: en las autocracias rentistas integradas en redes de Autocracy, Inc., la remoción forzada del líder por intervención externa no produce automáticamente el colapso del régimen ni la transición democrática, pues las estructuras institucionales extractivas —el aparato represivo, el control judicial, las redes clientelares militares y la lógica patrimonialista del poder— persisten configurando una transición fragmentada en la cual la persistencia autoritaria coexiste con la negociación económica externa.

Al cierre de esta edición, en junio de 2026, la Coalición Iliberal Revolucionaria continúa en el poder formal bajo la presidencia encargada de Delcy Rodríguez, confirmando empíricamente la tesis central de este libro: la captura del líder por intervención militar externa extraordinaria no equivale al fin del régimen rentista.

La transformación hacia el modelo tecnocrático-gerencial descentralizado que esta investigación ha propuesto avanza desigualmente: mientras la dimensión económica registra cambios concretos —la reactivación de PDVSA bajo coordinación estadounidense, la negociación de acuerdos petroleros con Chevron y otras empresas, y la modernización gerencial de la industria extractiva—, la dimensión político-institucional permanece capturada por la Coalición Iliberal Revolucionaria, sin que se materialicen ni el cronograma electoral previsto por la Constitución ni el desmantelamiento de los aparatos represivos. Esta asincronía valida la centralidad de la articulación entre el modelo tecnocrático-gerencial y la descentralización territorial efectiva planteada en este libro: la sola transformación económica, sin la simultánea reconstrucción democrática de las instituciones políticas y la restauración de las autonomías subnacionales, resulta insuficiente para neutralizar la matriz burocrático-populista que sostuvo el autoritarismo extractivo durante más de dos décadas.

EPÍLOGO 2

PDVSA y el Arco Minero del Orinoco: Evidencia empírica del modelo burocrático-populista radicalizado y la transición pos-Maduro hacia el modelo tecnocrático-gerencial descentralizado

El análisis de las instituciones extractivas venezolanas durante el período 2024-2025 proporciona la evidencia empírica contundente para validar la vigencia del modelo de gestión burocrático-populista como la matriz institucional que sostiene el autoritarismo consolidado. Mientras el Epílogo 1 demostró cómo las instituciones políticas formales fueron transformadas en los instrumentos de la perpetuación autoritaria tras el fraude electoral del 28 de julio de 2024, este segundo epílogo examina las instituciones económicas extractivas por excelencia: Petróleos de Venezuela S.A. (PDVSA) y el Arco Minero del Orinoco (AMO).

La validación del modelo teórico resulta particularmente significativa porque la coalición gobernante no creó estas características institucionales desde cero, sino que las heredó del modelo que Ochoa et al. (1996) identificaron como el patrón histórico de la administración pública venezolana desde 1958, instrumentalizándolas sistemáticamente y radicalizándolas bajo el autoritarismo consolidado para construir la autocracia contemporánea.

El modelo de gestión burocrático-populista y su radicalización autoritaria

El trabajo seminal de Ochoa et al. (1996) sobre la administración pública y el populismo en Venezuela identificó las características estructurales del modelo de gestión burocrático-populista que emergió del Pacto de Punto Fijo durante el período democrático (1958-1996): los sujetos de decisión concentrados en los políticos y empresarios que motorizaron las prácticas administrativas; la centralización político-territorial con las decisiones concentradas en el nivel nacional bajo el control del Presidente y del Consejo de Ministros; la regulación excesiva acompañada de controles débiles que subordinan los derechos de los funcionarios a los intereses partidistas; el crecimiento burocrático como respuesta institucional a las demandas de diversos sectores sociales; la administración de personal clientelar donde el reclutamiento y la clasificación de cargos obedecen a criterios partidistas más que técnicos; y la planificación como instrumento de legitimación ideológica que no alimenta efectivamente las decisiones reales.

Ochoa y Fuenmayor (2006) continuaron desarrollando analíticamente este modelo durante los primeros años del chavismo, observando cómo estos rasgos se intensificaban en un contexto de una democracia deteriorándose. Fuenmayor (2018) describió el proceso de descentralización político-territorial que se desarrolló en Venezuela durante los años noventa, en el contexto de una democracia representativa con elementos de democracia participativa.

Fuenmayor (2018) demostró empíricamente que, a pesar de los esfuerzos modernizadores y de los avances tecnocráticos impulsados por la descentralización y la Nueva Gestión Pública en las gobernaciones venezolanas durante los años noventa, los rasgos estructurales heredados del modelo de sustitución de importaciones —clientelismo, discrecionalidad administrativa, fragmentación programática y subordinación de la gestión pública a lógicas político-electorales— no fueron erradicados. Se atenuaron en su expresión visible, adoptaron formas más sofisticadas y menos explícitas, pero permanecieron firmemente enquistados en el aparato público venezolano.

Esta persistencia de patrones rentistas enquistados, invisibilizados bajo el barniz tecnocrático, pero nunca eliminados, constituiría el sustrato institucional y cultural que el chavismo-madurismo encontraría disponible, amplificaría y radicalizaría posteriormente para construir su proyecto autoritario. El proceso de modernización tecnocrática iniciado con la descentralización fue abruptamente interrumpido con la llegada de Chávez al poder en 1999, quien durante sus primeros años de gobierno frenó deliberadamente estos avances, encontrando funcional mantener y posteriormente amplificar aquellas viejas estructuras rentistas que la reforma descentralizadora estaba comenzando a transformar.

Aporte conceptual: la radicalización del modelo bajo autocracia

Este libro realiza una contribución teórica original fundamental: demuestra empíricamente cómo estos rasgos identificados originalmente en contextos democráticos se radicalizan bajo el autoritarismo consolidado de Maduro, transformándose de ineficiencia administrativa en democracia hacia un diseño extractivo deliberado en autocracia. Los rasgos se manifiestan ahora en su forma extrema como: (1) la centralización extrema del poder decisorio que elimina toda autonomía técnica, (2) la politización radical de las funciones técnicas que destruye completamente la meritocracia, (3) el clientelismo extractivo que convierte las instituciones en mecanismos directos de captura de rentas, (4) la opacidad institucionalizada que impide absolutamente la rendición de cuentas, (5) la eliminación sistemática y absoluta de la evaluación técnica como criterio para las decisiones, y (6) la instrumentalización ideológica de las instituciones para fines políticos del régimen.

Estos calificativos —extrema, radical, extractivo, institucionalizada, sistemática, absoluta, ideológica— representan aportes conceptuales de esta investigación que describen la metamorfosis del modelo bajo un autoritarismo consolidado.

La relevancia teórica de este marco para comprender el autoritarismo venezolano contemporáneo reside en reconocer que la coalición gobernante no inventó estas prácticas institucionales desde cero, sino que las encontró firmemente arraigadas en la estructura administrativa heredada de la democracia representativa y las transformó sistemáticamente —radicalizándolas— en los instrumentos de la dominación autoritaria. Como señalan Acemoglu y Robinson (2012), las instituciones extractivas se caracterizan por diseñarse para extraer ingresos y riqueza de un subconjunto de la sociedad en beneficio de otro subconjunto, concentrando el poder en manos de una élite limitada y colocando pocos límites al ejercicio del poder.

La Venezuela contemporánea representa el caso paradigmático donde las instituciones que inicialmente surgieron de las prácticas clientelares de la democracia pactada fueron reconvertidas en la matriz institucional de un autoritarismo consolidado que combina la captura extractiva de recursos con la represión política sistemática. La articulación entre el modelo de gestión burocrático-populista y las teorías sobre el rentismo petrolero (Coronil, 1997; Ross, 2001, 2012; Guede Olier, 2015) resulta particularmente potente para explicar cómo la administración disfuncional de las instituciones petroleras y mineras no constituye un fracaso accidental de la gestión, sino el modo deliberado de operación de un sistema extractivo donde la eficiencia técnica representa una amenaza potencial para las élites que controlan las rentas.

La centralización extrema y la politización radical: PDVSA bajo control militar-político absoluto

La militarización extrema de PDVSA durante 2024-2025 constituye la validación empírica perfecta de la centralización extrema y de la politización radical del modelo de gestión burocrático-populista en su manifestación radicalizada bajo el autoritarismo consolidado. La secuencia de nombramientos presidenciales durante este período documenta cómo la competencia técnica, la experiencia sectorial y el desempeño operacional resultan completamente irrelevantes frente a los imperativos de lealtad política absoluta al régimen.

La designación de Héctor Obregón Pérez como presidente de PDVSA en agosto de 2024, sustituyendo a Pedro Tellechea, marcó la continuidad de un patrón donde la gestión técnica queda subordinada completamente a las consideraciones políticas (Tal Cual Digital, 27 de agosto de 2024). Obregón, abogado especialista en criptomonedas sin experiencia previa en la industria petrolera, había sido vicepresidente ejecutivo desde enero de 2023 y previamente ocupó cargos en el Ministerio de Economía, Finanzas y Comercio Exterior, la presidencia del Banco de Desarrollo Económico y Social (BANDES) y la dirección del Servicio Autónomo de Registros y Notarías (La Patilla, 27 de agosto de 2024).

El nombramiento paradigmático del General Gustavo González López

Sin embargo, el nombramiento que ejemplifica de manera definitiva la militarización absoluta de PDVSA es el del general Gustavo González López. El 19 de octubre de 2024, González López fue designado como Intendente de Asuntos Estratégicos y Control de Producción de PDVSA, un cargo creado específicamente para él que le otorgaba el control directo sobre la producción petrolera con reporte directo a la presidencia de la corporación (Runrun.es, 6 de noviembre de 2024; Tal Cual Digital, 6 de noviembre de 2024; 2001 Online, 7 de noviembre de 2024). El 2 de octubre de 2025, González López fue nombrado presidente de PDVSA, consolidando el control militar absoluto sobre la principal institución extractiva del país (Diario Las Américas, 3 de octubre de 2025).

La trayectoria de González López documenta perfectamente la politización radical del modelo burocrático-populista en su manifestación extrema bajo autocracia. Graduado de la Academia Militar en 1982, González López desarrolló su carrera completa en los organismos de inteligencia y seguridad del Estado sin ninguna experiencia, formación o conocimiento técnico sobre la industria petrolera. Entre enero y mayo de 1991 fue enviado a la Escuela de las Américas en Fort Benning, Georgia, para un curso de operaciones psicológicas.

Su trayectoria incluye la dirección del Metro de Caracas (2006-2008), comandante de la 5ª División de Infantería de la Selva, comandante general de la Milicia Bolivariana, ministro del Poder Popular para el Interior, Justicia y Paz (2015-2016), y director del Servicio Bolivariano de Inteligencia Nacional (SEBIN) en dos períodos: 2014-2016 y 2019-2024 (Diario Las Américas, 3 de octubre de 2025).

Como director del SEBIN, González López fue responsable de la represión de los opositores políticos y del control de la información de inteligencia sobre los disidentes del régimen. Durante su gestión en el SEBIN se ejecutó la Operación de Liberación y Protección del Pueblo (OLP), que según organizaciones de derechos humanos resultó en más de 500 muertes, 17.000 detenciones arbitrarias, 18.000 allanamientos ilegales, y 1.000 demoliciones de viviendas (Control Ciudadano, 8 de octubre de 2025; Crónica Uno, 9 de enero de 2026). El 8 de octubre de 2018, Fernando Albán, concejal del municipio Cristóbal Rojas del estado Miranda, murió bajo custodia del SEBIN bajo circunstancias que la Fiscalía atribuyó a suicidio, pero que organismos internacionales cuestionaron por las inconsistencias en la versión oficial (Control Ciudadano, 8 de octubre de 2025; Crónica Uno, 4 de octubre de 2025).

Las sanciones internacionales contra González López documentan el reconocimiento global de su responsabilidad en violaciones sistemáticas de derechos humanos. Fue uno de los siete funcionarios que recibieron sanciones específicas por parte del gobierno de Barack Obama en 2015 por presuntos abusos contra los derechos humanos, convirtiéndose en el primer funcionario venezolano sancionado por Estados Unidos (Diario Las Américas, 3 de octubre de 2025). El 22 de septiembre de 2017, Canadá lo sancionó debido a la ruptura del orden constitucional venezolano tras las elecciones de la Asamblea Constituyente de 2017. El 28 de marzo de 2018 fue sancionado por el gobierno suizo (Diario Las Américas, 3 de octubre de 2025). La Unión Europea también lo incluyó en sus listas de sancionados por detenciones arbitrarias, tortura y represión de la sociedad civil (Control Ciudadano, 8 de octubre de 2025). Panamá lo sancionó el 30 de marzo de 2018 por representar “alto riesgo de blanqueo de capitales y financiamiento del terrorismo” (El Tiempo, 30 de marzo de 2018; Primera Hora, 30 de marzo de 2018).

La Misión de Determinación de los Hechos de las Naciones Unidas identificó el nombre de González López en informes sobre violaciones de derechos humanos cometidas por el SEBIN durante su dirección (Control Ciudadano, 8 de octubre de 2025). La exfiscal general Luisa Ortega Díaz presentó denuncia ante la Corte Penal Internacional acusando a González López de crímenes de lesa humanidad, caracterizando la OLP como un plan de "limpieza social" ejecutado sistemáticamente bajo la dirección del SEBIN (Control Ciudadano, 8 de octubre de 2025).

Tras el anuncio de las sanciones estadounidenses en 2015, fue promovido a ministro del Poder Popular para el Interior, Justicia y Paz por el presidente Nicolás Maduro, quien declaró que había decidido nombrarlo ministro para que fuera "con su premio del imperio americano para asegurar la paz en el país" (Diario Las Américas, 3 de octubre de 2025). Este patrón donde las sanciones internacionales por violaciones de derechos humanos resultan en promociones dentro del régimen valida la lógica del autoritarismo consolidado donde la lealtad demostrada mediante la ejecución de la represión se recompensa con mayores niveles de poder.

Su nombramiento como presidente de PDVSA en octubre de 2025 no responde a ninguna consideración de capacidad gerencial, competencia profesional, experiencia sectorial o conocimiento técnico sobre la industria petrolera, sino exclusivamente a su lealtad política absoluta y a su pertenencia a las redes de inteligencia militar que constituyen el núcleo del poder autoritario. El sindicalista petrolero Iván Freites sintetizó perfectamente esta militarización cuando declaró que "PDVSA estaba en manos de la represión", preguntándose quién era Gustavo González López: "un militar al servicio del régimen, exdirector del SEBIN y exministro del Interior, sancionado por violaciones a los derechos humanos" (Freites, 2 de octubre de 2025).

Patrones sistemáticos de captura y purga institucional

La secuencia completa de los presidentes de PDVSA entre 2017 y 2025 documenta el patrón sistemático donde la gestión técnica queda subordinada a las luchas por el poder dentro de las élites y a las necesidades de control político del régimen. La gestión de Tareck El Aissami como ministro de Petróleo y vicepresidente ejecutivo entre 2017 y marzo de 2023 estuvo caracterizada por la captura masiva de recursos mediante el esquema PDVSA-Crypto, donde las operaciones con criptomonedas, particularmente Tether (USDT), permitieron extraer al menos USD 16.950 millones de las arcas de la corporación petrolera hacia las billeteras digitales controladas por las élites políticas y sus operadores financieros (Transparencia Venezuela, 26 de junio de 2023; Transparencia Venezuela, 31 de octubre de 2025).

Esta secuencia se materializa en cinco expresidentes de PDVSA procesados penalmente entre 2014 y 2024 —Rafael Ramírez, Eulogio Del Pino, Nelson Martínez (fallecido bajo custodia), Tareck El Aissami y Pedro Tellechea—, lo que confirma que ningún nivel de logro técnico ni de alineamiento previo con el régimen protege contra las purgas cuando los equilibrios de poder dentro de las élites se modifican o la consolidación autoritaria exige intensificar el control sobre las instituciones extractivas.

La renuncia de El Aissami en marzo de 2023, seguida por su detención en abril de 2024 (CNN en Español, 9 de abril de 2024), no representó el desmantelamiento del sistema extractivo, sino la reconfiguración de las élites beneficiarias mediante la purga selectiva de aquellos que habían acumulado demasiado poder independiente dentro de la estructura de captura de rentas.

La designación de Pedro Tellechea como ministro de Petróleo en marzo de 2023, coronel del Ejército de 48 años sin experiencia previa en el sector petrolero (CNN en Español, 22 de marzo de 2023), respondió a la necesidad de restaurar cierta funcionalidad técnica tras el colapso productivo generado por PDVSA-Crypto. Tellechea logró incrementar la producción petrolera de 754.000 barriles diarios en enero de 2023 a 927.000 barriles diarios en julio-agosto de 2024, un incremento del 22,9 %, alcanzando los niveles más altos desde el inicio de las sanciones estadounidenses en 2019 (Banca y Negocios, 10 de septiembre de 2024).

Sin embargo, precisamente este desempeño técnico medible se convirtió en su amenaza: fue removido en agosto de 2024 y posteriormente encarcelado en octubre de 2024 bajo las acusaciones de "traición a la patria" por supuestamente "entregar el cerebro de PDVSA a las empresas controladas por los servicios de inteligencia estadounidenses" (CNN en Español, 22 de octubre de 2024; Infobae, 20 de octubre de 2024). El primer vicepresidente del Partido Socialista Unido de Venezuela, Diosdado Cabello, sintetizó perfectamente esta instrumentalización cuando declaró que Tellechea había pasado "de gerente exitoso a traición a la patria" (WTOP News, 23 de octubre de 2024).

La purga del liderazgo petrolero se extendió masivamente a los niveles operativos de PDVSA durante agosto y septiembre de 2024. Más de 100 empleados de la sede central de PDVSA en Caracas, junto con más de 30 trabajadores de la División Oriental y 8 empleados del Ministerio de Petróleo, fueron obligados a renunciar por razones políticas tras el fraude electoral del 28 de julio (Reuters, 21 de agosto de 2024; Infobae, 21 de agosto de 2024; Voz de América, 21 de agosto de 2024).

El mecanismo empleado documentó la instrumentalización del aparato administrativo para ejecutar la represión política: los ejecutivos de PDVSA ordenaron la asistencia obligatoria a manifestaciones de apoyo a Maduro tras el fraude electoral, supervisaron sistemáticamente las cuentas de redes sociales de los empleados capturando pantallas de publicaciones consideradas críticas al régimen, y convocaron a los trabajadores identificados a las oficinas de Recursos Humanos donde se les presentaba una carta de renuncia que debían firmar bajo amenaza implícita de consecuencias más graves si se negaban (Reuters, 21 de agosto de 2024; Infobae, 21 de agosto de 2024).

Los testimonios de empleados despedidos documentaron la arbitrariedad absoluta de los criterios empleados: "Te llaman a recursos humanos, te sientan y te dan una carta de renuncia que tienes que firmar. Argumentan por las cosas más pequeñas, un estado en las redes sociales, un mensaje en tu perfil, una cita en contra del gobierno" (Infobae, 21 de agosto de 2024). José Bodas, secretario general de la Federación Unitaria de Trabajadores Petroleros de Venezuela, caracterizó estos despidos como "una represalia política contra numerosos trabajadores que en el más reciente proceso electoral se han mostrado en contra de Maduro" (Infobae, 21 de agosto de 2024).

La extensión de las purgas políticas abarcó múltiples instituciones estatales más allá de PDVSA, incluyendo despidos en Corpoelec, Pequiven, Metro de Caracas, VTV donde entre 40 y 100 trabajadores fueron despedidos tras revisar sus estados de WhatsApp, Radio Nacional de Venezuela, y diversos ministerios (Correo del Caroní, 12 de septiembre de 2024; Tal Cual Digital, 12 de septiembre de 2024). El Partido Comunista de Venezuela denunció oficialmente los "despidos ilegales" y "renuncias forzosas" en PDVSA, Corpoelec, el sector salud, la educación, las gobernaciones y las alcaldías, documentando que la represión política mediante purgas laborales alcanzó dimensiones sin precedentes (Reuters, 21 de agosto de 2024). El diario Tal Cual caracterizó estas purgas como prácticas que recordaban los despidos masivos de 2002-2003 cuando más de 18.000 trabajadores de PDVSA fueron removidos tras el paro petrolero durante el gobierno de Hugo Chávez (Tal Cual Digital, 12 de septiembre de 2024).

La centralización extrema del poder decisorio en PDVSA bajo González López garantiza que ninguna decisión institucional importante pueda tomarse sin el control directo de la cúpula autoritaria militar. La eliminación de cualquier espacio de autonomía técnica o profesional convierte a PDVSA en el instrumento directo del aparato de inteligencia y represión del régimen, donde los criterios de eficiencia operacional, sostenibilidad técnica o servicio público resultan completamente subordinados a los imperativos de control político, lealtad personal y extracción de recursos para sostener las redes clientelares del autoritarismo.

La validación empírica del modelo de gestión burocrático-populista en su manifestación radicalizada bajo autocracia es perfecta: la politización radical de las funciones técnicas no constituye incompetencia o corrupción residual, sino la estrategia deliberada para eliminar los focos de autonomía profesional que pudieran amenazar el control absoluto de las élites político-militares sobre las instituciones extractivas fundamentales.

Clientelismo extractivo y opacidad institucionalizada: la captura masiva de rentas petroleras y mineras

El clientelismo extractivo alcanza su expresión más acabada en la captura masiva de las rentas petroleras mediante el esquema PDVSA-Crypto operado durante 2017-2023. La investigación exhaustiva de Transparencia Venezuela (26 de junio de 2023, 31 de octubre de 2025) documenta que la red de corrupción dirigida por el entonces ministro de Petróleo y vicepresidente Tareck El Aissami capturó al menos USD 16.950 millones mediante las operaciones con criptomonedas, particularmente Tether (USDT), que permitían blanquear los ingresos petroleros fuera del sistema bancario tradicional sometido a las sanciones internacionales.

El sistema operaba mediante la creación de un ecosistema opaco de cuentas digitales que facilitaban las transferencias directas desde las cuentas de PDVSA hacia las billeteras digitales controladas por las élites políticas y sus operadores financieros, utilizando las plataformas offshore que permitían el blanqueo de recursos y la participación de las redes financieras internacionales que conectaban el autoritarismo venezolano con las estructuras similares en otros países.

El caso de Javier Alvarado Ochoa, operador financiero de PDVSA-Crypto sancionado por el Departamento del Tesoro de Estados Unidos en enero de 2024 junto con 13 empresas bajo su control (U.S. Department of the Treasury, 17 de enero de 2024), ilustra cómo las élites extractivas venezolanas operaban mediante las complejas estructuras corporativas internacionales que les permitían capturar los recursos petroleros y trasladarlos fuera del país para su protección y disfrute. Alvarado Ochoa había establecido una red de empresas pantalla en múltiples jurisdicciones que facilitaban el procesamiento de las transacciones en criptomonedas, la conversión del petróleo venezolano en activos digitales, y la posterior transferencia de estos recursos hacia las cuentas bancarias internacionales controladas por los testaferros de las élites políticas.

La detención de El Aissami en abril de 2024 no representó el desmantelamiento del sistema de captura de rentas, sino la reconfiguración de las élites beneficiarias. Transparencia Venezuela (31 de octubre de 2025) documentó que el esquema PDVSA-Crypto continuó operando bajo otras denominaciones durante 2024-2025, incluyendo las plataformas Kontigo y Crixto, que permitían las transacciones sin identificación de hasta USD 100.000 mensuales y facilitaban el arbitraje cambiario con los diferenciales de hasta 50 % entre la tasa oficial y las tasas del mercado paralelo.

La sustitución de un operador extractivo por otro, manteniendo intactas las estructuras institucionales que facilitan la opacidad y la captura de recursos, valida la tesis de Acemoglu y Robinson (2012) sobre el círculo vicioso de las instituciones extractivas donde las élites que controlan las instituciones extractivas tienen los incentivos poderosos para mantener y reforzar exactamente aquellas características institucionales que les permiten capturar las rentas.

Redes transnacionales de clientelismo extractivo: el caso de Delcy Rodríguez

La intensificación del clientelismo extractivo durante 2024-2025 bajo la gestión de Delcy Rodríguez como ministra de Petróleo proporciona evidencia adicional devastadora sobre cómo el modelo burocrático-populista radicalizado opera mediante redes político-empresariales transnacionales que conectan a las élites autoritarias venezolanas con actores regionales afines. La captura de Maduro el 3 de enero de 2026 encumbró a Delcy Rodríguez en lo más alto del poder en las filas chavistas y en la estructura estatal, revelando el rol estratégico que la gestión petrolera bajo su dirección había cumplido para mantener la interlocución con Estados Unidos durante el período crítico post-fraude electoral (Armando.info, 11 de enero de 2026).

Durante su dirección del negocio petrolero, Rodríguez impulsó en 2024 la figura de los Contratos de Participación Productiva (CPP), una modalidad que bajo el amparo de la secretista Ley Antibloqueo de octubre de 2020 buscaba captar inversionistas para la explotación y producción petrolera ofreciendo al socio privado más ventajas que las anteriores empresas mixtas implementadas bajo la Ley de Hidrocarburos de 2006 donde el socio particular contaba con una participación máxima del 49 % del negocio (Armando.info, 11 de enero de 2026).

Este cambio en el marco legal para la participación de capitales privados buscaba atraer nuevos actores que reemplazaran a las grandes petroleras internacionales impedidas de participar por las sanciones, pero, en efecto, atrajo principalmente a "amigos del régimen" y de la propia Delcy Rodríguez, dando lugar a un ecosistema diseñado para sortear sanciones y sostener flujos financieros en un contexto de colapso institucional que dejó de ser técnico para convertirse en un entramado político-financiero que incluye intermediarios temporales, empresas de corta duración, transferencias de crudo en alta mar, rutas trianguladas y pagos en criptomonedas principalmente USDT, un mecanismo que sigue activo en 2025, según documentó Transparencia Venezuela en el Exilio en diciembre de 2025 (Armando.info, 11 de enero de 2026).

Uno de los casos paradigmáticos de esta modalidad extractiva es el otorgamiento de un CPP a Territorio Trading Group, empresa registrada en España en septiembre de 2024 y dirigida como administrador único por Manuel Antonio Robalino Orellana, un empresario ecuatoriano de 45 años (Armando.info, 11 de enero de 2026). El contrato firmado en 2025 otorgaba a Territorio Trading Group la explotación del campo Melones en la Faja Petrolífera del Orinoco, con una extensión de casi 700 kilómetros cuadrados, producción actual de 8.000 barriles diarios y reservas probadas de 300 millones de barriles, lo que lo convierte en un yacimiento atractivo para cualquier petrolera (Armando.info, 11 de enero de 2026).

La red de conexiones político-empresariales que rodea este contrato valida perfectamente los hallazgos teóricos de esta investigación sobre el clientelismo extractivo como rasgo radicalizado del modelo burocrático-populista bajo autocracia. Robalino Orellana tiene relación empresarial, tanto en España como en Ecuador, con Héctor Eduardo Egüez Álava, hombre de confianza y mano derecha de Ricardo Patiño Aroca cuando este se desempeñó como ministro de Economía y Finanzas, Coordinador de Política, de Relaciones Exteriores y de Defensa en el mandato de Rafael Correa (Armando.info, 11 de enero de 2026).

Robalino y Egüez compartieron sociedad en Orbit Global Trading Corp (Orbitralcorp), registrada en Ecuador el 26 de enero de 2018 y disuelta en 2025, que reportó relaciones comerciales con la Corporación Venezolana de Comercio Exterior (CORPOVEX), holding estatal creado por Maduro para centralizar las importaciones públicas de Venezuela, despachando al régimen venezolano aceite crudo de palma (Armando.info, 11 de enero de 2026).

La conexión más significativa para comprender la dimensión transnacional del clientelismo extractivo es que desde 2018 Delcy Rodríguez cuenta entre sus asesores con dos exministros de Economía y Finanzas de Rafael Correa: Patricio Rivera y Fausto Herrera (Armando.info, 11 de enero de 2026). El expresidente ecuatoriano Rafael Correa admitió en una entrevista publicada en agosto de 2024 por el diario digital El Español que tenía "un equipo que estaba permanentemente allá", que hacía "un trabajo extraordinario", y que no se sabía "lo que era sobrevivir con ese bloqueo al petróleo", dado que en Venezuela "todo era petróleo" (Armando.info, 11 de enero de 2026).

Fuentes de la industria petrolera venezolana indican que los asesores ecuatorianos han resultado cruciales en la conducción de la materia petrolera en los últimos años, incluyendo la concepción y diseño de los CPP, y que han dispuesto de oficinas para despachar desde la propia PDVSA (Armando.info, 11 de enero de 2026).

Esta evidencia documenta la radicalización del clientelismo bajo el modelo burocrático-populista en autocracia: ya no se trata simplemente del reclutamiento partidista de personal técnico identificado por Ochoa et al. (1996) en contextos democráticos, sino de la captura completa de las instituciones extractivas mediante redes transnacionales donde los asesores extranjeros con vínculos político-ideológicos afines al régimen diseñan los mecanismos contractuales que permiten otorgar campos petroleros estratégicos a empresarios sin experiencia sectorial pero con conexiones políticas documentadas con exfuncionarios del correísmo ecuatoriano.

La politización radical se articula con el clientelismo extractivo y la opacidad institucionalizada para crear un sistema donde las decisiones sobre la asignación de recursos extractivos valorados en cientos de millones de dólares responden exclusivamente a criterios de lealtad política y pertenencia a redes transnacionales de élites autoritarias, antes que a cualquier consideración de capacidad técnica, experiencia operacional o beneficio nacional.

La funcionalidad de esta red transnacional para el régimen venezolano quedó evidenciada cuando funcionarios estadounidenses identificaron como uno de los factores que habían "impresionado" para decantarse por Delcy Rodríguez como conductora de una transición política precisamente su gestión de la "crucial industria petrolera venezolana", según reveló The New York Times tras la captura de Maduro (Armando.info, 11 de enero de 2026). The Washington Post informó que funcionarios de Chevron, la única empresa estadounidense a la que Washington había permitido operar en Venezuela en medio de las sanciones de Estados Unidos, se reunían mensualmente con Rodríguez y "hablaban positivamente de ella al gobierno estadounidense", indicando que "el modelo de Chevron estaba funcionando", según informaron los representantes de la empresa a los funcionarios estadounidenses, y que Rodríguez estaba "concediendo sus deseos" (Armando.info, 11 de enero de 2026).

Esta dimensión resulta particularmente reveladora: el modelo burocrático-populista radicalizado bajo autocracia demuestra capacidad para generar interlocución funcional con actores internacionales estratégicos mediante la gestión selectiva de la opacidad institucionalizada. Mientras Rodríguez otorgaba contratos opacos a empresarios sin experiencia vinculados con el correísmo ecuatoriano mediante los CPP que operaban bajo la secretista Ley Antibloqueo, simultáneamente mantenía la interlocución mensual con Chevron bajo condiciones que permitían cierta funcionalidad técnica productiva, logrando así que los representantes de la empresa hablaran positivamente de su gestión ante funcionarios estadounidenses.

Esta doble operación —clientelismo extractivo opaco hacia las redes políticas afines y funcionalidad técnica controlada hacia los actores internacionales estratégicos— valida la sofisticación del modelo institucional radicalizado donde la opacidad y la transparencia se administran selectivamente según los imperativos estratégicos del régimen.

El Convenio Chevron-PDVSA: funcionalidad técnica bajo control político

El acuerdo entre PDVSA y Chevron, implementado tras la Licencia General 41 otorgada por Estados Unidos en noviembre de 2022, proporciona la evidencia adicional sobre cómo opera el modelo burocrático-populista cuando requiere mantener cierta funcionalidad técnica para sostener los flujos extractivos. El 26 de noviembre de 2022, el gobierno de Estados Unidos autorizó a Chevron a reanudar las operaciones limitadas de extracción en Venezuela mediante la Licencia General 41, que permitía las actividades relacionadas con las empresas conjuntas de Chevron en Venezuela, pero no autorizaba otras actividades con PDVSA (U.S. Department of the Treasury, 26 de noviembre de 2022).

El 2 de diciembre de 2022, PDVSA y Chevron firmaron los contratos para la continuidad de las operaciones y actividades de producción en las cuatro empresas mixtas: Petropiar y Petroindependencia en la Faja del Orinoco, y Petroboscán y Petroindependiente en el estado Zulia (U.S. Department of the Treasury, 26 de noviembre de 2022).

Las restricciones impuestas por la licencia estadounidense documentan cómo el régimen venezolano aceptó las condiciones que limitaban severamente su capacidad de captura directa de rentas a cambio de mantener cierta operatividad productiva. La licencia prohibía explícitamente que la estatal venezolana PDVSA recibiera las ganancias de las ventas de petróleo por parte de Chevron, impidiendo la distribución de dividendos a PDVSA y prohibiendo el pago de impuestos o regalías al gobierno venezolano. Chevron solo podía exportar petróleo a Estados Unidos, y los ingresos debían utilizarse exclusivamente para recuperar la deuda de PDVSA con Chevron, estimada en USD 3.750 millones (U.S. Department of the Treasury, 26 de noviembre de 2022; El Nacional, 10 de mayo de 2023).

Bajo estas condiciones restrictivas, Chevron logró incrementar gradualmente la producción. En 2023, Chevron produjo un promedio de 102.500 barriles por día, alcanzando 160.000 barriles diarios hacia finales del año. En 2024, la producción de Chevron alcanzó entre 200.000 y 240.000 barriles diarios, lo que constituía aproximadamente el 25 % de la producción petrolera total de Venezuela (El Comercio Perú, 4 de marzo de 2025; Infobae, 24 de julio de 2025). El incremento productivo atribuible a Chevron fue responsable de prácticamente todo el aumento de la producción petrolera venezolana durante 2023-2024, mientras que la producción de PDVSA se mantuvo estancada alrededor de 700.000 barriles diarios sin incremento significativo (El Nacional, 10 de mayo de 2023).

El contexto político transformó radicalmente esta dinámica. Tras el fraude electoral del 28 de julio de 2024, el gobierno de Donald

Trump anunció el 4 de marzo de 2025 la revocación de la licencia a Chevron mediante la Licencia General 41A, otorgando solo un mes, hasta el 3 de abril de 2025, para terminar sus operaciones en Venezuela, en lugar del habitual período de seis meses que suele otorgarse en estos casos (El Comercio Perú, 4 de marzo de 2025). Trump declaró que estaba "revirtiendo las concesiones que el corrupto Joe Biden dio a Nicolás Maduro sobre el acuerdo de transacción petrolera con fecha 26 de noviembre de 2022" (Misión Verdad, 6 de marzo de 2025).

Sin embargo, en julio de 2025, tras un acuerdo bilateral donde Washington y Caracas pactaron la liberación de 10 estadounidenses encarcelados en Venezuela mientras 250 venezolanos fueron repatriados desde El Salvador, Estados Unidos restableció con limitaciones la licencia a Chevron, permitiendo que recuperara una producción que había alcanzado los 240.000 barriles diarios al 27 de mayo de 2025 (Infobae, 24 de julio de 2025). Las nuevas condiciones impuestas por Estados Unidos solo autorizaban los pagos a los contratistas de las empresas mixtas con PDVSA y permitían las importaciones necesarias para asegurar la continuidad operacional, impidiendo el acceso de los fondos petroleros a la administración de Maduro (Infobae, 24 de julio de 2025).

El caso Chevron-PDVSA documenta cómo el modelo de gestión burocrático-populista puede tolerar temporalmente los arreglos institucionales que limitan la captura directa de rentas cuando estos resultan funcionales para mantener los flujos productivos que sostienen otras dimensiones del sistema extractivo. La aceptación de las condiciones donde PDVSA no recibe dividendos, impuestos ni regalías directas demuestra que la prioridad del régimen no es maximizar la captura formal de las rentas petroleras mediante la institución estatal, sino mantener la operatividad suficiente para sostener la producción que permite otros mecanismos opacos de extracción, incluyendo la continuidad de los esquemas tipo PDVSA-Crypto bajo otras denominaciones, el comercio con los países aliados fuera del marco de sanciones, y el mantenimiento de la infraestructura productiva que constituye el activo fundamental de captura de rentas futuras.

El Arco Minero del Orinoco: militarización y captura masiva de rentas

El Arco Minero del Orinoco proporciona la evidencia complementaria devastadora de cómo opera el clientelismo extractivo en su dimensión territorial y militarizada. El decreto presidencial número 2.248 del 24 de febrero de 2016 creó la Zona de Desarrollo Estratégico Nacional Arco Minero del Orinoco, abarcando 111.843,70 kilómetros cuadrados en los estados Bolívar, Delta Amacuro y Amazonas (Efecto Cocuyo, 27 de julio de 2023), constituyendo el 12,2 % del territorio nacional convertido en zona de explotación minera bajo control militar directo.

La militarización estructural del Arco Minero se formalizó mediante la creación de la Compañía Anónima Militar de Industrias Mineras, Petrolíferas y de Gas (CAMIMPEG) el 10 de febrero de 2016, empresa adscrita al Ministerio del Poder Popular para la Defensa que recibió la autoridad exclusiva para efectuar todas las actividades de servicios petroleros, de gas y explotación minera por un período de cincuenta años, en asociación con las empresas nacionales y extranjeras, "sin limitación alguna" según los estatutos (Correo del Caroní, 16 de febrero de 2022; Revista SIC, 6 de febrero de 2024).

La creación de CAMIMPEG trasladó a las Fuerzas Armadas Nacionales Bolivarianas las competencias que históricamente habían correspondido a PDVSA y al Ministerio de Petróleo y Minas, estableciendo un régimen de control militar absoluto sobre los recursos extractivos del AMO sin ningún mecanismo efectivo de supervisión civil o rendición de cuentas. La organización Control Ciudadano documentó que después de seis años de operaciones, el país seguía sin conocer el manejo y alcance de las operaciones de CAMIMPEG, a pesar de que la Junta Directiva había prometido informar a los ciudadanos sobre la utilización de los bienes y el gasto de los recursos que integran el patrimonio de la empresa (Correo del Caroní, 16 de febrero de 2022).

La opacidad absoluta sobre las operaciones de CAMIMPEG se intensificó mediante una sentencia del Tribunal Supremo de Justicia en diciembre de 2020 que estableció que las empresas militares del Ministerio para la Defensa pasaron a ser objeto de control fiscal exclusivamente por parte de la Contraloría General de la FANB, retirando la atribución que hasta entonces correspondía a la CGR (Revista SIC, 6 de febrero de 2024).

La estructura de captura de recursos del Arco Minero opera mediante las empresas mixtas que combinan formalmente la titularidad estatal con la captura privada de rentas por parte de las redes político-militares. Múltiples investigaciones periodísticas documentaron que Nicolás Ernesto Maduro Guerra, hijo del presidente Nicolás Maduro conocido como "Nicolasito", constituye uno de los operadores más importantes del entramado extractivo del AMO (La Gran Aldea, 14 de agosto de 2020; Cuentas Claras Digital, 17 de agosto de 2020; El Español, 30 de junio de 2020). El diputado Américo de Grazia denunció su control del negocio del coltán en el Arco Minero, señalamiento que la prensa reflejó al apodarlo "el Zar del Coltán" (Panampost, 6 de julio de 2020).

Una de las empresas de la alianza de Maduro Guerra que operó en el estado Bolívar fue la Empresa Mixta Minera Ecosocialista Parguaza (EMMEPSA), surgida tras el decreto minero de 2016, conformada con 55 % de la Corporación Venezolana de Minería y 45 % de la Corporación FAOZ del abogado Félix Ángel Oliveros Alcalá. Cuando Oliveros enfrentó una demanda por estafa, la empresa pasó en 2018 a manos de Santiago Morón, quien actuaba como asistente de "Nicolasito" (La Gran Aldea, 14 de agosto de 2020; Diario Versión Final, 12 de mayo de 2024).

La captura de las rentas del Arco Minero alcanza las dimensiones masivas. La investigación de Transparencia Venezuela (8 de abril de 2025) documenta que en 2023 la extracción de oro generó entre USD 2.170 y 5.667 millones que quedaron en manos de las élites políticas y sus aliados mediante las estructuras empresariales militares y civiles que operan sin ninguna rendición de cuentas. Transparencia Venezuela (6 de septiembre de 2023) estimó que durante 2023 la mayor parte de la renta generada por la producción de oro (66 %) fue captada por las organizaciones criminales en alianzas estratégicas con las estructuras militares; solo un 8 % ingresó formalmente a las cuentas nacionales por pago de regalías; un 5 % recibió el Banco Central de Venezuela por autorizar las exportaciones dada su limitada capacidad de compra; y un 20 % se quedó en manos de las organizaciones criminales que estaban siendo limitadas por los operativos militares.

La opacidad institucionalizada del Arco Minero se intensifica mediante la coexistencia funcional entre las estructuras militares formales y los grupos irregulares armados que también controlan los territorios mineros. Los reportes de InSight Crime (2023) documentaron la presencia del Ejército de Liberación Nacional (ELN), las disidencias de las Fuerzas Armadas Revolucionarias de Colombia (FARC), y el Tren de Aragua operando en el Arco Minero, no como fuerzas que disputan el control territorial con el Estado, sino como actores funcionales al sistema extractivo que pagan cuotas de protección a los oficiales militares a cambio de permisos informales de operación.

La dimensión del sistema extractivo ilegal fue documentada de manera magistral por la serie investigativa "Corredor Furtivo" de Armando.info en colaboración con El País, el Pulitzer Center y Earthrise Media de Noruega (enero de 2022), que mediante inteligencia artificial e imágenes satelitales identificó 3.718 puntos de minería ilegal, 42 pistas clandestinas, y una deforestación equivalente a 40.000 campos de fútbol donde operaban el ELN y disidencias de las FARC (Armando.info, 30 de enero de 2022). Esta investigación recibió el Global Shining Light Award en 2023, reconociendo la importancia de exponer las estructuras criminales enquistadas en el territorio. Posteriormente, la serie "Los Señores del Oro" (marzo de 2023) documentó las estructuras financieras informales que sostienen el comercio ilegal del oro, siendo reconocida como finalista de los Premios Sigma 2024 (Armando.info, marzo de 2023).

Los desarrollos durante 2024-2025 confirmaron la intensificación sistemática de este modelo extractivo. La investigación "Alibaba y la banda veneca que traficaba oro de Brasil a Venezuela" (agosto de 2025) realizada por Armando.info en colaboración con Mongabay Latam documentó cómo Alibaba Gold Center operó una red criminal que contrabandeó USD 800 millones en oro entre 2023 y 2024 (Armando.info, 10 de agosto de 2025). Las operaciones FlyGold I y II ejecutadas por la Policía Federal de Brasil en diciembre de 2024 desarticularon parcialmente esta red, identificando al menos 12 venezolanos integrantes de la estructura criminal.

La impunidad absoluta del sistema quedó evidenciada cuando Armando.info documentó que Alibaba Gold Center continuaba operando abiertamente en Upata, estado Bolívar, durante 2025 mientras los prófugos exhibían sin rubor sus paraderos en Venezuela mediante sus cuentas de Instagram, sin que las autoridades del régimen de Maduro iniciaran investigación alguna (Armando.info, 10 de agosto de 2025). Esta inacción deliberada valida que el Estado no constituye un actor que ha perdido el control sobre el territorio minero, sino un participante activo en la red extractiva que garantiza mediante su inacción sistemática la continuidad de los flujos ilegales de los cuales las élites militares capturan rentas masivas.

La investigación "Una ruta del contrabando de oro venezolano quedó retratada en Islas Caimán" (junio de 2025) documentó con evidencias judiciales cómo operan las redes internacionales de blanqueo. La avioneta YV2317 transportaba USD 4 millones en oro junto con USD 135.000 escondidos en los paneles del avión (Armando.info, 1 de junio de 2025). La investigación reveló que Venezuela exporta anualmente 75 toneladas de oro según la Organización para la Cooperación y el Desarrollo Económicos (OCDE), pero solo el 20 % transita por rutas lícitas mientras el 80 % permanece en manos de mafias opacas. El reporte identificó cómo 5 países y 8 empresas participan activamente en el blanqueo del oro de sangre venezolano, incluyendo la participación de Marco Flores, individuo vinculado con grupos guerrilleros que opera en el AMO (Armando.info, 1 de junio de 2025).

Esta simbiosis entre el Estado militarizado y las redes criminales para la extracción de recursos constituye la expresión paradigmática de las instituciones extractivas donde las estructuras formales y las informales se articulan para maximizar la captura de rentas fuera de todo marco de rendición de cuentas.

El decreto presidencial número 4.588 de diciembre de 2023, que otorga la inmunidad civil, penal y administrativa a los efectivos militares que participan en las operaciones relacionadas con el Arco Minero del Orinoco (Transparencia Venezuela, 2024), institucionaliza legalmente esta impunidad, convirtiendo la protección jurídica de los extractores de renta en la norma formal del ordenamiento legal. La Misión de Determinación de los Hechos de las Naciones Unidas (21 de septiembre de 2022) documentó que, entre las 17 empresas y compañías mixtas de propiedad militar en la industria minera, CAMIMPEG constituye la principal. El informe concluyó que las supuestas empresas privadas que operan en el AMO son controladas por los miembros de la élite política y militar venezolana con redes empresariales fuera de Venezuela, en su mayoría representadas por testaferros.

El Arco Minero del Orinoco replica, en su dimensión territorial y militarizada, los rasgos del modelo de gestión burocrático-populista que documenté en PDVSA, llevados aquí a su forma más radicalizada. La creación de nuevas instituciones —la Zona de Desarrollo Estratégico Nacional, establecida mediante el decreto número 2.248 de 2016, y la Compañía Anónima Militar de Industrias Mineras, Petrolíferas y de Gas (CAMIMPEG)— reprodujo el primer rasgo, al multiplicar los entes administrativos para concentrar el control de la renta minera. La centralización de las decisiones estratégicas se manifestó en el traslado a las Fuerzas Armadas de las competencias que correspondían a PDVSA y al Ministerio de Petróleo, lo que configuró un régimen de control militar sin supervisión civil.

Los principales actores de la gestión no fueron cuadros técnicos, sino militares y empresarios vinculados a las redes del poder —entre ellos Nicolás Maduro Guerra y los socios de las empresas mixtas como EMMEPSA—, designados por criterios de lealtad y no de idoneidad, en consonancia con la politización del personal y la subordinación de la racionalidad técnica a la racionalidad política. La opacidad institucionalizada alcanzó su expresión más acabada con la sentencia del Tribunal Supremo de Justicia de diciembre de 2020, que sustrajo a las empresas militares del control de la CGR y lo confió a la Contraloría de la propia Fuerza Armada, con lo que eliminó todo control externo y toda rendición de cuentas.

El resultado fue la captura masiva de la renta aurífera —entre 2.170 y 5.667 millones de dólares solo en 2023, según Transparencia Venezuela— por parte de las élites político-militares. El Arco Minero confirma así que el Estilo Rentista no se agota en PDVSA: la gestión burocrático-populista se reproduce dondequiera que exista una renta extractiva susceptible de ser capturada, y transforma cada nueva institución en un instrumento de apropiación discrecional al servicio de la supervivencia autoritaria.

Consecuencias humanas y ambientales del extractivismo autoritario durante 2024-2025

El impacto devastador del modelo extractivo autoritario sobre las poblaciones y los ecosistemas afectados durante 2024-2025 documenta las consecuencias inevitables de las instituciones que operan sin ningún límite legal, técnico o ético. En enero de 2025, SOS Orinoco documentó que al menos 140.000 hectáreas de bosque se han perdido en la Amazonía venezolana debido a las actividades extractivas en el Arco Minero del Orinoco, una situación que afecta no solo los ecosistemas sino también a los pueblos indígenas de la zona (El Nacional, 15 de enero de 2025).

La representante de SOS Orinoco, Cristina Burelli, explicó que las actividades mineras y la deforestación "atentan contra las cuencas de los ríos y ponen en riesgo las reservas hidrográficas", mientras las autoridades no actúan para evitar "la penetración y acción de los grupos irregulares que realizan prácticas mineras que ponen en riesgo la biodiversidad" (El Nacional, 15 de enero de 2025).

El estudio de SOS Orinoco (2 de diciembre de 2024) que analiza la cobertura de la Amazonía venezolana entre 2000 y 2024 encontró una reducción de 820.000 hectáreas de bosque desde el año 2000, con una aceleración de la deforestación durante 2024 (SOS Orinoco, 2 de diciembre de 2024). Venezuela es el único país amazónico con tasa de deforestación de crecimiento exponencial, según los datos de Global Forest Watch (15 de julio de 2024).

El Observatorio Socioambiental del Sur de Venezuela documentó en su sexto informe (enero-abril de 2025) un diagnóstico exhaustivo de la crisis en la región del Escudo Guayanés, donde se entrelazan "la devastación ambiental provocada por la minería ilegal, la vulneración sistemática de los derechos humanos y el colapso del Estado de Derecho" (SOS Orinoco, 1 de mayo de 2025). Durante 2024, los incendios de vegetación en la Amazonía venezolana aumentaron drásticamente, con datos satelitales revelando niveles sin precedentes (SOS Orinoco, 2 de diciembre de 2024).

El pueblo pemón en el estado Bolívar y el pueblo yanomami en el estado Amazonas son las comunidades que más sufren el desplazamiento, la malaria y la muerte por la violencia minera, según SOS Orinoco (El Nacional, 15 de enero de 2025). Provea documentó en junio de 2025 que la contaminación por mercurio utilizado en la minería ilegal de oro ha envenenado las fuentes de agua y los peces, base de la alimentación de muchas comunidades, generando graves problemas de salud que afectan especialmente a los niños y a los ancianos (Provea, 6 de junio de 2025). La deforestación y la degradación del suelo han reducido las áreas disponibles para la caza, la pesca y la agricultura, actividades fundamentales para la subsistencia de la población indígena (Provea, 6 de junio de 2025).

Uno de los aspectos más preocupantes documentados por Provea (6 de junio de 2025) es la falta de la consulta previa, libre e informada a las comunidades indígenas, tal como lo establecen el Convenio 169 de la Organización Internacional del Trabajo (OIT) y la Constitución venezolana. Este derecho es fundamental para garantizar que los pueblos indígenas puedan participar en las decisiones que afectan sus territorios y recursos. El informe enfatiza que el Arco Minero del Orinoco es "un ejemplo claro de cómo un modelo extractivista y depredador puede destruir las vidas, las culturas y los ecosistemas" (Provea, 6 de junio de 2025).

La Misión de Determinación de los Hechos de las Naciones Unidas (21 de septiembre de 2022) contabilizó 155 posibles incidentes de violaciones de derechos humanos en el Arco Minero, destacando como principal limitante no solo la opacidad del Estado sino también el miedo que impone el "pranato minero" o los llamados "sindicatos", con amenazas y represalias tanto para los testigos o las víctimas como para la cobertura periodística. El informe enfatizó que este temor se ve agravado por la impunidad generalizada y la falta de respuesta de las autoridades venezolanas ante las denuncias de violaciones de derechos humanos o delitos. El informe documentó el enriquecimiento ilícito de los altos funcionarios militares y gubernamentales mediante la explotación del Arco Minero, describiendo la colaboración del Estado en la dotación de armas y la connivencia con las organizaciones criminales.

La devastación ambiental resulta igualmente masiva. La forma de explotación aurífera que el gobierno promovió mediante la "pequeña minería" o "artesanal" implica el uso de materiales como el mercurio o el cianuro sin mecanismos de control ambiental, y la intervención directa de la capa vegetal de la superficie de los bosques y de los ríos de la región (La Gran Aldea, 14 de agosto de 2020). El proceso de extracción de oro es destructivo: despoja de árboles y de la capa superficial del suelo, provocando la erosión. El mercurio, una sustancia química tóxica que se utiliza para amalgamar las partículas de oro, puede ser transportado por kilómetros por los ríos y acumularse en los cuerpos de los peces y otros organismos. El río Orinoco desemboca en el Atlántico, donde la contaminación puede afectar la pesca en las naciones del Caribe (Global Forest Watch, 15 de julio de 2024).

Esta devastación humana y ambiental no representa efectos colaterales no deseados de la actividad extractiva, sino las consecuencias inherentes al diseño institucional donde la maximización de la captura de rentas por las élites militares y políticas opera sin ningún límite legal, técnico o ético. El decreto presidencial número 4.588 de diciembre de 2023 que otorga la inmunidad civil, penal y administrativa a los efectivos militares que participan en las operaciones relacionadas con el Arco Minero del Orinoco (Transparencia Venezuela, 2024) institucionaliza legalmente esta impunidad, garantizando que las consecuencias humanas y ambientales del extractivismo autoritario continuarán agravándose mientras persista el modelo burocrático-populista como matriz institucional del régimen.

SÍNTESIS TEÓRICA Y VALIDACIÓN EMPÍRICA DEL MODELO

La evidencia empírica de 2024-2025 sobre PDVSA y el Arco Minero del Orinoco valida el argumento teórico central de esta investigación: el modelo de gestión burocrático-populista identificado originalmente por Ochoa et al. (1996) para analizar la administración pública venezolana durante el período democrático, y desarrollado posteriormente por Ochoa y Fuenmayor (2006) durante los primeros años del chavismo, no constituye simplemente un patrón histórico de gestión administrativa disfuncional, sino que se ha transformado bajo el autoritarismo consolidado de Maduro en la matriz institucional deliberadamente mantenida para sostener el autoritarismo extractivo contemporáneo.

Este libro demuestra empíricamente la metamorfosis del modelo: los rasgos que en contextos democráticos se manifestaban como ineficiencia administrativa, bajo el autoritarismo consolidado se radicalizan transformándose en diseño extractivo deliberado. La evidencia documenta cómo cada uno de los rasgos del modelo opera ahora como mecanismo institucional mediante el cual las élites político-militares capturan los recursos, eliminan los focos de autonomía profesional que pudieran amenazar su control, y construyen las redes clientelares de lealtad que sostienen el régimen autoritario.

La centralización extrema del poder decisorio, validada empíricamente por el nombramiento de González López como presidente de PDVSA y la militarización completa del Arco Minero mediante CAMIMPEG, garantiza que ninguna decisión institucional importante pueda tomarse sin el control directo de la cúpula autoritaria. La politización radical de las funciones técnicas, demostrada por la detención de Tellechea en el momento de máximo desempeño y por las purgas masivas poselectorales de más de 130 trabajadores petroleros, elimina cualquier espacio de autonomía profesional que pudiera generar focos de poder independiente dentro de las instituciones extractivas.

El clientelismo extractivo, documentado por los USD 16.950 millones de PDVSA-Crypto, los USD 2.170-5.667 millones anuales del oro del Arco Minero capturados por las élites, y el otorgamiento de CPP a empresarios sin experiencia sectorial pero con conexiones políticas con exfuncionarios del correísmo ecuatoriano mediante redes transnacionales de asesores que operan desde oficinas dentro de PDVSA, constituye el mecanismo central mediante el cual las instituciones económicas son reconvertidas en instrumentos de enriquecimiento privado de las redes políticas y militares del régimen.

La opacidad institucionalizada, ejemplificada por la estructura de CAMIMPEG que opera sin rendición de cuentas, la simbiosis funcional con los grupos armados irregulares, y el ecosistema diseñado para sortear sanciones mediante intermediarios temporales, empresas de corta duración, transferencias de crudo en alta mar, rutas trianguladas y pagos en criptomonedas bajo la secretista Ley Antibloqueo, garantiza que los flujos extractivos permanezcan completamente invisibles para cualquier forma de escrutinio público o fiscalización institucional.

La eliminación de la evaluación técnica, validada por el ciclo de cinco expresidentes de PDVSA procesados penalmente y el nombramiento de un exdirector del SEBIN sin experiencia petrolera como presidente de la corporación, asegura que las consideraciones de eficiencia, competencia profesional o resultados operacionales resulten completamente irrelevantes frente a los imperativos de lealtad política. La instrumentalización ideológica, sintetizada en la transformación discursiva de Tellechea "de gerente exitoso a traición a la patria", proporciona la justificación política para cualquier decisión institucional, permitiendo que las purgas, las capturas de renta y las violaciones de derechos humanos sean presentadas como medidas necesarias para defender la soberanía nacional.

Articulación con las teorías sobre instituciones extractivas y rentismo petrolero

La integración del modelo de gestión burocrático-populista con las teorías sobre las instituciones extractivas de Acemoglu y Robinson (2012) enriquece la comprensión teórica del caso venezolano. Las élites militares y políticas que capturan miles de millones de dólares mediante PDVSA-Crypto, el Arco Minero y los CPP tienen incentivos poderosos para mantener exactamente la opacidad, la politización y la eliminación de los controles técnicos que caracterizan al modelo, porque cualquier movimiento hacia la transparencia, la meritocracia o la rendición de cuentas amenazaría directamente sus flujos extractivos. La teoría del círculo vicioso de las instituciones extractivas explica por qué el régimen venezolano ha acentuado sistemáticamente los rasgos del modelo de gestión burocrático-populista en lugar de intentar reformarlos hacia estructuras más eficientes o inclusivas.

Las teorías sobre el rentismo petrolero de Coronil (1997), Ross (2001, 2012) y Guede Olier (2015) complementan este marco explicando cómo la naturaleza de los ingresos petroleros como rentas externas facilita la construcción de Estados autoritarios con débil accountability. La evidencia empírica de 2024-2025 valida estas teorías mostrando cómo incluso en el contexto del colapso productivo donde la renta petrolera se ha reducido drásticamente, las élites autoritarias mantienen el control extractivo sobre las instituciones petroleras y mineras precisamente porque estos son los últimos espacios de generación de recursos que quedan disponibles para el sostenimiento del régimen.

La articulación con el marco de Anne Applebaum (2024) sobre Autocracy, Inc. añade la dimensión transnacional del autoritarismo extractivo contemporáneo. PDVSA-Crypto representa la expresión paradigmática del uso de criptomonedas para evadir el sistema bancario tradicional sometido a sanciones, operaciones mediante plataformas offshore que permiten el blanqueo de recursos, y la participación de redes financieras que conectan el autoritarismo venezolano con estructuras similares en otros países.

La cooperación entre el régimen venezolano y actores estatales como Rusia, China, Irán y Turquía en el sector petrolero y minero, complementada por las redes político-empresariales transnacionales que conectan a las élites chavistas con exfuncionarios del correísmo ecuatoriano mediante asesores que diseñan mecanismos contractuales desde oficinas dentro de PDVSA, ejemplifica la dimensión de Autocracy, Inc. donde los regímenes autoritarios se apoyan mutuamente para evadir las sanciones internacionales y mantener los flujos extractivos que sostienen sus respectivas estructuras de poder.

Conviene precisar el aporte específico de Applebaum (2024) en este punto. Su análisis de la cleptocracia —que condensa en la imagen de un tumor maligno que hace metástasis— sitúa a Venezuela como uno de sus casos centrales: muestra cómo, bajo las sanciones internacionales, el régimen de Maduro ha sobrevivido apoyándose en las economías ilícitas y en las alianzas con Rusia, China, Irán, Turquía y Cuba que he documentado en este epílogo. Su lectura corrobora, desde el periodismo de investigación, la tesis central de esta obra: la captura extractiva de las instituciones no constituye un efecto colateral del autoritarismo venezolano, sino el mecanismo mismo de su supervivencia.

Del colapso económico a la persistencia autoritaria: más allá del modelo de Dornbusch-Edwards

La evidencia de PDVSA y el Arco Minero durante 2024-2025 demuestra las limitaciones de cualquier narrativa optimista sobre posibles reformas institucionales desde dentro del régimen o transiciones democráticas derivadas del colapso económico. Los casos de Tellechea y de los más de 130 trabajadores petroleros purgados tras el fraude electoral demuestran que la competencia técnica y el desempeño profesional no solamente no son valorados, sino que representan amenazas potenciales para las élites que priorizan absolutamente la lealtad política. La secuencia de cinco expresidentes de PDVSA procesados penalmente valida que ningún nivel de logro técnico o alineamiento previo con el régimen protege contra las purgas cuando los equilibrios de poder dentro de las élites se modifican o cuando la consolidación autoritaria requiere intensificar el control sobre las instituciones extractivas.

El análisis cuantitativo de los flujos extractivos documentados durante 2024-2025 proporciona la clave para comprender la persistencia del autoritarismo venezolano más allá de los límites teóricos postulados por los modelos clásicos sobre los ciclos populistas. Las élites político-militares que controlan las instituciones extractivas capturan anualmente recursos masivos mediante dos mecanismos principales: el esquema PDVSA-Crypto que extrajo USD 16.950 millones entre 2017 y 2023, equivalente a un promedio de USD 2.825 millones anuales; y la explotación del oro del Arco Minero que genera entre USD 2.170 y 5.667 millones anuales capturados directamente por las élites militares y políticas mediante estructuras empresariales que operan sin rendición de cuentas (Transparencia Venezuela, 26 de junio de 2023; Transparencia Venezuela, 31 de octubre de 2025; Transparencia Venezuela, 8 de abril de 2025).

Considerando estimaciones conservadoras del rango medio de ambos flujos, las élites autoritarias disponen de aproximadamente USD 4.000-6.000 millones anuales capturados mediante mecanismos opacos fuera de los presupuestos formales del Estado.

Esta magnitud de recursos extractivos resulta absolutamente funcional para financiar los tres pilares fundamentales del autoritarismo consolidado. Primero, el aparato represivo documentado en el Epílogo 1, donde tras el fraude electoral del 28 de julio de 2024 el régimen ejecutó la detención de más de 2.400 personas, incluyendo 893 presos políticos al 8 de diciembre de 2025 según Foro Penal, requiere financiamiento constante para las estructuras de inteligencia, las fuerzas especiales de acción policial, el sistema penitenciario ampliado, y los mecanismos de vigilancia tecnológica implementados mediante sistemas chinos como ZTE (Foro Penal, 8 de diciembre de 2025; Human Rights Watch, 30 de abril de 2025; Reuters, 14 de noviembre de 2018).

El mantenimiento de este aparato represivo, considerando los salarios preferenciales para el personal de seguridad, el equipamiento especializado y la operatividad continua de los centros de detención, puede estimarse conservadoramente en aproximadamente USD 500-800 millones anuales basándose en el análisis de los recursos totales capturados y su distribución funcional para sostener el autoritarismo.

Segundo, las redes clientelares militares que constituyen el núcleo del poder autoritario. La estructura de mando militar venezolana comprende aproximadamente 120.000-150.000 efectivos de la Fuerza Armada Nacional Bolivariana, más las milicias y los cuerpos de seguridad especializados. La diferenciación salarial que garantiza la lealtad mediante pagos preferenciales en dólares o bonificaciones especiales para la cúpula militar (generales, almirantes, oficiales superiores de inteligencia y seguridad), combinada con las participaciones en las empresas militares como CAMIMPEG y el acceso privilegiado a las importaciones y la distribución de bienes escasos, representa un costo operativo estimado conservadoramente en USD 800-1.200 millones anuales basándose en el análisis de los flujos extractivos y su asignación para mantener la cohesión de las élites militares mediante incentivos materiales diferenciados que los separan del resto de la población en el contexto de colapso económico generalizado.

Tercero, las transferencias internacionales que sostienen las alianzas estratégicas del régimen dentro de la red Autocracy, Inc. descrita por Applebaum (2024). Los pagos de deuda a China estimados conservadoramente en aproximadamente USD 1.000-1.500 millones anuales mediante entregas petroleras bajo esquemas especiales, las transferencias a Cuba para mantener el soporte de los asesores de inteligencia y del personal de seguridad cubano operando en Venezuela, las comisiones e incentivos a los operadores financieros internacionales que facilitan el blanqueo de recursos mediante criptomonedas y cuentas offshore, y los pagos a los proveedores de armamento y tecnología de vigilancia de Rusia, China e Irán, pueden estimarse conservadoramente en USD 1.500-2.000 millones anuales basándose en el análisis de los recursos totales disponibles y las necesidades de financiamiento de estas redes transnacionales autocráticas.

La suma de estos tres componentes (USD 500-800 millones para el aparato represivo, más USD 800-1.200 millones para las redes militares, más USD 1.500-2.000 millones para las transferencias internacionales) alcanza aproximadamente USD 2.800-4.000 millones anuales, magnitud que resulta perfectamente financiable con los recursos capturados mediante PDVSA-Crypto y el Arco Minero estimados conservadoramente en USD 4.000-6.000 millones anuales.

Esta correspondencia entre la capacidad extractiva de las instituciones controladas por el modelo burocrático-populista y los requerimientos materiales para sostener el autoritarismo consolidado explica la paradoja central del caso venezolano: la persistencia del régimen incluso en el contexto de colapso económico completo que redujo el PIB en aproximadamente 75 % entre 2013 y 2021, generó una hiperinflación que en su pico anual superó el 130.000 %, y provocó la emigración de cerca de 7,9 millones de venezolanos según ACNUR (2025).

Las limitaciones del modelo de Dornbusch-Edwards (1991) sobre los ciclos económicos populistas encuentran su evidencia perfecta en este Epílogo 2. Dornbusch-Edwards postulaban que los ciclos populistas terminaban mediante estabilizaciones ortodoxas o transiciones democráticas cuando el colapso económico volvía insostenible la continuidad del régimen por el agotamiento de recursos para mantener las coaliciones políticas de apoyo y la incapacidad de continuar financiando el gasto público distributivo que sostenía la legitimidad popular. La evidencia venezolana de 2024-2025 documenta la Fase 4c que evidencia las limitaciones de este modelo: la consolidación autoritaria mediante el control extractivo sobre los recursos petroleros y mineros, combinada con la represión sistemática y la integración en las redes transnacionales autocráticas tipo Autocracy, Inc., permite la perpetuación del régimen incluso en el contexto de colapso económico completo y crisis de legitimidad absoluta.

La clave teórica reside en reconocer que el modelo de Dornbusch-Edwards asumía que los regímenes populistas dependían de coaliciones políticas amplias sostenidas mediante el gasto público distributivo que requería recursos fiscales masivos. Cuando estos recursos se agotaban por el colapso económico, las coaliciones se fragmentaban y el régimen colapsaba. Sin embargo, el autoritarismo extractivo venezolano opera bajo una lógica completamente diferente: no requiere coaliciones amplias sino la lealtad de élites militares reducidas; no necesita el gasto distributivo generalizado sino transferencias selectivas a redes clientelares militares; no depende de la funcionalidad de la economía formal sino exclusivamente de la capacidad de extraer rentas de los recursos naturales mediante instituciones opacas.

Los USD 4.000-6.000 millones anuales capturados mediante PDVSA-Crypto y el Arco Minero resultan absolutamente suficientes para estos propósitos, independientemente de que el PIB formal haya colapsado un 75 % y la mayoría de la población sobreviva en pobreza extrema.

La articulación entre el Epílogo 1 sobre las instituciones políticas y este Epílogo 2 sobre las instituciones económicas proporciona la comprensión integral del autoritarismo venezolano contemporáneo. El fraude electoral del 28 de julio de 2024 y la represión sistemática posterior documentados en el Epílogo 1 no constituyen fenómenos aislados de autoritarismo político, sino las consecuencias necesarias del modelo extractivo sostenido por las instituciones económicas analizadas en este Epílogo 2.

Las élites que capturan miles de millones de dólares mediante PDVSA y el Arco Minero requieren imprescindiblemente el control absoluto del poder político para mantener la opacidad, la impunidad y la ausencia de rendición de cuentas que hacen posible la extracción masiva de recursos. Cualquier apertura democrática real, cualquier espacio efectivo de competencia política, cualquier mecanismo funcional de rendición de cuentas institucional amenazarían directamente los flujos extractivos que sostienen materialmente el régimen. Por tanto, el avance hacia el autoritarismo cerrado mediante el fraude electoral y la represión masiva no constituye una desviación del modelo extractivo sino su complemento político necesario.

Esta capacidad extractiva, posibilitada por las características del modelo burocrático-populista radicalizadas bajo autoritarismo consolidado —donde la opacidad institucionalizada y la eliminación absoluta de los controles técnicos facilitan la captura masiva de rentas, aporte conceptual fundamental de esta investigación sobre la metamorfosis del modelo de la democracia a la autocracia— explica la persistencia del autoritarismo venezolano más allá de los límites teóricos postulados por los modelos clásicos sobre los ciclos populistas.

El régimen de Maduro en 2024-2025 no sobrevivió porque mantuviera el apoyo popular, ni porque la economía funcionara, ni porque las instituciones formales operaran efectivamente, sino exclusivamente porque controló mediante la gestión burocrático-populista radicalizada las instituciones extractivas que generaron los recursos suficientes para financiar la represión, comprar las lealtades militares y sostener las alianzas internacionales autocráticas.

La gestión burocrático-populista en su manifestación extrema bajo autocracia no constituyó un fracaso de la administración pública sino el instrumento institucional deliberadamente diseñado para maximizar la captura de rentas por las élites político-militares, convirtiendo las instituciones públicas venezolanas en la matriz institucional permanente del autoritarismo extractivo consolidado.

El análisis precedente ha documentado exhaustivamente cómo las instituciones extractivas venezolanas —PDVSA y el Arco Minero del Orinoco— operaron durante 2024-2025 bajo la matriz del modelo de gestión burocrático-populista radicalizado, constituyéndose en los instrumentos fundamentales mediante los cuales las élites político-militares capturaron miles de millones de dólares anuales que sostuvieron materialmente el autoritarismo consolidado. La captura de Maduro el 3 de enero de 2026 por fuerzas militares estadounidenses marca, sin embargo, una inflexión histórica que abre la posibilidad de transitar desde este modelo extractivo hacia configuraciones institucionales alternativas.

Esta sección final del epílogo abandona deliberadamente el registro analítico-descriptivo que ha caracterizado el trabajo hasta este punto para adoptar un enfoque normativo-prescriptivo sobre las transformaciones institucionales necesarias en el período post-Maduro. Este cambio metodológico se justifica porque el análisis académico del autoritarismo extractivo resulta insuficiente si no se complementa con propuestas concretas sobre los diseños institucionales alternativos que pueden facilitar la recuperación democrática y económica. La transición de Venezuela desde el autoritarismo consolidado hacia una democracia funcional dependerá críticamente de la capacidad para desmantelar la matriz burocrático-populista radicalizada y reemplazarla por instituciones basadas en meritocracia, transparencia y orientación a resultados medibles.

El 3 de enero de 2026: fin del modelo de gestión burocrático-populista radicalizado

En la madrugada del 3 de enero de 2026, las fuerzas militares de Estados Unidos capturaron al presidente venezolano Nicolás Maduro y a su esposa Cilia Flores tras realizar ataques aéreos en Caracas y en varios estados venezolanos, según documentan ABC News, Bloomberg, PBS

News, NPR y Axios (3 de enero de 2026). Este acontecimiento histórico sin precedentes en las relaciones interamericanas contemporáneas marca el fin del ciclo del modelo burocrático-populista radicalizado que durante más de dos décadas destruyó sistemáticamente la capacidad institucional del Estado venezolano.

El presidente Donald Trump anunció mediante Truth Social a las 4:21 am EST del 3 de enero la operación militar que culminó con la captura de Maduro. Durante la conferencia de prensa en Mar-a-Lago a las 11:00 am del 3 de enero, Trump declaró que Estados Unidos iba a "manejar esencialmente el gobierno de Venezuela", indicando que esto continuaría "hasta que se pudiera hacer una transición segura, adecuada y juiciosa", según documenta NPR (3 de enero de 2026).

Crucialmente para el futuro de PDVSA y la economía venezolana, el presidente estadounidense señaló que el negocio petrolero venezolano había sido "un desastre total durante mucho tiempo", y que "las grandes compañías petroleras estadounidenses iban a gastar miles de millones de dólares para arreglar la infraestructura petrolera muy dañada y comenzar a hacer dinero para el país", según documenta NPR (3 de enero de 2026).

El secretario de Energía Chris Wright anunció que Estados Unidos vendería petróleo venezolano en los mercados internacionales, y que los fondos de esas ventas irían a cuentas controladas por Estados Unidos en bancos reconocidos globalmente para ser distribuidos para el beneficio del pueblo estadounidense y del pueblo venezolano, según documenta el Departamento de Energía de Estados Unidos (enero de 2026). El 9 de enero de 2026, Trump firmó una orden ejecutiva que marca un giro estratégico fundamental en el control estadounidense sobre los recursos petroleros venezolanos.

La orden, fundamentada en la Ley de Poderes Económicos de Emergencia Internacional de 1977 y la Ley de Emergencias Nacionales de 1976, declara una emergencia nacional para salvaguardar los ingresos petroleros de Venezuela mantenidos en cuentas del Tesoro de Estados Unidos frente a embargos o procesos judiciales (Casa Blanca, 9 de enero de 2026). La orden establece que los ingresos petroleros venezolanos depositados en fondos del Tesoro estadounidense están retenidos exclusivamente para fines soberanos y deben utilizarse en Venezuela para ayudar a crear paz, prosperidad y estabilidad bajo supervisión del Departamento de Estado y del Departamento del Tesoro (Casa Blanca, 9 de enero de 2026).

Esta arquitectura institucional del control estadounidense sobre los ingresos petroleros venezolanos se articula con la política America First mediante la cual la administración Trump condiciona el acceso de Venezuela a sus propios recursos petroleros a la adquisición exclusiva de productos manufacturados en Estados Unidos, incluyendo productos agrícolas, medicamentos, dispositivos médicos y equipamiento para infraestructura eléctrica (Casa Blanca, 9 de enero de 2026).

La coordinación estadounidense de las operaciones petroleras y el rol de los multilaterales

La administración Trump ha establecido una arquitectura institucional sin precedentes que va mucho más allá del control sobre los ingresos petroleros para incluir la coordinación directa de las operaciones productivas de PDVSA. Durante la segunda semana de enero de 2026, el gobierno estadounidense organizó reuniones con ejecutivos de las principales empresas petroleras estadounidenses —incluyendo ExxonMobil, ConocoPhillips, Chevron, y compañías de servicios petroleros como SLB y Halliburton— para discutir la reconstrucción de la infraestructura energética venezolana (Atlantic Council, 8 de enero de 2026).

Sin embargo, la reactivación de la inversión privada estadounidense en Venezuela enfrenta obstáculos estructurales mayores. ExxonMobil y ConocoPhillips sufrieron expropiaciones de sus activos durante las nacionalizaciones de Chávez en 2007, acumulando reclamos por al menos USD 12.000 millones en arbitrajes internacionales (Center for Global Development, enero de 2026). El CEO de ExxonMobil declaró en la reunión con Trump del 9 de enero que "he tenido nuestros activos confiscados dos veces allí, y pueden imaginar que reingresar una tercera vez requeriría algunos cambios muy significativos... Hoy es ininvertible" (Center for Global Development, enero de 2026). El CEO de ConocoPhillips señaló que cualquier reingreso requeriría "una reestructuración de la deuda y del sistema energético completo del país, incluyendo PDVSA", que se encuentra en estado de insolvencia técnica (Center for Global Development, enero de 2026).

La deuda externa total de Venezuela alcanza entre USD 150.000 y 170.000 millones, dependiendo de cómo se contabilicen los intereses acumulados y las sentencias judiciales. Esta cifra incluye aproximadamente USD 60.000 millones en bonos del gobierno y PDVSA que entraron en default en 2017, USD 4.000 millones adeudados a organismos multilaterales como el Banco Interamericano de Desarrollo y CAF, y entre USD 13.000 y 15.000 millones en deuda bilateral con China (Reuters, 5 de enero de 2026). Los bonos venezolanos experimentaron incrementos de hasta 30 % tras la captura de Maduro, reflejando expectativas del mercado sobre una eventual reestructuración de deuda, aunque los analistas de JPMorgan advirtieron que "la persistente incertidumbre política, la alta probabilidad de una reestructuración de deuda prolongada y complicada, y la visibilidad limitada sobre la capacidad de repago de Venezuela probablemente limitarán el alza en los precios de los bonos" (Reuters, 5 de enero de 2026).

El Banco Interamericano de Desarrollo (BID) emerge como la institución multilateral clave para coordinar la reconstrucción económica venezolana, dado que Estados Unidos probablemente no buscará fondos masivos del Congreso similares a los destinados a Irak o Afganistán. Venezuela adeuda aproximadamente USD 2.000 millones al BID, y cualquier programa de reconstrucción requeriría que Venezuela establezca un plan para saldar estas deudas, potencialmente mediante la recuperación de recursos procedentes de la corrupción y el narcotráfico (National Interest, 11 de enero de 2026). El presidente del BID, Ilan Goldfajn, declaró en el Foro Económico Mundial de Davos en enero de 2026 que el BID "ha estado siguiendo a Venezuela de la mejor manera posible, y nos estamos preparando para cuándo y si surgen las condiciones", señalando que la institución requeriría autorización de su junta directiva de 48 miembros y la capacidad de operar dentro de una relación económica normal, condiciones que actualmente no se cumplen (World Economic Forum, enero de 2026).

El Fondo Monetario Internacional (FMI) constituye otra institución multilateral crítica para la estabilización económica de Venezuela. Un programa del FMI ofrece lo que ningún arreglo bilateral puede proporcionar: un marco multilateral que legitima la reestructuración integral de la deuda y proporciona a Venezuela el financiamiento y la asistencia técnica para implementar reformas (Atlantic Council, 14 de enero de 2026). Crucialmente, la reforma de 2024 a la política de Préstamos con Atrasos Oficiales (LIOA) del FMI permite que la institución preste recursos incluso cuando acreedores oficiales bilaterales se nieguen a comprometerse con reestructuraciones, siempre que el fondo implemente salvaguardas mejoradas.

Este mecanismo resulta particularmente relevante para la posición de China, que bajo las reglas tradicionales del FMI podría efectivamente vetar un programa venezolano al negarse a proporcionar compromisos de reestructuración por adelantado y, en cambio, participar en negociaciones de varios años que dejarían al país en el limbo mientras las condiciones económicas se deterioran aún más, permitiendo a Beijing retener su posición asegurada mediante acuerdos de petróleo por préstamos mientras Venezuela permanece excluida del apoyo multilateral (Atlantic Council, 14 de enero de 2026).

Sin embargo, la estabilización macroeconómica y la reconstrucción institucional dependen críticamente de resolver la paradoja fundamental del control estadounidense sobre los ingresos petroleros. El petróleo representa entre 50 % y 60 % del presupuesto federal venezolano y hasta 20 % del PIB. En diciembre de 2025, el gobierno solicitó al Parlamento aprobar USD 19.900 millones para el presupuesto 2026, reducido desde USD 22.700 millones en 2025, con la presidenta interina Rodríguez afirmando que cerca del 78 % del presupuesto financiaría programas sociales (Center for Global Development, enero de 2026). El secretario de Estado Marco Rubio declaró que Estados Unidos "controlará cómo se dispersa [el dinero] de manera que beneficie al pueblo venezolano, no a la corrupción, no al régimen" (Center for Global Development, enero de 2026).

Pero si Estados Unidos controla y dirige los ingresos de las ventas de petróleo venezolano, esta fuente crítica de ingresos desaparecerá para el presupuesto nacional, precipitando una crisis presupuestaria doméstica. Estados Unidos podría intentar canalizar los ingresos petroleros directamente a los ciudadanos venezolanos fuera de los canales gubernamentales, una opción que presentaría enormes desafíos legales y logísticos difíciles de superar bajo cualquier circunstancia (Center for Global Development, enero de 2026).

La reestructuración de PDVSA: entre privatización y joint ventures internacionales

La transformación de PDVSA no puede limitarse a mejoras gerenciales dentro de la estructura estatal existente. La empresa se encuentra técnicamente insolvente, con una deuda estimada en decenas de miles de millones de dólares, infraestructura deteriorada que requiere inversiones estimadas en USD 58.000 millones para retornar a niveles históricos de producción, y capacidad operacional reducida a menos de un millón de barriles diarios desde los 3,7 millones de barriles que producía en los años setenta (CNN, 3 de enero de 2026; Atlantic Council, 8 de enero de 2026).

La administración Trump ha indicado que Estados Unidos permanecerá en control de los activos petroleros y gasíferos venezolanos durante el futuro previsible, potencialmente ajustando las políticas de licencias y sanciones estadounidenses para legitimar las ventas de petróleo controladas por Estados Unidos almacenado en buques tanque. Vender el petróleo venezolano almacenado en tanques flotantes y depositar esos fondos en cuentas bloqueadas controladas por el gobierno estadounidense evitará forzar a PDVSA a cerrar la producción existente, asegurará un suministro útil para las refinerías de la Costa del Golfo estadounidense, y proporcionará al gobierno estadounidense un suministro significativo de fondos que puede gestionar. Sin embargo, los volúmenes de almacenamiento flotante son finitos, y el gobierno de Rodríguez no permanecerá en el poder si parece estar aceptando vender la fuente primaria de fondos del gobierno para el beneficio exclusivo de Estados Unidos o los acreedores estadounidenses (Atlantic Council, 8 de enero de 2026).

La reestructuración de PDVSA probablemente requerirá una combinación de tres estrategias complementarias: primero, la privatización parcial mediante la venta de participaciones minoritarias a empresas petroleras internacionales que aporten capital y expertise técnico; segundo, el establecimiento de joint ventures donde PDVSA mantenga participación mayoritaria pero ceda control operacional a socios internacionales con capacidad gerencial comprobada; y tercero, la separación de activos productivos funcionales de los activos no funcionales que requerirían inversiones masivas de rehabilitación.

Esta reestructuración debe ocurrir dentro del marco institucional del modelo tecnocrático-gerencial donde consejos directivos independientes con mayoría de expertos internacionales, transparencia absoluta en operaciones financieras mediante auditorías externas periódicas, y sistemas de gobernanza corporativa que separen completamente las decisiones técnicas de las presiones políticas constituyen los pilares fundamentales. La experiencia de Noruega con Statoil, posteriormente renombrada Equinor, proporciona el modelo institucional más relevante: una empresa petrolera estatal que opera bajo estándares internacionales de gobernanza corporativa, cotiza en bolsas de valores internacionales que imponen disciplina de mercado, mantiene transparencia total en sus operaciones mediante reportes periódicos auditados externamente, y opera con autonomía gerencial donde las decisiones técnicas las toman profesionales calificados sin interferencia política directa.

Del modelo de gestión burocrático-populista radicalizado al modelo tecnocrático-gerencial descentralizado

La captura de Maduro el 3 de enero de 2026 abre la posibilidad histórica de transitar desde el modelo burocrático-populista radicalizado hacia un modelo tecnocrático-gerencial que reincorpore los principios de expertise profesional, eficiencia operacional, transparencia institucional y orientación a resultados medibles. La transformación institucional de PDVSA constituye el eje central de esta transición, requiriendo la reversión sistemática de cada uno de los rasgos del modelo identificados en esta investigación.

La transformación de PDVSA: implementación del modelo tecnocrático-gerencial

El proceso de transformación institucional de PDVSA ya ha comenzado. Durante la segunda semana de enero de 2026, la administración de transición bajo supervisión estadounidense inició la implementación de políticas concretas que marcan la ruptura definitiva con el modelo burocrático-populista radicalizado. Las medidas estructurales implementadas incluyen:

Primero, la reestructuración salarial para revertir el colapso de las remuneraciones que caracterizó la gestión chavista-madurista. Las nuevas escalas salariales competitivas a nivel internacional —con remuneraciones mensuales que alcanzan USD 3.000-5.000 para ingenieros y técnicos especializados, USD 8.000-15.000 para gerentes de nivel medio, y USD 20.000-40.000 para ejecutivos de alta gerencia— buscan tanto retener al personal técnico venezolano que permaneció en el país como atraer el retorno de los profesionales emigrados.

Segundo, el nombramiento de expertos con trayectoria internacional comprobada en los puestos clave de la alta gerencia de PDVSA, reemplazando la estructura militar-política que caracterizó el modelo burocrático-populista radicalizado. Los criterios de selección para estos cargos estratégicos se fundamentan exclusivamente en competencia técnica verificable, experiencia demostrada en gestión de empresas petroleras internacionales, y capacidad comprobada para liderar procesos de recuperación productiva.

Tercero, la contratación masiva de personal venezolano calificado para las posiciones de gerencia media y operaciones técnicas, complementada con programas intensivos de entrenamiento y capacitación diseñados con asistencia técnica de empresas petroleras internacionales y organismos multilaterales especializados.

La recuperación productiva de PDVSA mediante el modelo tecnocrático-gerencial requiere sustituir sistemáticamente cada rasgo del modelo de gestión burocrático-populista: la centralización extrema está siendo reemplazada por estructuras de gestión profesional donde las decisiones operacionales se toman en los niveles técnicos apropiados; la politización radical está siendo sustituida por sistemas de reclutamiento basados exclusivamente en competencia profesional; el clientelismo extractivo está siendo eliminado mediante sistemas de contabilidad transparente y auditorías externas independientes; la opacidad institucionalizada está siendo desmantelada mediante la publicación periódica de estados financieros auditados; la eliminación de la evaluación técnica está siendo revertida mediante el establecimiento de indicadores de desempeño cuantificables; y la instrumentalización ideológica está siendo sustituida por la despolitización de las operaciones técnicas.

Descentralización territorial y participación multilateral: lecciones del Zulia 1990-2000

La recuperación de PDVSA como empresa técnica y eficiente no puede ocurrir de manera aislada del resto de la reconstrucción institucional nacional. La producción petrolera requiere infraestructura funcional —puertos, aeropuertos, puentes, carreteras, servicios públicos básicos— que ha colapsado completamente durante las últimas dos décadas. La descentralización político-territorial constituye el marco institucional fundamental para la reconstrucción de esta infraestructura crítica.

La experiencia histórica del estado Zulia durante las gobernaciones de Oswaldo Álvarez Paz (1990-1993), Lolita Aniyar de Castro (1994-1996), primera mujer electa por voto popular como gobernadora en Venezuela, y Francisco Arias Cárdenas (1996-2000), proporciona evidencia concreta de cómo la gestión descentralizada con orientación tecnocrática puede generar mejoras sustanciales en infraestructura de servicios públicos y diversificación económica. Durante 1990-2000, el Zulia experimentó: expansión significativa de cobertura de servicios de agua potable y saneamiento; mejora sustancial de infraestructura vial; inversión estratégica en puertos y facilidades logísticas; y programas de formación técnica profesional coordinados entre gobiernos subnacionales y sector privado.

Es fundamental aclarar que, durante este período de descentralización exitosa, PDVSA operó como empresa autónoma con decisiones técnicas completamente independientes de las gobernaciones estadales. No existió articulación formal o coordinación institucional entre PDVSA y los gobiernos subnacionales. Las mejoras en infraestructura territorial del estado Zulia fueron resultado de la capacidad de los gobiernos subnacionales descentralizados para gestionar eficientemente sus competencias exclusivas, utilizando los recursos fiscales transferidos mediante mecanismos constitucionales transparentes, complementados por préstamos concesionales y asistencia técnica de organismos multilaterales como el BID y el Banco Mundial.

La participación de los multilaterales durante la descentralización de los años noventa incluyó componentes fundamentales de fortalecimiento de capacidad institucional: formación intensiva de cuadros técnicos en gobiernos subnacionales; implementación de sistemas de gestión por resultados; y establecimiento de mecanismos de transparencia y rendición de cuentas que incluían auditorías externas independientes.

Programas multilaterales para la reconstrucción post-Maduro

La reactivación económica de Venezuela post-Maduro requiere restablecer el modelo de descentralización efectiva con participación activa de los organismos multilaterales. La participación de los multilaterales en la reconstrucción debe estructurarse en tres dimensiones complementarias:

Primera dimensión: Proyectos selectivos de gran escala que aborden los cuellos de botella críticos de infraestructura. Un proyecto del BID para rehabilitar y modernizar los principales puertos venezolanos proporcionaría la infraestructura portuaria necesaria para que PDVSA pueda exportar crudo de manera eficiente. Un programa del Banco Mundial para reconstruir la infraestructura eléctrica nacional garantizaría el suministro confiable de electricidad. Un proyecto conjunto BID-Banco Mundial para rehabilitar carreteras troncales y puentes estratégicos restablecería la conectividad territorial.

Segunda dimensión: Programas de modernización administrativa, rescate y fortalecimiento institucional en las gobernaciones y alcaldías. Los programas deben incluir: implementación de sistemas de gestión financiera pública que garanticen transparencia; digitalización de procesos administrativos que reduzcan discrecionalidad; establecimiento de sistemas de adquisiciones públicas basados en competencia abierta; recuperación de funciones básicas que han colapsado; y desarrollo de capacidades sostenibles en planificación estratégica territorial y gestión por resultados.

Tercera dimensión: Ejecución de proyectos en sectores clave de la economía fundamentales para la diversificación productiva. El BID debe estructurar líneas de financiamiento para proyectos agroindustriales que permitan la recuperación del sector agrícola colapsado. El Banco Mundial debe diseñar programas de apoyo al sector turístico. Proyectos conjuntos deben enfocarse en el sector manufacturero mediante zonas económicas especiales.

Estos proyectos selectivos de gran escala deben incorporar mecanismos robustos que eviten la reproducción de patrones de captura institucional: los contratos de préstamo deben incluir cláusulas vinculantes que requieran licitaciones públicas internacionales competitivas; auditorías externas independientes; y sistemas de monitoreo técnico que verifiquen el cumplimiento de estándares internacionales. La condicionalidad de los desembolsos vinculada al cumplimiento de hitos técnicos verificables garantiza que los recursos se utilicen efectivamente.

La articulación entre autonomía técnica de PDVSA operando bajo el modelo tecnocrático-gerencial, descentralización de infraestructura territorial gestionada eficientemente por gobiernos subnacionales, modernización administrativa de gobernaciones y alcaldías fortalecidas mediante programas multilaterales, y ejecución de proyectos en sectores clave con participación selectiva de organismos internacionales constituye el modelo institucional que puede generar reactivación económica sostenible y recuperación democrática.

Esta articulación no puede descansar, sin embargo, en la mera restauración del modelo de transferencias de renta petrolera que operó en los años noventa. El puente fiscal entre la renta hidrocarburífera y las regiones existe formalmente en el Situado Constitucional (artículo 167 de la Constitución de 1999), complementado por el FIDES y las asignaciones económicas especiales; pero fue justamente ese mecanismo el que el chavismo-madurismo vació mediante la asfixia financiera deliberada, al punto de que el gasto administrado por estados y municipios cayó desde un máximo de 28,7 % en los años noventa hasta alrededor del 8 % (Mascareño, en Rangel Guerrero, 2022).

El problema de fondo, como advierte Mascareño (2022), es que la Venezuela posrentista ya no puede financiar la descentralización sobre la base de esas transferencias, porque la renta se agotó como modelo de sostenimiento de la sociedad entera. Reconstruir la descentralización como simple redistribución de la renta de PDVSA reproduciría, a escala regional, el mismo Estilo Rentista que este libro identifica como raíz del colapso: gobernaciones dependientes de la transferencia central, sin producción propia de riqueza y, por tanto, sin autonomía real.

Por eso el modelo tecnocrático-gerencial que propongo articula tres componentes que deben operar de manera simultánea: una PDVSA profesionalizada y autónoma que genere la renta con transparencia y la distribuya mediante reglas fiscales previsibles —y no mediante la discrecionalidad política que caracterizó al rentismo—; un federalismo fiscal que dote a estados y municipios de bases tributarias y competencias productivas propias, de modo que la renta petrolera complemente, pero no sustituya, la generación local de riqueza; y el acompañamiento de los organismos multilaterales en el fortalecimiento de la capacidad institucional subnacional.

Este modelo se distingue con nitidez de las dos rutas que se disputan la transición pos-Maduro en 2026. La vía adoptada por el gobierno interino de Delcy Rodríguez —que reformó la Ley de Hidrocarburos en enero de 2026 para eliminar la mayoría accionaria obligatoria de PDVSA y rebajar las regalías (CNN en Español, 29 de enero de 2026), y anunció en mayo la reestructuración de una deuda estimada entre 150.000 y 170.000 millones de dólares (CNN en Español, 13 de mayo de 2026), bajo coordinación con Washington— abre el petróleo al capital extranjero desde un poder central intacto, sin descentralizar. La plataforma opositora de María Corina Machado y Edmundo González, "Venezuela, tierra de gracia", sí concibe un Estado federal y descentralizado, pero lo asienta en la privatización integral de PDVSA. Frente a ambas, el modelo que aquí defiendo conserva a PDVSA como empresa estatal técnica al estilo de la noruega Statoil, y hace de la descentralización productiva —no de la renta— el eje de la reconstrucción democrática.

El incremento de la producción petrolera desde los niveles actuales de aproximadamente 700.000-900.000 barriles diarios hasta 2,5 a 3,0 millones de barriles diarios —nivel técnicamente alcanzable mediante la rehabilitación de la infraestructura existente y la reincorporación de expertise profesional— generaría ingresos fiscales adicionales del orden de USD 40.000 a 60.000 millones anuales considerando precios promedio de petróleo de USD 70 a 80 por barril. Estos recursos proporcionan la base material para financiar la reconstrucción del sistema de salud pública colapsado, la restauración del sistema educativo destruido, la rehabilitación de la infraestructura de servicios públicos, y el establecimiento de programas de protección social.

Desafíos institucionales de la transición

La transición del modelo de gestión burocrático-populista radicalizado hacia el modelo tecnocrático-gerencial articulado con la descentralización territorial enfrenta desafíos institucionales complejos que requieren gestión política cuidadosa:

El primer desafío consiste en desmantelar las redes clientelares militares enquistadas en PDVSA —las estructuras que capturaron USD 16.950 millones mediante PDVSA-Crypto— sin generar resistencias que puedan sabotear las operaciones, requiriendo estrategias de transición negociada donde los beneficios del modelo tecnocrático-gerencial para el conjunto de la sociedad venezolana superen los intereses particulares de las élites extractivas desplazadas.

El segundo desafío consiste en reconstruir la capacidad técnica de PDVSA después de más de dos décadas de destrucción sistemática del capital humano profesional mediante purgas masivas y emigración forzada, requiriendo no solo políticas salariales competitivas y programas intensivos de capacitación, sino también estrategias activas de repatriación de profesionales emigrados mediante incentivos fiscales, facilidades de reintegración laboral y garantías de estabilidad institucional.

El tercer desafío consiste en establecer mecanismos efectivos de gobernanza corporativa que garanticen la autonomía técnica de PDVSA frente a presiones políticas futuras, aprendiendo de la experiencia internacional de empresas petroleras estatales exitosas como Statoil (Noruega), Petrobras durante sus mejores períodos (Brasil), o Petronas (Malasia), donde consejos directivos con mayoría de expertos independientes, auditorías externas rigurosas, y transparencia absoluta en operaciones y finanzas protegen la gestión técnica de interferencias políticas.

El cuarto desafío consiste en reconstruir la capacidad administrativa de las gobernaciones y alcaldías que han sido destruidas completamente, requiriendo programas intensivos de formación de cuadros técnicos y modernización de sistemas de gestión que toman años en consolidarse y demandan compromiso sostenido de los organismos multilaterales más allá de los ciclos políticos.

El quinto desafío consiste en diseñar programas multilaterales que eviten reproducir errores de los años noventa, donde algunos proyectos generaron endeudamiento sin resultados verificables, garantizando que la condicionalidad vinculada al desempeño técnico opere efectivamente mediante supervisión rigurosa y voluntad política de suspender desembolsos cuando no se cumplen metas establecidas.

Conclusión: Instituciones extractivas, persistencia autoritaria y la disyuntiva histórica definitiva

La evidencia reunida en este epílogo confirma que el régimen de Maduro no se sostuvo sobre el apoyo popular ni sobre una economía funcional, sino sobre las rentas extractivas que su modelo de gestión le permitió capturar. PDVSA capturó USD 16.950 millones mediante PDVSA-Crypto durante 2017-2023. El Arco Minero del Orinoco generó entre USD 2.170 y 5.667 millones anuales para las élites político-militares y sus aliados. Estos recursos —extraídos mediante la opacidad institucionalizada, el clientelismo extremo y la eliminación absoluta de controles técnicos— constituyeron la base material que sostuvo el autoritarismo consolidado incluso cuando la economía colapsaba, la producción petrolera se desplomaba, y millones de venezolanos huían del país.

Lejos de un fracaso administrativo, ese modelo fue el instrumento deliberado para maximizar la captura de rentas por las élites político-militares. Este epílogo ha documentado exhaustivamente cómo cada uno de los rasgos del modelo —centralización extrema del poder decisorio, politización radical de funciones técnicas, clientelismo extractivo, opacidad institucionalizada, eliminación sistemática de evaluación técnica, e instrumentalización ideológica— operó sistemáticamente para convertir las instituciones públicas venezolanas en la matriz institucional permanente del autoritarismo extractivo consolidado.

La transformación hacia el modelo tecnocrático-gerencial que ya está en marcha mediante políticas concretas de recuperación salarial, expertise profesional en cargos clave y capacitación masiva de personal venezolano, articulada con la reinstitucionalización del modelo de descentralización efectiva que permita a los gobiernos subnacionales gestionar eficientemente la infraestructura territorial crítica, y coordinada con la participación de organismos multilaterales que aporten recursos financieros y asistencia técnica, representa la única vía institucional viable para quebrar definitivamente este círculo vicioso. Pero la coordinación directa de Estados Unidos sobre las operaciones de PDVSA, el control estadounidense sobre los ingresos petroleros depositados en cuentas del Tesoro, y la condicionalidad de acceso a estos recursos vinculada a la adquisición exclusiva de productos manufacturados estadounidenses, plantean interrogantes de fondo sobre la autonomía soberana y la sostenibilidad política de cualquier transformación institucional construida bajo estas condiciones.

El éxito de esta transformación determinará si Venezuela puede transitar desde el autoritarismo extractivo hacia una democracia funcional con capacidad estatal efectiva, o si reproducirá patrones históricos de captura institucional y rentismo petrolero bajo nuevas configuraciones de poder. La vinculación explícita entre modelo tecnocrático-gerencial en PDVSA y recuperación democrática no es retórica sino estructural: instituciones públicas que operan bajo criterios de mérito, transparencia y resultados medibles generan las condiciones materiales y culturales que sostienen sistemas políticos democráticos, mientras que la reproducción de patrones clientelares, opacidad institucional y politización de funciones técnicas condena inevitablemente a Venezuela a nuevos ciclos de autoritarismo extractivo independientemente de las formas políticas nominales que adopte el régimen.

La transformación de PDVSA desde el modelo burocrático-populista radicalizado hacia el modelo tecnocrático-gerencial, coordinada por Estados Unidos durante la fase de transición y respaldada por organismos multilaterales como el BID y el FMI, constituye el prerrequisito institucional fundamental —no meramente uno más entre varios factores— para cualquier transición democrática sostenible en Venezuela. Esta centralidad no es casual: durante siete décadas, quien controla a PDVSA controla los recursos que financian coaliciones políticas, estructuras clientelares y aparatos represivos que sostienen o derrumban gobiernos. La evidencia de 2024-2025 demuestra que Maduro sobrevivió exclusivamente porque el modelo burocrático-populista radicalizado le permitió capturar entre USD 4.000 y 6.000 millones anuales suficientes para comprar lealtades militares y financiar la represión.

La reversión sistemática de los rasgos del modelo —centralización extrema, politización radical, clientelismo extractivo, opacidad institucionalizada, eliminación de evaluación técnica, e instrumentalización ideológica— mediante la implementación del modelo tecnocrático-gerencial no constituye simplemente una mejora administrativa deseable, sino la condición sine qua non para quebrar el círculo vicioso del autoritarismo rentista. Cada rasgo revertido debilita un mecanismo específico de captura institucional: la profesionalización elimina redes clientelares de lealtad política; la transparencia imposibilita la captura opaca de miles de millones; la restauración de controles técnicos bloquea los esquemas de corrupción masiva; y la despolitización impide que PDVSA funcione como instrumento de control político sobre la sociedad.

El apoyo estadounidense en esta transformación, aunque plantea interrogantes legítimos sobre autonomía soberana que deben monitorearse cuidadosamente, resulta indispensable durante la fase crítica de transición porque solo un actor externo con poder coercitivo suficiente puede impedir que las élites extractivas domésticas capturen nuevamente a PDVSA durante el período vulnerable de reconstrucción institucional. Esta supervisión externa no debe ser permanente, pero es inevitable durante la transición desde un autoritarismo extractivo consolidado hacia instituciones inclusivas funcionales.

Establecer a PDVSA operando bajo el modelo tecnocrático-gerencial con transparencia, profesionalización, y orientación a resultados medibles genera los recursos fiscales que permiten financiar servicios públicos funcionales, salarios competitivos que atraen talento profesional, y programas sociales que reducen la pobreza sin depender de clientelismo político, creando las condiciones socioeconómicas que sostienen coaliciones democráticas amplias: una clase media con expectativas de movilidad basada en mérito, profesionales técnicos con capacidad de fiscalizar la gestión pública, y ciudadanos que exigen rendición de cuentas porque experimentan concretamente cómo las instituciones funcionales mejoran sus vidas.

Las lecciones de otros países petroleros son inequívocas: Noruega construyó a Statoil como empresa estatal profesional y transparente, generando un fondo soberano de más de USD 1,4 billones que financia el estado de bienestar; Venezuela, con reservas cinco veces mayores, destruyó a PDVSA mediante el modelo de gestión burocrático-populista, generando pobreza masiva pese a la abundancia. Esta diferencia no se explica por la geología sino por la calidad de las instituciones. Si los venezolanos y la comunidad internacional logran sostener la transformación institucional de PDVSA bajo el modelo tecnocrático-gerencial hasta que las prácticas de transparencia y rendición de cuentas se institucionalicen permanentemente, Venezuela habrá sentado las bases materiales e institucionales para una democratización sostenible; si las élites extractivas capturan nuevamente a PDVSA bajo cualquier forma que reproduzca la opacidad y el clientelismo, el autoritarismo rentista retornará inevitablemente bajo otros rostros.

De las instituciones extractivas a las instituciones inclusivas: la transformación fundamental

La evidencia empírica de PDVSA y el Arco Minero durante 2024-2025 valida con claridad devastadora la tesis central de Acemoglu y Robinson (2012) sobre el papel determinante de las instituciones en el desarrollo de las naciones. Venezuela no es pobre porque carezca de recursos naturales —posee las mayores reservas petroleras certificadas del planeta (303.000 millones de barriles), vastos depósitos de oro y minerales estratégicos, y potencial agrícola, turístico e industrial extraordinario— sino porque sus instituciones extractivas diseñadas deliberadamente para capturar rentas por élites político-militares impiden sistemáticamente la acumulación de capital humano, la inversión productiva sostenible, y la innovación tecnológica que generan prosperidad económica compartida.

Las instituciones extractivas venezolanas documentadas exhaustivamente en este Epílogo no constituyen anomalías temporales ni accidentes históricos, sino el resultado inevitable y previsible de un diseño institucional donde la concentración extrema del poder político permite a las élites gobernantes estructurar las reglas económicas para extraer recursos del resto de la sociedad sin controles efectivos ni rendición de cuentas democrática. El modelo burocrático-populista radicalizado bajo autocracia —con su centralización extrema, politización radical, clientelismo extractivo, opacidad institucionalizada, eliminación absoluta de evaluación técnica e instrumentalización ideológica— representa la antítesis perfecta de las instituciones económicas y políticas inclusivas que Acemoglu y Robinson identifican como fundamento de la prosperidad sostenible de las naciones exitosas.

La transformación institucional de Venezuela requiere quebrar simultáneamente el círculo vicioso de las instituciones extractivas en ambas dimensiones complementarias e inseparables: las instituciones políticas extractivas que concentran poder sin controles efectivos ni competencia electoral real, y las instituciones económicas extractivas que permiten la captura masiva de rentas sin transparencia, rendición de cuentas, ni participación amplia. Esta doble transformación no puede lograrse mediante reformas parciales o graduales que mantengan intactas las estructuras fundamentales del autoritarismo extractivo, sino únicamente mediante el establecimiento simultáneo de instituciones políticas pluralistas que distribuyan el poder ampliamente en la sociedad mediante competencia electoral genuina y controles efectivos sobre el ejecutivo, y de instituciones económicas inclusivas que protejan los derechos de propiedad de manera imparcial, garanticen la aplicación predecible de contratos, y permitan que amplios sectores de la población participen en actividades económicas productivas bajo reglas justas que premien el mérito y castiguen la corrupción.

El caso venezolano confirma dramáticamente el segundo principio fundamental de Acemoglu y Robinson: las instituciones económicas y políticas están intrínsecamente interrelacionadas en un círculo vicioso o virtuoso. No puede existir PDVSA operando sosteniblemente bajo criterios técnicos transparentes mientras persistan instituciones políticas que concentran poder absoluto sin controles efectivos. No pueden funcionar gobiernos subnacionales descentralizados gestionando eficientemente infraestructura territorial mientras prevalezcan instituciones políticas que eliminan sistemáticamente la competencia electoral real y la rendición de cuentas democrática. No puede establecerse un sector privado dinámico e innovador mientras las élites políticas mantengan la capacidad de expropiar arbitrariamente propiedades, cambiar reglas discrecionalmente, y capturar rentas mediante regulaciones opacas. La recuperación económica de Venezuela y su democratización política constituyen procesos absolutamente inseparables porque ambos requieren el mismo cambio institucional fundamental: transitar de instituciones extractivas hacia instituciones inclusivas.

La historia económica mundial documentada sistemáticamente por Acemoglu y Robinson proporciona las lecciones críticas para comprender la disyuntiva que enfrenta la Venezuela post-Maduro. Las naciones que lograron salir exitosamente de la trampa de la extracción —Inglaterra tras la Revolución Gloriosa de 1688 que limitó el poder absoluto del monarca y estableció supremacía parlamentaria, Estados Unidos tras su independencia que distribuyó poder político ampliamente y protegió derechos de propiedad, Japón tras la Restauración Meiji que modernizó instituciones mientras distribuía oportunidades económicas, Corea del Sur tras la democratización de los años ochenta que combinó apertura política con reformas económicas— construyeron primero instituciones políticas pluralistas que distribuyeron poder, establecieron controles efectivos sobre los gobernantes, y garantizaron competencia electoral real antes de generar prosperidad económica sostenible y compartida.

En contraste devastador, las naciones que intentaron desarrollarse económicamente mientras mantenían instituciones políticas extractivas —la Unión Soviética bajo crecimiento extractivo mediante planificación central autoritaria, numerosos regímenes autoritarios petroleros que experimentaron bonanzas temporales seguidas de colapsos inevitables, dictaduras que lograron crecimiento durante períodos limitados bajo líderes excepcionales pero colapsaron tras transiciones de poder— invariablemente fracasaron porque las élites que controlaban el poder político concentrado estructuraban sistemáticamente las reglas económicas para maximizar su captura de rentas antes que generar prosperidad compartida, y porque la falta de controles efectivos y rendición de cuentas democrática permitía la perpetuación indefinida de estas prácticas extractivas hasta agotar completamente la capacidad productiva del país.

Venezuela post-Maduro enfrenta la disyuntiva histórica definitiva que determinará su trayectoria durante el resto del siglo XXI: construir instituciones inclusivas que distribuyan poder político mediante competencia electoral genuina, protejan derechos económicos de manera imparcial, y permitan la participación amplia de todos los venezolanos en actividades productivas bajo reglas justas y predecibles; o reproducir bajo nuevas configuraciones de élites —ya sean militares, tecnocráticas, o empresariales— las mismas instituciones extractivas que han condenado al país a siete décadas consecutivas de rentismo petrolero destructivo, clientelismo político endémico, y autoritarismo recurrente que se reinventa perpetuamente bajo diferentes líderes, ideologías y justificaciones pero mantiene intacta la lógica fundamental de captura de rentas por élites concentradas.

Esta no es una decisión meramente técnica sobre modelos de gestión pública ni una opción administrativa sobre estructuras organizacionales, sino una decisión política fundamental sobre el tipo de sociedad que Venezuela construirá: una sociedad inclusiva donde las oportunidades económicas y el poder político se distribuyen ampliamente y las reglas se aplican imparcialmente, o una sociedad extractiva donde las élites capturan rentas y concentran poder mientras las mayorías permanecen excluidas de participación significativa en la prosperidad nacional.

El modelo tecnocrático-gerencial en PDVSA articulado con la descentralización territorial efectiva y coordinado con la participación de organismos multilaterales constituye el primer paso institucional necesario pero absolutamente insuficiente por sí mismo: sin instituciones políticas inclusivas que garanticen competencia electoral real, controles efectivos sobre el poder ejecutivo, independencia judicial genuina, libertad de prensa robusta, y rendición de cuentas democrática permanente mediante elecciones periódicas competitivas, cualquier mejora técnica en la gestión petrolera o cualquier modernización administrativa de gobernaciones será eventualmente capturada por nuevas élites extractivas que reproducirán el círculo vicioso del autoritarismo rentista bajo formas renovadas.

La lección fundamental que emerge de la evidencia empírica exhaustiva de 2024-2025 sobre PDVSA y el Arco Minero es devastadora en su claridad y contundencia: instituciones extractivas generan pobreza incluso en países dotados con abundancia extraordinaria de recursos naturales, porque el diseño institucional que permite a las élites capturar rentas masivas mediante opacidad, clientelismo y eliminación de controles técnicos impide sistemática e inevitablemente el desarrollo de las capacidades humanas, la inversión productiva sostenible, y la innovación tecnológica que constituyen los fundamentos reales y permanentes de la prosperidad de las naciones. La abundancia de petróleo y oro no genera automáticamente prosperidad —de hecho, puede facilitar la construcción de autoritarismos extractivos más eficientes en capturar rentas— porque lo que determina los resultados económicos y políticos no son los recursos naturales sino la calidad de las instituciones que gobiernan cómo se explotan estos recursos, quién captura los beneficios, y bajo qué reglas opera la sociedad.

Venezuela solo podrá romper definitivamente con este legado destructivo de siete décadas de rentismo petrolero y autoritarismo recurrente mediante la construcción paciente, sostenida y vigilante de instituciones inclusivas que transformen fundamentalmente la política venezolana: de juego de suma cero de captura de rentas petroleras mediante control del Estado hacia proceso de suma positiva de creación de valor mediante el talento, el esfuerzo, la creatividad y la innovación de todos los venezolanos operando bajo reglas justas, transparentes y predecibles que premien consistentemente el mérito y castiguen sistemáticamente la corrupción. Esta transformación requiere vigilancia democrática permanente porque las élites extractivas siempre intentarán capturar nuevamente las instituciones, requiere participación ciudadana activa porque las instituciones inclusivas solo se sostienen cuando las mayorías las defienden activamente, y requiere compromiso generacional porque construir instituciones inclusivas toma décadas mientras que destruirlas puede ocurrir en años si la sociedad baja la guardia.

La captura de Maduro el 3 de enero de 2026 abre una ventana histórica extraordinaria para esta transformación fundamental, pero la ventana no permanecerá abierta indefinidamente. Si Venezuela no aprovecha este momento crítico para construir las instituciones inclusivas que distribuyen poder, protegen derechos y premian mérito, la historia se repetirá inevitablemente: nuevas élites capturarán las instituciones extractivas renovadas, establecerán nuevos mecanismos opacos de captura de rentas petroleras, concentrarán nuevamente el poder político sin controles efectivos, y condenarán a las futuras generaciones de venezolanos a continuar viviendo la maldición paradójica de la pobreza en medio de la abundancia que ha caracterizado trágicamente la experiencia venezolana desde el descubrimiento del petróleo en 1922. La decisión es de los venezolanos, pero las consecuencias durarán generaciones.

Las imágenes que se presentan a continuación ilustran dos momentos emblemáticos del proceso de desarticulación del régimen madurista: el cartel de recompensa emitido por el Departamento de Estado de los Estados Unidos y la Drug Enforcement Administration (DEA) por la captura de Nicolás Maduro Moros, líder del Cartel de los Soles (Figura 19), y la imagen oficial de su captura a bordo del buque de asalto anfibio USS Iwo Jima (LHD-7) el 3 de enero de 2026 (Figura 20).

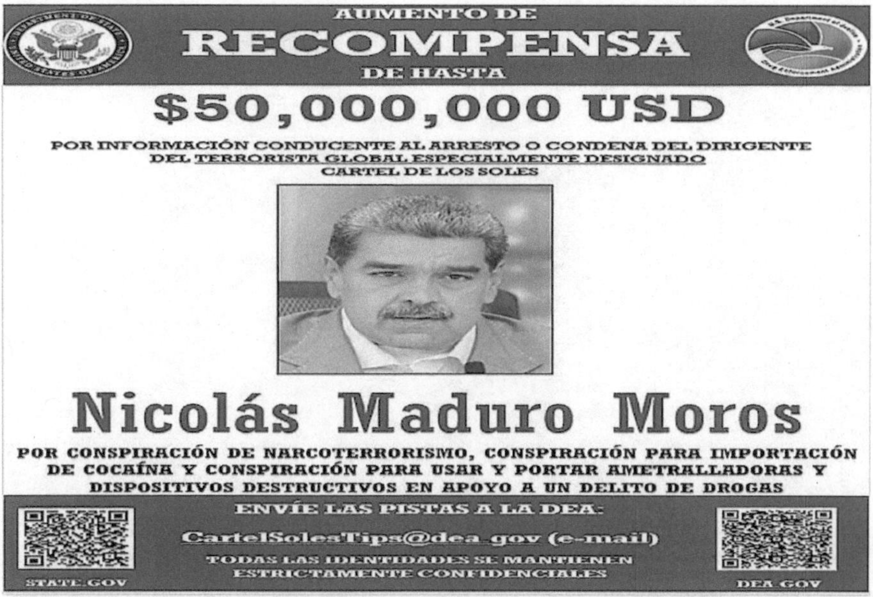

Figura 19. *Cartel oficial de recompensa de hasta 50.000.000 USD por información conducente al arresto de Nicolás Maduro Moros, designado terrorista global y líder del Cartel de los Soles, por conspiración de narcoterrorismo.*

Fuente: Departamento de Estado de los Estados Unidos / Drug Enforcement Administration (DEA), 2020. Dominio público. Recuperado de rewardsforjustice.net.

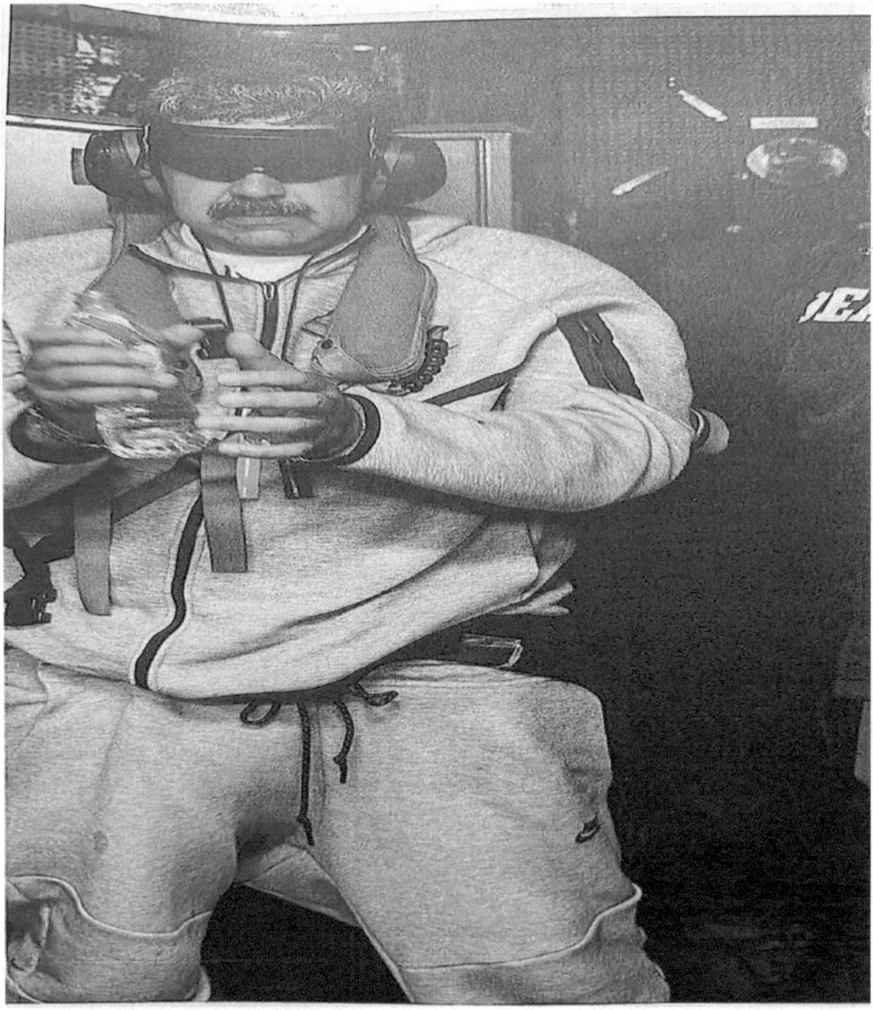

Figura 20. *Nicolás Maduro Moros a bordo del buque de asalto anfibio USS Iwo Jima (LHD-7) tras su captura por fuerzas especiales de los Estados Unidos, el 3 de enero de 2026.*

Fuente: gobierno federal de los Estados Unidos, 2026. Dominio público. Recuperado de Wikimedia Commons.

EPÍLOGO 3
La estructura sin el hombre: la persistencia del aparato represivo tras la captura (enero-junio de 2026)

Concluí la versión principal de esta investigación en 2023. Los dos epílogos anteriores nacieron después, para actualizarla: los fui escribiendo y reformulando a lo largo de 2024 y 2025, conforme seguía de cerca los acontecimientos en Venezuela, hasta cerrarlos con la captura de Maduro, en enero de 2026. La magnitud de aquel desenlace invitaba al optimismo y permitía vislumbrar una oportunidad histórica de recuperación democrática. Los meses posteriores, sin embargo, ofrecieron algo que ninguna teoría puede comprar: la posibilidad de someter mi marco analítico a una prueba en tiempo real. Si el autoritarismo venezolano fuera, como sostiene el relato personalista, una creación de Nicolás Maduro, su captura habría abierto la puerta a su desmontaje. Si, en cambio, mi tesis es correcta —si el Estilo Rentista es una arquitectura institucional y no un hombre—, entonces la remoción de la cabeza dejaría la estructura en pie. La evidencia de los primeros seis meses de 2026 es concluyente: la estructura permaneció.

El 12 de marzo de 2026, la Misión Internacional Independiente de Determinación de los Hechos sobre Venezuela presentó ante el Consejo de Derechos Humanos de la ONU un informe que dividió el período en dos fases —la previa a la captura y la posterior, bajo el gobierno de la presidenta encargada Delcy Rodríguez— y concluyó que en ninguna de ellas hubo cambios ni reformas estructurales en las instituciones del Estado (Misión FFM ONU, 2026). La Misión advirtió que las estructuras represivas no se desmantelaban, sino que mutaban para perpetuarse. No era una observación nueva: ya en 2022 la ONU había documentado que la violencia del SEBIN y la DGCIM respondía a un plan estatal, que se mantenían las mismas estructuras, patrones y prácticas, y que varios de los funcionarios investigados seguían en sus cargos o habían sido ascendidos. La captura de Maduro no alteró ese diagnóstico.

La cifra de presos políticos ilustra la lógica con crudeza. Tras la captura, el gobierno de Delcy Rodríguez anunció una Ley de Amnistía y excarceló a cientos de personas —cerca de 670 entre enero y marzo—; sin embargo, en junio de 2026 Foro Penal seguía contabilizando 404 presos políticos, entre ellos un adolescente y 179 militares (Foro Penal, 3 de junio de 2026). La amnistía, limitada a hechos y períodos específicos, excluyó los casos más graves, y las organizaciones de derechos humanos describieron un patrón de "puerta giratoria": se liberaba con una mano mientras se detenía con la otra (Human Rights Watch, 2026). Amnistía Internacional lo resumió sin rodeos al presentar su informe anual: a más de cien días de la captura, el aparato represivo seguía "totalmente vigente", sin que el gobierno de Delcy Rodríguez hubiera adoptado política alguna de desmantelamiento real (Amnistía Internacional, 2026). El aparato no se desactivó; se reguló.

La maquinaria de tortura tampoco se detuvo. La Misión de la ONU y Human Rights Watch han documentado de forma sostenida el uso de golpes, descargas eléctricas, asfixia y violencia sexual y de género contra los detenidos —incluidas formas de esclavitud sexual y prostitución forzada—, prácticas que la ONU ha calificado de crímenes de lesa humanidad (Human Rights Watch, 2026; Misión FFM ONU, 2025). En mayo de 2026, la familia de la presa política Yanín Pernía, recluida en el Instituto Nacional de Orientación Femenina, denunció —con el respaldo de Provea y del Observatorio Venezolano de Prisiones, que exigieron una investigación urgente— que habría sido víctima de violencia sexual reiterada a manos de sus custodios durante su reclusión, hechos que, de confirmarse, constituirían tortura según la Convención contra la Tortura ratificada por Venezuela (Provea y Observatorio Venezolano de Prisiones, 2026).

Que una denuncia de tal gravedad coincidiera con la política de excarcelaciones, y que la víctima siguiera excluida de ella, revela hasta qué punto la violencia institucional sobrevive a los gestos de apertura. El Observatorio Venezolano de Prisiones documentó, además, al menos diecinueve muertes bajo custodia del Estado solo entre abril y mayo de 2026, atribuidas al hacinamiento, la violencia y la ausencia de garantías mínimas para la vida (Observatorio Venezolano de Prisiones, 2026).

La permanencia se hizo tangible en El Helicoide, la sede del SEBIN convertida en símbolo de la tortura. El gobierno anunció su cierre y su conversión en un centro social y deportivo, pero el excomisario y expreso político Iván Simonovis denunció que el desalojo era una farsa: el recinto seguiría operando como centro de formación de la inteligencia política y como lugar de reclusión, mientras los comandos se redistribuían bajo otra apariencia (Simonovis, 2026). En junio de 2026, organizaciones de derechos humanos confirmaron que el cierre no se había ejecutado. No se desmonta una estructura: se la reacomoda.

El informe del Laboratorio de Paz de junio de 2026 completó el diagnóstico al constatar la ausencia de toda depuración institucional real: las autoridades señaladas por violaciones de derechos humanos no fueron removidas, sino ratificadas (Laboratorio de Paz, 2026). Diosdado Cabello permaneció al frente del Ministerio del Interior, y el general Gustavo González López —antiguo director del SEBIN y de la DGCIM, cuyo nombramiento al frente de PDVSA analicé en el Epílogo 2 como prueba de la fusión entre el aparato extractivo y el represivo— fue designado ministro de Defensa.

Y el dato más elocuente para mi marco: el Tribunal Supremo de Justicia, en lugar de declarar la falta absoluta de Maduro —que habría obligado a convocar elecciones en treinta días—, recurrió a una figura inexistente en la Constitución, la "ausencia forzosa", para permitir que Delcy Rodríguez se perpetuara en el poder de manera indefinida. A ello se sumó, en junio de 2026, la denuncia de Provea de que el gobierno había ignorado las observaciones de las relatoras de la ONU sobre las irregularidades en la designación del fiscal general y del Defensor del Pueblo, perpetuando la captura de los órganos de control (Provea, 2026).

La represión, además, no se detuvo en las fronteras. La organización Un Mundo Sin Mordaza documentó 326 casos de represión transnacional entre 2024 y 2025 —estigmatización extraterritorial, persecución digital y acciones penales contra disidentes y sus familias en el exilio—, lo que confirma que la maquinaria proyecta su alcance más allá del territorio nacional (Un Mundo Sin Mordaza, 2026). Es, en los términos de Anne Applebaum (2024), la lógica de Autocracy, Inc.: una red que sostiene a sus miembros más allá del territorio y del actor que la encarna.

Esta persistencia estructural plantea una tensión que apenas comienza a perfilarse. Mientras la maquinaria represiva permanece intacta, el gobierno de Delcy Rodríguez avanza hacia una normalización económica y diplomática —reactivación de canales consulares, reincorporación de PDVSA a los circuitos petroleros internacionales, apertura a la inversión extranjera— con el respaldo, todavía incierto en su alcance, de Estados Unidos. Washington enmarca esa relación en un plan de tres fases —estabilización, recuperación y transición— y su Secretaría de Estado insiste en que el arreglo con Delcy Rodríguez es temporal y en que deben convocarse nuevas elecciones; sin embargo, no existe aún calendario alguno, y la normalización económica avanza mucho más rápido que cualquier apertura política.

La contradicción es evidente: ¿quién invierte de manera sostenible en un país cuyas instituciones siguen siendo extractivas y cuyo aparato represivo no ha sido desmontado? Mi marco ofrece una respuesta inquietante. Si las rentas que hoy se busca reactivar ingresan a una estructura institucional que no ha sido depurada, no financiarán una transición, sino la supervivencia del propio Estilo Rentista, ahora legitimado por el reconocimiento internacional. Es cierto que Washington ha intentado acotar ese riesgo —los ingresos petroleros se depositan, por ahora, en una cuenta supervisada por su Departamento del Tesoro—; pero controlar el flujo de la renta no equivale a depurar las instituciones que la administran.

Es, precisamente, el riesgo que Applebaum (2024) identifica al describir cómo las autocracias contemporáneas explotan la apertura de las democracias —sus mercados, sus sistemas financieros, su necesidad de estabilidad— para lavar reputaciones y recursos. La normalización económica sin depuración institucional no rompe el bloqueo estructural: lo refinancia. No pretendo anticipar el rumbo definitivo de la política estadounidense, aún en formación; pero mi marco autoriza la advertencia: sin el desmantelamiento de las estructuras extractivas y represivas, la inversión corre el riesgo de convertirse en una nueva fuente de renta para el modelo que este libro describe.

Cada uno de estos hechos confirma, con una precisión casi incómoda, las predicciones de este libro. La persistencia de las estructuras represivas tras la remoción de Maduro demuestra que el autoritarismo venezolano nunca fue personalista. Como sostiene Anne Applebaum (2024), las autocracias contemporáneas no las dirige un solo hombre, sino redes institucionales —cleptocráticas, represivas y transnacionales— capaces de sobrevivir a la caída de cualquiera de sus figuras; es la lógica misma de Autocracy, Inc. que articulo a lo largo de este libro. La estructura venezolana confirmó esa tesis: la captura del actor dejó en pie la arquitectura, el Estilo Rentista hecho Estado.

El factor exógeno que documenté en el Epílogo 1 resultó necesario para quebrar el bloqueo estructural, pero no suficiente para desmontarlo: la estructura posee una inercia propia, una capacidad de mutación que le permite sobrevivir al actor que la encarnó. Esto no refuta mi marco; lo refuerza. La "ausencia forzosa" inventada por el Poder Judicial es el ejemplo más puro del mecanismo que vertebra toda esta investigación: la neutralización de los mecanismos endógenos de corrección. La alternancia que el colapso debería forzar es bloqueada, una vez más, por unas instituciones diseñadas para perpetuar y no para corregir. Es la Fase 4c en estado puro, ahora sin Maduro.

La transformación económica que acompaña a esta supervivencia plantea, más que certezas, interrogantes que solo el tiempo podrá responder. En los meses posteriores a la captura, el gobierno de Delcy Rodríguez emprendió un giro que en apariencia contradice dos décadas de estatismo chavista: reformas que abren a la inversión privada los sectores de hidrocarburos, minería y electricidad, la creación de una comisión para identificar los activos del Estado privatizables y un proceso de privatizaciones en puerta (Telemundo, 2026; Infobae, 2026). Sería, en los términos que anticipé en el Epílogo 2, un tránsito del modelo burocrático-populista radicalizado hacia un modelo tecnocrático-gerencial.

Pero ¿se trata de una transformación genuina o de una mutación del Estilo Rentista bajo un ropaje de mercado? ¿Se redistribuye realmente la renta, o solo cambia de manos hacia una élite renovada mediante la asignación discrecional de contratos? Los indicios no son alentadores: Armando.info ha documentado que, ya bajo el gobierno de Delcy Rodríguez, los Contratos de Participación Productiva para explotar el crudo se repartieron entre empresas sin experiencia y allegados al chavismo (Armando.info, 14 de enero de 2026), y que operadores emblemáticos del entramado madurista —como Carlos Erick Malpica Flores, ex vicepresidente de Finanzas de PDVSA— conservaron sus redes de negocios operando a través de testaferros ya bajo el nuevo gobierno (Armando.info, 19 de abril de 2026). Analistas venezolanos describen ya una economía formalmente abierta, pero funcionalmente cerrada (Transparencia Venezuela, 2026); la respuesta, sin embargo, permanece abierta.

De ahí que este libro, fiel a su vocación analítica, prefiera cerrar con preguntas antes que con profecías. Si Venezuela transita hacia elecciones libres, ¿regresará la democracia acompañada de populismo? ¿Se acentuará entonces el Estilo Rentista bajo formas democráticas, de modo que el populismo sin democracia que da título a estas páginas mute en un populismo con democracia, igualmente rentista y extractivo? ¿O logrará el país, en el largo plazo, edificar las instituciones inclusivas que quiebren por fin la lógica rentista y abran la puerta a un desarrollo sostenible?

Cabe, incluso, una tercera vía: la consolidación de un modelo de gestión híbrido, en el sentido que propone Carles Ramió (2022), que no sustituya de raíz los paradigmas anteriores, sino que integre y renueve las tres racionalidades de la gestión pública —la burocrática, la gerencial y la de gobernanza— en una administración más inteligente y capaz, y que pudiera convertir incluso la debilidad institucional en una oportunidad para la transformación. Cuál de estos escenarios prevalezca dependerá menos de la economía que de la política: de si se desmantela, o no, la arquitectura que estas páginas han descrito.

Vuelvo, al final, al principio: a la pregunta impresa en la portada de este libro. Cuando la economía colapsa, ¿por qué no cae el régimen? La respuesta que he desarrollado a lo largo de estas páginas cabe en su propio título: porque era un populismo sin democracia, sostenido no por el voto, sino por la renta. Y el subtítulo añade la advertencia que los acontecimientos confirmaron: la persistencia del Estilo Rentista.

Persistencia es la palabra exacta, porque el Estilo Rentista no se extingue con la caída de un hombre ni con el cambio de un modelo de gestión. Aun cuando la administración del petróleo se vuelva más ordenada, más gerencial, más atenta a la eficiencia, la productividad y la competitividad, la captura del Estado —la lógica de las coaliciones, el entramado intraburocrático, los intereses y el poder— no desaparece: convive con las nuevas formas, se adapta, se reviste. Por eso el modelo que viene será, casi con certeza, híbrido; pero la pregunta de fondo no es qué modelo de gestión prevalece, sino al servicio de quién se administra la renta.

Cabe, entonces, la pregunta más esencial de todas, la que late bajo el título mismo: ¿han tenido la culpa el petróleo y el Estilo Rentista? Mi respuesta, después de esta larga investigación, es que no, o no del todo. El petróleo no es un destino ni una maldición inscrita en el subsuelo; es una condición de posibilidad, no una causa suficiente. Existen petroestados que supieron convertir la renta en desarrollo y en democracia. La tragedia venezolana no la escribió la geología, sino la política: el Estilo Rentista es una construcción humana, una manera deliberada de organizar el poder en torno a la apropiación de la renta y, como toda construcción humana, pudo ser de otro modo y puede, todavía, desmontarse. La culpa —si esa palabra cabe en un texto académico— no es del petróleo: es de quienes edificaron, sostuvieron y armaron esa arquitectura contra su propio pueblo. Y en esa precisión hay, contra todo pronóstico, una esperanza: lo que se construyó políticamente, políticamente puede deshacerse. Venezuela no está condenada por su riqueza.

Pero ningún marco teórico, ningún modelo ni ninguna fase explicativa debe hacernos olvidar lo que de verdad importa, y con lo que quiero cerrar estas páginas. Detrás de cada cifra de este libro —de los millones que partieron al exilio, de los más de cuatrocientos presos políticos que aún permanecen tras las rejas, de los muertos bajo custodia del Estado, de las mujeres violentadas en las cárceles, de las familias castigadas por el solo delito de llevar un apellido— hay un rostro, un nombre, una vida. Venezolanos inocentes que no buscaban el poder ni la renta, sino, sencillamente, un país mejor; que marcharon, resistieron y murieron por salir de una autocracia perversa.

A ellos dedico, en última instancia, esta investigación. Que su historia quede escrita no como una nota a pie de página, sino como una pesadilla que jamás debió ocurrir y que jamás debe repetirse. Lo más urgente hoy no es teórico: es recuperar la democracia y honrar a Venezuela con la libertad de todos sus presos políticos. Cuando ese día llegue, este libro habrá cumplido su propósito más verdadero: no solo explicar cómo un país cayó en la trampa del populismo sin democracia, sino honrar la memoria de quienes pagaron con su vida el haber soñado con una democracia sin trampa. A su memoria, y a la Venezuela que vendrá, entrego estas páginas.

SIGLAS Y ABREVIATURAS

Sigla	Significado	Sigla	Significado
ACNUR	Alto Comisionado de las Naciones Unidas para los Refugiados	**AD**	Acción Democrática
AGROFANB	Empresa Agroalimentaria de la Fuerza Armada Nacional Bolivariana	**AGROINLACA**	Agroinsumos Lara C.A.
ALBA	Alianza Bolivariana para los Pueblos de Nuestra América	**ALDEM**	Alianza Democrática (coalición opositora venezolana)
ALIVENSA	Alimentos Venezolanos S.A.	**AMO**	Arco Minero del Orinoco
AN	Asamblea Nacional	**ANC**	Asamblea Nacional Constituyente
ANSU	Denominación venezolana del dron iraní Mohajer (ANSU-100 / ANSU-600)	**AP**	Avanzada Progresista
BANDES	Banco de Desarrollo Económico y Social de Venezuela	**BARIVEN**	Bariven S.A. (filial de PDVSA para compras industriales)
BCV	Banco Central de Venezuela	**BID**	Banco Interamericano de Desarrollo
BM	Banco Mundial	**BOLIPUERTOS**	Bolivariana de Puertos S.A.
CADAL	Centro para la Apertura y el Desarrollo de América Latina	**CADIVI**	Comisión de Administración de Divisas

Sigla	Significado	Sigla	Significado
CAF	Corporación Andina de Fomento (Banco de Desarrollo de América Latina)	**CAMIMPEG**	Compañía Anónima Militar de Industrias Mineras, Petrolíferas y de Gas
CANCORFANB	Compañía Anónima Nacional Constructora de la Fuerza Armada Nacional Bolivariana	**CANTV**	Compañía Anónima Nacional Teléfonos de Venezuela
CAPEC	Cadena Asociativa del Plástico (Carabobo)	**CAVIM**	Compañía Anónima Venezolana de Industrias Militares
CDR	Comités de Defensa de la Revolución (Cuba)	**CENAPROPEMIL**	Centro Nacional de Procesados y Penados Militares
CENDAS-FVM	Centro de Documentación y Análisis Social de la Federación Venezolana de Maestros	**CENDES**	Centro de Estudios del Desarrollo (Universidad Central de Venezuela)
CEOFANB	Comando Estratégico Operacional de la Fuerza Armada Nacional Bolivariana	**CEPAL**	Comisión Económica para América Latina y el Caribe
CESPPA	Centro Estratégico de Seguridad y Protección de la Patria	**CGR**	Contraloría General de la República
CIADI	Centro Internacional de Arreglo de Diferencias Relativas a Inversiones	**CIARA**	Fundación de Capacitación e Innovación para Apoyar la Revolución Agraria
CICPC	Cuerpo de Investigaciones Científicas, Penales y Criminalísticas	**CIDH**	Comisión Interamericana de Derechos Humanos

Sigla	Significado	Sigla	Significado
CIDOB	Centro de Relaciones Internacionales y Cooperación (Barcelona)	**CIED**	Centro Internacional de Educación y Desarrollo (PDVSA)
CIR	Coalición Iliberal Revolucionaria	**CITGO**	Citgo Petroleum Corporation (filial de PDVSA en EE. UU.)
CLAP	Comités Locales de Abastecimiento y Producción	**CLD**	Coalición Liberal Democrática
CNE	Consejo Nacional Electoral	**CONATEL**	Comisión Nacional de Telecomunicaciones
COPEI	Comité de Organización Política Electoral Independiente	**COPRE**	Comisión Presidencial para la Reforma del Estado
CORPOVEX	Corporación de Comercio Exterior de Venezuela	**CPI**	Corrupción (Índice de Percepción de la Corrupción — Transparency International)
CPP	Contratos de Participación Productiva	**CSC**	Corporación Socialista de Cemento
CSIS	Centro de Estudios Estratégicos e Internacionales (EE. UU.)	**CTL**	Corporación Trading Latinoamérica C.A.
CUPET	Cuba Petróleo (empresa estatal cubana)	**CVG**	Corporación Venezolana de Guayana
CVL	Compañía Venezolana de Logística	**CVM**	Corporación Venezolana de Minería
CVP	Corporación Venezolana del Petróleo	**DAE**	División de Asuntos Especiales (DGCIM)

Sigla	Significado	Sigla	Significado
DDHH	Derechos Humanos	**DEA**	Drug Enforcement Administration (Administración para el Control de Drogas, EE. UU.)
DGCIM	Dirección General de Contrainteligencia Militar	**DICOM**	Divisas Complementarias (tipo de cambio venezolano)
DIPRO	Divisas Protegidas (tipo de cambio venezolano preferencial)	**EE. UU.**	Estados Unidos de América
EHC	Emergencia Humanitaria Compleja	**EIU**	Economist Intelligence Unit
ELN	Ejército de Liberación Nacional (Colombia)	**EMASPROFORN**	Empresa Militar para el Aprovechamiento Sustentable de Productos Forestales y Recursos Naturales S.A.
EMMEPSA	Empresa Mixta Minera Ecosocialista Parguaza S.A.	**EMSOVEN**	Empresa Socialista de Venezuela (empresa militar)
ENCOVI	Encuesta Nacional de Condiciones de Vida	**EPE**	Empresas de Propiedad del Estado
FAES	Fuerzas de Acciones Especiales	**FANB**	Fuerza Armada Nacional Bolivariana
FARC	Fuerzas Armadas Revolucionarias de Colombia	**FAVL**	Frente Amplio Venezuela Libre

Sigla	Significado	Sigla	Significado
FFM	Misión Internacional Independiente de Determinación de los Hechos de la ONU (Fact-Finding Mission)	**FHRC**	Freedom House Research Center
FLACSO	Facultad Latinoamericana de Ciencias Sociales	**FMI**	Fondo Monetario Internacional
FOCAPEMIAC	Fondo de Capacitación y Apoyo a la Pequeña y Mediana Industria de Carabobo	**FONDEN**	Fondo de Desarrollo Nacional
FPPM-Ve	Foro Penal Venezolano	**FUNZUCREPO**	Fundación Zuliana de Crédito Popular
FUTPV	Federación Unitaria de Trabajadores Petroleros de Venezuela	**FVM**	Federación Venezolana de Maestros
GLP	Gases Licuados del Petróleo	**GNB**	Guardia Nacional Bolivariana
GPPSB	Gran Polo Patriótico Simón Bolívar	**HK**	AMW (HK) International (Hong Kong)
IA	Inteligencia Artificial	**IAEPHCH**	Instituto de Altos Estudios del Pensamiento del Comandante Hugo Chávez Frías
ICE	Servicio de Inmigración y Control de Aduanas de los EE. UU. (Immigration and Customs Enforcement)	**ICG**	International Crisis Group

Sigla	Significado	Sigla	Significado
IDEA	Instituto Internacional para la Democracia y Asistencia Electoral	**IESA**	Instituto de Estudios Superiores de Administración
IIE	Institute of International Education (Instituto de Educación Internacional)	**IIES-UCAB**	Instituto de Investigaciones Económicas y Sociales (Universidad Católica Andrés Bello)
INCES	Instituto Nacional de Capacitación y Educación Socialista	**INPC**	Índice Nacional de Precios al Consumidor
INPCAN	Índice Nacional de Precios al Consumidor de la Asamblea Nacional	**INTEVEP**	Instituto Tecnológico Venezolano del Petróleo
IPYS	Instituto Prensa y Sociedad Venezuela	**IVA**	Impuesto al Valor Agregado
IVSS	Instituto Venezolano de los Seguros Sociales	**IZEPES**	Instituto Zuliano de Estudios Políticos, Económicos y Sociales
JEP	Justicia, Encuentro y Perdón	**JIFE**	Junta Internacional de Fiscalización de Estupefacientes de las Naciones Unidas
LOCDOFT	Ley Orgánica Contra la Delincuencia Organizada y Financiamiento al Terrorismo	**LUZ**	Universidad del Zulia
MEP	Movimiento Electoral del Pueblo	**MUD**	Mesa de la Unidad Democrática
NGP	Nueva Gestión Pública	**NNA**	Niños, Niñas y Adolescentes

Sigla	Significado	Sigla	Significado
NOREF	Norwegian Centre for Conflict Resolution (Centro Noruego para la Resolución de Conflictos)	**OCCRP**	Organized Crime and Corruption Reporting Project
OCDE	Organización para la Cooperación y el Desarrollo Económicos	**ODEVIDA**	Observatorio para la Defensa de la Vida
OEA	Organización de los Estados Americanos	**OFAC**	Oficina de Control de Activos en el Extranjero (EE. UU.)
OHCHR	Oficina del Alto Comisionado de las Naciones Unidas para los Derechos Humanos	**OIT**	Organización Internacional del Trabajo
OLP	Operación de Liberación del Pueblo	**OMS**	Organización Mundial de la Salud
ONAPRE	Oficina Nacional de Presupuesto	**ONG**	Organización No Gubernamental
ONU	Organización de las Naciones Unidas	**OPEP**	Organización de Países Exportadores de Petróleo
OPS	Organización Panamericana de la Salud	**OVCS**	Observatorio Venezolano de Conflictividad Social
OVSP	Observatorio Venezolano de Servicios Públicos	**PDVSA**	Petróleos de Venezuela S.A.
PIB	Producto Interno Bruto	**PJ**	Primero Justicia
PLU	Plataforma Unitaria	**PNB**	Policía Nacional Bolivariana

Sigla	Significado	Sigla	Significado
PNUD	Programa de las Naciones Unidas para el Desarrollo	**PPT**	Patria Para Todos
PRIP	Plan de Recuperación Integral Productiva (PDVSA)	**Provea**	Programa Venezolano de Educación-Acción en Derechos Humanos
PROVIS	Programa de Vivienda Subnacional (Zulia, cofinanciado por el BID)	**PSUV**	Partido Socialista Unido de Venezuela
RNC	Registro Nacional de Contratistas	**RUNOPPA**	Registro Único y Obligatorio para Productores y Productoras Agrícolas
SAIME	Servicio Administrativo de Identificación, Migración y Extranjería	**SEBIN**	Servicio Bolivariano de Inteligencia Nacional
SEDEZEEMFANB	Secretaría de Desarrollo Económico de la Zona Económica Especial Militar de la FANB	**SELA**	Sistema Económico Latinoamericano y del Caribe
SENIAT	Servicio Nacional Integrado de Administración Aduanera y Tributaria	**SICAD**	Sistema Complementario de Administración de Divisas
SITME	Sistema de Transacciones con Títulos en Moneda Extranjera	**SROP**	Sistema de Registro de Operadores Portuarios
SUNACRIP	Superintendencia Nacional de Criptoactivos y Actividades Conexas	**SUNDDE**	Superintendencia Nacional para la Defensa de los Derechos Socioeconómicos

Sigla	Significado	Sigla	Significado
SUVINCA	Servicios Industriales C.A. (filial de CVG)	**TSJ**	Tribunal Supremo de Justicia
UCAB	Universidad Católica Andrés Bello	**UCV**	Universidad Central de Venezuela
UE	Unión Europea	**ULA**	Universidad de los Andes (Venezuela)
ULAC	Universidad Latinoamericana y del Caribe	**UNEFA**	Universidad Nacional Experimental de la Fuerza Armada Nacional
UNT	Un Nuevo Tiempo	**USD**	Dólar estadounidense (United States Dollar)
USDT	Tether USD (criptomoneda estable indexada al dólar)	**VIH**	Virus de la Inmunodeficiencia Humana
VP	Voluntad Popular	**VTV**	Venezolana de Televisión
WOLA	Washington Office on Latin America	**ZEEM**	Zona Económica Especial Militar
ZEEMDEF	Zona Económica Especial Militar de Desarrollo Forestal		

Referencias Bibliográficas

2001 Online (2024, 7 de noviembre). "Gustavo González López designado Intendente de Asuntos Estratégicos de PDVSA."

ABC España (2017, 6 de abril). "Exoficial chavista: G2 cubano controla el servicio de inteligencia en Venezuela."

ABC News (2026, 3 de enero). "US captures Maduro, carries out 'large scale strike' in Venezuela: Trump."

Abuelafia, E. y Saboin, J. L. (2020). *Una mirada a futuro para Venezuela*. Banco Interamericano de Desarrollo.

Acceso a la Justicia (2020). *Hitos del camino a la dictadura en Venezuela a partir de las elecciones parlamentarias de diciembre de 2015*. Caracas.

Acceso a la Justicia (2021). *Cuadro descriptivo de las 145 sentencias emitidas por el TSJ*. Caracas.

Acceso a la Justicia (2021). *Tribunal Supremo de Justicia (TSJ) vs. Asamblea Nacional (AN)*. Caracas.

Acceso a la Justicia (2022). *Elecciones en Autocracia. El caso venezolano 2017-2021*. Caracas.

Acceso a la Justicia (2023, 5 de agosto). "La Cruz Roja Venezolana engrosa la lista de organizaciones civiles intervenidas por el TSJ." Caracas.

Acceso a la Justicia (2024, 19 de diciembre). "La Ley Simón Bolívar puede acarrear la 'muerte civil' con simples sospechas."

Acemoglu, D.; Egorov, G. y Sonin, K. (2013). "A political theory of populism." *The Quarterly Journal of Economics*, vol. 128, núm. 2, pp. 771–805.

Acemoglu, D. y Robinson, J. A. (2012). *Why nations fail: The origins of power, prosperity, and poverty*. Crown Business.

Achutegui, A. (2018). *Venezuela y PDVSA: Matando a la gallina de los huevos de oro.* Real Instituto Elcano.

Acosta, A. y Cajas Guijarro, J. (2016). "Patologías de la abundancia. Una lectura desde el extractivismo." En: Cajas Guijarro, J. (Ed.), *Política fiscal y petróleo en América Latina* (pp. 23–58). FLACSO Ecuador. Quito.

Agropetroleros (2016, 15 de diciembre). "Por qué los trabajadores petroleros jubilados son protagonistas del convenio PDVSA-INCES."

Agropetroleros (2017, 22 de agosto). "Petroleros que estudian en Rusia revisarán propuestas para impulsar mejoras en producción de PDVSA."

AlbertoNews (2025, 1 de noviembre). "Contabilizan 54 detenciones arbitrarias de opositores durante el mes de octubre en Venezuela: 'Se generó una cada 15 horas'."

Albertus, M. y Menaldo, V. (2018). *Authoritarianism and the elite origins of democracy.* Cambridge University Press. Cambridge.

Alcántara, M. (2018). *El oficio del político.* Tecnos.

Alfaro Pareja, F. J. (2020). "Archipiélagos políticos bajo la tormenta en Venezuela: Coaliciones, actores y autocratización." *European Review of Latin American and Caribbean Studies*, (109), 21–40.

Alto Comisionado de las Naciones Unidas para los Refugiados (ACNUR) (2023). *Situación de refugiados y migrantes venezolanos en el mundo.* Ginebra.

Alto Comisionado de las Naciones Unidas para los Refugiados (ACNUR) (2025). *Situación de refugiados y migrantes venezolanos.* Ginebra.

Álvarez R., V. (2017). *¿Cómo evitar que el próximo gobierno también sea rentista?* Colección Propuestas Para Venezuela. Editorial Alfa. Caracas.

Amnistía Internacional (2014). *Líder de la oposición Leopoldo López debe ser liberado*. Amnistía Internacional.

Amnistía Internacional (2024). *Venezuela: Represión poselectoral y violaciones de derechos humanos*. Amnistía Internacional.

Amnistía Internacional (2025). *Venezuela: Desapariciones forzadas y detenciones arbitrarias*. Amnistía Internacional.

Amnistía Internacional (2025, 15 de julio). "Detenciones sin Rastro: El crimen de desaparición forzada en Venezuela."

Amnistía Internacional (2026). *Informe 2025/2026: La situación de los derechos humanos en el mundo*. Amnistía Internacional.

Analítica (2025, 28 de enero). "Encuesta Nacional de Hospitales revela desabastecimiento en áreas de emergencia."

Analítica (2025, 30 de enero). "Venezuela recibió 2,36 % de las remesas enviadas a Latinoamérica y el Caribe en 2024."

Aponte, C. (2019). "El Carnet de la Patria: herramienta de control social y electoral en Venezuela." *Revista Venezolana de Ciencia Política*, 15(2), 89–114.

Applebaum, A. (2024). *Autocracy, Inc.: The dictators who want to run the world*. Doubleday. New York.

Arellano, Á. (2023). "Cuando los resortes no resisten: recentralización como estrategia autoritaria en Venezuela." Perfiles Latinoamericanos, 31(61), pp. 1-23. FLACSO México.

Arenas, N. (2016). "Nicolás Maduro: ¿populismo sin carisma?" *Cuadernos del CENDES*, vol. 33, núm. 92, pp. 113–128.

Arenas, N. (2018a). "Venezuela: un caso de régimen populista." *Revista Latinoamericana de Política Comparada*, vol. 14, julio, pp. 57–90.

Arenas, N. (2018b). "Democracia y desarrollo: no siempre de la mano." En: Macareño, Carlos (Ed.), *Nuevas visiones sobre el desa-*

rrollo (pp. 287–330). CENDES / ILDIS / Friedrich Ebert Stiftung. Caracas.

Armando.info (2017, 23 de abril). "Empresarios cuestionados en Ecuador y EE. UU. le venden comida al gobierno venezolano." Investigación: Roberto Deniz.

Armando.info (2017, 16 de julio). "El chavismo enroca a sus militantes en los tribunales penales." Investigación: Joseph Poliszuk y Gabriela Cardona.

Armando.info (2017, 3 de septiembre). "De Veracruz a la Guaira, un viaje que une a Piedad Córdoba con Nicolás Maduro." Investigación: Roberto Deniz.

Armando.info (2018, 15 de enero). "El Estado venezolano compra oro a los mineros ilegales." Investigación: Bram Ebus.

Armando.info (2018, 18 de febrero). "La mala leche de los CLAP." Investigación: Patricia Marcano, Roberto Deniz y Claudia Solera.

Armando.info (2018, 22 de abril). "El 'take over' militar de Pdvsa ya es un hecho, pero no va bien." Investigación: Fabiola Zerpa.

Armando.info (2018, 17 de junio). "Quienes acapararon la importación para los CLAP ahora también traen medicinas." Investigación: Roberto Deniz.

Armando.info (2018, 5 de agosto). "Los CLAP son una 'franquicia' y ya tienen dueño." Investigación: Roberto Deniz.

Armando.info (2018, 16 de septiembre). "Los negocios de importación para los Clap florecen hasta en Emiratos Árabes Unidos." Investigación: Roberto Deniz.

Armando.info (2018, 7 de octubre). "La leche mexicana de los Clap: muchas marcas, poca calidad y casi un solo proveedor." Investigación: Patricia Marcano, Claudia Solera y Roberto Deniz.

Armando.info (2018, 28 de octubre). "El rey Midas del negocio de los Clap pone sus manos en el oro de Guayana." Investigación: Roberto Deniz.

Armando.info (2018, 4 de noviembre). "En México tres familias engordan sus fortunas con los Clap de Venezuela." Investigación: Claudia Solera y Roberto Deniz.

Armando.info (2019, 17 de febrero). "Los jueces de Venezuela asfaltan calles y firman sentencias." Investigación: Joseph Poliszuk y Patricia Marcano.

Armando.info (2019, 17 de marzo). "El atún de los CLAP es vegetal." Investigación: Roberto Deniz, Patricia Marcano y Claudia Solera.

Armando.info (2019, 24 de marzo). "Nuevo como sancionado por Estados Unidos, pero viejo como amigo de Saab y Pulido." Investigación: Roberto Deniz.

Armando.info (2019, 19 de mayo). "El monstruo que se tragó las importaciones venezolanas se llama Corpovex." Investigación: Roberto Deniz.

Armando.info (2019, 30 de junio). "El gol de oro de un amigo de Maradona en Venezuela." Investigación: Roberto Deniz.

Armando.info (2019, 7 de julio). "La ley del Poder Judicial: mientras más pobre la provincia, más chavistas son los jueces." Investigación: Patricia Marcano, Joseph Poliszuk y Gabriela Henríquez.

Armando.info (2019, 1 de diciembre). "¿Necesita lavar su reputación? Se alquilan diputados para tal fin." Investigación: Roberto Deniz.

Armando.info (2020, 19 de enero). "Siete países para siete diputados en defensa de Alex Saab." Investigación: Roberto Deniz.

Armando.info (2020, 12 de abril). "El Club de los 35: cómo Venezuela compró la lealtad de sus generales." Investigación: Organized Crime and Corruption Reporting Project (OCCRP).

Armando.info (2020, 10 de mayo). "La gran barata del oro en el Sur de Venezuela: compre un gramo y el otro le sale gratis." Investigación: Marcos David Valverde y Bram Ebus.

Armando.info (2020, 26 de julio). "El capataz que 'mantiene a Venezuela'." Investigación: Equipo de periodistas con apoyo de OCCRP.

Armando.info (2020, 30 de julio). "El trueque con México se quedó chucuto." Investigación: Elías Camhaji, Javier Lafuente y Roberto Deniz.

Armando.info (2020, 3 de agosto). "Los 'yuppies' contraatacan (y salen perdiendo)." Investigación: Elías Camhaji, Javier Lafuente y Roberto Deniz.

Armando.info (2020, 23 de agosto). "Ni en Roma consiguió indulgencias la 'Fracción Clap'." Investigación: Roberto Deniz.

Armando.info (2020, 17 de septiembre). "El contrabando del oro venezolano deja un rastro de corrupción en Guyana." Investigación: Bram Ebus.

Armando.info (2020, 22 de noviembre). "Los nuevos amos de Los Roques." Investigación: María Antonieta Segovia.

Armando.info (2020, 29 de noviembre). "Vexinca es 'pa' los panas'." Investigación: Ewald Scharfenberg.

Armando.info (2020, 2 de diciembre). "La de los Roques es apenas una pieza de este emporio." Investigación: María Antonieta Segovia.

Armando.info (2020, 6 de diciembre). "Nadie controló a la Comisión de Contraloría." Investigación: Roberto Deniz.

Armando.info (2021, 17 de enero). "Cómo Alex Saab y sus otros yo venden el petróleo venezolano." Investigación: Roberto Deniz, Elías Camhaji y Javier Lafuente.

Armando.info (2021, 24 de enero). "Lo que Maradona se llevó de Venezuela." Investigación: Roberto Deniz.

Armando.info (2021, 14 de febrero). "El joropo del dragón." Investigación realizada en alianza con el Centro Latinoamericano de Investigación Periodística (CLIP), con reportería de Diálogo Chino.

Armando.info (2021, 14 de abril). "El matrimonio bendecido por Castro Soteldo tiene de todo." Investigación: Marcos David Valverde.

Armando.info (2021, 2 de junio). "La gestión privada de amigotes del gobierno no hizo la diferencia en los centrales azucareros." Investigación: Carlos Crespo y Marcos David Valverde.

Armando.info (2021, 14 de junio). "Del apagón de 2019 surgió la red en México para burlar las sanciones contra Maduro." Investigación: Roberto Deniz, Ewald Scharfenberg, Georgina Zerega, Zorayda Gallegos, Elías Camhaji y Javier La Fuente.

Armando.info (2021, 15 de agosto). "La familia, mercantil antes que política, de Delcy Rodríguez." Investigación: Roberto Deniz.

Armando.info (2021, 18 de agosto). "Corpovex les dio contratos siameses a los hermanos Khalil." Investigación: Marcos David Valverde.

Armando.info (2021, 22 de agosto). "El Sultán de Puerto Cabello desembarcó en Miami y Madrid." Investigación: Carlos Crespo.

Armando.info (2021, 12 de septiembre). "Con un par de cabellos amarró el Ejército sus negocios en Bolipuertos." Investigación: Carlos Crespo.

Armando.info (2021, 13 de octubre). "Cuando China despertó, José Simón Elarba todavía estaba allí." Investigación: Marcos David Valverde.

Armando.info (2022, 30 de enero). "La minería ilegal montó sus bases aéreas en la selva." Investigación: Joseph Poliszuk, María Antonieta Segovia y María de los Ángeles Ramírez.

Armando.info (2022, 20 de marzo). "Con palanca consiguieron el Carnet de la Patria." Investigación: Roberto Deniz.

Armando.info (2022, 30 de marzo). "El nuevo Tribunal Supremo de siempre." Investigación: Isabel Guerrero.

Armando.info (2022, 5 de junio). "Mayday, negocios dudosos a bordo." Investigación: Carlos Crespo.

Armando.info (2022, 19 de junio). "Un monopolio atraca en Puerto Cabello." Investigación: Carlos Crespo y Roberto Deniz.

Armando.info (2022, 24 de julio). "Alex Saab se consiguió su propia plaza roja." Investigación: Roberto Deniz.

Armando.info (2022, 7 de agosto). "Desde lo alto de estas torres, una extraña alianza les contempla." Investigación: Carlos Crespo.

Armando.info (2022, 9 de noviembre). "Rodilla en tierra, pero en Doral." Investigación: Carlos Crespo.

Armando.info (2022, 20 de noviembre). "PDVSA dio patente de corso a unos intermediarios que le quedaron debiendo." Investigación: Roberto Deniz.

Armando.info (2022, 27 de noviembre). "¿Es una petrolera? ¿Una quincalla? ¿Un chatarrero? Más: es Superbigote." Investigación: Carlos Crespo.

Armando.info (2022, 4 de diciembre). "Alex Saab cayó preso, pero su socio sigue libre (y haciendo negocios)." Investigación: Roberto Deniz.

Armando.info (2022, 11 de diciembre). "Así funcionan las casas clandestinas de la DGCIM en Caracas."

Armando.info (2022, 14 de diciembre). "El viacrucis de los desaparecidos (y de quienes los buscan)."

Armando.info (2022, 16 de diciembre). "Cuando el esbirro se vuelve jefe."

Armando.info (2023, 8 de enero). "Llega Forum, se van las tiendas de Alex Saab." Investigación: Marcos David Valverde.

Armando.info (2023, 15 de enero). "Meritocracia militar: el más aventajado a la cárcel, el menos a Pdvsa." Investigación: Carlos Crespo.

Armando.info (2023, 29 de enero). "Los pleitos del 'Altum' dan vértigo." Investigación: Isabel Guerrero.

Armando.info (2023, 9 de abril). "Alex Saab y Álvaro Pulido también dejaron un 'mono' en Pdvsa." Investigación: Roberto Deniz.

Armando.info (2023, 12 de abril). "Venezuela ofreció una mano y Bielorrusia se agarró hasta el codo." Investigación: Valentina Lares, David González y Ales Yarashevich.

Armando.info (2023, 7 de mayo). "El evangelio según Maduro." Investigación: Marcos David Valverde.

Armando.info (2023, 14 de mayo). "El coronel que defraudó a Pdvsa montó una piñata para su familia." Investigación: Carlos Crespo.

Armando.info (2023, 25 de junio). "El 'Negro Fabio' encontró su dorado." Investigación: Jorge Benezra.

Armando.info (2023, 16 de julio). "El gran reemplazo en la zona minera." Investigación: Jorge Benezra.

Armando.info (2023, 23 de julio). "Una pesadilla del nazismo revive en Venezuela." Investigación: Patricia Marcano.

Armando.info (2024, 25 de agosto). "El cuarteto del terror judicial."

Armando.info (2024, 29 de septiembre). "El quinto juez del horror era un tipo bonachón."

Armando.info (2024, 13 de octubre). "No me defiendas, compadre."

Armando.info (2025, 1 de junio). "Una ruta del contrabando de oro venezolano quedó retratada en Islas Caimán." Investigación: Joseph Poliszuk.

Armando.info (2025, 10 de agosto). "Alibaba y la banda veneca que traficaba oro de Brasil a Venezuela."

Armando.info (2025, 14 de diciembre). "De la clandestinidad al exilio, el trayecto urgente de cientos de venezolanos después del 28J." Investigación: Claudia Smolansky.

Armando.info (2025, 21 de diciembre). "La verduga precoz."

Armando.info (2026, 11 de enero). "Amiguismo crudo." Investigación: Roberto Deniz y Paúl Mena Mena.

Armando.info (2026, 14 de enero). "Los contratos que Delcy repartió están en veremos."

Armando.info (2026, 22 de marzo). "El Sebin mudó el horror a 'La Arenosa'."

Armando.info (2026, 19 de abril). "Programa para hacerse banquero en dos meses."

Associated Press (2024, 2 de agosto). "AP review: Vote tallies provided by Venezuela opposition casts doubt on official election results." García Cano, R.; Goodman, J. y Kastanis, A.

Atlantic Council (2026, 8 de enero). "What it takes to revive Venezuela's oil and gas industry: Challenges for international investment." *Atlantic Council.*

Atlantic Council (2026, 14 de enero). "How the IMF can help Venezuela stabilize its economy after Maduro." *Atlantic Council.*

Auyero, J. (2001). *La política de los pobres: Las prácticas clientelistas del peronismo.* Ediciones Manantial. Buenos Aires.

Axios (2026, 3 de enero). "US military strikes Venezuela, captures Maduro and wife in unprecedented operation."

Badell & Grau (2024, 2 de diciembre). *Ley Orgánica Libertador Simón Bolívar contra el Bloqueo Imperialista y en Defensa de la República Bolivariana de Venezuela.* Caracas.

Banco Central de Venezuela (2023). "Tasas de cambio oficiales del bolívar." Caracas: BCV.

Banca y Negocios (2024, 10 de septiembre). "Producción petrolera de Venezuela cae 1.000 barriles por día en agosto, hasta los 927.000."

Banco Central de Venezuela (BCV) (2019, mayo). *Índice Nacional de Precios al Consumidor (INPC).* Caracas: BCV.

Baptista, A. (2008). *Itinerario por la Economía Política.* Ediciones IESA / Academia Nacional de Ciencias Económicas. Caracas.

Barráez, S. (2019, 29 de julio). "Cristopher Figuera admitió que se torturó en la Dirección de Inteligencia venezolana cuando él era subdirector." *Infobae.*

Bautista Urbaneja, D. (2013). *La Renta y el Reclamo. Ensayo sobre el Petróleo y la Economía Política en Venezuela.* Editorial ALFA. Caracas.

Bautista Urbaneja, D. (2022). *Venezuela y sus Repúblicas.* Universidad Católica Andrés Bello / Instituto de Estudios Parlamentarios Fermín Toro. Abediciones. Caracas.

Bertelsmann Stiftung / CADAL (2020). *Índice de Transformación Bertelsmann 2020: Venezuela.* Gütersloh: Bertelsmann Stiftung.

Bloomberg (2026, 3 de enero). "US forces seize Maduro in Venezuela strikes amid an operation to capture the president."

Bloomberg Línea (2023, 24 de febrero). "Bonos de Sistema Patria, febrero 2023: ¿cuáles son los bonos actuales y nuevos montos?"

Bloomberg Línea (2023, 1 de septiembre). "Sistema Patria: ¿qué bonos estarán llegando para septiembre en Venezuela?"

Brewer-Carías, A. (2020). *Algunas notas sobre el populismo.* Ponencia presentada en el Hay Festival de Cartagena de Indias. Cartagena, Colombia.

Brewer-Carías, A. (2023). "El caso de Venezuela: Un Estado depredador en guerra contra el país, sus instituciones, sus habitantes y sus ciudadanos." Ponencia presentada en el World Law Congress. New York, USA.

Brewer-Carías, A. R. (2018). *La ruina de Venezuela no fue un accidente: Socialismo y democracia.* Editorial Jurídica Venezolana.

Brewer-Carías, A. R. (2021). *La democracia como valor fundamental del Estado de Derecho.* Editorial Jurídica Venezolana.

Briceño-León, R. (2018). *La Modernidad Mestiza. Estudios de Sociología Venezolana.* Editorial Alfa. Barcelona.

Bull, B. y Rosales, A. (2023). "Cómo las sanciones a Venezuela abrieron paso a un capitalismo autoritario." *Nueva Sociedad*, (304), pp. 112–125.

Bull, B.; Rosales, A. y Sutherland, M. (2021). *Venezuela: De la crisis económica al capitalismo elitista bodegonero.* Friedrich Ebert Stiftung.

Bull, B.; Rosales, A. y Sutherland, M. (2022). "Venezuela: Lujo, desigualdades y 'capitalismo bodegonero'." *Nueva Sociedad*, (298), marzo-abril, pp. 14–26.

Casa Blanca (2023, 20 de diciembre). "Statement from President Joe Biden on the release of Americans detained in Venezuela."

Casa Blanca (2025, 6 de enero). "Readout of President Biden's Meeting with President-Elect Edmundo Gonzalez Urrutia of Venezuela."

Casa Blanca (2026, 9 de enero). "Executive Order on Blocking Property with Respect to the Situation in Venezuela."

Casa Blanca (2026, 9 de enero). "Fact sheet: President Donald J. Trump safeguards Venezuelan oil revenue for the good of the American and Venezuelan people."

Casullo, M. E. (2015). "¿En el nombre del pueblo? Por qué estudiar al populismo hoy." *Revista Sudamericana de Ciencia Política*, vol. 3, núm. 1, pp. 3–10.

Casullo, M. E. (2019). *¿Por qué funciona el populismo? El discurso que sabe construir explicaciones convincentes de un mundo en crisis*. Siglo XXI Editores. Buenos Aires.

CBS News (2023, 21 de diciembre). "10 American detainees released in exchange for Maduro ally in deal with Venezuela."

Cedice Libertad (2025, 13 de febrero). *Monitor de Servicios Básicos – enero 2025*. Observatorio del Gasto Público. Caracas.

Center for Global Development (2026, enero). *Barreling blindly ahead: The seizure of Venezuela's oil and its economic consequences*. Washington, DC.

Center for Strategic and International Studies (CSIS) (2020). *The fabulous five: How foreign actors prop up the Maduro regime in Venezuela*. Washington, D. C.: CSIS.

Centro Carter (2025). *Informe final: Elecciones presidenciales de Venezuela 2024*. Centro Carter. Atlanta.

Centro de Documentación y Análisis Social de la Federación Venezolana de Maestros (CENDAS-FVM) (2023). *Canasta básica alimentaria de Venezuela*. Caracas.

Centro de Documentación y Análisis Social de la Federación Venezolana de Maestros (CENDAS-FVM) (2025, diciembre). *Costo de la canasta básica alimentaria en Venezuela*. Caracas.

CEPAL — Comisión Económica para América Latina y el Caribe (2021). *Balance Preliminar de las Economías de América Latina y el Caribe 2021: República Bolivariana de Venezuela*. Naciones Unidas.

Chacín Medina, Y. R. (2021). "Aprendizaje y asimilación tecnológicos en la Empresa PDVSA-Occidente." *Revista Venezolana de Gerencia*, vol. 26, núm. 93, pp. 156–172.

Chaguaceda, A. y Camero, Y. (2020). "Los populismos: ¿parientes incómodos de las democracias?" *Cuadernos del Cendes*, año 37, núm. 103. Universidad Central de Venezuela. Caracas.

Chaustre Virgüez, M. del M. y Mijares, V. M. (2020). "Cómo fallan los Petroestados: análisis del caso Venezuela." *Cuadernos del CENDES*, año 37, núm. 103, enero-abril, pp. 35–62.

Chevron (2024). *2024 Annual Report: Operations in Venezuela and Financial Performance*. Chevron Corporation.

CNBC (2026, 3 de enero). "U.S. attacks Venezuela, captures Maduro and his wife; AG Bondi says charges include 'Narco-Terrorism'."

CNN (2026, 3 de enero). "Trump tells US is taking control of Venezuela's oil reserves after Maduro capture."

CNN en Español (2017, 14 de diciembre). "18 años de cárcel para los sobrinos de Cilia Flores y Nicolás Maduro."

CNN en Español (2023, 22 de marzo). "Maduro designa nuevo ministro de Petróleo tras renuncia de Tareck El Aissami bajo acusaciones de corrupción."

CNN en Español (2023, 22 de marzo). "¿Quién es Pedro Tellechea, el nuevo ministro de Petróleo de Venezuela? Coronel sin experiencia petrolera asume control de PDVSA."

CNN en Español (2023, 24 de julio). "¿Qué es y cómo solicitar el Carnet de la Patria para obtener los bonos en Venezuela?"

CNN en Español (2023, 23 de octubre). "María Corina Machado gana las primarias de la oposición en Venezuela y enfrentaría a Nicolás Maduro en 2024."

CNN en Español (2024, 22 de marzo). "Machado cede a la académica Corina Yoris la candidatura de la opositora Plataforma Unitaria a las elecciones presidenciales de Venezuela."

CNN en Español (2024, 25 de marzo). "La opositora Corina Yoris denuncia que no puede inscribirse como candidata presidencial en Venezuela."

CNN en Español (2024, 9 de abril). "Fiscalía de Venezuela anuncia la detención de Tareck El Aissami por corrupción en PDVSA."

CNN en Español (2024, 19 de abril). "Edmundo González se queda como candidato de la oposición mayoritaria en Venezuela."

CNN en Español (2024, 1 de septiembre). "Liberados 86 adolescentes detenidos tras presidenciales en Venezuela, según ONG."

CNN en Español (2024, 10 de septiembre). "¿Cuántos menores siguen presos tras las protestas postelectorales en Venezuela?"

CNN en Español (2024, 22 de octubre). "Pedro Tellechea acusado de traición a la patria por entregar información de PDVSA a inteligencia estadounidense."

CNN en Español (2025, 22 de febrero). "Un año del caso Ronald Ojeda: qué se sabe del secuestro y asesinato del exmilitar venezolano en Chile."

CNN en Español (2025, 10 de octubre). "Tres razones por las que María Corina Machado recibió el Premio Nobel de la Paz, según el Comité."

CNN en Español (2025, 21 de octubre). "Maduro ordena crear una app para que la ciudadanía reporte 'todo lo que ve, todo lo que oye'."

CNN en Español (2025, 27 de noviembre). "Mientras Maduro enfrenta la presión externa, la oposición venezolana denuncia una 'represión quirúrgica' del Gobierno."

CNN en Español (2025, 1 de diciembre). "La Fiscalía de la CPI anuncia el cierre de su oficina en Caracas por falta de 'progreso real' con Venezuela."

CNN en Español (2025, 13 de diciembre). "Trump anuncia inicio de operaciones militares contra Venezuela."

CNN en Español (2026, 3 de enero). "Trump anuncia la captura de Maduro y su esposa."

CNN en Español (2026, 29 de enero). "Asamblea Nacional de Venezuela aprueba reforma a ley de hidrocarburos impulsada por Delcy Rodríguez."

CNN en Español (2026, 26 de febrero). "Guanipa dice que la Ley de Amnistía es 'excluyente' y pide liberar a todos los presos políticos en Venezuela."

CNN en Español (2026, 20 de marzo). "Tras la caída de Padrino, ¿es Diosdado Cabello el siguiente en la reconfiguración del poder en Venezuela?"

CNN en Español (2026, 26 de marzo). "Un Maduro más delgado permaneció en silencio durante su segunda audiencia en Nueva York."

CNN en Español (2026, 24 de abril). "Delcy Rodríguez anunció el 'fin de la Ley de Amnistía': cuántos detenidos políticos aún permanecen en prisión."

CNN en Español (2026, 10 de mayo). "El chavismo reconoce la muerte de Víctor Quero, un preso político cuya madre de 82 años lo buscaba desde hace más de un año."

CNN en Español (2026, 13 de mayo). "Venezuela anuncia reestructuración de su deuda externa y la de PDVSA."

Colalongo, R. (2020). "El desarrollo teórico del populismo. Hacia una sistematización de lo escrito sobre el populismo como fenómeno político." *Cultura Latinoamericana*, vol. 32, núm. 2, pp. 40–67.

Colina, G. (2018, septiembre). "El nuevo ecosistema de partidos políticos en Venezuela." Observatorio Global de Comunicación y Democracia. Caracas.

Comisión Interamericana de Derechos Humanos (CIDH) (2024, 17 de agosto). "CIDH otorga medidas cautelares al periodista Roland Oswaldo Carreño Gutiérrez en Venezuela." Washington, DC: CIDH.

Comisión Interamericana de Derechos Humanos (CIDH) (2025). *Medidas cautelares y situación de derechos humanos en Venezuela*. Washington, DC: CIDH.

Comisión Interamericana de Derechos Humanos (CIDH) (2025, 29 de julio). "CIDH otorga medidas cautelares a Henry Alberto Castillo Molero en Venezuela." Comunicado de Prensa No. 25. Washington, DC: CIDH.

Comisión Nacional de Primarias de Venezuela (2023, 25 de octubre). *Tercer Boletín de Resultados de las Elecciones Primarias*. Caracas.

Comité de Afectados por Apagones (2021). *Registro nacional de fallas eléctricas, año 2020*. Caracas.

Constitución de la República Bolivariana de Venezuela (1999). Caracas.

Contreras Medina, F. R. (2023). "Estudio exploratorio sobre el Régimen Escópico del Chavismo en Venezuela (2013-2019)." *Revista Politeia*, vol. 46, núm. 66, pp. 124–154.

Control Ciudadano (2021, 24 de noviembre). *Gobernadores que provienen de la Fuerza Armada Nacional*. Caracas.

Control Ciudadano (2022, 31 de marzo). *El crecimiento de la red de empresas militares en Venezuela. Informe actualizado. ¿Hacia dónde avanza la FANB?* Gil Beroes, M. E. y San Miguel, R. Caracas.

Control Ciudadano (2022, 12 de abril). *Venezuela. Los civiles y militares más influyentes sobre la Fuerza Armada.* San Miguel, R. (Coord.). Caracas.

Control Ciudadano (2023, marzo). *Informe de entorno militar mensual marzo 2023.* San Miguel, R. (Coord.). Caracas.

Control Ciudadano (2023, marzo). *Participación militar en el gabinete ministerial.* Caracas.

Control Ciudadano (2023, 10 de marzo). *Juntas directivas de seis empresas militares.* Caracas.

Control Ciudadano (2023, abril). *Informe de 'abatidos' por cuerpos de seguridad del Estado y FANB en Venezuela — abril 2023.* Caracas.

Control Ciudadano (2023, 15 de junio). "Más de 100 personas fueron 'abatidas' por policías y militares en Venezuela entre abril y mayo de 2023." Caracas.

Control Ciudadano (2023, mayo). *Informe de 'abatidos' por cuerpos de seguridad del Estado y FANB en Venezuela — mayo 2023.* Caracas.

Control Ciudadano (2025, 8 de octubre). "Gustavo González López: responsable de violaciones de derechos humanos durante la gestión en SEBIN, incluyendo Operación de Liberación del Pueblo."

Cordiplan, P. G. del estado L. P. G. C. y FUDECO (1992). Modernización de las Gobernaciones. Avances y perspectivas. Caracas. [Memorias del Simposio.]

Coronel, G. (2023). *La gente del petróleo venezolano. Aportes para su historia.* Editorial Dahbar. Caracas.

Coronil, F. (1997). *The magical state: Nature, money, and modernity in Venezuela.* University of Chicago Press. Chicago.

Coronil, F. (2013). *El Estado Mágico. Naturaleza, Dinero y Modernidad en Venezuela.* Editorial Alfa. Caracas.

Corrales, J. (2020). "The authoritarian resurgence: Venezuela's collapse into dictatorship." En: Mainwaring, S. (Ed.), *Democratic crises. The Latin American predicament* (pp. 141–171). Brookings Institution Press. Washington, DC.

Corrales Leal, W. (2021). "Un nuevo estilo de desarrollo para Venezuela." *Cuadernos del CENDES*, año 38, núm. 108, septiembre-diciembre, pp. 67–96.

Correo del Caroní (2022, 16 de febrero). "Control Ciudadano denuncia opacidad en el manejo de Camimpeg a seis años de su creación."

Correo del Caroní (2024, 12 de septiembre). "Obligan a más de 100 trabajadores de Pdvsa a renunciar por razones políticas."

Correo del Caroní (2025, 17 de diciembre). "Alto comisionado: 'El sufrimiento del pueblo venezolano debe terminar'."

Correo del Orinoco (2016). "PDVSA y sus 172 centros de distribución en los 24 estados de la República Bolivariana de Venezuela."

Crónica Uno (2023, 25 de junio). "3000 trabajadores de Pdvsa Punta de Mata reclaman a ministro de Petróleo que otorgue beneficios ofrecidos."

Crónica Uno (2025, 4 de octubre). "Fernando Albán: muerte bajo custodia del SEBIN sigue siendo cuestionada por organismos internacionales."

Crónica Uno (2026, 9 de enero). "Gustavo González López: El guardia de honor de la presidencia con denuncias por tortura."

Cuentas Claras Digital (2020, 17 de agosto). "Los hermanos Morón en la conexión del oro de Nicolasito."

De la Torre, C. (2015). "The promise and perils of populism: Global perspectives." En: De la Torre, C. (Ed.), *The promise and perils of populism: Global perspectives* (pp. 1–28). University Press of Kentucky. Lexington.

De la Torre, C. (2017). "Los populismos refundadores. Promesas democratizadoras, prácticas autoritarias." *Nueva Sociedad*, (267), pp. 129–141.

De la Torre, C. (2018a). "Las incertidumbres de la sucesión populista: Ecuador en perspectiva comparada." *Revista Latinoamericana de Política Comparada*, 14, pp. 31–43.

De la Torre, C. (2018b). "Populism and the politics of the extraordinary in Latin America." *Journal of Political Ideologies*, 23(2), pp. 121–139.

De la Torre, C. (2020). "¿Qué hacen los populistas? ¿Y cómo estudiarlo?" *Revista Euro Latinoamericana de Análisis Social y Político*, 1(1), pp. 67–78.

Del Tronco, J. y Monsiváis-Carrillo, A. (2020). "La erosión de la democracia." *Revista de Estudios Sociales*, núm. 74, pp. 2–11.

Departamento de Energía de Estados Unidos (2026, enero). "Anuncio sobre venta de petróleo venezolano en mercados internacionales."

Departamento de Estado de Estados Unidos (2025, 7 de agosto). "Aumento de la oferta de recompensa de hasta 50 millones de dólares por información conducente al arresto y/o condena de Nicolás Maduro."

Departamento de Estado de Estados Unidos (2025, 16 de noviembre). "Designación del cartel de los Soles como terroristas."

Departamento de Justicia de Estados Unidos (2017, 15 de diciembre). "Nephews of Venezuela's first lady each sentenced to 18 years in prison for conspiring to import cocaine into the United States."

Departamento de Justicia de Estados Unidos (2020, 26 de marzo). "Nicolás Maduro Moros and 14 Current and Former Venezuelan Officials Charged with Narco-Terrorism, Corruption, Drug Trafficking and Other Crimes."

Departamento de Justicia de Estados Unidos (2021, 18 de octubre). "Extraditan a Estados Unidos desde Cabo Verde a empresario colombiano acusado de lavado de dinero."

Departamento del Tesoro de Estados Unidos, O. de C. de A. E. (OFAC) (2019, 25 de julio). "Treasury Disrupts Corruption Network Stealing From Venezuela's Food Distribution Program, CLAP." Comunicado de prensa sm741.

Diálogo Interamericano (2023). *China-Latin America Finance Database.* Washington, DC.

Diamond, L. (2020). "Democratic regression in comparative perspective: Scope, methods, and causes." *Democratization*, vol. 28, núm. 1, pp. 22–42.

Diario Las Américas (2024, 23 de marzo). "Plataforma Unitaria denuncia que CNE mantiene obstáculos para postular a la candidata Corina Yoris."

Diario Las Américas (2025, 3 de octubre). "Maduro designa como presidente de PDVSA a un general sancionado por EE. UU. por reprimir a opositores."

Diario Versión Final (2024, 12 de mayo). "¿Quién es Santiago Morón? El asistente de Nicolasito que estaría preso en la DGCIM."

Dornbusch, R. y Edwards, S. (1991). "The macroeconomics of populism in Latin America." En: Dornbusch, R. y Edwards, S. (Eds.), *The macroeconomics of populism in Latin America* (pp. 7–13). University of Chicago Press. Chicago.

Ecoanalítica (2021, marzo). *Informe sobre la dolarización de la economía venezolana.* Caracas: Ecoanalítica.

Ecoanalítica (2024, febrero). *Reporte de dolarización febrero 2024*. Caracas: Ecoanalítica.

The Economist Intelligence Unit (EIU) (2017). *Democracy Index 2017.* London: EIU.

The Economist Intelligence Unit (EIU) (2022). *Democracy Index 2021. The China challenge*. London: EIU.

The Economist Intelligence Unit (EIU) (2023). *Democracy Index 2022. Frontline democracy and the battle for Ukraine*. London: EIU.

Edwards, S. (2010). *Left behind: Latin America and the false promise of populism*. University of Chicago Press.

Edwards, S. (2019a). "On Latin American populism, and its echoes around the world." *Journal of Economic Perspectives*, vol. 33, núm. 4, pp. 76–99.

Edwards, S. (2019b). "Teoría Monetaria Moderna: Cuentos con moraleja de América Latina." *Documentos de Trabajo Serie Economía*, núm. 321. Centro de Economía Aplicada, Universidad de Chile.

Efecto Cocuyo (2023, 27 de julio). "Zona de Desarrollo Estratégico Nacional Arco Minero del Orinoco: extensión y características."

Efecto Cocuyo (2024, 27 de agosto). "Adolescente detenida en Carúpano por mensaje en WhatsApp se encuentra en estado delicado de salud."

Efecto Cocuyo (2024, 3 de octubre). "¿Quiénes son los cinco alcaldes opositores arrestados en Venezuela?"

Efecto Cocuyo (2025, 9 de enero). "Detienen al excandidato presidencial Enrique Márquez."

Efecto Cocuyo (2025, 23 de julio). "Liberan a Rodrigo Cabezas y otros dos economistas después de 41 días en desaparición forzada."

Efecto Cocuyo (2025, 12 de septiembre). "Detienen a familiares de un político al no encontrarlo tras allanarle su vivienda en Trujillo."

Efecto Cocuyo (2025, 18 de septiembre). "Hijos de Eduardo Labrador solicitan atención médica para el preso político."

Efecto Cocuyo (2025, 21 de octubre). "ULA rechaza la detención ilegal del médico Pedro Fernández."

Efecto Cocuyo (2025, 24 de octubre). "Imputan por delitos de 'odio' al médico merideño Pedro Fernández."

Efecto Cocuyo (2025, 9 de noviembre). "Cinco familias de activistas y opositores han sido blanco de detenciones en lo que va de 2025."

Efecto Cocuyo (2025, 1 de diciembre). "CPI cierra su oficina en Venezuela por falta de 'progreso real'."

Efecto Cocuyo (2025, 17 de diciembre). "Condenan a 10 años de cárcel a adolescente Gabriel Rodríguez, detenido arbitrariamente."

El Carabobeño (2023, 4 de mayo). "Fundación identificó a un coronel cubano que reprimió protestas en Valencia en 2017."

El Comercio (2023). "Cobertura sobre bonos sociales en Venezuela."

El Comercio Perú (2025, 4 de marzo). "Estados Unidos revoca Licencia General 41A a Chevron en Venezuela, otorga un mes para wind-down."

El Comercio Perú (2026, 1 de enero). "EE. UU. apunta a la fabricación venezolana de drones: cuál es la empresa sancionada y cómo colabora Irán con ella."

El Diario (2022, 3 de abril). "Trabajadores petroleros de Venezuela desconocen cuál es su salario."

El Español (2020, 30 de junio). "Nicolasito, el Kim Jong-un tropical: Maduro prepara a su hijo para la sucesión en Venezuela."

El Espectador (2022, 29 de noviembre). "Paz con el Eln: ¿cuál ha sido el papel de Venezuela en negociaciones de Colombia con grupos armados?"

El Estímulo (2025, 21 de enero). "Precio de la Canasta Alimentaria Familiar subió en diciembre a $498 (Cendas-FVM)."

El Estímulo (2025, 20 de noviembre). "Caso Samantha Hernández: madre de adolescente detenida en Caracas denuncia persecución familiar."

El Estímulo (2025, 17 de diciembre). "Condenan a 10 años de prisión a Gabriel Rodríguez, adolescente detenido en contexto postelectoral."

El Nacional (2023, 10 de marzo). "Más de 42.000 médicos han emigrado de Venezuela ante salarios de USD 5–20 mensuales."

El Nacional (2023, 10 de mayo). "Restricciones en Licencia General 41 limitan operaciones de Chevron por deuda de Venezuela de USD 3.750 millones."

El Nacional (2024, 27 de agosto). "Adolescente detenida en Carúpano por enviar mensaje sobre las elecciones está delicada de salud."

El Nacional (2025, 15 de enero). "Actividades en el Arco Minero del Orinoco han afectado miles de hectáreas de bosque."

El Nacional (2025, 23 de marzo). "Lo que el narcotráfico generó para Venezuela, según Transparencia."

El Nacional (2025, 23 de julio). "Excarcelaron a Rodrigo Cabezas, exministro de Chávez, tras 41 días de desaparición forzada."

El Nacional (2025, 16 de octubre). "Condenan a 10 años de prisión a mujer por comentario contra el gobierno de Maduro en WhatsApp."

El Nacional (2025, 17 de noviembre). "Condenan a 30 años de cárcel a la doctora Marggie Orozco por audio que criticaba al gobierno de Maduro."

El Nacional (2025, 22 de noviembre). "Denuncian detención arbitraria de dos jóvenes, hermanas de militar en el exilio."

El Nacional (2025, 17 de diciembre). "Condenaron a 10 años de prisión al adolescente Gabriel Rodríguez por terrorismo."

El Nacional (2026, 11 de mayo). "Juan Pablo Guanipa exige fe de vida de todos los presos políticos en Venezuela."

El País (2023, 28 de marzo). "Pedro Tellechea asume como ministro de Petróleo con mandato de sanear PDVSA."

El Pitazo (2023, 1 de agosto). "Perfiles: Profesores, sindicalistas y defensores de DD. HH."

El Pitazo (2023, 1 de agosto). "Tribunal condena a prisión a sindicalistas que protestaron contra el instructivo Onapre."

El Pitazo (2024, 23 de octubre). "Yenny Barrios, paciente oncológica detenida tras elecciones, es trasladada a emergencias."

El Pitazo (2025, 5 de enero). "Tocorón | Es excarcelado joven autista detenido en contexto poselectoral."

El Pitazo (2025, 17 de noviembre). "Médica es condenada a 30 años de prisión luego de ser denunciada por vocera del CLAP."

El Tequeño (2025, 15 de octubre). "Mujer de Los Teques condenada a 10 años por comentario en WhatsApp: su hija denuncia desde el exterior y pide clemencia."

El Tiempo (2018, 30 de marzo). "Panamá sanciona a Gustavo González López por representar alto riesgo de blanqueo de capitales y financiamiento del terrorismo."

El Tiempo (2020, 23 de febrero). "El 'factor cubano' en Venezuela: miles de asesores de inteligencia."

El Tiempo (2024, 24 de marzo). "Corina Yoris, opositora venezolana, pide al CNE extender el plazo para inscripción a las presidenciales."

El Tiempo (2024, 3 de septiembre). "Crisis en Venezuela: Tribunal dicta orden de captura contra el candidato opositor Edmundo González Urrutia tras orden de la Fiscalía."

Emol (2024, 25 de agosto). "Carta de 84 adolescentes detenidos en Venezuela dirigida a Maduro."

Emol (2024, 1 de septiembre). "Régimen venezolano libera a 86 adolescentes."

Emol (2024, 26 de septiembre). "Adolescentes que continúan presos en Venezuela claman libertad: 'No aguantamos ni un día más'."

ENCOVI (2020). *Encuesta Nacional de Condiciones de Vida 2019-2020.* Instituto de Investigaciones, Universidad Católica Andrés Bello. Caracas.

ENCOVI (2021). *Encuesta Nacional de Condiciones de Vida 2021*. Séptima edición. Instituto de Investigaciones Económicas y Sociales (IIES). Universidad Católica Andrés Bello. Caracas. Presentada el 29 de septiembre de 2021.

ENCOVI (2022). *Encuesta Nacional de Condiciones de Vida 2022.* Instituto de Investigaciones, Universidad Católica Andrés Bello. Caracas.

ENCOVI (2025). *Encuesta Nacional sobre Condiciones de Vida en Venezuela 2024*. Décima edición. Instituto de Investigaciones Económicas y Sociales (IIES). Universidad Católica Andrés Bello. Caracas. Presentada el 28 de abril de 2025.

ENCOVI (2026). *Encuesta Nacional sobre Condiciones de Vida en Venezuela 2025*. Decimoprimera edición. Instituto de Investigaciones Económicas y Sociales (IIES). Universidad Católica Andrés Bello. Caracas. Presentada el 7 de mayo de 2026.

Espacio Público (2021, 5 de mayo). "A tres años de la 'ley contra el odio'." Caracas: Espacio Público.

Espacio Público (2023, 3 de mayo). *Informe 2022: Situación del derecho a la libertad de expresión e información en Venezuela.* Caracas: Espacio Público.

Espacio Público (2023, 24 de julio). "Conatel cierra Éxtasis 97.7 FM después de 29 años al aire." Caracas: Espacio Público.

España, L. P. (2021). "De las misiones sociales al carnet de la patria 2015-2020: La evolución de la política social en Venezuela." *Revista Venezolana de Análisis de Coyuntura*, vol. 27, núm. 1, pp. 49–74.

Expansión (2025, 6 de enero). "Producción petrolera de PDVSA en 2024 no alcanzó el millón de barriles diarios pese a licencias estadounidenses."

Familiares de Presos Políticos Militares de Venezuela (FPPM-Ve) (2024, diciembre). *Informe sobre presos políticos militares en Venezuela.* Caracas.

Figari Layús, R. (2023). "Elites y violencia: alianzas, impunidad y desigualdad en América Latina." *Nueva Sociedad*, núm. 303, enero-febrero, pp. 64–77.

Fondo Monetario Internacional (FMI) (2022, 6 de diciembre). "Venezuela's Migrants Bring Economic Opportunity to Latin America." *IMF Country Focus.* Washington, DC.

Fontaine, G. (2018). "El análisis de políticas públicas en América Latina." *Cuadernos del CENDES*, año 35, núm. 97, enero-abril, pp. 137–145.

Foro Penal (2023, 12 de mayo). *Reporte sobre la represión política en Venezuela. Marzo 2023.* Romero, A. y Himiob Santomé, G. (Coords.). Caracas.

Foro Penal (2023, 19 de junio). *La represión en Venezuela en cifras.* Caracas.

Foro Penal (2024, 10 de septiembre). *Informe sobre detención de adolescentes en protestas poselectorales.* Caracas.

Foro Penal (2024, noviembre). *Reporte sobre la represión en Venezuela. Julio, agosto y septiembre de 2024. Situación pre- y postelectoral.* Caracas.

Foro Penal (2025). *Desapariciones forzadas en Venezuela.* Caracas.

Foro Penal (2025, 3 de noviembre). *Informe sobre presos políticos en Venezuela: 1.976 detenidos tras fraude electoral del 28 de julio 2024*. Caracas.

Foro Penal (2025, diciembre). *893 presos políticos en Venezuela: Informe actualizado*. Caracas.

Foro Penal (2025, 8 de diciembre). *Balance de presos políticos en Venezuela al 08/12/2025*. Caracas.

Foro Penal (2026, 21 de abril). *Excarcelaciones de presos políticos en Venezuela tras la promulgación de la Ley de Amnistía*. Caracas.

Foro Penal (2026, 9 de mayo). *Balance de presos políticos en Venezuela al 04/05/2026: 457 personas privadas de libertad por motivos políticos*. Caracas.

Foro Penal (2026, 3 de junio). *Balance actualizado de presos políticos en Venezuela*. Caracas.

France 24 (2024, 26 de marzo). "Ni Machado ni Yoris: oposición venezolana registra al exdiplomático Edmundo González como candidato."

France 24 (2024, 8 de abril). "Venezuela: radiografía de un sistema de salud en crisis."

Freedom House (2017, 31 de enero). *Freedom in the World 2017: Venezuela*. Washington, DC: Freedom House.

Freedom House (2017, 14 de noviembre). *Freedom on the Net 2017: Venezuela*. Washington, DC: Freedom House.

Freedom House (2022). *Defending democracy in exile: Policy responses to transnational repression*. Washington, DC: Freedom House.

Freedom House (2023). *Freedom in the World 2023: Venezuela*. Washington, DC: Freedom House.

Freites, I. (2025). "Declaraciones sobre militarización de PDVSA bajo Gustavo González López." Federación Unitaria de Trabajadores Petroleros de Venezuela.

Freites, I. (2025, 2 de octubre). "PDVSA está en manos de la represión: Gustavo González López, militar sancionado por violaciones de derechos humanos designado presidente."

Fuenmayor, J. (2018). *Política y gestión pública de las gobernaciones en Venezuela. En el contexto de la descentralización político-territorial.* Publicia.

Fundaredes (2020). *Monitoreo de pasos irregulares en la frontera colombo-venezolana.* Caracas.

Gaceta Oficial de la República Bolivariana de Venezuela (2024, 29 de noviembre). *Ley Orgánica Libertador Simón Bolívar contra el Bloqueo Imperialista y en Defensa de la República Bolivariana de Venezuela.* Gaceta Oficial N.° 6.859 Extraordinario.

García Larralde, H. (2017). "Venezuela invertebrada: Ficción, disimulo y magia." En: Seoane, J. B. y Banko, C. (Coords.), *Venezuela y su tradición rentista: Visión multidisciplinaria de una problemática.* Banco Central de Venezuela. Caracas.

García Larralde, H. (2020). *Venezuela. Una nación devastada. Las nefastas consecuencias del populismo redentor.* Kalathos Ediciones. Madrid.

Geddes, B. (1994). *Politician's dilemma: Building state capacity in Latin America.* University of California Press. Berkeley.

Gerchunoff, P.; Rapetti, M. y De León, G. (2020). "La paradoja populista." *Desarrollo Económico. Revista de Ciencias Sociales*, vol. 59, núm. 229, pp. 299–328.

Global Affairs and Strategic Studies (GASS) (2023). "Salta el Tapón del Darién y la migración a EE. UU. pasa a ser continental." *Informe de Seguridad Regional Americana (SRA 2023).* Universidad de Navarra.

Global Forest Watch (2024, 15 de julio). "El Arco Minero destruye los bosques venezolanos."

González Oquendo, L. (2007). "El rentismo y la construcción de problemas de investigación en ciencia política: el caso venezolano." *Cuadernos del CENDES*, vol. 24, núm. 65, pp. 99–120.

Gratius, S. y Rivero, Á. (2018). "Más allá de la izquierda y la derecha: populismo en Europa y América Latina." *Documento de Trabajo CIDOB*, núm. 03/2018. Barcelona: CIDOB.

Gudynas, E. (2015). *Extractivismos: Ecología, economía y política de un modo de entender el desarrollo y la naturaleza*. Centro de Documentación e Información Bolivia (CEDIB).

Gudynas, E. (2018). "Nuevas coyunturas entre extractivismos y desarrollo." *Problemas del Desarrollo*, vol. 49, núm. 195, pp. 9–30.

Guede Olier, M. A. (2015). *El rentismo petrolero venezolano y sus efectos en el modelo económico*. Editorial Universidad del Zulia.

Guerra, J. (2018, 8 de enero). "Inflación en Venezuela: Informe de la Comisión de Finanzas de la Asamblea Nacional." *Provea.*

Guerra, J. (2022). *Anatomía de una catástrofe. Las políticas económicas de los gobiernos de Venezuela 1920-2020*. Editorial Dahbar. Columbia, USA.

Guerra, J. y Alvarado, Á. (2020, 8 de julio). "Inflación de Venezuela fue del 508 % en el primer semestre, según la Asamblea Nacional." *France 24*.

Guerra, J.; Guzmán, R. y Alvarado, Á. (2019, 10 de enero). "Asamblea Nacional: inflación acumulada cerró en 1.698.488 %." *El Universal.*

Guerrero, O. (2004). *La Nueva Gerencia Pública: Neoliberalismo en la administración pública*. Fontamara. México.

Hansen, K. (2019). "The Carnet de la Patria: Venezuela's social credit system." *NOREF Report.* Norwegian Centre for Conflict Resolution.

Hawkins, K. A. (2016). "Responding to radical populism: Chavismo in Venezuela." *Democratization*, vol. 23, núm. 2, pp. 242–262.

Hernández G., J. I. (2018). "Administración y políticas públicas en Venezuela: Notas preliminares para su reconstrucción." *Revista Debates IESA*, vol. 23, núm. 1, pp. 34–39.

Hernández, M. (2022). *La política de los muertos extraordinarios: la sacralización del comandante Hugo Chávez en Venezuela* [Tesis, Universidad Nacional de San Martín].

Himiob Santomé, G. y Romero Mendoza, A. (2020). *Manual de Litigio Estratégico en Derechos Humanos*. Foro Penal Venezolano. Caracas.

Human Rights Watch (2017, 29 de noviembre). *Arremetida contra opositores: Brutalidad, tortura y persecución política en Venezuela*. Human Rights Watch.

Human Rights Watch (2023). "Venezuela." En: *Informe Mundial 2023*. Human Rights Watch.

Human Rights Watch (2025, abril). *Venezuela: Represión masiva después de las elecciones de 2024*. Human Rights Watch.

Human Rights Watch (2025, 2 de mayo). *Castigados por buscar un cambio: Asesinatos, desapariciones forzadas y detenciones arbitrarias tras las elecciones de 2024 en Venezuela*. Human Rights Watch.

Human Rights Watch (2025, 22 de septiembre). "Venezuela: Presos políticos aislados del mundo." Human Rights Watch.

Human Rights Watch (2026). "Venezuela." En: Informe Mundial 2026. Nueva York.

HumVenezuela (2022). *Informe de seguimiento a los impactos de la Emergencia Humanitaria Compleja en Venezuela*. HumVenezuela / Provea. Caracas.

HumVenezuela (2023, noviembre). *Cuarto Informe de Seguimiento a la Emergencia Humanitaria Compleja en Venezuela*. Caracas: HumVenezuela.

HumVenezuela (2024). *Reporte final de los Diagnósticos Comunitarios 2024*. Caracas.

Immigration and Refugee Board of Canada (2023). *Venezuela: Pro-government groups (also known as colectivos)*. Ottawa: IRB.

INCES (2023, 22 de febrero). "INCES y PDVSA renuevan convenios formativos para trabajadores de la petrolera."

Infobae (2020, 8 de febrero). "Rusia anunció que intensificará su influencia militar en Venezuela para defender al régimen de Nicolás Maduro de posibles amenazas."

Infobae (2022, 3 de julio). "El misterio de la Operación Aurora, el mayor robo de armas a la Fuerza Armada de Venezuela perpetrado por militares sublevados e indígenas."

Infobae (2022, 14 de julio). "Más de 40 defensores de derechos laborales y líderes sindicales fueron asesinados en Venezuela entre 2015 y 2020."

Infobae (2023, 1 de abril). "El Fiscal de la CPI afirmó que Maduro lideró un plan sistemático contra los opositores: miles fueron detenidos ilegalmente y más de 100 abusados sexualmente."

Infobae (2023, 16 de abril). "Las fuerzas de Maduro mataron a 9.465 personas en 10 años: Institucionalizaron los asesinatos por parte del Estado."

Infobae (2023, 20 de diciembre). "Estados Unidos liberó al testaferro de Nicolás Maduro: el colombiano Álex Saab y los USD 350 millones del CLAP."

Infobae (2024, 22 de marzo). "Elecciones en Venezuela: María Corina Machado no se presentará y eligió a Corina Yoris como candidata de la oposición."

Infobae (2024, 26 de marzo). "Finalmente la Plataforma Unitaria logró inscribir a un candidato para las presidenciales en Venezuela tras la prórroga del CNE."

Infobae (2024, 26 de marzo). "La oposición venezolana calificó como 'un atropello histórico' el bloqueo del régimen para inscribir a Corina Yoris."

Infobae (2024, 12 de abril). "La Fiscalía de Chile aseguró que el asesinato del ex teniente Ronald Ojeda se organizó desde Venezuela."

Infobae (2024, 20 de abril). "La oposición venezolana designó por unanimidad a Edmundo González Urrutia como su candidato presidencial."

Infobae (2024, 1 de septiembre). "María Corina Machado condenó las detenciones de más de 100 menores en Venezuela: 'Lo que ha hecho este régimen no tiene precedente'."

Infobae (2024, 20 de octubre). "Pedro Tellechea acusado de traición a la patria: de gerente exitoso a prisionero político según oposición venezolana."

Infobae (2025, 10 de enero). "Irán refuerza su presencia militar en Venezuela con drones y cooperación estratégica."

Infobae (2025, 5 de agosto). "Un informe reveló que la persecución contra militares institucionales en Venezuela es sistemática y extendida a sus familias."

Infobae (2025, 5 de noviembre). "La dictadura de Nicolás Maduro impuso un sistema de vigilancia vecinal para delatar y reportar a ciudadanos 'desconocidos'."

Infobae (2025, 6 de noviembre). "Murió Yenny Barrios, la paciente oncológica acusada de terrorismo luego del 28J cuyo único hijo también está detenido."

Infobae (2025, 17 de noviembre). "La dictadura de Nicolás Maduro sentenció a 30 años de cárcel a una médica venezolana por difundir un audio crítico al chavismo."

Infobae (2025, 10 de diciembre). "El salario mínimo en Venezuela llegó a medio dólar por mes."

Infobae (2025, 16 de diciembre). "La ONU denunció el reclutamiento forzado de adolescentes para las Milicias Bolivarianas del régimen de Maduro."

Infobae (2025, 21 de diciembre). "El Foro Penal denunció que la dictadura de Nicolás Maduro mantiene a 902 presos políticos en Venezuela: 86 son extranjeros."

Infobae (2026, 20 de febrero). "El opositor venezolano Juan Pablo Guanipa recuperó la libertad y cuestionó la ley de amnistía promulgada por Delcy Rodríguez."

Infobae (2026, 26 de marzo). "Tras 82 días en prisión, Maduro comparece en la Corte de Nueva York para reclamar la anulación de su juicio por narcoterrorista."

Infobae (2026, 5 de mayo). "El juicio federal contra Maduro en Nueva York aplaza su tercera audiencia hasta el 30 de junio."

Infobae (2026, 18 de mayo). "Murió Carmen Navas, la madre que buscó durante meses a su hijo preso político fallecido bajo custodia del chavismo en Venezuela."

Infobae (2026, 19 de mayo). "Reclamaron justicia en el velatorio de Carmen Navas, madre de un preso político fallecido bajo custodia del Estado en Venezuela."

Infobae (2026, 4 de enero). "Represión, éxodo y crisis económica: los números de los catastróficos 12 años de Maduro en Venezuela."

Infobae (2026, 7 de enero). "Trump anuncia control estadounidense sobre el petróleo venezolano."

InSight Crime (2018). *Venezuela: ¿Un Estado mafioso? Informe especial sobre crimen organizado en Venezuela.* InSight Crime.

InSight Crime (2022). "Cuba's Intelligence Support to Venezuela."

InSight Crime (2022). "La economía criminal del Arco Minero del Orinoco."

InSight Crime (2023). *Presencia de grupos armados irregulares en el Arco Minero del Orinoco.* InSight Crime.

Instituto Casla (2025, mayo). *Informe Anual 2024-2025 sobre Crímenes de Lesa Humanidad. Venezuela bajo asedio: represión estatal y crimen organizado transnacional.* Instituto Casla.

Instituto de Altos Estudios del Pensamiento del Comandante Supremo Hugo Rafael Chávez Frías (IAEPHCH) (2019). *Sobre el instituto.* Caracas: IAEPHCH.

Instituto de Altos Estudios del Pensamiento del Comandante Supremo Hugo Rafael Chávez Frías (IAEPHCH) (2021). *Estructura del diplomado 2022.* Ministerio del Poder Popular para Despacho de la Presidencia. Gobierno Bolivariano de Venezuela.

Instituto de Investigaciones Económicas y Sociales (IIES-UCAB) (2022). *Informe de Coyuntura. Venezuela: Primer semestre 2022.* Universidad Católica Andrés Bello. Caracas.

International Crisis Group (2021, 28 de abril). "A Rebel Playing Field: Colombian Guerrillas on the Venezuelan Border." Latin America & Caribbean Commentary. Brussels: ICG.

International Crisis Group (2022). *Venezuela's Military Enigma.* Latin America Report, núm. 93. Brussels: ICG.

International Crisis Group (2023, 20 de octubre). "Pacto en Barbados: La ruta sinuosa de Venezuela hacia comicios competitivos." Crisis Group Statement.

International Institute for Democracy and Electoral Assistance (IDEA) (2019). *The global state of democracy 2019: Addressing the ills, reviving the promise.* Stockholm: International IDEA.

International Institute for Democracy and Electoral Assistance (IDEA) (2021). *El estado de la democracia en las Américas 2021: Resiliencia democrática en tiempos de pandemia.* Estocolmo: International IDEA.

IPYS Venezuela (2018). *Informe anual sobre libertad de prensa en Venezuela 2018.* Instituto Prensa y Sociedad. Caracas.

Jiménez, M. (2021). "Contesting Autocracy: Opposition Coordination and Repression in Venezuela." *Government and Opposition*, vol. 56, núm. 4, pp. 665–687.

Jiménez, M. (2022). "La oscilante (in)capacidad de la oposición venezolana: Fragmentación, aprendizaje y estrategias de confrontación." *Colombia Internacional*, núm. 109, pp. 33–59.

Junta Internacional de Fiscalización de Estupefacientes (JIFE) (2020). *Informe de la Junta Internacional de Fiscalización de Estupefacientes correspondiente a 2019.* Naciones Unidas.

Justicia, Encuentro y Perdón (JEP) (2023, abril). *Balance de presos políticos en Venezuela.* Caracas.

Justicia, Encuentro y Perdón (JEP) (2023, mayo). *Análisis del crimen de asesinato en Venezuela. Patrones, recurrencia y selectividad a la luz de la situación ante la Corte Penal Internacional.* Observatorio Venezolano de Violencia. Caracas.

Justicia, Encuentro y Perdón (JEP) (2023, 28 de agosto). *Informe especializado sobre tipologías estatales e impunidad en Venezuela.* Caracas.

Justicia, Encuentro y Perdón (JEP) (2025, diciembre). *Trauma y sufrimiento psicoemocional derivados de la persecución política en Venezuela: Persecución que deja huellas.* Caracas.

Justicia, Encuentro y Perdón (JEP) (2025, 10 de diciembre). *1.081 presos políticos en Venezuela: Informe Día Internacional de los Derechos Humanos.* Caracas.

Karl, T. L. (1997). *The paradox of plenty: Oil booms and petro-states.* University of California Press. Berkeley.

Kronick, D. y Penfold, M. (2022). "Can autocracies learn? The political economy of regime survival in Venezuela." *Government and Opposition*, vol. 57, núm. 4, pp. 678–702.

La Gran Aldea (2020, 14 de agosto). "Los hermanos Morón en la conexión del oro de Nicolás Maduro Guerra."

La Opinión (2025, 18 de noviembre). "Dan 30 años de prisión a doctora venezolana que criticó a Nicolás Maduro en WhatsApp."

La Patilla (2024, 27 de agosto). "Héctor Obregón, especialista en criptos, reemplazó a Pedro Tellechea al frente de Pdvsa."

La Patilla (2025, 12 de septiembre). "Uniformados detuvieron arbitrariamente en Valera a familiares del activista Pedro Andrade."

La Patilla (2025, 18 de septiembre). "Hija de Eduardo Labrador denunció que sufrió tres parálisis faciales durante su reclusión en Rodeo I."

La Patilla (2025, 3 de noviembre). "Denunciaron desaparición de 16 militares presos en Ramo Verde tras presunto traslado a tribunales."

La Patilla (2025, 20 de noviembre). "Madre responsabilizó a Diosdado Cabello por secuestro de la DGCIM contra su hija adolescente."

La Patilla (2025, 21 de noviembre). "Militar en el exilio sufrió el secuestro de su segunda hermana en Venezuela, según Tamara Suju."

La Patilla (2025, 22 de noviembre). "Agentes chavistas profundizan la operación nazi del 'Sippenhaft' en Venezuela."

La República (2023, 1 de diciembre). "Acuerdo de Barbados 2023: Venezuela revisará las inhabilitaciones políticas de María Corina Machado y otros opositores."

La Tercera (2025, 21 de febrero). "A un año del secuestro de Ronald Ojeda: la historia del crimen que dejó en vilo las relaciones entre Chile y Venezuela."

La Verdad (2024, 30 de julio). "Confirman la muerte de un adolescente durante una protesta en San Francisco."

La Verdad (2025, 15 de octubre). "Le dan 10 años de cárcel por comentario en conversación privada por WhatsApp."

Laboratorio de Paz (2026, junio). *Informe sobre la transición y la persistencia de las estructuras represivas en Venezuela*. Caracas.

Laclau, E. (2005). *La razón populista*. Fondo de Cultura Económica. Buenos Aires.

Lesgart, C. (2020). "Autoritarismo. Historia y problemas de un concepto contemporáneo fundamental." *Perfiles Latinoamericanos*, vol. 28, núm. 55, pp. 349–371.

Letras Libres (2018, 29 de noviembre). "Venezuela: ¿el destino más reciente de la tecnología de vigilancia de China?"

Levitsky, S. y Way, L. A. (2010). *Competitive authoritarianism: Hybrid regimes after the Cold War*. Cambridge University Press. Cambridge.

Levitsky, S. y Way, L. A. (2020). "The new competitive authoritarianism." Journal of Democracy, 31(1), pp. 51–65.

Linz, J. J. y Stepan, A. (1996). *Problems of democratic transition and consolidation: Southern Europe, South America, and post-Communist Europe*. Johns Hopkins University Press.

Lipsky, M. (1980). *Street-Level Bureaucracy: Dilemmas of the Individual in Public Services*. Russell Sage Foundation. New York.

López Maya, M. (2008). "Venezuela: Hugo Chávez y el bolivarianismo." *Revista Venezolana de Economía y Ciencias Sociales*, vol. 14, núm. 3, pp. 55–82.

López Maya, M. (2022). "Populistas de izquierda en el gobierno: la experiencia de Venezuela." *Desafíos*, vol. 34, núm. 2, pp. 1–19.

López Maya, M. y Panzarelli, A. (2012). "Populismo, rentismo y socialismo del siglo XXI: el caso venezolano." En I. Cheresky (comp.), *¿Qué democracia en América Latina?*, pp. 205–234. CLACSO/Prometeo. Buenos Aires.

Lupa por la Vida (2023). *¿Qué es Lupa por la Vida?* Observatorio de Letalidad Policial. Caracas.

Manero, E. (2019). "Populismo(s), una lectura plural y compleja del concepto infame." *deSignis*, núm. 31, pp. 15–45.

Martínez-Meucci, M. Á. (2016). "Cambio político en Venezuela 2013-2016: ¿Transición, estado fallido o profundización revolucionaria?" En: Alarcón Deza, B. y Martínez-Meucci, M. Á. (Eds.), *Transición democrática o autocratización revolucionaria. El desafío venezolano II* (pp. 99–139). UCAB / Centro de Estudios Políticos. Caracas.

Martínez-Meucci, M. Á. (2020a). "Transiciones: teorías del cambio de régimen político." En: Olivar, J. A. y Martínez-Meucci, M. Á. (Coords.), *Transiciones políticas en América Latina. Desafíos y experiencias* (pp. 17–44). Universidad Metropolitana. Caracas.

Martínez-Meucci, M. Á. (2020b). "De Puntofijo al post-chavismo. Transición a la democracia en la Venezuela de ayer y hoy." En: Olivar, J. A. y Martínez-Meucci, M. Á. (Coords.), *Transiciones políticas en América Latina. Desafíos y experiencias* (pp. 267–298). Universidad Metropolitana. Caracas.

Martínez-Meucci, M. Á. y Alfaro-Pareja, F. (2020). "Asimetría del conflicto y mecanismos alternos de diálogo y negociación en Venezuela (2002-2019)." *América Latina Hoy*, 85, pp. 9-29.

Mascareño, C. (1996). Gestión y gerencia en las gobernaciones venezolanas. Caracas: CENDES-UCV.

Mascareño, C. (2000). Balance de la descentralización en Venezuela: logros, limitaciones y perspectivas. Caracas: PNUD/ILDIS/Nueva Sociedad.

Mascareño, C. (2007). "El federalismo venezolano recentralizado." Provincia, núm. 17, enero-junio, pp. 11-22. Mérida: CIEPROL-Universidad de Los Andes.

Mazzoleni, G. (2008). "Populism and the media." En: Albertazzi, D. y McDonnell, D. (Eds.), *Twenty-first century populism: The spectre of Western European democracy* (pp. 49–64). Palgrave Macmillan. London.

Medrano-Caviedes, C. (2019). "El diseño del legalismo autoritario en Venezuela." *Cuadernos del CENDES*, año 36, núm. 102, pp. 149–180.

Meléndez Pereira, C. (2023). "Los colectivos armados en el estado Lara: Entre el paramilitarismo y el clientelismo." *Observatorio de Violencia Política*, Informe núm. 12. Caracas.

Méndez Martínez, J. L. (2020). *Políticas públicas. Enfoque estratégico para América Latina.* Fondo de Cultura Económica. Ciudad de México.

Migración Colombia (2021). *Distribución de venezolanos en Colombia.* Bogotá: Ministerio de Relaciones Exteriores.

Ministerio del Poder Popular de Petróleo / Petróleos de Venezuela S. A. (MINPET/PDVSA) (2017). *Código de Conducta Ética Socialista.* Caracas.

Ministerio del Poder Popular para el Ecosocialismo (MINEC) (2023, 2 de mayo). "Presidente Maduro firmó decreto del ingreso mínimo integral fijado en 70$ indexado permanente." *VTV*. Gobierno Bolivariano de Venezuela.

Miranda Delgado, R. G. (2020). "Del populismo al autoritarismo legalizado. Análisis histórico comparado entre Venezuela y Nicaragua." *Nóesis*, vol. 29, núm. 57, pp. 23–38.

Misión de Determinación de los Hechos de las Naciones Unidas (2022, 21 de septiembre). "Enriquecimiento ilícito de militares y violaciones de DD. HH. en el Arco Minero documentó Misión de la ONU."

Misión de Observación Electoral de la Unión Europea (MOE UE) (2022, 22 de febrero). *Venezuela 2021: Informe Final. Elecciones regionales y municipales 21 de noviembre de 2021*. Bruselas.

Misión Internacional Independiente de Determinación de los Hechos sobre Venezuela (Misión FFM) (2024). *Venezuela: Fuerza Armada Nacional Bolivariana responsable de crímenes de lesa humanidad (2014-2024).* Oficina del Alto Comisionado de las Naciones Unidas para los Derechos Humanos.

Misión Internacional Independiente de Determinación de los Hechos sobre Venezuela (Misión FFM) (2025, septiembre). *Informe sobre represión poselectoral Venezuela.* Oficina del Alto Comisionado de las Naciones Unidas para los Derechos Humanos.

Misión Internacional Independiente de Determinación de los Hechos sobre Venezuela (Misión FFM) (2025, diciembre). *Actualización sobre tortura sistemática y crímenes de lesa humanidad.* Oficina del Alto Comisionado de las Naciones Unidas para los Derechos Humanos.

Misión Internacional Independiente de Determinación de los Hechos sobre Venezuela (Misión FFM) (2026, 12 de marzo). *Informe presentado ante el Consejo de Derechos Humanos de las Naciones Unidas.* Ginebra.

Misión Verdad (2025, 6 de marzo). "Declaraciones de Trump sobre política petrolera hacia Venezuela: promete revertir concesiones de Biden."

Monaldi, F. (2018). "El colapso de la industria petrolera venezolana y las opciones para su recuperación." En: Rodríguez, J. E. y Puente, J. M. (Coords.), *Venezuela: Más allá de la crisis* (pp. 89–134). UCAB Ediciones. Caracas.

Morales, M. y García Larralde, H. (2018). "Impactos de las Instituciones: Patrimonialismo, populismo, nacionalismo y militarismo." En: García Larralde, H. (Comp.), *La ilusión de la "siembra del petróleo"*. CENDES / Universidad Central de Venezuela. Caracas.

Morán, S. (2021). "El populismo o los populismos. Actualidad y particularidades del concepto en América Latina." *América Latina Hoy*, vol. 87, pp. 29–44.

Mudde, C. (2004). "The populist zeitgeist." *Government and Opposition*, vol. 39, núm. 4, pp. 541–563.

Mudde, C. y Rovira Kaltwasser, C. (2017). *Populism: A very short introduction.* Oxford University Press. Oxford.

Naciones Unidas — Misión de Determinación de los Hechos (2022, 21 de septiembre). *Informe sobre violaciones de derechos humanos en el Arco Minero del Orinoco.* Naciones Unidas.

Naím, M. (2005). *Illicit: How smugglers, traffickers, and copycats are hijacking the global economy*. Doubleday. New York.

Naím, M. (2012). "Mafia States: Organized Crime Takes Office." *Foreign Affairs*, vol. 91, núm. 3, pp. 100–111.

National Interest (2026, 11 de enero). "How the Inter-American Development Bank can help the Venezuelan recovery: Role of multilateral institutions." *The National Interest.*

Newtral (2024, 5 de septiembre). "Qué son los 'comanditos' en Venezuela y por qué fueron claves para poner en entredicho los resultados electorales oficiales."

Noticias24 Venezuela (2025, 16 de octubre). "Condenan a 10 años de prisión a una mujer venezolana por enviar mensaje 'crítico' por WhatsApp."

NPR (2020, 27 de noviembre). "6 U.S. Citgo executives convicted and sentenced in Venezuela."

NPR (2026, 3 de enero). "US military captures Venezuelan President Maduro, Trump announces major operation and control of government."

The Objective (2024, 16 de octubre). "Así es el informe que tiene la OEA que certifica la victoria de Edmundo González en Venezuela."

Observatorio para la Defensa de la Vida (Odevida) (2022). *Informe sobre violencia contra defensores de derechos laborales en Venezuela 2015-2020*. Caracas.

Observatorio Venezolano de Conflictividad Social (OVCS) (2023). *Informe Venezuela. Primer trimestre 2023*. Caracas: OVCS.

Observatorio Venezolano de Conflictividad Social (OVCS) (2025, 19 de febrero). *Conflictividad social en Venezuela en 2024 (Informe anual)*. Caracas: OVCS.

Observatorio Venezolano de la Salud (2025, 8 de abril). "Día de la Salud 2025: protegiendo la salud de madres y recién nacidos."

Observatorio Venezolano de Prisiones (2025, 3 de febrero). "Más de 200 personas detenidas en el contexto poselectoral siguen privadas de libertad."

Observatorio Venezolano de Prisiones (2025, 21 de julio). *Informe Anual 2024: Sin separación ni autonomía de poderes: cárceles y calabozos como herramientas de tortura*. Caracas.

Observatorio Venezolano de Prisiones (2025, 7 de diciembre). "Responsabilidad del Estado por muertes bajo custodia."

Observatorio Venezolano de Prisiones (2026). *Muertes bajo custodia del Estado en Venezuela: abril-mayo de 2026*. Caracas.

Observatorio Venezolano de Servicios Públicos (OVSP) (2024). *Encuesta Nacional de Percepción de Servicios Públicos 2024*. Caracas.

Ochoa, H. y Fuenmayor, J. (2006). "Ni tecnocracia ni populismo: hacia una gestión pública para la transformación en Venezuela." En H. Ochoa y A. M. Estévez (comps.), *El poder de los expertos: para comprender la tecnocracia* (pp. 145-188). Maracaibo: Ediciones Astro Data / Centro de Estudios de la Empresa, Universidad del Zulia.

Ochoa, H.; López, M. y Rodríguez, I. (1996). "Administración pública y populismo en Venezuela." *Revista Venezolana de Gerencia*, vol. 1, núm. 1, pp. 39–58.

Ochoa, H. y Montes de Oca, Y. (2004). "Rendición de cuentas y contraloría social en Venezuela: Entre el discurso participativo y la centralización." *Revista Venezolana de Gerencia*, vol. 9, núm. 28, pp. 611–632.

Oficina del Alto Comisionado de las Naciones Unidas para los Derechos Humanos (OHCHR) (2024, 14 de febrero). "Venezuela: Experto de la ONU hace un llamado en favor de los Derechos Humanos, no de la caridad, para acabar con el hambre y la malnutrición."

Oliveros, L. (2018). "Toma de decisiones en el sector petrolero venezolano: Entre la improvisación y el autoritarismo." *Revista Debates IESA*, vol. 23, núm. 3, pp. 18–23.

ONU (2024, febrero). *Informe sobre el derecho a la alimentación en Venezuela.* Naciones Unidas.

ONU (2024, 9 de agosto). *Interim report of the Panel of Electoral Experts on the presidential election in Venezuela.* United Nations.

ONU (2025, septiembre). *Informe al Consejo de Derechos Humanos: Crímenes de lesa humanidad en Venezuela.* Naciones Unidas.

ONU. (2025, 22 de septiembre). "Venezuela: La persecución por motivos políticos se está intensificando, advierte la Misión Independiente." Naciones Unidas.

ONU (2025, 11 de diciembre). *Conclusiones detalladas: Crímenes de lesa humanidad — el rol de la Guardia Nacional Bolivariana*. OHCHR.

ONU (2025, 16 de diciembre). "Sin mejoras en derechos humanos, Venezuela enfrenta una mayor represión, advierte la ONU."

Organización de Estados Americanos (OEA) (2018). *Informe de la Misión de Observación Electoral: Elecciones presidenciales de Venezuela 2018*. Washington, DC: OEA.

Organización Panamericana de la Salud / Organización Mundial de la Salud (OPS/OMS) (2025). *Datos de mortalidad materna e infantil en Venezuela*. OPS/OMS.

Osorio García, S. N. (2012). "El pensamiento complejo y la transdisciplinariedad: Fenómenos emergentes de una nueva racionalidad." *Revista de la Facultad de Ciencias Económicas de la Universidad Militar Nueva Granada*, vol. 20, núm. 1, pp. 269–291.

Ostiguy, P. (2017). "Populism: A socio-cultural approach." En: Rovira Kaltwasser, C.; Taggart, P.; Ochoa Espejo, P. y Ostiguy, P. (Eds.), *The Oxford handbook of populism* (pp. 73–96). Oxford University Press. Oxford.

Palma, P. (2022). *Crónicas de una historia vivida: Recuerdos y reflexiones de un economista venezolano*. Editorial Alfa. Caracas.

Palma, P. A. (2011). "Riesgos y consecuencias de las economías rentistas." *Revista Venezolana de Análisis de Coyuntura*, vol. 17, núm. 1, pp. 51–76.

Panampost (2020, 6 de julio). "'Nicolasito' Maduro Guerra, un ruin criminal más del chavismo."

PBS News (2026, 3 de enero). "Trump announces capture of Venezuela's Maduro following military strikes on Caracas."

PDVSA (2020). *Propuestas de reestructuración de PDVSA para la recuperación de la producción petrolera*. Caracas: PDVSA.

Penfold, M. (2018). "El impacto electoral del clientelismo alimentario en Venezuela." *Latin American Research Review*, 53(4), pp. 665–680.

Penfold, M. (2022). "The collapse of populist regimes and the emergence of survival authoritarian governments in Venezuela." *Latin American Policy*, vol. 13, núm. 1, pp. 51–71.

Peruzzotti, E. (2017a). "El populismo como ejercicio de poder gubernamental y la amenaza de hibridación de la democracia liberal." *Revista S.A.A.P.*, vol. 11, núm. 2, pp. 213–225.

Peruzzotti, E. (2017b). "Populismo y representación democrática." En: De la Torre, C. (Ed.), *El populismo como espejo de la democracia* (pp. 97–132). FLACSO México.

Peruzzotti, E. (2021). "La teoría democrática de Laclau y sus limitaciones: analizando al populismo como ejercicio de poder." *PolHis*, vol. 14, núm. 27, pp. 68–98.

PETROGUÍA (2018, 11 de diciembre). "PDVSA le da prioridad a la UNEFA para la formación de trabajadores petroleros."

Placer, D. (2015). *Los brujos de Chávez: la magia como prolongación de la política.* Sarrapia.

Placer, D. (2019). *El dictador y sus demonios: la secta de Nicolás Maduro que secuestró a Venezuela.* Edición independiente.

Plataforma de Coordinación Interagencial para Refugiados y Migrantes de Venezuela (R4V) (2023). *Refugiados y Migrantes Venezolanos en la Región. Marzo 2023*. Panamá.

Plataforma Patria (2023). *Blog Patria.* Sistema Patria. Caracas.

Poblete Vásquez, M. E. (2006). "Populismo Latinoamericano: una perspectiva comparada." *Temas y Debates*, núm. 11, año 10, pp. 121–145. Universidad Nacional de Rosario.

Presidencia de la República Bolivariana de Venezuela (2023). *Documentos y decretos oficiales.* Caracas.

Primera Hora (2018, 30 de marzo). "Estados Unidos, Canadá y Suiza sancionan a Gustavo González López por violaciones de derechos humanos."

Prodavinci (2023, 24 de octubre). "Gobierno y Plataforma Unitaria firmaron dos acuerdos parciales en Barbados."

Provea (2021). *Gobierno tolera negocios de paramilitares para no perder a sus pistoleros.* Caracas: Provea.

Provea (2022, 11 de octubre). *Informe Especial: La muerte lenta de Raúl Isaías Baduel.* Caracas: Provea.

Provea (2025, 6 de junio). "El Arco Minero del Orinoco sigue afectando pueblos indígenas: contaminación por mercurio y vulneración de consulta previa."

Provea (2026, 10 de junio). "El Estado ignoró las observaciones de la ONU sobre la designación del Fiscal General y el Defensor del Pueblo." Caracas.

Provea y Observatorio Venezolano de Prisiones (2026, 20 de mayo). "Denuncia de violencia sexual contra la presa política Yanín Pernía en el INOF." Caracas.

Puente, J. M. (2022, 8 de febrero). "Ni Venezuela se arregló, ni el dólar cuesta 4 bolívares." *El Estímulo.*

Puente, J. M. (2023). *Índice Mundial de Seguridad Alimentaria 2022: El caso de Venezuela.* Universidad Católica Andrés Bello / Observatorio Venezolano de Seguridad Alimentaria. Caracas.

Puente, J. M. y Rodríguez, J. A. (2020). "Venezuela en etapa de colapso macroeconómico: Un análisis histórico y comparativo." *América Latina Hoy*, (85), pp. 55–72. Universidad de Salamanca.

Quintero, R. (2018). "Maduro y el chavismo: Legitimidad y continuidad." *Revista Venezolana de Análisis de Coyuntura*, 24(1), pp. 11–38.

Ramió, C. (2022). *Burocracia Inteligente. Guía para transformar la Administración Pública*. Catarata. Madrid.

Ramírez, E. (2018). "Años de desatinos (2002-2018)." En: Brewer-Carías, A. (Ed.), *Crónica de una destrucción*, núm. 3 (pp. 35–41). Universidad Monteávila / Editorial Jurídica Venezolana. Caracas.

Rangel Guerrero, C. (coord.) (2022). "Del federalismo nominal al federalismo real. ¿Insistimos en la descentralización?" Presente y futuro de la economía en Venezuela, Coordinación de Sector Público. Universidad Católica Andrés Bello.

Refinadores PLC (2018). "PDVSA suscribió convenios educativos con cinco universidades nacionales."

Reuters (2017). "Agentes de inteligencia venezolana y casos de PDVSA."

Reuters (2018, 14 de noviembre). "How ZTE helps Venezuela create China-style social control." Investigación: Angus Berwick.

Reuters (2020, 28 de febrero). "Agentes de inteligencia venezolana detienen a dos ejecutivos de PDVSA."

Reuters (2024, 21 de agosto). "Dozens forced to quit Venezuela's PDVSA over political views, workers say."

Reuters (2026, 5 de enero). "Venezuela's default-hit government bonds surge 30 percent after Maduro capture as markets anticipate debt restructuring."

Revista SIC (2024, 6 de febrero). "Camimpeg: las Fuerzas Armadas y el Arco Minero del Orinoco."

Rodrigues de Caires, C. M. y Sánchez Azuaje, J. (2018). "La supervivencia del autoritarismo en Venezuela: legados institucionales y estrategias mixtas (2013-2017)." *Revista Andina de Estudios Políticos*, núm. 8(2), pp. 48–71.

Rodrik, D. (2018). "Is populism necessarily bad economics?" *AEA Papers and Proceedings*, vol. 108, núm. 1, pp. 196–199.

Rojas Silva, N. y Ángel, S. (2023). "El año de la propaganda oficial: 'Venezuela se arregló' y la galería de las paradojas." *Revista de Ciencia Política*, 43(2), pp. 403–431.

Ross, M. L. (2001). "Does oil hinder democracy?" *World Politics*, 53(3), pp. 325–361.

Ross, M. L. (2012). *The oil curse: How petroleum wealth shapes the development of nations.* Princeton University Press. Princeton.

Rotberg, R. I. (2004). "The failure and collapse of nation-states: Breakdown, prevention, and repair." En: Rotberg, R. I. (Ed.), *When states fail: Causes and consequences* (pp. 1–45). Princeton University Press. Princeton.

Roth, A. (2019). "Las políticas públicas y la gestión pública: Un análisis desde la teoría y la práctica." *Estudios de la Gestión: Revista Internacional de Administración*, núm. 5, enero-junio, pp. 223–229.

Rovira Kaltwasser, C. (2019). "Populismo y economía: una relación ambivalente." *Perspectivas*, núm. 3. Fundación Friedrich Ebert Chile. Santiago.

Runrun.es (2019, 14 de marzo). "Más de 73 toneladas de oro de Venezuela salieron en 33 vuelos rumbo a Dubai y Turquía en 2018."

Runrun.es (2024, 6 de noviembre). "Gustavo González López designado Intendente de Asuntos Estratégicos y Control de Producción de PDVSA en octubre de 2024."

Runrun.es (2025, 8 de noviembre). "Los derechos de Yenny Barrios fueron vulnerados hasta su muerte."

Runrun.es (2025, 22 de noviembre). "Denuncian la detención de otra hermana del teniente Hernández Castillo."

Runrun.es (2025, 17 de diciembre). "Los sueños del adolescente Gabriel Rodríguez, truncados por condena sin pruebas."

Runrun.es (2026, 30 de enero). "Maykelis Borges: el rostro cruel del Sippenhaft y una maternidad en prisión."

Sachs, J. D. (1989). "Social conflict and populist policies in Latin America." *NBER Working Paper*, núm. 2897. National Bureau of Economic Research. Cambridge, MA.

Salamanca, L. (2018). "El sistema populista de confrontación en la Venezuela chavista." En: Spiritto, F. (Coord.), *Decisiones de gobierno en Venezuela. Apuntes para su comprensión histórica y de políticas públicas* (pp. 67–112). Instituto de Estudios Parlamentarios Fermín Toro; Konrad-Adenauer-Stiftung; Abediciones; UCAB. Caracas.

Salmerón, M. y Salmerón, C. (2019). "¿Por qué Nicolás Maduro sigue en el poder pese al colapso de Venezuela?" *Notes Internacionals CIDOB*, núm. 211. Barcelona Centre for International Affairs. Barcelona.

Schedler, A. (2013). *The politics of uncertainty: Sustaining and subverting electoral authoritarianism*. Oxford University Press. Oxford.

Semana (2024, 2 de agosto). "Nicolás Maduro anuncia dos cárceles de máxima seguridad para manifestantes en Venezuela."

Semana (2026, 16 de mayo). "Alex Saab fue extraditado a Estados Unidos: Gobierno de Venezuela confirmó la noticia."

Shore, W. y Lafuente, Á. (2019). "Hacia un aporte teórico sobre la institucionalización de coaliciones." *Revista Latinoamericana de Política Comparada*, vol. 15, pp. 155–176.

Simonovis, I. (2026, marzo). "Denuncias sobre la reconfiguración del SEBIN y El Helicoide." Declaraciones públicas. Estados Unidos.

Singer, F. (2023). "Venezuela: elites fugitivas en un país hecho escombros." *Nueva Sociedad*, núm. 308, noviembre-diciembre, pp. 89–102.

Sistema Económico Latinoamericano y del Caribe (SELA) (2019, 30 de mayo). *Banco Central de Venezuela admite hiperinflación de 53.798.500 % desde 2016*. Caracas: SELA.

Sistema Patria (2023). *Plataforma Patria del pueblo venezolano*. Caracas.

Smartmatic (2017, 2 de agosto). "Declaración sobre la reciente elección de la Asamblea Constituyente en Venezuela." *Comunicado de prensa*.

Smilde, D. (2021). "Venezuela's survival and the moments of 'normalcy' in authoritarianism." *Americas Quarterly*, Spring Issue.

SOS Orinoco (2024). *Estudio sobre cobertura de la Amazonía venezolana 2000-2024: 820.000 hectáreas de bosque perdidas*. SOS Orinoco.

SOS Orinoco (2024, 2 de diciembre). *Observatorio Socioambiental del Sur de Venezuela: Informe Especial 05 — Cobertura del Suelo 2023-2024*. SOS Orinoco.

SOS Orinoco (2025, 1 de mayo). *Observatorio Socioambiental del Sur de Venezuela 06: Enero–abril 2025, devastación continua del Escudo Guayanés*. SOS Orinoco.

Spiritto, F. (2018). "Toma de decisiones y políticas públicas: Cómo gobierna el chavismo." En: Spiritto, F. (Coord.), *Decisiones de gobierno en Venezuela. Apuntes para su comprensión histórica y de políticas públicas* (pp. 135–176). Instituto de Estudios Parlamentarios Fermín Toro; Konrad-Adenauer-Stiftung; Abediciones; UCAB. Caracas.

Straka, T. (2015). *La república fragmentada: Claves para entender a Venezuela*. Editorial Alfa. Barcelona.

Sutherland, M. (2019). "Hiperinflación, crisis, trabajo asalariado, poder adquisitivo y empobrecimiento en Venezuela." *Cuadernos del CENDES*, vol. 36, núm. 100, pp. 35–55.

Sutherland, M. (2020). "Venezuela y la crisis más fuerte en la historia de América Latina." *Cadernos do CEAS. Revista crítica de humanidades*, vol. 45, núm. 250, maio/ago., pp. 279–304.

Svampa, M. (2019). "Pos progresismos, polarización y democracia en Argentina y Brasil." En: Svampa, M. (Coord.), *El siglo XXI:*

Entre el neoliberalismo y la utopía (pp. 201–239). Siglo XXI Editores. Buenos Aires.

Szmolka Vida, I. (2010). "Los regímenes políticos híbridos: democracias y autoritarismos con adjetivos. Su conceptualización, categorización y operacionalización dentro de la tipología de regímenes políticos." *Revista de Estudios Políticos*, (147), pp. 103–135.

Szmolka Vida, I. (2011). "Democracias y autoritarismos con adjetivos: la clasificación de los países árabes dentro de una tipología general de regímenes políticos." *Revista Española de Ciencia Política*, (26), pp. 11–62.

Tal Cual (2023, 13 de mayo). "En su plan para recuperar PDVSA, Tellechea aspira a llegar al millón de b/d en agosto."

Tal Cual (2023, 26 de julio). "Fiscalía pidió enjuiciar a 22 de los 61 detenidos por corrupción en caso Pdvsa Cripto."

Tal Cual Digital (2024, 21 de agosto). "La represalia política de nuevo en Pdvsa: al menos 100 trabajadores obligados a renunciar."

Tal Cual Digital (2024, 27 de agosto). "Héctor Obregón Pérez nombrado presidente interino de PDVSA tras remoción de Pedro Tellechea."

Tal Cual Digital (2024, 12 de septiembre). "Despidos masivos en VTV por motivos políticos tras fraude electoral: trabajadores identificados por mensajes WhatsApp."

Tal Cual Digital (2024, 6 de noviembre). "González López asume control directo de producción petrolera de PDVSA con reporte a la presidencia."

Tal Cual Digital (2025, 15 de enero). "Producción petrolera 2024 no alcanza meta de un millón de barriles diarios pese a mejoras técnicas."

Telemundo (2026, 7 de enero). "Estados Unidos controlará indefinidamente la comercialización del petróleo venezolano."

Telemundo (2026, 29 de enero). "Delcy Rodríguez firma la reforma que abre el sector petrolero de Venezuela a la inversión privada." Telemundo Noticias.

Telemundo (2026, 26 de marzo). "Así fue la audiencia de Maduro y Flores: el juez rechazó desestimar su caso."

Trak, J. M. (2022). "¿Apertura Truncada? El fallido intento de reinstitucionalización democrática en Venezuela 2021." *Revista de Ciencia Política*, vol. 42, núm. 2, pp. 461–488.

Transparencia Venezuela (2019). *El Carnet de la Patria como mecanismo de control social.* Caracas.

Transparencia Venezuela (2021). *Aliados Privados. En el control de empresas estatales.* Caracas.

Transparencia Venezuela (2021, 1 de diciembre). "Pdvsa o cómo privatizar 'a oscuras'." Caracas: Transparencia Venezuela.

Transparencia Venezuela (2022). *El uso político de Pdvsa.* Caracas.

Transparencia Venezuela (2022, abril). *Prácticas de gobernanza que incentivaron la corrupción en PDVSA.* Caracas.

Transparencia Venezuela (2022, 6 de diciembre). *Empresas propiedad del Estado 2022.* Caracas.

Transparencia Venezuela (2023, 6 de febrero). *Un silencio a la fuerza. El periodismo en Venezuela: Principales hitos y mapa de la censura.* Caracas.

Transparencia Venezuela (2023, 31 de marzo). "¿Qué se sabe de la trama de corrupción PDVSA-Cripto?" Caracas: Transparencia Venezuela.

Transparencia Venezuela (2023, 26 de junio). *TRAMA PDVSA CRIPTO. Una investigación que sorprendió al país.* Caracas.

Transparencia Venezuela (2023, 6 de septiembre). *Economías ilícitas en Venezuela: El caso del Arco Minero del Orinoco.* Caracas.

Transparencia Venezuela (2024). *Decreto presidencial 4.588: inmunidad para efectivos militares en operaciones del Arco Minero*. Caracas.

Transparencia Venezuela (2024, 17 de marzo). "Actualización sobre operaciones PDVSA-Crypto y criptomonedas." Caracas: Transparencia Venezuela.

Transparencia Venezuela (2024, 10 de abril). "Continuidad de esquemas de captura de rentas petroleras mediante criptomonedas." Caracas: Transparencia Venezuela.

Transparencia Venezuela (2025). *Continuidad de PDVSA-Crypto bajo plataformas Kontigo y Crixto en 2024-2025*. Caracas.

Transparencia Venezuela (2025, 8 de abril). "Extracción de oro en 2023 generó entre USD 2.170 y 5.667 millones capturados por élites políticas." Caracas: Transparencia Venezuela.

Transparencia Venezuela (2025, 6 de noviembre). "Las criptomonedas: la nueva forma de lavado y corrupción de Venezuela para el mundo." Caracas: Transparencia Venezuela.

Transparencia Venezuela (2026, 14 de mayo). "Alerta sobre las privatizaciones sin transparencia en Venezuela." Caracas.

Tribunal Supremo de Justicia de Venezuela (TSJ) (2024, 26 de enero). *Sentencia N.° 00005, Expediente 2023-0461*. Sala Político-Administrativa. Caracas.

Türk, V. — A. C. O. para los D. H. (2025, 16 de diciembre). "Denuncia sobre reclutamiento forzado de adolescentes en Milicias Bolivarianas." Naciones Unidas.

Un Mundo Sin Mordaza (2025). *Informe sobre violaciones a la libertad de expresión en Venezuela primer semestre 2025*. Caracas.

Un Mundo Sin Mordaza (2025, 8 de septiembre). *Informe Semestral de Libertad de Expresión 2025*. Caracas.

Un Mundo Sin Mordaza (2026, febrero). *El miedo también cruzó la frontera: el exilio no te protege*. Caracas.

Un Mundo Sin Mordaza (2026, abril). *Informe Anual 2025: 386 incidentes contra la libertad de expresión en Venezuela.* Caracas.

Unión Europea (2020). *Misión de Observación Electoral de la UE en Venezuela 2020: Informe Final.* Bruselas: Parlamento Europeo.

Universidad de Costa Rica (2025, 28 de julio). "Voces desplazadas: radiografía del exilio periodístico latinoamericano 2018-2024."

U.S. Department of the Treasury (2022, 26 de noviembre). "General License 41."

U.S. Department of the Treasury (2024, 17 de enero). "Sanciones contra Javier Alvarado Ochoa y 13 empresas vinculadas a PDVSA-Crypto."

V-Dem Institute (2025). *Democracy report 2025: Autocratization trends worldwide.* Gothenburg: V-Dem Institute.

Vera, L. (2021). "¿Cómo explicar la catástrofe económica venezolana?" *Nueva Sociedad*, núm. 294, julio-agosto, pp. 83–96.

Voluntariado en Defensa de la Democracia (2021, 29 de noviembre). *Informe preliminar sobre elecciones regionales y municipales del 21 de noviembre de 2021.* Caracas.

Von Bergen Granell, F. (2017). "Los discursos de Nicolás Maduro: Marcos, relato y juegos de lenguaje." *MARCO. Revista de Márketing y Comunicación Política*, núm. 3, pp. 33–56.

Voto Joven (2021, 22 de noviembre). *Informe de irregularidades electorales: Elecciones regionales y municipales 21 de noviembre de 2021.* Caracas.

Voz de América (2020, 22 de julio). "Tecnología china ayuda a Maduro a controlar a los venezolanos."

Voz de América (2021, 7 de diciembre). "'Autoritarismo digital de China' a la medida de Venezuela."

Voz de América (2024, 21 de agosto). "Decenas de trabajadores petroleros son forzados a renunciar tras elección en Venezuela: sindicatos."

The Washington Institute for Near East Policy (2022, 17 de noviembre). "Iran may be outsourcing kamikaze drone production to Venezuela." Washington, D. C.

The Washington Post (2024, 4 de agosto). "Maduro lost the election, tallies collected by Venezuela's opposition show." Schmidt, S.; Rich, S.; Herrero, A. V. y Paúl, M. L.

Webber, J. R. (2019). *The Last Day of Oppression, and the First Day of the Same: The Politics and Economics of the New Latin American Left.* Haymarket Books. Chicago.

Weyland, K. (2001). "Clarifying a contested concept: Populism in the study of Latin American politics." *Comparative Politics*, vol. 34, núm. 1, pp. 1–22.

Weyland, K. (2013). "Latin America's authoritarian drift: The threat from the populist left." *Journal of Democracy*, vol. 24, núm. 3, pp. 18–32.

WOLA — Washington Office on Latin America (2024, 6 de febrero). "Venezuela: La inhabilitación de candidatos de la oposición viola las normas internacionales de derechos humanos y el espíritu del Acuerdo de Barbados."

WOLA — Washington Office on Latin America (2024, 8 de agosto). "A un año de la elección presidencial del 28 de julio de 2024: La crisis venezolana."

World Economic Forum (2026, enero). "Venezuela: What Next? Perspectives from Davos 2026 on reconstruction and multilateral coordination."

WTOP News (2024, 23 de octubre). "Diosdado Cabello afirma que Pedro Tellechea pasó 'de gerente exitoso a traición a la patria'."

JENNIFER JOAN PUBLISHING HOUSE™
PRÓXIMAS PUBLICACIONES 2026–2027

. . .

LÍNEA ACADÉMICA

Populismo sin democracia — español

Populism without Democracy — edición en inglés (en preparación)

POESÍA DE ELSA BÜSING DE CARROZ (1918–2004)

Selección y compilación de Jennifer Fuenmayor

Serie del Amor

El Amor en Seis Latidos · Love in Six Heartbeats · Liebe in sechs Herzschlägen — edición trilingüe (inglés en preparación · alemán en 2027)

El Amor Toca Tu Puerta — español (edición en inglés en 2027)

Amor Maternal — español (edición en inglés en 2027)

Serie Espiritual · Amar a Dios

Amando a Dios con todo mi corazón · Volumen I — español · Loving God with All My Heart (inglés, en preparación)

Amando a Dios con toda mi alma · Volumen II — español · Loving God with All My Soul (inglés, en preparación)

Serie de la Naturaleza

Latidos de la Naturaleza · Volumen I — edición bilingüe español-alemán (2027)

Serie de los Ilustres

Luces en el Tiempo · Volumen I — español (2027)

SERIE VERA SANCTA · "FE EN..."

Jennifer Fuenmayor escribiendo como Vera Sancta

Fe en el Trabajo · Fe en la Familia · Fe en la Comunidad — español

— — —

SÍGUENOS

www.jenniferjoanpublishinghouse.com

jennifer@jenniferjoanpublishinghouse.com

LinkedIn: linkedin.com/company/jennifer-joan-publishing-house
Instagram: instagram.com/jenniferjoanpublishinghouse
Facebook: facebook.com/jenniferjoanpublishinghouse
Blog: elsalapoetadelamor.blogspot.com

Florida, USA

— — —

Este libro,
POPULISMO SIN DEMOCRACIA
Auge y captura de Maduro. La persistencia del Estilo Rentista en Venezuela
Más allá del modelo de Dornbusch-Edwards
de Jennifer Fuenmayor, se terminó de editar en Florida, USA, en junio de 2026,
bajo el sello de Jennifer Joan Publishing House™.

ISBN 979-8-9958564-0-5

A la memoria de los venezolanos que ofrendaron su vida soñando con la libertad.
Laus Deo